Ein Sowjetbürger besucht Deutschland

Und jetzt schließen Sie die Augen und versuchen Sie, sich für einige Augenblicke folgendes Bild vorzustellen:
Sie verlassen das Gebäude des zentralen Telegraphenamtes in Moskau. Sie haben jemandem eine Telegramm geschickt und gehen nun die Gorkistraße hinauf, sagen wir, zur Redaktion von »Nowyj mir«. Ohne Eile schlendern Sie dahin und rauchen eine Zigarette. Sie gehen am Pelzgeschäft vorbei, am Moskauer Rathaus; rechts sitzt Jurij Dolgorukij, dahinter steht das Lenininstitut. Sie betrachten die Gegend, aber seltsamerweise sehen Sie immer weniger Menschen. Sie sehen auch keine Trolleybusse und keine Autos mehr. Sie sind an der Kleinen-Gnesdikowskij-Gasse vorbeigegangen, kommen zur Großen, und . . . und aus der Großen-Gnesdikowskij-Gasse wälzt sich die Mauer heraus. Sie ist hoch, drei Meter, vielleicht mehr, glatt, grau; oben, auf V-förmigen Streben, Stacheldraht . . . Und diese Mauer kriecht aus der Gasse heraus, wälzt sich am Bürgersteig entlang, überquert dann im rechten Winkel die Gorkistraße und stößt an die Allrussische Theatergesellschaft . . . Halt, weiter geht es nicht!
Hinter der Mauer eine Ödfläche. Kein Puschkin-Platz, kein Garten, kein Denkmal. Nur eine Ödfläche bis zum Verlagsgebäude der »Iswestija« – und von der »Iswestija« zur Sparkasse eine zweite Mauer. In der Mitte nichts, eine Ebene, Unkraut. Aber hinter dieser Mauer und vor der anderen je zwei Reihen spanischer Reiter, zusammen vier. Dort, wo früher das Denkmal Puschkins stand, ein Wachturm, und wo das andere Denkmal war, noch ein Turm. Ein Wachturm auf der Tschechowstraße. Überall Wachtürme . . .
Ein Schreckenstraum, ein Alptraum, ein Trauma, Kafka.

So geht aber der ältere Berliner durch sein Berlin. Als er noch jung war, verabredete er sich mit seinem Mädchen auf dem Potsdamer Platz, lang ist es schon her. Da stand er unter der Uhr auf der winzigen Verkehrsinsel, die kaum zwei Schritte erlaubte. (Davon ist nur eine Postkarte übriggeblieben: Eine Straßenbahn der Linie 72, ein Doppeldeckerbus der Linie 5, unmittelbar unter der Uhr steigt jemand eilig in einen offenen Wagen, die Zeiger stehen auf 13.20 . . .) Dann gingen sie im Tiergarten spazieren, bummelten durch das Brandenburger Tor auf Unter den Linden . . .

Viktor Nekrassow, geboren 1911 in Kiew, Hauptmann der Roten Armee, Stalinpreisträger, Autor des berühmten Buches
In den Schützengräben von Stalingrad, seit 1974 in Paris,
in: Zu beiden Seiten der Mauer, 1978.

Völker der Welt,
schaut auf diese Stadt
Ernst Reuter
Regierender Bürgermeister von Berlin
während der Blockade 1948/49
und des Volksaufstandes am 17. Juni 1953.

Der 13. August
wurde ein Tag des Entsetzens,
der Angst und Verwirrung.
Mich zwang dieser Einschnitt,
die äußeren Faktoren zu überdenken,
von denen die deutsche
und europäische Politik
in den nächsten Jahren
abhängig sein würde.
Willy Brandt
Regierender Bürgermeister von Berlin
am 13. August 1961,
in: Begegnungen und Einsichten, 1976.

Wohin gingen an dem Abend,
wo die chinesische Mauer fertig war,
die Maurer?
Bertolt Brecht
Fragen eines lesenden Arbeiters
(Svendborger Gedichte)

Jürgen Rühle
Die Mauer von Berlin

Der Schock

Die zeitgenössischen Dokumente und Zeugnisse des 13. August 1961, die in dieser Edition ausgebreitet werden, offenbaren ein eigentümliches Mißverhältnis zwischen der Inkubationsperiode des Ereignisses und der Reaktion auf das Ereignis selbst. Jeder kannte die von Monat zu Monat, dann von Tag zu Tag eskalierenden Flüchtlingszahlen, die überfüllten Flüchtlingslager in den Westsektoren Berlins. Kannte Chruschtschows und Ulbrichts Drohungen, das Schlupfloch West-Berlin so oder so dicht zu machen, ihre mancherlei Möglichkeiten, dies zu bewerkstelligen. Die Massenflucht selber, jedenfalls ihre exzessive Steigerung, signalisierte Torschlußpanik.

Aber als im Morgengrauen des 13. August SED-Kampfgruppen, Volkspolizei und Nationale Volksarmee die Sektorengrenze besetzten und mit Stacheldraht abriegelten, waren die Deutschen, nicht nur die Berliner, getroffen wie von einem gänzlich unerwarteten Schlag. Alle hatten gewußt, es würde etwas geschehen, was das Leben in Deutschland veränderte, hatten aber den Gedanken daran, vor allem den Gedanken an die Konsequenzen, verdrängt – als hätte das Unheil dadurch abgewendet werden können, daß man vor ihm die Augen verschloß. Hier erfuhr das Tabu seinen urtümlichen, von der Psychoanalyse ausgegrabenen Sinn.

Man muß sich das Berlin jener Jahre vorstellen. Es gab zwei Verwaltungen in West und Ost, zweierlei Uniformen der Polizei. Die Fernsprechdrähte waren schon abgeschnitten, aber man brauchte nur am Potsdamer Platz in den S-Bahnhof hinunterzusteigen, um Ost-Berlin anzurufen. Oberhalb wiederum, ein paar Meter weiter, telefonierten die Ost-Bewohner mit dem Westen. An diesem Platz, einst pulsierender Verkehrsmittelpunkt der Reichshauptstadt, nach dem Krieg Zentrale des Schwarzmarkts, dann immer noch Treffpunkt der Berliner in den umliegenden Cafés, mußte man von der Straßenbahn West in die Straßenbahn Ost umsteigen, übrigens, weil die West-Berliner Verwaltung den im Osten längst üblichen Einsatz weiblicher Straßenbahnführer als typisch kommunistische Überforderung der Frau nicht zuließ. Die S-Bahn (Stadt-Bahn, im Unterschied zur U-Bahn kein kommunales Verkehrsmittel, sondern Teil der Reichsbahn), aus technischen Gründen einheitlich östlicher Betriebsführung unterstellt, fuhr von Grünau (Ost) bis Wannsee (West), von Pankow (Ost) nach Zehlendorf (West). Die Kontrollen beider Seiten waren minimal: Wie sonst hätten viele Flüchtlinge ihren Hausrat über die Grenze transportieren können? Ost-Berliner arbeiteten im Westen, West-Berliner im Osten. West-Berliner gingen völlig legal zu billigen Preisen in die renommierten Theater des anderen Stadtteils, Ost-Berliner konnten für ihr DDR-Geld die Theater und Kinos im Westen besuchen; sie bekamen die Westzeitungen am nächsten Kiosk hinter der Grenze für Ostgeld. Man muß sich überhaupt vorstellen, daß erst 16 Jahre seit der Teilung der Stadt unter die Besatzungsmächte vergangen waren; nahezu jede Berliner Familie besaß Verwandte und Bekannte verstreut über das ganze Gemeinwesen.

Nicht nur das: Da die Zonengrenze zwischen den beiden deutschen Staaten schon lange gesperrt war, konnten sich West- und Ostdeutsche, die durch die Kriegswirren und ihre Folgen auseinandergerissen waren, nur hier noch ungeniert und unkontrolliert treffen.

Das war der praktische Aspekt, dessen Verlust nach dem Bau der Mauer man erst langsam und schmerzlich begreifen lernte. Aber diese Praxis hatte auch ein Symbol bewahrt: das Versprechen auf Wiedervereinigung in absehbarer Zeit. *»Deutsche Hauptstadt im Wartestand«* hat Willy Brandt es genannt. Nicht nur der Berliner Senat, die Bundesregierung und ihre Alliierten, auch die Russen haben viele Jahre lang daran geglaubt und es in zahllosen Erklärungen beschworen: daß die Teilung einer so großen und traditionsreichen Nation wie der deutschen nur als Provisorium vorstellbar sei. Stalin: *»Die Hitler kommen und gehen, aber das deutsche Volk, der deutsche Staat bleibt.«* Ber-

lins populärstes Kabarett, im amerikanischen Sender Rias ausgestrahlt für die Menschen in beiden Stadtteilen, hieß »Die Insulaner«, und in jeder Vorstellung sang Tatjana Sais den Refrain: »... *der Insulaner hofft unbeirrt, daß seine Insel wieder 'n schönes Festland wird*«.
All dies: die provisorische Praxis und die Hoffnung auf Abruf, brach jäh zusammen, als Ulbrichts bewaffnete Einheiten ihren Stacheldraht quer durch die Weltstadt zogen und weder die alliierten Schutzmächte noch die Bundesregierung sie daran zu hindern vermochten. Wer weder Zeit noch Ort des Ereignisses erlebt hat, braucht nur zu jenem Potsdamer Platz zu gehen, den wir als Nabel der Reichshauptstadt beschrieben haben, um, physisch erschreckend, einen Schauplatz zu betrachten, der bis heute unvernarbt die Ruinen jenes Ereignisses zeigt: den schrillen Kontrast zwischen Leben, einem am Ende vielleicht kärglich vegetierenden, aber unbeirrt hoffenden Leben und dem Tod.
Willy Brandt, damals Regierender Bürgermeister von Berlin, schildert in seinen Erinnerungen[1], wie er am Vormittag des 13. August die westlichen Stadtkommandanten erfolglos beschwor, etwas zu tun: »»*Schickt mindestens sofort Patrouillen an die Sektorengrenze, um dem Gefühl der Unsicherheit zu begegnen und den Westberlinern zu zeigen, daß sie nicht gefährdet sind!« Zwanzig Stunden vergingen, bis die erbetenen Militärstreifen an der innerstädtischen Grenze erschienen. Vierzig Stunden verstrichen, bis eine Rechtsverwahrung beim sowjetischen Kommandanten auf den Weg gebracht worden war. Zweiundsiebzig Stunden dauerte es, bis – in Wendungen, die kaum über die Routine hinausreichten – in Moskau protestiert wurde.*«
Die Alliierten wiesen den West-Berliner Senat an, für Ruhe und Ordnung an der Grenze zu sorgen. Die West-Berliner Polizei mußte, um Zwischenfälle zu verhüten, die Mauerbauer vor der Wut der Berliner schützen.
Das Fernsehen, dessen politische Verstärkerwirkung bei diesem Ereignis zum ersten Mal durchschlug, übertrug den Schock der Berliner auf die Westdeutschen. Die physische Gewalt der MP-bewaffneten Kampfgruppen und der NVA-Panzer war in den westdeutschen Wohnzimmern und Kneipen zu spüren, genauso eindringlich wie der hilflose Zorn der West-Berliner, die laut und vergeblich nach Gegenmaßnahmen schrien.

Langer Abschied von den Träumen

Die Amerikaner, erfahren in globalen Unternehmungen, in denen nicht selten die Staatsraison über die Moral zu dominieren pflegt, mögen befürchtet haben, daß eine dramatische Geste im ersten Moment: das Rollen amerikanischer Panzer über die Autobahnen nach Berlin oder ihr demonstratives Auftreten im Ostteil der Viermächte-Stadt, die Bevölkerung der DDR zu unkontrollierbaren Aufstandsbewegungen hätte hinreißen können. Daraus ergibt sich nur, daß die Amerikaner, vor allem ihr junger, unerfahrener Präsident John F. Kennedy, keine Ahnung hatten von den Erfahrungen der deutschen Arbeiterklasse, die schon unter Hitler, aber auch am 17. Juni 1953 allein gelassen worden war. In der Bevölkerung der DDR herrschten vielmehr Verzweiflung, Enttäuschung und Bitterkeit. Der Westen, dem sie sich verbunden fühlte, hatte sie über die Massenmedien immerwährend bestärkt, auszuhalten und durchzuhalten, nun ließ er sie nicht nur militärisch, was vielleicht unvermeidlich war, sondern auch psychologisch im Stich.
Ein Journalist aus München, auf Urlaub in der DDR, registrierte in seinem Tagebuch die Gespräche mit seinen mecklenburgischen Gastgebern[2]:
»*Der Westen, Adenauer, Strauß, Kennedy, die NATO. Sie können uns ja nicht allein lassen. Sie haben es doch versprochen. Sie werden uns helfen ... Wo bleibt Adenauer, warum spricht er nicht? Warum ist er noch nicht in Berlin? Und Kennedy? – Wochenendferien, sagte ich. – Und Macmillan? – Er spielt wahrscheinlich Golf ... Mein Gott, Sie fahren in die Freiheit, und wir müssen hier zurückbleiben – im Gefängnis.*«
Die verantwortlichen Staatsmänner des Westens waren an diesem strahlenden Augusttag sämtlich fern von ihren Hauptstädten. Der britische Premierminister Macmillan und sein Außenminister Home machten Ferien in Schottland; Staatspräsident de Gaulle befand sich auf seinem Landsitz in der Champagne, der französische Ministerpräsident Debré und Außenminister Couve de Murville machten

ebenfalls Urlaub. Couve entschloß sich immerhin, nach Paris zurückzukehren.

Der amerikanische Präsident Kennedy verlebte das Wochenende wie gewöhnlich in Hyannis Port an der Atlantikküste. Er befand sich in Gesellschaft seiner Familie mit dem Kabinenkreuzer »Marlin« auf See, als die Nachricht über Berlin eintraf, und kehrte um. In einem Telefongespräch mit Außenminister Rusk in Washington vergewisserte er sich, daß die Russen nicht in Aktion getreten waren und daß weder West-Berlin noch die Zugangswege unmittelbar bedroht seien. Der Präsident entschied für Abwarten. Er kehrte auf die »Marlin« zurück und setzte die Segelpartie fort. Rusk ging zum Baseballspiel.

Bundeskanzler Adenauer reagierte als kühler, konservativer Staatsmann auf seine Weise. Er erklärte: »*Im Verein mit unseren Alliierten werden die erforderlichen Gegenmaßnahmen getroffen. Die Bundesregierung bittet alle Deutschen, auf diese Maßnahmen zu vertrauen. Es ist das Gebot der Stunde, in Festigkeit, aber auch in Ruhe der Herausforderung des Ostens zu begegnen und nichts zu unternehmen, was die Lage nur erschweren, aber nicht verbessern kann.*«

Die strategischen Zusammenhänge kalkulierend und der Risiken bewußt, schien ihm, wie den Amerikanern, Gebot der Krise: Ruhe ist die erste Bürgerpflicht. Daß ihm Berlin gleichgültig war, wird ihm niemand unterstellen können. Dennoch, eben aus seiner Grundeinschätzung notwendiger Abwiegelung, führte er den Bundeswahlkampf weiter, als wäre nichts gewesen. Sein Gegenkandidat Willy Brandt kehrte sofort von der Wahlkampfreise nach Berlin zurück. Erstens, weil er als Bürgermeister von Berlin unmittelbar zuständig war. Zweitens, weil er in einer Reihe von Krisen zuvor erlebt hatte, welche gefährlichen Reaktionen so einschneidende politische Ereignisse in der Bevölkerung auslösen können.

Das war der Schock der Deutschen, vor allem der Berliner: Auf brutale Weise wurde ihnen bewußt gemacht, daß der Westen die kommunistische Herrschaft im Ostsektor Berlins und in der DDR als Dauerzustand akzeptiert hatte. Rollback, Befreiung, Wiedervereinigung waren große Worte, für deren Einlösung niemand etwas riskieren wollte. Man hat einen Vorhang weggezogen, um uns eine leere Bühne zu zeigen, sagte Willy Brandt später. »*Uns sind Illusionen abhanden gekommen, die das Ende der hinter ihnen stehenden Hoffnungen überlebt hatten – Illusionen, die sich an etwas klammerten, das in Wahrheit nicht mehr existierte[3].*«

Das Jalta-Syndrom

Der Hitlerkrieg war kein Krieg nach den Spielregeln des Völkerrechts. Es war ein Weltanschauungskrieg. So darf es nicht wundern, daß er nicht mit einem normalen Friedensvertrag beendet wurde. Statt dessen versickerte er in allen möglichen Abmachungen und Absprachen der Sieger, die, so vage sie aussahen, erstaunlich lange gehalten und die Nachkriegsgeschichte bestimmt haben. In diesem Kontext kommt der Konferenz von Jalta im Februar 1945, auf der sich zum letzten Mal die Protagonisten der Antihitlerkoalition Roosevelt, Churchill und Stalin trafen, eine symbolhafte Bedeutung zu. Zu diesem Zeitpunkt war der Krieg gegen Deutschland zwar schon entschieden, aber seine Dauer und die verbliebene Widerstandskraft des Reiches nicht abzuschätzen. Der Krieg gegen Japan war nicht einmal entschieden. Es war zeitlich der letzte Punkt, wo die disparate Allianz der Siegermächte, noch unter dem Druck militärischer Pressionen der Achse, sich zu einem Kompromiß genötigt sah. Bei der Verteilung der Beute, die schon nahe lag, war noch jeder auf den anderen angewiesen. Es saßen freilich drei von der Mentalität wie Autorität her sehr unterschiedliche Partner am Tisch. Die Amerikaner, besonders der todkranke Roosevelt, zeigten sich an einer europäischen Nachkriegsordnung wenig interessiert (wie schon nach dem Ersten Weltkrieg, als die USA den Versailler Vertrag nicht unterschrieben). Churchill sah zwar weiter, vertrat aber den politisch wie militärisch schwächsten Part. Er bemühte sich nachdrücklich um einen Modus vor allem für Osteuropa, was so weit ging, daß er, bei anderer Gelegenheit, Stalin eine prozentuale Beteiligung am Einfluß in verschiedenen, beide Seiten interessierenden Staaten vorschlug. Stalin hinwiederum war immer überzeugt, daß jede Macht, die ein Territorium unterwirft, diesem seine Ordnung aufzwingen wird.

Schon vorher war in London die Abgrenzung Deutschlands und Berlins in Besatzungszonen als vorläufige Verwaltungsordnung beschlossen worden. So stand gegen Kriegsende die Aufteilung Europas, ohne kodifiziert zu sein, mehr oder weniger fest.

George F. Kennan sagt: *»Die Errichtung der sowjetischen Militärmacht über Osteuropa war nicht das Ergebnis der Gespräche mit den Russen; sie war das Resultat der militärischen Operationen während der letzten Phase des Krieges.«* Daran ist soviel richtig, daß sich Stalin in den von ihm besetzten Ländern nicht um Prozentpunkte scherte; die in den osteuropäischen Staaten gebildeten Koalitionsregierungen bedeuteten nicht mehr als eine Farce. Stalin hielt sich an die kapitalistische Geschäftsordnung: Wer die Aktienmehrheit hat, dem gehört die Firma. Andererseits aber haben alle Alliierten in den Grundrissen doch die Einflußsphären des jeweils anderen respektiert. Beispielsweise räumten die Russen die dänische Ostseeinsel Bornholm und den Norden des Iran, Stellungen von immensem strategischen Wert. Die Westmächte räumten die von ihnen besetzten Gebiete Sachsens und Thüringens, weil sie der sowjetischen Besatzungszone zugeschlagen waren. Die Sowjets beteiligten, wenn auch nach einigem Hin und Her, die Alliierten an der Militärverwaltung der von ihnen eroberten Hauptstädte Berlin und Wien. Sie zogen sich aus dem griechischen Bürgerkrieg zurück und marschierten, als 1948 Jugoslawien von ihnen abfiel, in dieses Land nicht ein. Die Westmächte hielten sich aus den Aufständen am 17. Juni 1953 in der DDR wie 1956 in Ungarn heraus.

Der 17. Juni ist überhaupt ein klassisches Beispiel: Die amerikanischen Militäradministratoren verboten den Sprechern der mitteldeutschen Arbeiter, ihren Aufruf zum Generalstreik über den Rias zu verbreiten. Sie verweigerten dem Bürgermeister von Berlin, Ernst Reuter, der gerade in Wien war, einen Platz in einer amerikanischen Militärmaschine zum Rückflug in seine Stadt. Französische Militärpolizisten versuchten, den Marsch der Hennigsdorfer Stahlarbeiter aus dem Norden Berlins quer durch den französischen Sektor ins Zentrum Ost-Berlins aufzuhalten. Das Prinzip

funktionierte bis hin in den Fernen Osten, wo der Koreakrieg exakt am 38. Breitengrad, der von Anfang an vereinbarten Grenze, auslief (Ablösung des vorwärtsstürmenden Generals McArthur durch Präsident Truman).

Die viel gescholtene Jalta-Regelung, wenn wir das Geflecht von Abkommen, Roßtäuschereien und Auslassungen unter diesem Begriff zusammenfassen wollen, hat in der Substanz viel Ähnlichkeit mit dem Wiener Kongreß 1815, der den Krieg gegen Napoleon abschloß und eine europäische Neuordnung schuf, ebenfalls in einem schwer durchschaubaren Gespinst politischer Arrangements. Der Wiener Kongreß hat Europa ein halbes Jahrhundert Frieden beschert, die Jalta-Ordnung hat auch schon mehr als 35 Jahre gehalten. Grundlage des Friedens (besser: Abwesenheit großer Kriege) war in beiden Fällen: Respekt der Großmächte vor ihren Einflußsphären, Niederhalten aller revolutionären Bewegungen, die das etablierte Gleichgewicht hätten stören können. Nicht zufällig hat der amerikanische Außenminister Kissinger, in den siebziger Jahren Konstrukteur der Entspannung in Europa und der Welt, sich immer wieder am Wiener Kongreß orientiert.

In dieses globale Feld muß man Berlin eingebettet sehen. Der 13. August 1961 war ja nicht der erste Versuch der Sowjets, den Störfaktor West-Berlin auszuräumen. 1948/49 unternahm Stalin seine Blockade der Westsektoren der Stadt. Das heißt, er blockierte die Landverbindungen, aber griff die alliierten Luftkorridore nicht an, was die Möglichkeit einer Versorgung der Stadt über die Luftbrücke bot und die Aktion schließlich scheitern ließ.

Das Berlin-Ultimatum Chruschtschows im November 1958 war der zweite sowjetische Anlauf. Der äußerst komplizierte Verlauf der Berlinkrise, die trickreichen, geradezu phantasievollen Angebote und Umgehungsversuche, die ständigen Fristverlängerungen, das Wechselbad von Drohung und Lockung – all das ist nur zu verstehen, wenn man davon ausgeht, daß Chruschtschow den entscheidenden Punkt: die Präsenz der Westmächte in Berlin und ihre vitalen Interessen, niemals direkt und mit physischer Gewalt anzutasten wagte. Eine Besetzung West-Berlins durch sowjetische

Truppen wäre durch die in den Westsektoren stationierten, mehr symbolischen Kontingente der Alliierten kaum einen Tag aufzuhalten gewesen. Aber eben dies hätte den Zsuammenbruch der gesamten Weltordnung und womöglich den dritten Weltkrieg bedeutet.

Chruschtschows Berlin-Ultimatum

Am 27. November 1958 übermittelte die sowjetische Regierung den Westmächten gleichlautende Noten, worin sie einseitig den Viermächte-Status für Berlin samt den Besatzungsrechten der Alliierten kündigte und die Umwandlung West-Berlins in eine »entmilitarisierte freie Stadt« vorschlug. Sie gewährte eine Frist von sechs Monaten für Verhandlungen. Würden sie nicht zu einer einvernehmlichen Berlinregelung genutzt, drohte die Sowjetregierung, der DDR die vollen Hoheitsrechte über die Zugangswege nach Berlin zu übertragen. Das hätte bedeutet, daß der alliierte Militärverkehr, aber auch der zivile Luftverkehr, bis dahin nach Gewohnheitsrecht unkontrolliert von den Fluggesellschaften der drei Westmächte betrieben, nun der Genehmigung und Kontrolle durch die DDR unterworfen worden wäre. Nicht nur für die DDR-Bürger, auch für die West-Berliner und die Bundesbürger wäre der einzige freie Zugang zwischen der Stadt und dem Westen verstopft worden.

Eine solche Lösung wurde in der Note sogar noch als Entgegenkommen an die West-Berliner ausgegeben, die auf diese Weise immerhin ihre von der DDR unterschiedliche soziale Ordnung behalten könnten. Die »richtigste und natürlichste Lösung« hingegen wäre, so wurde bereits das Fernziel transparent gemacht, die beiden Teile Berlins wiederzuvereinigen und »zu einer einheitlichen Stadt im Bestande des Staates werden zu lassen, auf dessen Boden sie sich befindet«. Das Zugeständnis der DDR, »im Bereich ihres Territoriums einen derartigen unabhängigen politischen Organismus wie die Freistadt Westberlin bilden zu lassen«, bedeute ein »Opfer der DDR für die Festigung des Friedens in Europa«.

Wie der weitere Verlauf der Berlinkrise erwies, ging es Chruschtschow nicht um Berlin allein, obgleich die Beseitigung des westlichen Stützpunktes inmitten des sowjetkommunistischen Imperiums ein Dollpunkt der Moskauer Politik von Anfang an war und geblieben ist. Darüber hinaus ging Chruschtschows Absicht offenbar dahin, die prekäre Situation Berlins als Hebel für eine strategische Lösung nicht nur der deutschen Frage, sondern der Hegemonie in Europa überhaupt zu benutzen.

Der Friedensvertragsentwurf vom Januar 1959 und die diversen späteren sowjetischen Verlautbarungen lassen das Konzept klar erkennen: Festschreibung der nach dem Zweiten Weltkrieg entstandenen Grenzen in Europa (in sowjetischer Lesart der »Ergebnisse des Zweiten Weltkrieges«, also des eroberten Besitzstandes), Herauslösung Deutschlands (in Gestalt beider deutscher Staaten oder einer von ihnen zu bildenden Konföderation) aus den Militärbündnissen NATO und Warschauer Pakt, Verbot von Kern- und Raketenwaffen auf deutschem Boden.

In der Substanz war das nur eine neue Variante des alten Ziels, das die Sowjetunion seit Kriegsende über Jahrzehnte hinweg konsequent verfolgt hat, von den Stalin-Noten 1952 über den Rapacki-Plan einer atomwaffenfreien Zone in Europa bis zu dem Werben und Drängen der Breshnew-Führung heute noch: die Europäer von den Amerikanern zu trennen.

Der Grund, warum Chruschtschow das, wie vorauszusehen war, äußerst riskante Unternehmen gerade damals startete, ist bis heute umstritten. Chruschtschow stand auf dem Höhepunkt seiner Macht: Er hatte die Turbulenzen der Entstalinisierung (nach dem XX. Parteitag 1956), vor allem in Polen und Ungarn, unter Kontrolle gebracht; seine Rivalen aus der alten Stalin-Kamarilla Molotow, Malenkow, Kaganowitsch waren samt Anhang und Versöhnlern ausgeschaltet; er selber war seit März 1958 in Personalunion Partei- und Staatschef; die Sowjetunion war als erste in den Weltraum vorgestoßen (Sputnik 1957); sie konnte, dank der Professoren Kapitza und Sacharow, die Vereinigten Staaten erstmals nuklear bedrohen; 1957 war in der Sowjetunion mit großer Schubkraft die erste Interkontinentalrakete gestartet worden; in den USA wurde öffentlich über einen amerikanischen Rückstand in der Rüstung debattiert (die angebliche Raketenlücke); die Sowjetunion erschien glanz- und machtvoll in der Dritten Welt. Auch die DDR stand stabil da; sie stieß in die Spitze der Industrienationen vor; innenpolitische Entspannung und Verbesserungen der Versorgungslage schlugen sich im Rückgang der Flüchtlingszahlen nieder. Der Ostblock stellte sich die wirtschaftliche Hauptaufgabe: Einholen und Überholen der wichtigsten kapitalistischen Industrienationen in zehn bis fünfzehn Jahren – die Sowjetunion überholt die USA, China überholt England, die DDR überholt die Bundesrepublik. »*Der Ostwind ist stärker als der Westwind*«, formulierte es Mao in der bilderreichen Sprache der Chinesen.

Die Mehrzahl der westlichen Experten geht von der These aus, daß es eben diese Position scheinbarer Stärke war, die Chruschtschow bewog, die leidige und gefährliche deutsche Frage, diese offene Wunde der Sowjetpolitik, endlich zu bereinigen. Sicherlich hat die Euphorie der Stärke Chruschtschow zu der brachialen Art verführt, das Problem anzupacken – am Ende des Abenteuers, bei der Kuba-Krise 1962, verschlug sein Stil nicht nur der Welt, auch seinen Genossen im Politbüro den Atem. Wir sollten nicht übersehen, daß alle Untersuchungen westlicher Experten über den 13. August, Ursachen und Folgen – und darüber gibt es hervorragende Bücher –, auf einem Auge blind sind, gerade weil sie sich an wissenschaftliche Kriterien halten. Das State Department hat die Archive großzügig geöffnet. Über die Entscheidungsvorgänge in der Kremlspitze wissen wir so gut wie nichts, allenfalls vom Hörensagen. Bei solcher Methode kommen merkwürdige Verschiebungen heraus: als säßen in Washington nur Trottel und im Kreml nur Genies. Gelegentlich signalisiert der Sturz eines Führers (so Chruschtschows 1964 nach einer Anstandspause am Ende seiner 1962 endgültig gescheiterten Strategie), daß wohl auch dort etwas schief gelaufen ist. Diese Unsicherheiten vorausgesetzt, gibt es zum Argument der Stärke wohl eine Antithese: Könnte die Sowjetunion nicht auch aus einer Position der Schwäche heraus gehandelt haben?

Ostwind

1963 erzählte mir Konrad Adenauer in einem Fernsehinterview (in einem ganz anderen Zusammenhang, die Berlinkrise war längst vorbei) folgendes: »*Ich war im Jahre 1955, wie bekannt, mehrere Tage in Moskau. Es fanden dort eine ganze Reihe politischer Besprechungen statt, darunter auch Besprechungen im allerengsten politischen Kreis. In einer solchen Unterredung wurde von sowjetischer Seite die Frage Rot-China angeschnitten. Aus den Ausführungen, die von sowjetisch-russischer Seite gemacht wurden, ging hervor, daß ein kommender Konflikt mit Rot-China als gewiß angesehen wurde, und es war nicht etwa ein Konflikt aus irgendwelchen ideologischen Gründen. Aus dem Mund der russischen Herren, ich wiederhole aber, es war ein sehr kleiner Kreis, klang eine ernste Besorgnis wegen der Entwicklung der Verhältnisse zwischen Sowjetrußland und Rot-China. Seit dieser Unterredung habe ich die ganze Entwicklung, das, was man darüber bekommen konnte, zwischen Sowjetrußland und China sehr verfolgt, und ich bin immer mehr zu der Überzeugung gekommen, daß die Konfliktlage zwischen den beiden Ländern eines Tages eine Lösung bringen würde, auch für das Verhältnis zwischen Sowjetrußland und den freien Völkern des Westens*[4].«

Das war 1955 gewesen, als noch niemand mit dem Konflikt der beiden kommunistischen Großmächte rechnete. Was hatte sich inzwischen abgespielt? Mao war noch 1956 bei der Liberalisierung mit Chruschtschow mitgezogen (»*Laßt hundert Blumen blühen*«). Die Intervention der Sowjets in Ungarn, die Mao voll deckte, hatte die Krise des Weltkommunismus beim Versuch seiner Modernisierung offenbart. 1957 kam Mao zum zweiten und letzten Mal nach Moskau, um dem Kreml seine Solidarität zu versichern. Damals formulierte Mao so erstaunliche Worte wie: »*Das sozialistische Lager muß ein Haupt haben, und dieses Haupt ist die Sowjetunion.*« Damit verband Mao offensichtlich den Versuch eines Arrangements mit Chruschtschow: die explosive Liberalisierung oder Entstalinisierung rückgängig zu machen, sich wieder gemeinsam in die marxistisch-leninistische Ideologie einzuigeln und die Macht zwischen den beiden kommunistischen Großmächten zu teilen. Ein Aspekt der erstrebten Gleichrangigkeit sollte offensichtlich die Auslieferung des Atombombengeheimnisses an die Chinesen sein. Seiner ganzen Konzeption nach konnte Chruschtschow diesem Arrangement nicht zustimmen. 1957 – unvergeßlich das letzte gemeinsame, aber eisige Auftreten der historischen Führer des Kommunismus vor den Fernsehkameras der Welt – schlugen endgültig die Weltmachtinteressen in die Ideologie durch. Die Rivalität der beiden Giganten unter roter Fahne war irreparabel. 1960 zogen die Russen ihre technischen und militärischen Berater aus China zurück.

Wir Mitteleuropäer verstehen sehr schwer das Trauma der Russen gegenüber den Chinesen. Aber drei Jahrhunderte lang litten die Russen unter dem tatarisch-mongolischen Joch. Noch Rußlands Nationalheld aus dem 13. Jahrhundert, Alexander Newski, Großfürst von Nowgorod und Wladimir, Sieger über die Schweden an der Newa und über den Deutschen Orden auf dem Eis des Peipussees, mußte seine Knie vor einem mongolischen Khan beugen. Die Mongolen/Tataren waren keine Chinesen, aber die Phobie gegenüber den Asiaten ist geblieben. Und weiter: Wer die dreibändige *Geschichte der russischen Diplomatie* kennt, von sowjetischen Historikern herausgegeben, weiß, daß es ein Axiom dieser Tradition ist, niemals einen Zweifrontenkrieg zu riskieren. Selbst Stalin gelang das Meisterstück, die Deutschen und Japaner, was sein Land angeht, auseinander zu dividieren. Lag es nicht nahe, daß, wer immer im Kreml führt, zumindest eine der beiden Militärgrenzen beruhigen muß? Lag es nicht nahe, angesichts der Unversöhnlichkeit und der Dimension Chinas die Stabilisierung in Europa zu suchen?

Die Amerikaner in der neuen Pression

Die Amerikaner hatten wenig Ahnung von den Motiven der Russen. Sie konnten deshalb Risiken, Modalitäten und Lösungen nicht einschätzen. Die normalen Mittel der Diplomatie griffen hier nicht. Personen, die aus dem östlichen Lager kamen und ihnen die Denkweise des Kommunismus zu vermitteln suchten, hielten sie für suspekt. Sie hatten praktisch überhaupt keinen Zugang zur politischen Strategie der Kommunisten. Das klassische Beispiel ist ja, daß die Amerikaner während des Zweiten Weltkrieges und des chinesischen Bürgerkrie-

ges eine hochqualifizierte militärisch-politische Mission bei Mao Tse-tung unterhielten, die den Institutionen in Washington darzulegen versuchte, daß die Zukunft Chinas Mao heißt. Diese Offiziere und Beamten gerieten in die antikommunistische Säuberung des Senators Joseph McCarthy und wurden erst rehabilitiert, als der amerikanischen Regierung endlich klar wurde, daß die Volksrepublik China ihr geopolitischer Verbündeter ist. Unbegreiflich bleibt, daß selbst noch ein Berater Carters, Sonnenfeld, nicht zu wissen schien, auf welche Seite Jugoslawien, das tapferste osteuropäische Land im Widerstand gegen die Sowjetunion, im politischen Kräftespiel gehört.

Diese Verständnislosigkeit der Amerikaner für historische Zusammenhänge und die Imponderabilien fremder Kulturen hatte am Ende des Krieges dazu geführt, daß Stalin sie, die politisch, wirtschaftlich und militärisch entscheidende Siegermacht, am Verhandlungstisch überspielen konnte. Die sowjetische Herrschaft war in Europa wie Asien viel weiter vorgedrungen, als auf Grund der realen Machtverhältnisse nötig gewesen wäre. Nach diesem Debakel, das der amerikanischen Führungsschicht, vor allem auf Grund der Warnungen Churchills, erst dämmerte, als es zu spät war, wurde die amerikanische Politik jahrzehntelang von purer Defensive bestimmt. Erstes Stadium *Containment,* das heißt mühsame Sicherung des Besitzstandes, der den Westmächten verblieben war; zweites Stadium *Rollback,* eine Politik, die von Versprechungen auf eine Wende lebte, de facto aber auf Bewegungsunfähigkeit innerhalb der abgesteckten Grenzen hinauskam.

Beherrscht wird diese Periode 1953 bis 1961 von der Präsidentschaft General Eisenhowers, der seine politische Instinktlosigkeit schon als Oberbefehlshaber der alliierten Streitkräfte im Zweiten Weltkrieg vielfach und folgenreich bewiesen hatte. So überließ er den Russen die Eroberung Berlins mit der berühmten Bemerkung: »*Berlin ist für mich nur ein geographischer Punkt.*« Sein Außenminister John Foster Dulles sah die Welt aufgeteilt in Kommunisten und Antikommunisten und hoffte, nachdem er alle politischen Differenzierungen (z. B. Blockfreiheit) vom puritanischen Standpunkt aus als

unmoralisch verworfen und alle Begegnungs-
und Berührungslinien zwischen den Fronten
abgeschottet hatte, durch eine Politik der
Stärke irgendwie irgendwann die Sowjets nie-
derzwingen zu können. Politik im Sinne eines
Spiels der Kräfte konnte man das nicht nennen. Senator Kennedy aus Boston hat mit dieser unfruchtbaren, gleißnerischen Doppelzün-
gigkeit zwischen Worten und Taten abgerech-
net, die sich bei den *»tragisch verlaufenen Aufständen in Ostdeutschland, Polen und Ungarn«*
als *»Betrug und Blendwerk«* erwiesen habe[5].
Mitten in der Berlin-Offensive Chruschtschows erwacht Amerika aus dem lang-
dauernden, gelegentlich unruhigen Tiefschlaf
der Präsidentschaft Eisenhowers. 1961 übernimmt mit sehr knapper Mehrheit ein junger,
weltpolitisch noch unerfahrener Millionärs-
sohn, eben John F. Kennedy, die Macht im
mächtigsten Staat der Welt. Er trifft sich Anfang Juni mit Nikita Chruschtschow in Wien.
Chruschtschow scheint den neuen Partner, soweit wir vermuten können, für einen grünen
Newcomer gehalten zu haben. Was auch eine
andere Seite hat: Dieser Grünling, mag
Chruschtschow gedacht haben, wird erwachsen werden, das Berlin-Unternehmen muß jetzt
durchgezogen werden. Kennedy ist, was
Chruschtschow nicht ganz ermißt, umgeben
vom Rat der Politiker, Finanziers und Intellek-
tuellen der Ostküste, dem traditionellen politischen Hirn Amerikas. Sie waren angetreten,
weder ›Mühle‹ noch ›Mensch ärgere dich
nicht‹ zu spielen, sondern Schach. John F.
Kennedy verkörperte – und das hat alle seine
nicht geringen Fehlschläge überdauert – den
amerikanischen Traum von Demokratie, was
immer das konkret bedeuten mag, was aber jeder bis in die Tiefen des Ostens versteht. Er gab
der westlichen Welt und ihren Ideen, die weit
über ihre politischen Grenzen fluteten, wieder
Kraft und Zuversicht, auch wenn sie nicht
überall, bis in die Winkel Asiens, Afrikas und
Lateinamerikas, so jungfräulich, wie sie vielleicht gemeint sein mochten, ankamen. Sehr
amerikanisch: die große Vision und das harte
Zupacken. Kennedys Lieblingssprüche: die
Neue Grenze, an der wir kämpfen, der Neue
Ozean, auf dem wir segeln müssen, haben den
Weltwind gedreht. »We shall overcome« – das

Lied der Bürgerrechtsbewegung hat immer
mehr bedeutet als nur Gerechtigkeit für Missis-
sippi und Harlem. Martin Luther King und
Malcolm X., John und Robert Kennedy
folgten derselben Spur und starben dafür. Die
Sowjets standen einem neuen, einem revolutio-
när aufgewühlten Amerika gegenüber, einer
Demokratie im Aufbruch.

Kennedys Essentials

John F. Kennedy sah sich bei seiner Amtsüber-
nahme Anfang Januar 1961 inmitten der Berlinkrise dreifach gehandicapt. Die amerikanische Position war durch das Lavieren der Ei-
senhower-Administration in den Augen der
Sowjets aufgeweicht, in den Augen der Verbündeten schien sie unzuverlässig. Die Militär-
doktrin der massiven Vergeltung aus der Ära
des Außenministers Dulles, entworfen 1953
zur Zeit der amerikanischen Nuklear-Domi-
nanz, taugte nicht mehr in der Zeit des nuklearen Patt. Der atomare Vernichtungsschlag,
der beide Großmächte treffen konnte, war ein
viel zu großer Einsatz, um regionale Provokationen und Streitigkeiten zu regulieren. Außerdem schienen beide Seiten, von denen vor allem die Russen zu hoch gepokert hatten, am
Ende ihres Lateins. Spätestens nach dem Abschuß des US-Aufklärungsflugzeugs U2 1960,
ein für die Amerikaner peinlicher Vorfall, der
aber den Sowjets die ganze Präzision amerikanischer Luftaufklärung offenbarte, war eine
Einschüchterung mit unheimlichen Waffen
nicht mehr drin, nur noch ein Kochen auf kleiner Flamme. Wahrscheinlich deshalb, wegen
der erledigten Trümpfe, hat Chruschtschow
das Gipfeltreffen in Paris so rüde und unver-
söhnlich platzen lassen.
Daraus zog Kennedy seinen Schluß. Schon am
14. August 1958, noch Senator von Massachu-
setts, hatte er vor dem Senat laut nachgedacht:
*»Jeder Zug, den die Sowjets tun, wird den We-
sten schwächen – aber jeder wird an und für sich
nicht bedeutend genug erscheinen, um es zu
rechtfertigen, daß wir deswegen einen nuklearen
Krieg beginnen, der uns selber vernichten
könnte[6].«*
In einer solchen Salamitaktik sah er auch die
eigentliche Gefahr für Berlin: *»Ich denke, die
Sowjetunion würde wohl schon wissen, daß ein*

frecher Einfall in Westeuropa das Signal zu ei-
nem totalen Vernichtungskrieg wäre. Das wirkli-
che Problem ist der subtilere Kampf um Berlin,
wo uns die Sowjets abzuwürgen suchen, wo sie
nicht mit lautem Knall zum Ziel kommen möch-
ten, sondern mit einem leisen Zischen, das nie
ganz einen Krieg wert zu sein scheint, da sie uns
nur nach und nach die Luft wegnehmen. Das
wird der wirkliche Kampf werden. Es wird eine
Nerven- und Willensprobe[7]*.«*
Zu Kennedys ersten Amtshandlungen gehörten die Erhöhung des Verteidigungshaushalts
und die Umstellung auf eine flexible Abschrek-
kung durch Verstärkung auch der konventionellen Bewaffnung. Gleichzeitig bot er den Sowjets Verhandlungen an: *»Auf dem Wappen*
des Präsidenten hält der amerikanische Adler in
seinem rechten Fang den Olivenzweig und in sei-
nem linken ein Bündel Pfeile. Wir gedenken, bei-
den gleich viel Aufmerksamkeit zuzuwenden[8]*.«*
Von der Bürde der Berlin-Irritationen seines
Vorgängers befreite er sich, indem er seinen
Sonderbotschafter Harriman am 8. März 1961
in Berlin erklären ließ, daß sich die neue Administration in keiner Weise an frühere Verhandlungen über Berlin gebunden fühle; neue Gespräche hätten wieder am Anfang zu beginnen.
Kennedys Ziel war *»die Verminderung der*
Spannungen und die Verringerung der Zahl der
umstrittenen Gebiete«[9]. Für Deutschland und
Berlin bedeutete dies, den Status quo durch
Übereinkünfte sicherer zu machen, statt ihn zu
verändern. So nimmt es nicht wunder, daß
Kennedy aus der Berlinkrise rasch und entschieden die drei Essentials filterte, die Amerika notfalls unter Einsatz aller Mittel zu verteidigen entschlossen war und an deren Kristall
Chruschtschows Offensive zerbrach:

– die Präsenz der Westmächte in West-Berlin

– die Freiheit des Zugangs

– die Freiheit und Lebensfähigkeit der Bewohner West-Berlins.

Die Signale des amerikanischen Präsidenten,
seine intellektuell wohlformulierten Botschaf-
ten, wurden von Chruschtschow wie seinem
Politbüro im Kreml, durchweg erfahrenen Politikern, verstanden. Die Grenzen des Spiels
waren abgesteckt. Wenn man es vereinfachen

will: Diesseits und jenseits der Jaltalinie, so
wie sie sich nach dem Krieg eingependelt hat,
respektieren die Großmächte nach wie vor die
Dominanz der anderen Seite. Bei dem jahre-
langen Berlinpoker, so schrill die Töne zuweilen klangen, hatte keiner der beiden Großen
die Essentials der anderen Seite ernsthaft berührt. Das war der eine, der weltpolitische
Aspekt der Berlinkrise. Und in diesem Punkt
hat ein gewisser Konsens zwischen sowjetischen Bürokraten und amerikanischen Tech-
nokraten nie ausgesetzt.
Die deutsche Bevölkerung, unmittelbar und in
ihrer Existenz betroffen (aber das gilt sicherlich nicht nur für die Deutschen, sondern für
viele Völker der Welt), hat den kühlen Stil der
amerikanischen Ostküste so wenig verstehen
und übersetzen können wie die diplomatischen
Kabinettstücke der Moskauer Experten. Die
sowjetische Führung hatte sich nie viel Gedanken über die Volenté générale unterworfener
oder verbündeter Länder gemacht, die amerikanische Administration vielleicht auch nur
verbal. Erst die Regierung Kennedy hat offen
ausgesprochen, was Sache ist. Die Amerikaner
sind dadurch nicht populärer, aber ehrlicher
geworden.

Der Augenblick der Wahrheit

Konsequenz dieser weltpolitischen Konfrontation konnte nur die Mauer sein – und so hart
und bitter es klingt: Vielleicht war es zu dieser
Zeit, nach einer total verfehlten Politik, deren
Schlüssel nicht in deutschen Händen lag, noch
eine sanfte Konsequenz.
Das Verdampfen der propagandistischen Ne-
bel bedeutete für beide deutschen Regierungen
den Augenblick der Wahrheit. Und es stellte
sich heraus, wie sehr beide Regierungen die
Deklamationen ihrer Schutzmächte verinner-
licht hatten. Die beiden deutschen Staaten waren, und daran hat sich niemals etwas geändert, hochgeschätzte, vielleicht die wichtigsten
Verbündeten, aber eben auch nicht mehr: Figu-
ren hohen Ranges auf dem Schachbrett, auf
dem die Supermächte ihre politischen Partien
austrugen und austragen.
Adenauers Mißtrauen gegen die amerikanische Politik wurzelte schon in den Unsicherheiten der Eisenhower-Zeit, als sein Freund

Dulles, Rocher de bronze des amerikanischen Antikommunismus, tödlich vom Krebs gezeichnet war. Kennedy, zu dem er schon aus Gründen des Generationswechsels und der unterschiedlichen Erfahrungen keinen persönlichen Zugang fand, hatte als Perspektive gesehen, daß die deutsche Wiedervereinigung *»das Ziel auf große Sicht darstellt«*, aber *»sicher noch auf viele Jahre nicht im Spiel«* sei. Für Berlin hoffte Kennedy, mit den Sowjets zu einem *»modus vivendi«* zu kommen, *»besonders wenn sie merken, daß jeder tatsächliche Angriff auf unsere Stellung in Berlin Krieg bedeutet«*. So hatte Kennedy schon 1959 über eine internationale Zugangsbehörde für Berlin nachgedacht und als *»Gegenleistung«* Truppenverminderungen und Zensurmaßnahmen gegen die West-Berliner Presse ins Auge gefaßt[10]. Er steuerte auf ein geregeltes Nebeneinander der Machtblöcke in Europa hin, bei voller Sicherheitsgarantie für die Freiheit der Bundesrepublik und West-Berlins einerseits, Verzicht auf Einmischung in die sowjetische Machtsphäre in Ost-Berlin und Ostdeutschland andererseits. Nun war Adenauer sicherlich kein Hasardeur eines politischen oder militärischen Rollback, und der Gedanke, Deutschland zum Schauplatz weltpolitischer Kontroversen zu machen, lag ihm nach Herkunft, Erfahrung und Naturell fern. Gerade daraus resultierte ja Adenauers Option für den Westen nach dem Krieg, für EWG und NATO, die viele Deutsche schwer begreifen konnten. Aber die philosophische Basis des Staatswesens Bundesrepublik und seiner Politik gründete auf dem Imperativ der Wiedervereinigung; die Bundesrepublik empfand sich lange als Provisorium, das Grundgesetz fordert das deutsche Volk auf, *»in freier Selbstbestimmung die Einheit und Freiheit zu vollenden«*. Die *»Anerkennung der Realitäten«* bedeutete nicht nur für Adenauer, im Grunde für die ganze bisherige deutsche Politik, einen Profilwechsel, zu dem er sich nur schwer verstehen konnte, weil ihm die Dialektik von Fakten und Hoffnungen, die Dynamik geschichtlicher Prozesse, die materielle, unberechenbare Gewalt historischer Ideen, sehr bewußt waren. Deshalb Adenauers Festhalten am Gedanken der Wiedervereinigung als Voraussetzung für Entspannung, an der Vorstellung vom Status

quo als Provisorium, einer Nichtanerkennung der DDR als Staat. Andererseits hat Adenauer sehr früh bemerkt, daß diese Konzeption von Washington aus ins Schleudern geriet. Immerhin war er schon 1955 nach Moskau gefahren, durch diplomatische Beziehungen mit der Sowjetunion seine eigene Hallstein-Doktrin durchlöchernd, denn die Sowjetunion hatte, horribile dictu, die obskure DDR als souveränen Staat anerkannt. Schon 1956 sondierte ein Politiker seines Vertrauens bei Sowjetbotschafter Puschkin in Ost-Berlin[11]. Lange deckte er den eigenwilligen Botschafter Kroll in Moskau, der in der Tat einen unkonventionellen Zugang zu Chruschtschow besaß. Adenauers Burgfriedensangebote an Moskau, seine Erörterungen von Möglichkeiten einer Österreich-Lösung für die DDR – sie beginnen im Frühjahr 1958 und reichen bis 1962 – waren Versuche, die starre Position aufzubrechen und sich den veränderten internationalen Gegebenheiten anzupassen. Aber Chruschtschow war an solchen Angeboten genausowenig interessiert wie an dem Deutschlandplan der SPD, der 1959 ein als Konföderation vereinigtes Deutschland als Bestandteil eines neutralen ost-mitteleuropäischen Staatengürtels vorsah. Auf seltsame Weise, von menschlich und politisch gegensätzlichen Positionen her, haben die Realpolitiker Kennedy und Adenauer die politisch-moralische Wirkung der Tendenzwende auf die deutsche Bevölkerung ignoriert. Kennedy hat das noch reparieren können und ging in die deutsche Nachkriegsgeschichte als Verteidiger der Freiheit von Berlin ein. Adenauer kostete die eine Woche Zögern unter dem Schock des Mauerbaus erst die absolute Mehrheit, dann die Kanzlerschaft.
Ulbricht war wie Adenauer ein Politiker, der von einer Zeit und einem Konzept geprägt war, worin Deutschland unteilbar schien. Er erkannte früh und genau, daß für Chruschtschow die Berlinfrage vor allem ein Hebel zur Durchsetzung weitergesteckter Ziele war, letzten Endes Spielmaterial. Von der DDR aus war die Lösung des *»West-Berlin-Problems«* eine absolute Notwendigkeit, ohne die das Regime auf die Dauer nicht überleben zu können glaubte.
Auch Chruschtschow wollte den Störfaktor

West-Berlin ausräumen, aber diese Tendenz war immer untergeordnet der globalen Strategie einer Weltmacht, zu deren Überquerung die Sonne acht Stunden braucht. Chruschtschow sah in West-Berlin weniger eine soziale und politische Irritation für die Konsolidierung der DDR, das auch, vor allem aber einen Punkt, der die Lage in Mittel- und Osteuropa, die Sicherung der »Ergebnisse des Zweiten Weltkrieges« gefährden konnte – einen Punkt, von dem aus, weil er offensichtlich politisch unklar definiert war, die »revisionistischen Gebietsansprüche« der NATO-Macht Bundesrepublik betrieben werden konnten. Dies zu entschärfen, war er zu einem Globalarrangement mit der westlichen Führungsmacht bereit. Sein Memorandum an die Bundesregierung vom 7. Februar 1961 offenbart seine Einschätzung, daß die Hegemonialinteressen der Weltmächte über den Separatinteressen ihrer Verbündeten zu stehen haben, *»daß die Großmächte umfangreichere Interessen besitzen, die sie zur Lösung der spruchreifen Fragen treiben. Gerade diese umfangreicheren Interessen, und nicht nur die Deutschlandfrage, bestimmen letzten Endes ihre Haltung bei Verhandlungen«.*

»Operation Chinese Wall«
Auf der Warschauer-Pakt-Tagung Ende März 1961 in Moskau versuchte Ulbricht, eine Lösung in seinem Sinne zu erwirken. Er gab eine dramatische Beschreibung der Flüchtlingssituation, die in der Feststellung gipfelte, daß ohne einschneidende Maßnahmen in dieser Frage die DDR ihre wirtschaftlichen Verpflichtungen im Comecon nicht mehr erfüllen könne. Von dieser Tagung gibt es den Bericht eines Teilnehmers, des stellvertretenden tschechoslowakischen Verteidigungsministers Jan Sejna, der nach der sowjetischen Intervention 1968 in den Westen flüchtete[12]. Danach schlug Ulbricht vor, neben verschärften Grenzkontrollen rund um Berlin, eine Stacheldrahtbarriere längs der 45 km langen Sektorengrenze quer durch die Stadt zu errichten. Die Ostblockführer waren über diese Idee entsetzt, vor allem die notorischen Renitenten, die später auf Dauer die Harmonie des Blocks verwirren sollten. Janos Kadar, überlebender Führer der

ungarischen Revolution von 1956, dessen liberale Politik auf eine relativ offene Einstellung gegenüber dem Westen gründet, sah eine ernste Schädigung des Ansehens der gesamten kommunistischen Bewegung voraus, mußte sich aber von Ulbricht die ungarischen Grenzbefestigungen gegenüber Österreich als Beispiel vorhalten lassen. Der rumänische Parteichef Gheorghiu-Dej, Vorgänger Ceaucescus, Erfinder des rumänischen Nationalkommunismus, an westlichen Wirtschaftsbeziehungen interessiert, widersetzte sich am heftigsten mit dem Argument, solche Radikalität müsse zum offenen Konflikt mit dem Westen führen, denn die Westmächte könnten eine so flagrante Verletzung des Viermächte-Status nicht dulden. Da auch Chruschtschow gegen Ulbrichts Pläne war – er hatte, wie gesagt, weitergesteckte Ziele und noch keine Klarheit über die neue amerikanische Administration Kennedy –, gaben die Verbündeten Ulbricht keine Ermächtigung.

Öffentlich bekannt wurden die Dissonanzen im Ostblock zuerst durch eine Rede des albanischen Parteiführers Enver Hodscha vom 7. November 1961. Hodscha warf Chruschtschow sein Zögern und Zurückweichen in der Berlin-Offensive vor:

»Es war und bleibt die Auffassung unserer Partei und Regierung, daß die Unterzeichnung eines Friedensvertrages mit Deutschland und die Beilegung des Westberliner Problems auf dieser Basis unverzichtbare Maßnahmen darstellen ... Wir waren und sind für eine möglichst rasche Lösung dieser Probleme, denn jede Verzögerung nützt nur unseren Feinden. Man kann daher fragen, wer denn in Wahrheit Angst hat, wer die Verantwortung für eine Lösung des deutschen Problems schuf? Wer verschleppt die Dinge? Etwa wir, die wir für eine möglichst rasche Regelung des Problems eintreten, oder unsere Ankläger, die in dieser Frage Rückzieher machten und sie von Jahr zu Jahr vertagen[13]?«

Die Albaner, damals offiziell noch Mitglied des Warschauer Paktes, und die Chinesen, damals offiziell noch Verbündete, wurden zu den Konsultationen der Sowjetblockstaaten zeitweise zugelassen. Sie konnten gut reden, sie saßen weit vom Schuß.

Die Ablehnung einer Radikallösung durch die Ostblockführer ist der Hintergrund für Ul-

brichts Erklärung auf der Pressekonferenz vom
15. Juni 1961:
*»Ich verstehe Ihre Frage so, daß es in West-
deutschland Menschen gibt, die wünschen, daß
wir die Bauarbeiter der Hauptstadt der DDR
dazu mobilisieren, eine Mauer aufzurichten. Mir
ist nicht bekannt, daß eine solche Absicht besteht. Die Bauarbeiter unserer Hauptstadt beschäftigen sich hauptsächlich mit Wohnungsbau,
und ihre Arbeitskraft wird dafür voll eingesetzt.
Niemand hat die Absicht, eine Mauer zu errichten.«*

Diese Mitteilung enthielt zwei Informationen,
die wir zu jener Zeit nicht einschätzen konnten
(deshalb der Vorwurf gegen Ulbricht, er habe
damals der Weltöffentlichkeit etwas vorge-
macht): Die Ostblockstaaten hatten die Abriegelung mitten in Berlin nicht genehmigt. Und:
Die Mauer wurde, während sich Außenste-
hende nur Stacheldrahtzäune, Wachtürme und
verschärfte Kontrollen als Grenzregulierung
vorstellen konnten, als architektonisches Bau-
werk dargestellt.

Die technischen Voraussetzungen für eine Abriegelung West-Berlins waren lange vorbereitet
und griffen einige Tage lang schon nach dem
Aufstand im Juni 1953, als die Grenze zwischen West- und Ost-Berlin geschlossen war.
1958 berichtete ein Flüchtling aus dem Regie-
rungsapparat der DDR über bis 1951 zurück-
reichende Pläne und Maßnahmen der Staatlichen Plankommission, um eine hermetische
und befestigte Grenze gegenüber West-Berlin
zu ermöglichen. Dazu gehörten im Mai 1952
die Trennung der Strom- und Wasserversor-
gung, die Straßen- und Grenzsperren an der
Sektoren- und Zonengrenze, die kostspielige
Verlegung eines Eisenbahnringes rund um die
Westsektoren von Berlin sowie Überlegungen,
die Sektorengrenze durch eine Mauer abzuriegeln. Die westlichen Geheimdienste registrier-
ten diese Information, ohne ihre Bedeutung zu
ermessen, unter dem Stichwort »Operation
Chinese Wall«[14].

Zahllose DDR-Bürger lebten auf Abruf, hinter
ihnen stand ein ungewisses, bedrohliches
Schicksal, durch Chruschtschows Ultimaten
immer wieder entnervend erneuert – der Zeitpunkt abzuhauen hing meist von persönlichen,
familiären, praktischen Gründen ab. Und

viele, die möglicherweise zu Hause geblieben
wären, schlossen sich der allgemeinen Psy-
chose an.

Die Fieberkurve der Flüchtlingszahlen im
Juni, Juli und August 1961 zeigt einen klaren
Zusammenhang mit der Erneuerung von
Chruschtschows Drohung, durch Abschluß eines Separatvertrages mit der DDR *»noch in
diesem Jahr«* jeden Ausweg zu blockieren.
Zweifellos hätte die DDR etwas mehr, sehr viel
mehr tun können, um die Flüchtlingslawine
einzudämmen. Sowohl am Eisenbahn- und
Autobahnring um Berlin wie an den S- und U-
Bahnstationen inmitten der Stadt wurde nur
halbwegs so ordentlich kontrolliert, wie es
preußischer Tradition oder der immer wieder
und bis heute beschworenen rigorosen Grenzordnung eines »souveränen Staates«, speziell
eines kommunistischen Staates, gebührt. Die
Vermutung liegt nahe, daß Ulbricht Panik und
Flucht bewußt schürte, um den Sowjets die
Notwendigkeit seines Abriegelungsplans dra-
stisch vor Augen zu führen.

Nach Informationen aus internen Kreisen Ost-
Berlins hatte der Ostblock drei Möglichkeiten
ins Auge gefaßt, je nach dem, wie der Westen
reagieren würde:
1. Die Radikallösung Sperrung der Luftwege,
2. Mauerbau, gegebenenfalls Zurückverlegung
um einige Hundert Meter, falls die Westmächte es erzwingen, 3. Schließen des Ringes
um Groß-Berlin, d.h. Abriegelung der DDR
unter Ausklammerung ihrer Hauptstadt als
Teil der Viermächte-Stadt.

Da beide Seiten die Reaktion der Gegenseite
nicht kalkulieren konnten, da beide Seiten
auch Angst vor der eigenen Courage hatten,
nur mühevoll mit ihren Verbündeten klar kamen, blieb schließlich die absurdeste und obs-
kurste Lösung übrig: die Mauer.

Vom damaligen Botschafter der Bundesrepublik in Moskau, Hans Kroll, ist die folgende
Begründung Chruschtschows überliefert: *»Ich
weiß, die Mauer ist eine häßliche Sache. Sie wird
auch eines Tages wieder verschwinden. Allerdings erst dann, wenn die Gründe fortgefallen
sind, die zu ihrer Errichtung geführt haben. Was
sollte ich denn tun? Mehr als 30 000 Menschen,
und zwar mit die besten und tüchtigsten Menschen aus der DDR, verließen im Monat Juli das*

Land. Man kann sich unschwer ausrechnen, wann die ostdeutsche Wirtschaft zusammengebrochen wäre, wenn wir nicht alsbald etwas gegen die Massenflucht unternommen hätten. Es gab aber nur zwei Arten von Gegenmaßnahmen: die Lufttransportsperre oder die Mauer. Die erstgenannte hätte uns in einen ernsten Konflikt mit den Vereinigten Staaten gebracht, der möglicherweise zum Krieg geführt hätte. Das konnte und wollte ich nicht riskieren. Also blieb nur die Mauer übrig. Ich möchte Ihnen auch nicht verhehlen, daß ich es gewesen bin, der letzten Endes den Befehl dazu gegeben hat. Ulbricht hat mich zwar seit längerer Zeit und in den letzten Monaten immer heftiger gedrängt, aber ich möchte mich nicht hinter seinem Rücken verstecken. Er ist viel zu schmal für mich. Die Mauer wird, wie ich schon gesagt habe, eines Tages wieder verschwinden, aber erst dann, wenn die Gründe für ihre Errichtung fortgefallen sind[15].«

Nach einer Woche begreift der Westen endlich den politisch-moralischen Aspekt des Problems: die Notwendigkeit, das erschütterte Vertrauen in seine Politik wiederherzustellen und Flagge zu zeigen.

18. August: Adenauer und Brandt sprechen vor dem Deutschen Bundestag.

19. August: Eine US-Kampfgruppe begibt sich über die Autobahn nach West-Berlin.

19.–20. August: Präsident Kennedy schickt Vizepräsident Johnson und General Clay, den unvergessenen Organisator der Luftbrücke, nach Berlin. Johnson, später Präsident, jetzt zweiter Mann der Vereinigten Staaten, spricht vor Senat und Abgeordnetenhaus: *»Ich bin auf Weisung des Präsidenten Kennedy nach Berlin gekommen. Er und ich wünschen, daß Sie zur Kenntnis nehmen, daß die Zusicherung, die er für die Freiheit von West-Berlin und für die Rechte des westlichen Zugangs zu Berlin gegeben hat, fest ist. Für das Überleben und die schöpferische Zukunft dieser Stadt haben die Amerikaner in der Tat das verbürgt, was unsere Vorfahren bei der Schaffung der Vereinigten Staaten verbürgt haben: Unser Leben, unser Gut und unsere heilige Ehre.«*

Die Panzer des Generals Clay fahren am Checkpoint Charly auf und zwingen die Sowjets, ihre eigenen Tanks, nicht solche der NVA, gegenüberzustellen. Amerikanische Militärtransporte rollen, gelegentlich durch östliche Nerventests gestört, aber nicht nennenswert irritiert, über die Interzonenbahnen. US-Jeeps patrouillieren wie gehabt durch den Ostsektor Berlins und fahren, zuweilen beschossen, ungeniert zu ihrer Militärmission in Potsdam. Das große Karten um Berlin ist zu Ende.

Die neue Grenze

Im Herbst 1962 versuchte Chruschtschow, das west-östliche Billard durch Einschmuggeln sowjetischer Mittelstreckenraketen nach Kuba noch einmal für sich zu gewinnen. Natürlich deckten amerikanische Aufklärungsflugzeuge die Operation sofort auf, so wie ja schon dieselben Flugzeuge, die U 2, die angebliche sowjetische Rüstungsüberlegenheit per Foto annulliert hatten. Wieso kam Chruschtschow auf das kubanische Abenteuer? Unterschätzte er die amerikanische Aufklärung? Unterschätzte er die Entschiedenheit der Vereinigten Staaten im Widerstand? Unterschätzte er den Präsidenten? Oder: Stand er gegenüber seinen Genossen im Politbüro mit dem Rücken an der Wand? Unvergeßlich die Nacht, in der Präsident Kennedy, zur Entscheidung zwischen Krieg und Kapitulation gezwungen, seine Worte an die Nation und die Welt richtete:

»Wir werden weder voreilig noch unnötigerweise die Folgen eines weltweiten Atomkrieges riskieren, bei dem selbst die Früchte des Sieges nur Asche auf unseren Lippen wären – aber wir werden auch niemals und zu keiner Zeit vor diesem Risiko zurückschrecken, wenn wir uns ihm stellen müssen[16].«

Die sowjetischen Transportschiffe drehten ab. Ein Jahr später zog John F. Kennedy, der bis dahin die Emotionen der Volksmassen in Europa und überhaupt anderer Erdteile nicht begriffen hatte, triumphal durch Deutschland und Berlin. Ein verregneter Chruschtschow-Besuch im Berliner Ostsektor hatte dagegen keine Chance. Die Berlinkrise war, auf tropischen Umwegen, zu Ende gegangen.

Was die Deutschen angeht, so mußten sie sich nun der Wirklichkeit stellen: Leben in zwei Staaten deutscher Nation. Die DDR-Autorin Christa Wolf schrieb damals ihr signifikantes Buch *Der geteilte Himmel* mit der provozierenden Sentenz: *»Den Himmel wenigstens können*

sie nicht teilen – den Himmel teilen sie zuerst.«
Der deutsche Himmel, wenn man darunter
Philosophie, Kultur, Wissenschaft und Heimat
versteht, wurde nicht geteilt. Christa Wolfs
zweites Buch hieß schon *Nachdenken über
Christa T.* Möglicherweise hat die tiefe Er-
schütterung jener Jahre dazu beigetragen, daß
die Deutschen sich aus der selbstverschuldeten
und schließlich verinnerlichten Unmündigkeit
auf die alte politische Weisheit besannen: daß
letzten Endes jeder die Verantwortung für sein
Schicksal selber trägt.
Wenn man alles zusammennimmt, hat die Berlinkrise jener Jahre, die nur für eine Kraftprobe der Großmächte in der Welt stand, die
Dimension einer antiken Tragödie erreicht.
Der Chor – das war gewiß nicht, wie noch in
Korea und im Kongo, die UNO. Aber die beiden Akteure, die in die Geschichte eingegangen sind wie die Könige Shakespeares – weit
mehr als vielleicht ihrem irdischen Wirken entsprach –, wurden auf dem Zenit ihres Zaubers,
im letzten realen Moment ihrer Vision, dahin-
gerafft. Kennedy, der beim Abschied von
Deutschland auf dem Köln-Bonner Flughafen
zu Bundeskanzler Adenauer sagte, er werde
seinem Nachfolger ein Briefchen hinterlassen,
*»das nur zu öffnen ist in einem Zeitpunkt großer
Entmutigung, und da werden nur drei Worte
drinstehen: Reise nach Deutschland«,* und der
hinzufügte: *»Vielleicht werde ich eines Tages
selber diesen Brief aufmachen«*[17] – Kennedy
wurde durch ein Gewehr mit Zielfernrohr in
Dallas, Texas, erschossen. Nikita Chruschtschow konnte die Weltraummannschaft, der er
die materiellen Voraussetzungen ihrer Erfolge
verschafft hatte, zwar noch verabschieden,
aber nicht mehr bei der Rückkehr empfangen.
Er hatte hoch, sicherlich zu hoch gespielt. Aber
als es in der Kuba-Krise um das Überleben seiner Mitmenschen ging, war er selbst zur De-
mutsgebärde bereit. Vielleicht ging mit diesen
beiden Kontrahenten, weltgeschichtlichen In-
dividuen im Sinne Jakob Burckhardts, das persönliche Signum politischer Gegnerschaft für
immer im Computerzeitalter zu Ende.
Wie erklärt sich sonst die Einzigartigkeit des
Grabs von John F. Kennedy auf dem Militär-
friedhof Arlington hoch oben über Washington? Wie erklärt sich sonst, daß es die letzte öf-

fentliche Handlung des Nobelpreisträgers Alexander Solschenizyn vor seiner Ausweisung
aus der Sowjetunion war, eine Rose auf
Chruschtschows Grab zu legen?
Danach, nach dieser Tabula rasa, begann
schmerzhaft und voller Risiko eine neue Ostpolitik, die mit den Namen Brandt und Weh-
ner, Bahr und Scheel, Schröder und Barzel,
Breshnew, Falin und Zarapkin, Gierek und Ra-
kowski, Kissinger und Brzezinski verbunden
ist. Sie alle waren Verletzte aus dem letzten
Krieg, und jeden kostete es viel, aufeinander
zuzugehen. Die Millionen Toten des Krieges
sind uns allen bewußt.
Die Toten des Nachkrieges vergessen wir zu
leicht. Lassen wir dem Stalinpreisträger Viktor
Nekrassow das letzte Wort:
*»Die Deutschen – nicht die Träger des Eisernen
Kreuzes am Stalingrader Kaufhaus, die auf uns
geschossen haben, sondern die anderen, die an
der Berliner Mauer. An der ganzen Mauer finden sich Kreuze, sie tragen Kränze, Blumen liegen vor ihnen. Verbrecher, Verräter! Wollten aus
dem Gefängnis fliehen. Auf der Flucht erwischt.
Eine Kugel in den Rücken . . .«*

1 Willy Brandt, Begegnungen und Einsichten. Die Jahre 1960–1975.
Hamburg 1976, S. 9.
2 Klemens Krüger, Der 13. August in der DDR. Tagebuchaufzeichnungen. In: Die Mauer oder der 13. August, herausgegeben von Hans Werner Richter, Reinbek bei Hamburg 1961, S. 14 ff.
3 Willy Brandt (Anm. 1), S. 17.
4 Konrad Adenauer im Deutschen Fernsehen WDR am 11. Dez. 1963.
5 Rede vor dem Senat am 14. Juni 1960. In John F. Kennedy. Der Weg
zum Frieden. München 1964, S. 283.
6 Ebenda, S. 51.
7 Interview mit John Fischer, Chefredakteur von Harper's Magazine, am
9. Dezember 1959 in New York. Ebenda S. 257.
8 Botschaft über die Lage der Nation vom 30. Januar 1961, Archiv der
Gegenwart 1961, S. 8892.
9 Rede vor dem Senat am 14. August 1958. Kennedy (Anm. 5), S. 58.
10 Interview mit John Fischer (Anm. 7), S. 255.
11 Finanzminister Fritz Schäffer; er tat es auf eigene Verantwortung mit
Wissen Adenauers.
12 Vgl. Honoré M. Catudal, Kennedy and the Berlin Wall Crisis, Berlin
(West) 1980, S. 49 ff.
13 Vgl. Hinter dem eisernen Vorhang, München, Nr. 12/1961, S. 42; zitiert bei Ilse Spittmann: »Die SED und Peking«, SBZ-Archiv, Heft
16/1964, S. 252.
14 Vgl. Catudal (Anm. 12), S. 210. Der Flüchtling war Fritz Schenk, bis zu
seiner Flucht Ende 1957 persönlicher Referent des Vorsitzenden der
Staatlichen Plankommission, Mitglied des SED-Politbüros Bruno
Leuschner. Seine Mitteilung wurde damals als »Hirngespinst eines
übereifrigen FDJ-Funktionärs« abgetan.
15 Hans Kroll, Lebenserinnerungen eines Botschafters. Köln–Berlin
1967, S. 512.
16 Fernsehansprache Kennedys in der Nacht zum 23. Oktober 1962. Archiv der Gegenwart 1962, S. 10194.
17 Kennedy auf dem Flughafen Köln/Bonn am 26. Juni 1963, vgl. Die
Welt vom 27. Juni 1963.

Dokumentation
Zusammengestellt von
Gunter Holzweißig

I

Vom Chruschtschow-Ultimatum bis zur gescheiterten Pariser Gipfelkonferenz

November 1958 bis Mai 1960

Die Vorgeschichte des Mauerbaus in Berlin beginnt bereits im Herbst 1958. Am 27. November unterrichtete die sowjetische Regierung in gleichlautenden Noten die drei Westmächte sowie in gesonderten Noten die Bundesregierung und die Regierung der DDR, daß sie den Viermächte-Status Berlins als nicht mehr in Kraft befindlich betrachte. Die Besatzungstruppen sollten aus Berlin abziehen. Für West-Berlin schlug die UdSSR den Status einer »Freien Stadt« unter Preisgabe der Bindungen an die Bundesrepublik Deutschland vor. Die Westmächte wurden in ultimativer Form aufgefordert, sich dieser Vorstellung binnen sechs Monaten anzuschließen, andernfalls würde die UdSSR die Kontrolle der Zugangswege einschließlich der Luftwege der DDR übergeben (Dok. 1).

Zehn Jahre nach der sowjetischen Blockade der West-Sektoren Berlins wurde damit vom damaligen sowjetischen Ministerpräsidenten und Parteichef Chruschtschow die zweite Berlin-Krise der Nachkriegszeit ausgelöst. Das Ultimatum traf die Westmächte jedoch nicht unvorbereitet, denn schon am 27. Oktober hatte Walter Ulbricht erklärt, daß »ganz Berlin auf dem Territorium der DDR« liege und diese auch die alleinige Kontrolle über die Zufahrtswege nach Berlin ausüben müsse. Am 10. November 1958 hatte Chruschtschow dann die Westmächte unmißverständlich auf ihre angeblich fortgesetzte Mißachtung des Potsdamer Abkommens hingewiesen. Er zog daraus den Schluß, die Zeit sei gekommen, »daß die Staaten, die das Potsdamer Abkommen unterzeichnet haben, die Überreste des Besatzungsregimes in West-Berlin ablehnen und damit ermöglichen, eine normale Lage in der Hauptstadt der DDR herbeizuführen«.

Die Bundesregierung wies in einer ersten Stellungnahme am 12. November darauf hin, daß eine solche einseitige Aufsagung völkerrechtlicher Verpflichtungen ein Bruch des geltenden Völkerrechts sei, der das Vertrauen in den Wert sowjetischer vertraglicher Zusagen ernstlich in Frage stelle. Am 20. November unterrichtete der damalige Botschafter der UdSSR in Bonn, Smirnow, Bundeskanzler Adenauer über die bevorstehende sowjetische Berlin-Note. Smirnow legte Wert auf die Feststellung, daß die Sowjetunion mit der beabsichtigten Beseitigung des Besatzungsstatuts in Berlin keineswegs ihre Beziehungen zur Bundesrepublik verschlechtern wolle. Die sowjetische Regierung sei jedoch der Ansicht, die Beendigung des Besatzungsregimes in Deutschland sei keine Frage, die der Zustimmung der Westmächte bedürfe. Smirnow rechtfertigte dieses einseitige Vorgehen mit der in allen damaligen Erklärungen und Noten der UdSSR wiederkehrenden Behauptung, die Westmächte hätten dem Buchstaben und dem Geist des Potsdamer Abkommens zuwidergehandelt und damit ihre Rechte in Berlin verwirkt.

Smirnow wiederholte jedoch nicht die von Chruschtschow am 10. November aufgestellte Behauptung, daß sich die drei Westmächte aufgrund des Potsdamer Abkommens in Berlin befänden. Offensichtlich hatten die sowjetischen Völkerrechtler diese auch in den Noten vom 27. November nicht wiederkehrende Formulierung korrigiert. Tatsächlich geht die Anwesenheit der Alliierten nicht auf das Potsdamer Abkommen zurück. Sie beruht auf dem originären, aus der bedingungslosen Kapitulation des Deutschen Reiches folgenden Besatzungsrecht und der Übernahme der obersten Regierungsgewalt in Deutschland durch die

Erklärung vom 5. Juni 1945. Die in London am 12. September 1944 getroffene Vereinbarung der Vereinigten Staaten, Großbritanniens und der Sowjetunion, die am 14. November 1944 ergänzt wurde, regelte die gegenseitige Abgrenzung der jeweiligen Besatzungszonen.

Die Veröffentlichung der sowjetischen Noten am 27. November 1958 löste in der westlichen Welt größte Besorgnis aus. Das sowjetische Vorgehen gipfelte in

– dem Versuch, das Londoner Abkommen vom 12. September 1944 sowie dessen spätere Zusatzabkommen, die die gemeinsame Besetzung Deutschlands und die Verwaltung von Groß-Berlin zum Inhalt hatten, für ungültig zu erklären;

– der Androhung, daß die Kontrolle über den gesamten (auch den alliierten) Verkehr auf den Zugangswegen »zu Lande, zu Wasser und in der Luft« in die künftige »entmilitarisierte Freie Stadt« West-Berlin an die DDR übertragen würde, wenn die Westmächte nicht zu Verhandlungen bereit seien. Die Haltung der Sowjetunion wurde durch das Argument verschärft, daß die sowjetischen Vorschläge ein Entgegenkommen der DDR darstellten, weil diese an sich einen rechtmäßigen Anspruch auf ganz Berlin habe, auf dem man jedoch angesichts der bestehenden Unterschiede in den Gesellschaftsordnungen aus Rücksichtnahme auf die Bevölkerung West-Berlins nicht bestehe.

Sowohl die West-Berliner Bevölkerung, die zehn Tage nach dem Ultimatum bei den Wahlen zum Abgeordnetenhaus am 7. Dezember 1958 der West-Berliner SED eine deutliche Niederlage bereitete – sie erhielt nur 1,9 Prozent der Stimmen –, als auch die Bundesregierung, die drei Westmächte und die übrigen Nato-Staaten (Dok. 2) lehnten die sowjetischen Forderungen kategorisch ab. Die drei Westmächte hielten in ihren Noten vom 31. Dezember 1958 an die UdSSR (Dok. 3, 4 und 5) ausdrücklich an den alliierten Abkommen der Kriegs- und Nachkriegszeit fest. Sie erklärten aber, sie wollten Verhandlungen über das Berlin- und Deutschlandproblem sowie über Fragen der europäischen Sicherheit nicht ausweichen, wenn die Sowjetunion ihrerseits das Ultimatum zurückziehe. Die Sowjetunion ver-

öffentlichte als Antwort darauf am 10. Januar 1959 den Entwurf eines Friedensvertrages mit zwei deutschen Staaten (Dok. 6). Bis zum Abschluß des Vertrages sollte nach Artikel 26 des Entwurfes West-Berlin »die Stellung einer entmilitarisierten Freien Stadt auf der Grundlage ihres beonderen Status« erhalten. Falls ein Friedensvertrag mit beiden deutschen Staaten nicht zustande käme, so drohte Chruschtschow am 6. März 1959 in Leipzig, würde die Sowjetunion mit der DDR einen separaten Friedensvertrag abschließen. Im Zuge eines solchen Vertrages würde sich dann auch die »sogenannte Berlinfrage« lösen (Dok. 7).

Die Berlin-Frage stand im Mittelpunkt der Genfer Außenministerkonferenz der Vier Mächte vom 11. Mai bis zum 5. August 1959, an der auch Beobachterdelegationen aus beiden deutschen Staaten teilnahmen. Konkrete Ergebnisse wurden jedoch trotz weitgehender westlicher Kompromißvorschläge (u. a. keine Erhöhung der Streitkräfte in Berlin; Bereitschaft zu separaten Berlin-Verhandlungen) nicht erreicht; die Sowjetunion war offensichtlich weder an einer Lösung noch an einer Verschärfung der Berlin-Frage interessiert (Dok. 8, 9, 10).

Der amerikanische Präsident Eisenhower und Chruschtschow, der im September 1959 den Vereinigten Staaten einen offiziellen Besuch abstattete, verständigten sich über die Einberufung einer Gipfelkonferenz der Staats- und Regierungschefs der Vier Mächte, auf der auch die deutsche Frage und das Berlin-Problem behandelt werden sollten. Sie sollte am 16. Mai 1960 in Paris stattfinden. Chruschtschow benutzte jedoch den Abschuß eines amerikanischen Aufklärungsflugzeuges über sowjetischem Gebiet am 1. Mai zum Vorwand, um die Konferenz platzen zu lassen. Er verließ Paris und reiste über Ost-Berlin zurück, wo er in einer Rede zu erkennen gab, daß die Sowjetunion nun die amerikanischen Präsidentenwahlen abwarten und in den folgenden sechs bis acht Monaten keine einseitigen Schritte in der Deutschland- und Berlin-Frage unternehmen wollte (Dok. 13).

In der DDR kam es im Frühjahr 1960 durch die Zwangskollektivierung der Landwirtschaft und neuen Druck auf die verbliebenen selbständigen Handwerker und Gewerbetreibenden zu einer Verschärfung der innenpolitischen Lage, die auch zu einem sprunghaften Anstieg der Flüchtlingszahlen führte. Während im Januar 1960 »nur« 9905 DDR-Bürger ihrer Heimat den Rücken kehrten, waren es im Mai 1960 bereits 20285. Bei rund 50 Prozent der Flüchtlinge handelte es sich um junge Menschen unter 25 Jahren. Das rigorose Vorgehen gegen die sich einem Eintritt in die Landwirt-

schaftlichen Produktionsgemeinschaften widersetzenden Landwirte und die Eile, mit der die DDR-Führung noch vor der geplanten Gipfelkonferenz den Abschluß der Zwangskollektivierung am 25. April 1960 vollzogen hatte (Dok. 11, 12), nährten den Verdacht, daß sie noch vor der Gipfelkonferenz vollendete Tatsachen schaffen wollte, weil sie fürchtete, die UdSSR könnte mit den Westmächten einen Kompromiß zu Lasten der DDR schließen.

Dokument 1

27. November 1958:
Note der Regierung der Sowjetunion
an die Regierung der Vereinigten Staaten
von Amerika zur Lage Berlins[1]
(Chruschtschow-Ultimatum)

Die Regierung der Union der Sozialistischen Sowjetrepubliken wendet sich in der nunmehr spruchreif gewordenen Frage der Lage Berlins an die Regierung der Vereinigten Staaten von Amerika als einer der Mächte, die das Potsdamer Abkommen unterzeichnet haben.

Die Frage Berlins, das im Zentrum der Deutschen Demokratischen Republik liegt, dessen westlicher Teil jedoch infolge fremder Besetzung von der DDR losgerissen ist, berührt zutiefst nicht nur die nationalen Interessen des deutschen Volkes, sondern auch die Interessen aller Völker, die in Europa die Voraussetzungen für einen dauerhaften Frieden herzustellen wünschen. Hier, in der historischen Hauptstadt Deutschlands, berühren sich unmittelbar zwei Welten, und auf Schritt und Tritt ragen die Barrikaden des »kalten Krieges« empor. Seit vielen Jahren herrscht in der zweigeteilten Stadt eine Atmosphäre ständiger Reibungen und Spannung.

Berlin, das Zeuge des großartigen Triumphes in dem gemeinsamen Kampf unserer Länder gegen die faschistische Aggression war, ist jetzt zu einem gefährlichen Kreuzungspunkt der Gegensätze zwischen den Großmächten – den Alliierten des verflossenen Krieges – geworden. Seine Rolle in den gegenseitigen Beziehungen der Mächte läßt sich mit der glimmenden Lunte vergleichen, die in die Nähe eines Pulverfasses gebracht wurde. Hier entstehende Zwischenfälle, selbst wenn sie nur von örtli-

cher Bedeutung zu sein scheinen, können in der Atmosphäre erhitzter Leidenschaften, des Mißtrauens und gegenseitiger Befürchtungen einen Brand hervorrufen, der schwer zu löschen sein wird.

Das ist das traurige Finale, zu dem in dreizehn Nachkriegsjahren die einst gemeinsame und koordinierte Deutschlandpolitik der vier Mächte – UdSSR, USA, Großbritannien und Frankreich – gelangt ist.

Um die wahre Bedeutung des Berlin-Problems, vor dem wir heute stehen, richtig einzuschätzen und die vorhandenen Möglichkeiten für eine Normalisierung der Lage in Berlin festzustellen, ist es erforderlich, sich ins Gedächtnis zurückzurufen, in welcher Weise sich die Politik der Teilnehmerstaaten der Antihitler-Koalition bezüglich Deutschlands entwickelt hat.

Bekanntlich sind die USA sowie Großbritannien und Frankreich durchaus nicht sofort zu dem Schluß gelangt, daß eine Zusammenarbeit mit der Sowjetunion notwendig sei, um der Hitleraggression entgegenzuwirken, obwohl von seiten der Sowjetunion stets die Bereitschaft dazu bekundet wurde. In den Hauptstädten der westlichen Staaten gewannen lange Zeit entgegengesetzte Bestrebungen die Oberhand, die besonders deutlich in der Periode des Münchner Abkommens mit Hitler in Er-

---

[1] Gleichlautende Noten an die Regierungen Frankreichs und Großbritanniens

scheinung traten. In der Hoffnung, den deutschen Militarismus zu zähmen und ihn auf den Osten zu lenken, duldeten und förderten die Regierungen der Westmächte Hitlers Politik der Erpressungen und Drohungen und die direkten Aggressionsakte Hitler-Deutschlands und seines Verbündeten, des faschistischen Italiens, gegenüber einer Reihe friedliebender Staaten.

Erst als sich das faschistische Deutschland unter Umstoßung der kurzsichtigen Berechnungen der Inspiratoren Münchens gegen die Westmächte wandte, als die Hitlerarmee ihren Zug nach Westen antrat, Dänemark, Norwegen, Belgien und Holland überrannte und Frankreich niederwarf, blieb den Regierungen der USA und Großbritanniens nichts anderes übrig, als ihre Fehlkalkulation einzugestehen und den Weg zu beschreiten, die mit der Sowjetunion gemeinsame Abwehr des faschistischen Deutschlands, Italiens und Japans zu organisieren. Bei einer weitsichtigeren Politik der Westmächte hätte eine solche Zusammenarbeit der Sowjetunion, der USA, Großbritanniens und Frankreichs schon sehr viel früher, schon in den ersten Jahren der Machtergreifung Hitlers in Deutschland, aufgenommen werden können, und dann hätte es weder eine Besetzung Frankreichs, noch ein Dünkirchen oder Pearl Harbor gegeben. Dann wäre es möglich gewesen, die Millionen von Menschenleben zu erhalten, welche die Völker der Sowjetunion, Polens, Jugoslawiens, Frankreichs, Englands, der Tschechoslowakei, der USA, Griechenlands, Norwegens und anderer Länder zur Bändigung der Aggressoren geopfert haben.

Die Bildung der Antihitler-Koalition ist schon deshalb ein beispielloses Ereignis der Geschichte der Gegenwart, weil sich in dem gerechten Verteidigungskrieg gegen den gemeinsamen Feind Staaten mit verschiedenartigem Gesellschaftssystem zusammenschlossen. Die sowjetische Regierung hält die im Kampf gegen den Faschismus zustande gekommene und mit dem Blut der freiheitsliebenden Völker besiegelte Gemeinschaft der Länder in hoher Wertschätzung. Das sowjetische Volk möchte das Gefühl des Vertrauens und der Freundschaft, von dem seine Beziehungen zu den Völkern der USA, Englands, Frankreichs und der

anderen Länder der Antihitler-Koalition in den harten Jahren des vergangenen Krieges durchdrungen waren, bewahren und weiterentwickeln.

Als die Völker den Sieg über Hitlerdeutschland feierten, trat in Potsdam eine Konferenz der Regierungschefs der Sowjetunion, der USA und Großbritanniens zusammen, um eine gemeinsame Politik mit Bezug auf das Nachkriegsdeutschland auszuarbeiten. Das Potsdamer Abkommen, dem bald nach seiner Unterzeichnung Frankreich beitrat, war eine Zusammenfassung der historischen Erfahrung aus dem Kampfe der Völker zur Abwendung einer Aggression des deutschen Militarismus. Der gesamte Inhalt dieses Abkommens war auf die Schaffung von Bedingungen abgestellt, die die Möglichkeit, daß Deutschland zum soundsovielten Male friedliebende Staaten angriffe, ausschlossen, war darauf gerichtet, daß die deutschen Militaristen nicht noch einen Weltkrieg entfesseln konnten und daß Deutschland, nachdem es sich für immer von der Fata Morgana einer Eroberungspolitik gelöst haben würde, fest den Weg einer friedlichen Entwicklung beschritt.

Indem sie dem Willen der Völker, die unzählige Opfer zur Zerschmetterung der Hitleraggressoren gebracht hatten, Ausdruck verliehen, verpflichteten sich die Regierungen der vier Mächte feierlich, den deutschen Militarismus und Nazismus auszurotten, deren Wiedererstehen für immer zu verhindern und alle Maßnahmen dahingehend zu treffen, daß Deutschland niemals wieder seine Nachbarn oder die Erhaltung des Friedens in der ganzen Welt bedrohen könne. Die Teilnehmer der Potsdamer Konferenz erklärten ihre Entschlossenheit, jegliche faschistische und militaristische Tätigkeit oder Propaganda zu verhindern. Sie verpflichteten sich auch, alle demokratischen politischen Parteien in Deutschland zuzulassen und zu fördern.

Zwecks Vernichtung der wirtschaftlichen Grundlage des deutschen Militarismus wurde beschlossen, die übermäßige Konzentration der deutschen Wirtschaft zu beseitigen, die sich in Form von Kartellen, Syndikaten, Trusts und anderen monopolistischen Zusammenschlüssen äußerte, welche die Machtergreifung

des Faschismus, die Vorbereitung und Durchführung der Hitleraggression gewährleistet
hatten.

Das Potsdamer Abkommen enthielt wichtige
Bestimmungen darüber, daß auch während der
Besetzungszeit Deutschland als einheitliches
wirtschaftliches Ganzes zu betrachten sei. Das
Abkommen sah auch vor, daß deutsche Zen-
tralverwaltungen geschaffen werden sollten.
Dem auf Beschluß der Potsdamer Konferenz
geschaffenen Rat der Außenminister wurde
die Verpflichtung auferlegt, eine Friedensregelung für Deutschland vorzubereiten.

Die Verwirklichung aller dieser Maßnahmen
sollte dem deutschen Volk die Möglichkeit geben, eine grundlegende Umgestaltung seines
Lebens vorzunehmen und die Schaffung eines
einheitlichen, friedliebenden, demokratischen
deutschen Staates sicherzustellen.

Das sind die Hauptbestimmungen des Potsdamer Abkommens, die eine gerechte Verknüp-
fung sowohl der Interessen der Völker, die gegen Deutschland gekämpft hatten, wie auch
der grundlegenden Interessen des deutschen
Volkes selbst gewährleisteten und gleichzeitig
für eine gemeinsame Politik der vier Mächte in
der deutschen Frage, und mithin für eine umfassende und produktive Zusammenarbeit zwischen ihnen in europäischen Angelegenheiten
überhaupt, eine gute Grundlage schufen.

Jedoch verlief die weitere Entwicklung der Ereignisse durchaus nicht in der Richtung, die in
Potsdam festgelegt worden war. Die Beziehungen zwischen der UdSSR und den drei Westmächten verschlechterten sich immer mehr; es
wuchs das gegenseitige Mißtrauen und der
Argwohn, die jetzt bereits die Form feindseli-
ger Beziehungen angenommen haben.

Die sowjetische Regierung hoffte aufrichtig,
daß es nach der siegreichen Beendigung des
Krieges durchaus möglich sein werde, bei aller
Unvermeidlichkeit ideologischer Meinungsverschiedenheiten auf der Basis einer nüchter-
nen Anerkennung der aus dem Kriege entstandenen Lage die ersprießliche Zusammenarbeit
der Großmächte, die die Antihitler-Koalition
geleitet hatten, fortzusetzen.

Auf die Politik der Westmächte gewannen jedoch immer größeren Einfluß Kräfte, die von
Haß gegen die sozialistischen und kommuni-

stischen Ideen besessen sind, aber während des
Krieges ihre feindlichen Absichten gegenüber
der Sowjetunion verborgen gehalten hatten.
Infolgedessen wurde im Westen ein Kurs eingeschlagen, der mit allen Mitteln auf eine Verschärfung des ideologischen Kampfes, den aggressive Führer und Gegner einer friedlichen
Koexistenz der Staaten leiteten, hinzielte. Das
Signal dazu gab den Vereinigten Staaten und
auch anderen westlichen Mächten W. Churchill mit seiner wohlbekannten Rede in Fulton
im März 1946.

An sich könnte der Konflikt zwischen zwei
Ideologien – ein Kampf der Geister und Über-
zeugungen – den zwischenstaatlichen Beziehungen keinen besonderen Schaden zufügen.
Der Kampf im ideologischen Bereich ist niemals zur Ruhe gekommen, und er wird andauern, soweit es verschiedene Ansichten über den
Aufbau der Gesellschaft gibt. Aber leider haben die Äußerungen W. Churchills und seiner
Gesinnungsgenossen die Gedanken anderer
Staatsmänner der Westmächte beeinflußt, was
bedauerlichste Folgen gezeitigt hat. In den ent-
brannten ideologischen Kampf schalteten sich
Regierungsorgane und Streitkräfte ein. Zu welchen Ergebnissen dies geführt hat, ist allgemein bekannt: anstelle einer Entwicklung der
Zusammenarbeit zwischen den eigentlichen
Großmächten wurde die Welt in einander
feindlich gegenüberstehende militärische Zu-
sammenschlüsse gespalten; es begann ein
Wettkampf der Produktion und des Anhäufens
von Atom- und Wasserstoffwaffen – mit anderen Worten, es begannen die Vorbereitungen
zum Kriege.

Die sowjetische Regierung bedauert sehr, daß
die Ereignisse eine solche Wendung genommen haben; denn dies schadet der Sache des
Friedens, widerspricht dem natürlichen Streben der Völker nach einer friedlichen Koexistenz und einer freundschaftlichen Zusammenarbeit. Jedoch gab es eine Zeit, wo die Führer
der USA und Großbritanniens, insbesondere
der hervorragende Staatsmann Amerikas
Franklin D. Roosevelt, diese Stimmungen der
Volksmassen zum Ausdruck brachten und die
Notwendigkeit verkündeten, ein System gegenseitiger Beziehungen zwischen den Staaten zu
schaffen, bei dem sich die Völker in Sicherheit

fühlten und die Menschen in aller Welt ihr ganzes Leben ohne Furcht leben könnten.

Eine besonders jähe Wendung in den Beziehungen der USA wie auch Englands und Frankreichs zu der Sowjetunion trat ein, als diese Staaten dazu übergingen, in Deutschland eine Politik zu führen, die dem Potsdamer Abkommen widersprach.

Die erste Verletzung des Potsdamer Abkommens bestand darin, daß die Regierungen der USA, Großbritanniens und Frankreichs sich weigerten, ihre Verpflichtungen aus dem genannten Abkommen zu erfüllen, der Sowjetunion Industrieausrüstungen aus Westdeutschland in dem vereinbarten Umfang als Teilentschädigung für die Zerstörungen und Schäden, die die Aggression Hitlerdeutschlands der Volkswirtschaft der UdSSR zugefügt hatten, zu übergeben.

Doch damit hatte es noch nicht sein Bewenden; von Jahr zu Jahr wichen die Regierungen der USA, Großbritanniens und Frankreichs immer weiter von den Prinzipien ab, die dem Potsdamer Abkommen zugrunde liegen.

Denselben Weg ging auch Frankreich, das sich zwar dem Potsdamer Abkommen erst später angeschlossen hatte, sich aber natürlich nicht als frei von seinem Teil der Verantwortung für die Erfüllung dieses Abkommens betrachten kann.

Dadurch, daß die Westmächte die Wiederherstellung des rüstungswirtschaftlichen Potentials Westdeutschlands begannen, stärkten und festigten sie eben dieselben Kräfte, welche Hitlers Kriegsmaschine geschmiedet hatten. Hätten die Westmächte das Potsdamer Abkommen befolgt, so hätten sie die Wiederherstellung der Position der deutschen Militaristen verhindern und die revanchistischen Tendenzen unterdrücken müssen und nicht zulassen dürfen, daß Deutschland eine Armee und eine Industrie zur Produktion von Vernichtungswaffen aufbaute. Bekanntlich haben jedoch die Regierungen der drei Mächte nicht nur das nicht getan, sondern im Gegenteil die Schaffung einer westdeutschen Armee sanktioniert, und sie forcieren unter Mißachtung ihrer im Potsdamer Abkommen übernommenen Verpflichtungen die Aufrüstung der Bundesrepublik Deutschland. Nicht nur das, sie haben Westdeutschland in den hinter dem Rücken der Sowjetunion und, was allen klar ist, gegen diese geschaffenen Nordatlantikblock einbezogen und rüsten es nun mit Atom- und Raketenwaffen aus.

Wie man sieht, ist die bittere Erfahrung des blutigen Krieges für einige Staatsmänner der Westmächte, die erneut die berüchtigte Münchener Politik der Aufhetzung des deutschen Militarismus gegen die Sowjetunion, die vor kurzem noch ihr Waffenbruder war, ausgraben, vergebens gewesen.

Es erhebt sich die berechtigte Frage: Können die Inspiratoren der heutigen Deutschlandpolitik der Westmächte selbst dafür garantieren, daß der von ihnen großgezogene deutsche Militarismus nicht erneut über seine jetzigen Partner herfällt und daß die Völker Amerikas, Englands und Frankreichs nicht mit ihrem Blut für die seitens der Regierungen der drei Westmächte erfolgte Verletzung der Abkommen der Alliierten über eine friedliche und demokratische Entwicklung Deutschlands bezahlen müssen? Es kann wohl kaum irgend jemand solche Garantien geben.

Die Politik der USA, Englands und Frankreichs in bezug auf Westdeutschland hat dazu geführt, daß auch die Bestimmungen des Potsdamer Abkommens verletzt worden sind, die darauf abzielten, die Einheit Deutschlands als eines friedliebenden und demokratischen Staates zu gewährleisten. Und als in dem von den Truppen der drei Westmächte besetzten Westdeutschland auf separatem Wege ein gesonderter Staat – die Bundesrepublik Deutschland – geschaffen wurde, da blieb Ostdeutschland, wo Kräfte an die Macht gelangt waren, die fest entschlossen waren, nicht zuzulassen, daß das deutsche Volk erneut in eine Katastrophe gestürzt würde, nichts anderes übrig, als seinerseits einen selbständigen Staat zu gründen.

Auf diese Weise sind in Deutschland zwei Staaten entstanden. Während in Westdeutschland, dessen Entwicklung von den USA, England und Frankreich gelenkt wurde, eine Regierung an die Macht gelangt ist, deren Vertreter ihren Haß gegen die Sowjetunion nicht verhehlen und oft die Ähnlichkeit ihrer eigenen Bestrebungen mit den Plänen der Hitleraggressoren offen herausstellen, wurde in Ostdeutschland eine Regierung gebildet, die unwiderruflich mit der aggressiven Vergangenheit Deutschlands gebrochen hat. Das staatliche und gesellschaftliche Leben in der Deutschen Demokratischen Republik wird durch eine Verfassung gelenkt, die voll und ganz den Prinzipien des Potsdamer Abkommens und den besten fortschrittlichen Traditionen der deutschen Nation entspricht. In der DDR wurden die Herrschaft der Monopole und Junker auf immer liquidiert, der Nazismus ausgerottet und eine Reihe anderer sozialer und wirtschaftlicher Reformen durchgeführt, die der Wiedergeburt des Militarismus den Boden entzogen und die Deutsche Demokratische Republik zu einem wichtigen Faktor des Friedens in Europa gemacht haben. Die Regierung der DDR hat feierlich verkündet, daß sie die Verpflichtungen, die sich für sie aus dem Potsdamer Abkommen ergeben, strikt erfüllen wird, was übrigens die Regierung der Bundesrepublik Deutschland hartnäckig vermeidet.

Die Einbeziehung der Bundesrepublik Deutschland in den Nordatlantikblock stellte die Sowjetunion vor die Notwendigkeit, Gegenmaßnahmen zu ergreifen, da die Verpflichtungen, die die Sowjetunion, die USA, Großbritannien und Frankreich banden, durch die drei Westmächte gebrochen worden waren, die sich mit Westdeutschland, und davor noch mit Italien, gegen die Sowjetunion, die die Hauptlast des Kampfes gegen die faschistischen Aggressoren getragen hatte, zusammengeschlossen hatten. Dieser abgesonderte militärische Zusammenschluß schuf in gleichem Maße auch für andere Länder eine Bedrohung. Eine solche Situation zwang die Sowjetunion, wie auch eine Reihe anderer europäischer Länder, die unter der Aggression des deutschen und italienischen Faschismus gelitten hatten, ihre eigene Verteidigungsorganisation zu gründen und zu diesem Zweck den Warschauer Pakt abzuschließen, dem auch die DDR beigetreten ist.

Zusammenfassend läßt sich aus dem Gesagten nur ein Schluß ziehen: Das Potsdamer Abkommen ist von den Westmächten gröblich verletzt worden. Es gleicht dem Stamm eines einst mächtigen und früchtetragenden, jetzt aber abgehauenen Baumes, dem man noch dazu sein Herzstück genommen hat. Die hohen Ziele, um derentwillen das Potsdamer Abkommen geschlossen wurde, sind von den Westmächten schon längst verworfen worden, deren praktische Tätigkeit in Deutschland geradezu direkt dem entgegengesetzt ist, was im Potsdamer Abkommen vorgesehen wurde.

Es geht natürlich nicht darum, daß die Staats- und Gesellschaftsordnung der DDR und die der Bundesrepublik Deutschland auf verschiedenen Grundlagen aufgebaut sind. Die sowjetische Regierung ist der Ansicht, daß die Lösung des Problems der sozialen Ordnung der beiden deutschen Staaten Sache der Deutschen selbst ist. Die Sowjetunion vertritt den Standpunkt der völligen Nichteinmischung in die inneren Angelegenheiten des deutschen Volkes wie auch jedes beliebigen anderen Volkes. Aber die Bewegung der DDR zum Sozialismus hat eine mißgünstige, äußerst feindliche Einstellung der Bundesregierung zur DDR hervorgerufen, was von den NATO-Staaten, insbesondere den USA, voll und ganz unterstützt und gefördert wird.

Von den Westmächten angespornt, schürt die Regierung der Bundesrepublik Deutschland systematisch den »kalten Krieg«, und ihre führenden Vertreter haben mehrfach erklärt, daß die Bundesrepublik Deutschland eine »Politik der Stärke« führen werde, das heißt eine Politik des Diktats gegenüber dem anderen deutschen Staat. Die Regierung der Bundesrepublik Deutschland will also keine friedliche Wiedervereinigung des deutschen Volkes, das in zwei Staaten mit verschiedenen sozialen Grundlagen lebt, sondern sie trägt sich mit Plänen zur Liquidierung der DDR und Stärkung des eigenen militaristischen Staates auf deren Kosten.

Die sowjetische Regierung versteht voll und ganz den Standpunkt der Deutschen Demokratischen Republik, die die demokratischen und sozialen Errungenschaften der deutschen Werktätigen nicht abschaffen will, die nicht will, daß das Eigentum der Kapitalisten und Großgrundbesitzer wiederhergestellt wird, daß dem Volk Land, Fabriken und Werke fortgenommen werden und daß das militaristische Regime auf die DDR ausgedehnt wird. Die kürzlichen Wahlen zu der Volkskammer und den Gebietskörperschaften der Deutschen Demokratischen Republik sind ein neuer schlagender Beweis dafür, daß die Bevölkerung der DDR einmütig die auf die Wahrung des Friedens und die Wiedervereinigung Deutschlands auf friedlicher und demokratischer Grundlage gerichtete Politik ihrer Regierung unterstützt und fest entschlossen ist, ihre sozialistischen Errungenschaften zu verteidigen. Die Sowjetunion erklärt ihre volle Solidarität mit der DDR, die fest für ihre legitimen Rechte eintritt. Blickt man der Wahrheit ins Auge, so muß man sagen, daß auch andere Länder keinerlei Eifer entwickeln, die Pläne der Regierung der Bundesrepublik Deutschland zur gewaltsamen Vereinigung Deutschlands zu unterstützen. Das ist auch verständlich, da die Wunden, die Hitlerdeutschland den Völkern, darunter denen Frankreichs und Großbritanniens, geschlagen hat, noch frisch sind.

Noch sind bei weitem nicht die Spuren des vergangenen Krieges ausgelöscht, der über die Dörfer und Städte Frankreichs hinweggegangen ist. Noch sind die Bombenschäden, die Hitlers Luftwaffe in der Hauptstadt und vielen Städten Englands angerichtet hat, nicht beseitigt, und Millionen von Engländern können das tragische Schicksal Coventrys nicht vergessen. Den Völkern, welche die Besetzung der Hitlertruppen durchgemacht haben, sind diese Gefühle nah und verständlich. Sie haben Millionen Menschen verloren, die getötet und zu Tode gequält wurden; auf ihrem Boden hat es viele Tausende zerstörter Städte und niedergebrannter Dörfer gegeben. Aus dem Gedächtnis der Sowjetmenschen wird Stalingrad nie ausgelöscht werden, niemals werden die Polen Warschau vergessen, und das tschechische Volk Lidice. Auch die amerikanischen Familien mußten den Kummer um den Verlust ihrer Angehörigen und Freunde erfahren. Zweimal hat Deutschland einen Weltkrieg entfacht, und beide Male hat es die Vereinigten Staaten von Amerika in den Krieg hineingezogen, deren Söhne ihr Blut in Ländern vergießen mußten, die Tausende von Kilometern von der Küste Amerikas entfernt sind.

Eingedenk alles dessen können und werden die Völker eine Vereinigung Deutschlands auf militaristischer Grundlage nicht zulassen.

Es gibt ein anderes Programm für die Vereinigung Deutschlands, das die Deutsche Demokratische Republik vertritt. Dies ist das Programm der Vereinigung Deutschlands als eines friedliebenden und demokratischen Staates, und dieses Programm kann von den Völkern nur begrüßt werden. Es gibt nur einen Weg zu seiner Verwirklichung – Übereinkunft und Kontakte zwischen den beiden deutschen Staaten, die Schaffung einer deutschen Konföderation. Ohne die sozialen Grundsätze der DDR und der Bundesrepublik Deutschland anzutasten, würde die Verwirklichung dieses Vorschlages die Bestrebungen ihrer Regierungen und Parlamente in die einheitliche Bahn einer friedliebenden Politik lenken und die allmähliche Annäherung und das Zusammenwachsen der beiden deutschen Staaten zu einem Ganzen gewährleisten.

Die Sowjetunion, ebenso wie andere an einer Festigung des Friedens in Europa interessierte Staaten, unterstützt die Vorschläge der Deutschen Demokratischen Republik, die auf eine friedliche Vereinigung Deutschlands abzielen. Die Regierung der UdSSR bedauert, daß alle in dieser Richtung gemachten Anstrengungen bisher nicht zu positiven Ergebnissen geführt haben, da die Regierungen der USA und der anderen NATO-Staaten, besonders aber die Regierung der Bundesrepublik Deutschland, in Wirklichkeit sich weder den Abschluß eines Friedensvertrages noch die Vereinigung Deutschlands angelegen sein lassen.

Somit hat die Politik der USA, Großbritanniens und Frankreichs, die auf die Militarisierung Westdeutschlands und seine Einbeziehung in den Militärblock der Westmächte gerichtet war, auch die Erfüllung derjenigen Bestimmungen des Potsdamer Abkommens vereitelt, welche die Einheit Deutschlands betreffen.

Tatsächlich wird heute von allen Abkommen über Deutschland zwischen den Alliierten nur eines eingehalten: das Abkommen über den sogenannten Viermächtestatus Berlins. Gestützt auf diesen Status schalten und walten die drei Westmächte in West-Berlin, verwandeln es in eine Art Staat im Staate und betreiben von West-Berlin aus eine Wühlarbeit gegen die DDR, die Sowjetunion und die anderen Mitgliedstaaten des Warschauer Paktes. Die USA, England und Frankreich benutzen unbehindert für die Verbindung mit West-Berlin Verkehrswege, die durch das Gebiet und den Luftraum der Deutschen Demokratischen Republik führen, die sie nicht einmal anerkennen wollen.

Die Regierungen der drei Mächte beanspruchen die Aufrechterhaltung eines längst veralteten Teiles von Abmachungen aus der Kriegszeit, durch welche die Besetzung Deutschlands festgelegt wurde und die ihnen in der Vergangenheit das Recht zum Aufenthalt in Berlin gaben. Gleichzeitig haben die Westmächte, wie oben erwähnt, gröblich die Viermächteabkommen verletzt, einschließlich des Potsdamer Abkommens, das die von den Mächten eingegangenen Verpflichtungen hinsichtlich Deutschlands am konzentriertesten zum Ausdruck bringt. Indessen sind die übrigen Viermächteabkommen über die Besatzung Deutschlands, auf die sich die Regierungen der USA, Großbritanniens und Frankreichs zur Begründung ihrer Rechte in West-Berlin berufen, durch das Potsdamer Abkommen gebilligt oder in dessen Weiterentwicklung angenommen worden. Mit anderen Worten: die drei Mächte fordern für sich die Aufrechterhaltung der Besatzungsprivilegien, die auf jenen Viermächteabkommen fußen, die von ihnen selbst verletzt worden sind.

Wenn sich die USA, England und Frankreich tatsächlich auf Grund eines den erwähnten internationalen Abkommen und in erster Linie dem Potsdamer Abkommen entspringenden Rechtes in Berlin befinden, ergibt sich daraus für sie die Verpflichtung, diese Abkommen einzuhalten. Wer diese Abkommen gröblich verletzt hat, hat auch das Recht verwirkt zur Aufrechterhaltung seines Besatzungsregimes in Berlin sowie in irgendeinem anderen Teil Deutschlands. Ist es denn überhaupt möglich, mehr als 13 Jahre nach Kriegsende für die Beibehaltung der Besatzungsregime in Deutschland oder irgendeinem Teil davon einzutreten? Jegliche Besetzung ist doch eine zeitlich begrenzte Erscheinung, was ausdrücklich in den Viermächteabkommen über Deutschland vereinbart worden ist.

Es ist wohlbekannt, daß die übliche Form der

Beendigung einer Besetzung der Abschluß eines Friedensvertrages zwischen den Parteien ist, die sich im Kriegszustand befunden haben, und daß dieser dem besiegten Land Bedingungen gewährt, die zur Wiederherstellung eines normalen Lebens erforderlich sind.

Wenn Deutschland bis jetzt noch keinen Friedensvertrag hat, so tragen dafür vor allem die Regierungen der USA, Englands und Frankreichs die Schuld, bei denen der Gedanke der Vorbereitung eines solchen Vertrages, wie ersichtlich, niemals Sympathie gefunden hat. Bekanntlich reagierten die Regierungen der drei Mächte jedesmal negativ, wenn sich die Sowjetregierung in Fragen der Vorbereitung eines Friedensvertrages mit Deutschland an sie wandte.

Gegenwärtig wenden sich die USA, England und Frankreich, wie aus ihren Noten vom 30. September d. J. hervorgeht, gegen neue Vorschläge für eine Friedensregelung mit Deutschland, die von der Sowjetunion und der DDR eingebracht wurden; dabei machen sie – wie schon während der gesamten Nachkriegszeit – keine eigenen Vorschläge zu dieser Frage. Im Grunde ist die letzte Note der amerikanischen Regierung die Wiederholung des stets gleichen Standpunkts, der seine völlige Lebensunfähigkeit bewiesen hat, demzufolge sich mit der Wiederherstellung der nationalen Einheit Deutschlands die UdSSR, die USA, Großbritannien und Frankreich zu befassen haben und nicht die deutschen Staaten, die sich vereinigen sollen. Aus der Note der Regierung der USA geht weiter hervor, daß sie es erneut ablehnt, mit der Sowjetunion und anderen beteiligten Staaten in Verhandlungen zwecks Vorbereitung eines Friedensvertrages mit Deutschland einzutreten. So entsteht ein regelrechter Circulus vitiosus: Die Regierung der USA erhebt Einwände gegen die Vorbereitung eines deutschen Friedensvertrages unter Berufung darauf, daß kein einheitlicher deutscher Staat bestehe, und hindert zugleich die Wiedervereinigung Deutschlands, indem sie die einzige reale Möglichkeit der Lösung dieses Problems im Wege einer Übereinkunft zwischen den beiden deutschen Staaten ablehnt.

Ist nicht vielleicht der Grund für diese Haltung der Westmächte in der Frage der Vorbereitung

eines Friedensvertrages darin zu suchen, daß sie ihre Privilegien in Westdeutschland und das Besatzungsregime in West-Berlin auf unbefristete Zeit verlängern möchten? Es wird jetzt immer klarer, daß sich die Sache so verhält.
Die sowjetische Regierung bestätigt nochmals ihre Bereitschaft, jederzeit an Verhandlungen zur Vorbereitung eines Friedensvertrages mit Deutschland teilzunehmen. Das Fehlen eines Friedensvertrages kann jedoch gegenwärtig in keiner Weise als Rechtfertigung für Versuche dienen, das Besatzungsregime in irgendeinem Teil Deutschlands aufrechtzuerhalten.
Die Besatzungsperiode Deutschlands gehört längst der Vergangenheit an, und Versuche, dem Absterben der Sonderrechte der Fremdmächte in Deutschland entgegenzuwirken, werden zu einem gefährlichen Anachronismus. Das Besatzungsregime in Deutschland war niemals Selbstzweck. Es wurde geschaffen, um den gesunden Kräften der deutschen Nation zu helfen, auf den Trümmern des militaristischen Deutschland ihren neuen friedliebenden und demokratischen Staat zu errichten.
In dem Wunsche, mit dem gesamten deutschen Volk in Frieden und Freundschaft zu leben, hat die Sowjetunion normale diplomatische Beziehungen zu beiden deutschen Staaten hergestellt und unterhält diese Beziehungen. Enge freundschaftliche Beziehungen verbinden die Sowjetunon mit der Deutschen Demokratischen Republik. Diese Beziehungen wurden in einem zwischen der Sowjetunion und der Deutschen Demokratischen Republik am 20. September 1955 abgeschlossenen Vertrag verankert. Gemäß dem Vertrag beruhen die Beziehungen zwischen den beiden Staaten auf der Grundlage völliger Gleichberechtigung, gegenseitiger Achtung der Souveränität und der Nichteinmischung in innere Angelegenheiten. Von denselben Grundsätzen geht die sowjetische Regierung auch bei ihren Beziehungen zu dem anderen deutschen Staat, der Bundesrepublik Deutschland, aus. Die Regierungen der USA, Großbritanniens und Frankreichs erklärten ihrerseits bei Unterzeichnung der Pariser Verträge das Besatzungsregime auf dem Hoheitsgebiet der BRD, das sich unter ihrer Kontrolle und Verwaltung befand, für beendet.
Der Viermächte-Status Berlins entstand seiner-

zeit im Zusammenhang damit, daß Berlin als Hauptstadt Deutschlands zum Sitz des Kontrollrats, der für die Verwaltung Deutschlands in der Anfangsperiode der Besatzung gegründet wurde, bestimmt worden war. Dieser Status wurde von der Sowjetunion bis zum gegenwärtigen Zeitpunkt gewissenhaft beachtet, obwohl der Kontrollrat bereits seit 10 Jahren nicht mehr existiert und in Deutschland schon seit langem zwei Hauptstädte bestehen. Was die USA, Großbritannien und Frankreich anbelangt, so haben sie sich durch die Ausnutzung des Viermächtestatus Berlins für ihre Ziele – für die Schädigung der Sowjetunion, der Deutschen Demokratischen Republik und der anderen sozialistischen Länder – auf den Weg des groben Mißbrauchs ihrer Besatzungsrechte in Berlin begeben.
Früher einmal war das Abkommen über den Viermächtestatus Berlins ein gleichberechtigter Vertrag der Vier Mächte, der um friedlicher demokratischer Ziele willen abgeschlossen worden war, die später als die Prinzipien von Potsdam bekannt wurden. Damals entsprach dieses Abkommen den Forderungen des historischen Augenblicks und den Interessen aller seiner Teilnehmer: der UdSSR, der USA, Großbritanniens und Frankreichs. Jetzt aber, wo die Westmächte begonnen haben, Westdeutschland aufzurüsten und es in ein Werkzeug ihrer gegen die Sowjetunion gerichteten Politik zu verwandeln, ist der eigentliche Sinn des früheren alliierten Abkommens über Berlin verlorengegangen; dieser Sinn ist durch drei seiner Teilnehmer verletzt worden, die dieses Abkommen gegen den vierten Teilnehmer – die Sowjetunion – auszunutzen begannen. Es wäre lächerlich zu erwarten, daß unter solchen Umständen die Sowjetunion, oder irgendein anderer sich selbst achtender Staat an ihrer Stelle, sich den Anschein geben werde, als bemerke sie die eingetretenen Veränderungen nicht.
Es ist die offensichtlich absurde Lage entstanden, daß die Sowjetunion gleichsam selbst günstige Bedingungen für die Tätigkeit der Westmächte, die gegen die Sowjetunion und ihre Verbündeten aus dem Warschauer Pakt gerichtet ist, fördert und aufrechterhält. Es ist offenkundig, daß sowohl die Sowjetunion als

auch die anderen Mitgliedstaaten des Warschauer Paktes eine solche Lage nicht länger
dulden können. Die weitere Aufrechterhaltung
des Besatzungsregimes in West-Berlin wäre
gleichbedeutend mit der Anerkennung irgendeiner privilegierten Stellung der zu der NATO
gehörenden Länder, wozu selbstverständlich
keinerlei Grund vorhanden ist.

Kaum jemand wird wohl ernsthaft glauben, die
Sowjetunion werde den aggressiven Kräften
helfen, eine Wühlarbeit zu entfalten oder gar
einen Überfall auf die sozialistischen Länder
vorzubereiten. Jedem vernünftig denkenden
Menschen muß es verständlich sein, daß die
Sowjetunion in West-Berlin eine Lage nicht
länger bestehen lassen kann, die ihren rechtmäßigen Interessen, ihrer Sicherheit und der
Sicherheit der anderen sozialistischen Länder
abträglich ist. Es könnte nichts schaden, daran
zu denken, daß die Sowjetunion nicht Jorda-
nien und nicht der Iran ist und niemals zulassen wird, daß ihr gegenüber Druckmethoden
angewendet werden, um ihr Bedingungen auf-
zuzwingen, die für die der feindlichen militärischen NATO-Gruppierung angehörenden
Mächte von Vorteil sind. Aber gerade das wollen die Westmächte bei der Sowjetunion
durchsetzen, indem sie versuchen, ihre Besatzungsrechte in West-Berlin aufrechtzuerhalten.

Kann die sowjetische Regierung all diese Tatsachen ignorieren, die die grundlegenden Interessen der Sicherheit der Sowjetunion, ihres
Verbündeten – der Deutschen Demokratischen Republik – und aller Mitgliedstaaten des
Warschauer Verteidigungspaktes berühren?
Natürlich nicht. Die sowjetische Regierung
kann sich nicht mehr durch den Teil der alliierten Abkommen über Deutschland gebunden
fühlen, der einen nicht gleichberechtigten Charakter angenommen hat und zur Aufrechterhaltung des Besatzungsregimes in West-Berlin
und zur Einmischung in die inneren Angelegenheiten der DDR benutzt wird.

Im Zusammenhang damit setzt die Regierung
der UdSSR die Regierung der USA davon in
Kenntnis, daß die Sowjetunion das »Protokoll
über das Abkommen zwischen den Regierungen der Union der Sozialistischen Sowjetrepubliken, der Vereinigten Staaten von Amerika

und des Vereinigten Königreichs über die Besatzungszonen Deutschlands und über die Verwaltung von Groß-Berlin« vom 12. September
1944 und die damit verbundenen Zusatzabkommen, einschließlich des zwischen den Regierungen der UdSSR, der USA, Großbritanniens und Frankreichs abgeschlossenen Abkommens über den Kontrollmechanismus in
Deutschland vom 1. Mai 1945, das heißt die
Abkommen, deren Wirksamkeit für die ersten
Jahre nach der Kapitulation Deutschlands be-
rechnet waren, als nicht mehr in Kraft befindlich betrachtet.

Es ist unschwer zu erkennen, daß die sowjetische Regierung mit dieser ihrer Erklärung nur
noch eine de facto bereits eingetretene Lage
der Dinge konstatiert, die darin besteht, daß
die USA, Großbritannien und Frankreich sich
schon längst von dem Wichtigsten losgesagt
haben, was in den während des Krieges gegen
Hitlerdeutschland und nach seiner Niederlage
abgeschlossenen Verträgen und Abkommen
festgelegt worden war. Die sowjetische Regierung zieht nur die Konsequenzen, die sich für
die Sowjetunion unvermeidlich aus dieser fak-
tischen Lage ergeben.

In Übereinstimmung mit dem Dargelegten, wie
auch ausgehend von dem Prinzip der Achtung
der Souveränität der Deutschen Demokratischen Republik, wird die sowjetische Regierung im gegebenen Augenblick mit der Regierung der DDR Verhandlungen über die Über-
gabe jener Funktionen an die Deutsche Demokratische Republik aufnehmen, die die sowjetischen Organe zeitweilig auf Grund der oben
erwähnten Abkommen zwischen den Alliierten
sowie auf Grund des Abkommens zwischen
der UdSSR und der DDR vom 20. September
1955 ausgeübt haben.

Die beste Lösung der Berliner Frage wäre natürlich eine Lösung, die auf der Erfüllung des
Potsdamer Abkommens über Deutschland beruhen würde. Aber das ist nur dann möglich,
wenn die drei Westmächte zu einer mit der
UdSSR gemeinsam zu betreibenden Politik in
deutschen Angelegenheiten zurückfänden, die
dem Geist und den Prinzipien des Potsdamer
Abkommens entspräche. Unter den jetzigen
Gegebenheiten würde das den Austritt der
Bundesrepublik Deutschland aus der NATO

unter gleichzeitigem Austritt der Deutschen Demokratischen Republik aus dem Warschauer Pakt sowie eine Übereinkunft darüber bedeuten, daß es in Übereinstimmung mit den Prinzipien des Potsdamer Abkommens in keinem der beiden deutschen Staaten Streitkräfte, außer den für die Aufrechterhaltung der inneren Ordnung und den Schutz der Grenzen erforderlichen, geben würde.

Wenn die Regierung der Vereinigten Staaten von Amerika nicht bereit ist, auf diese Weise zur Realisierung der grundlegenden politischen Prinzipien der zwischen den Alliierten über Deutschland abgeschlossenen Abkommen beizutragen, so hat sie keinerlei Berechtigung – weder rechtlich noch moralisch –, auf der Aufrechterhaltung des Viermächtestatus Berlins zu bestehen. Es können sich natürlich der Sowjetunion gegenüber feindlich Gesinnte finden, die versuchen werden, die Haltung der sowjetischen Regierung in der Frage des Besatzungsregimes von Berlin als Streben nach einer Art Annexion auszulegen. Selbstverständlich hat eine derartige Auslegung mit der Wirklichkeit nichts gemein. Die Sowjetunion, wie auch die anderen sozialistischen Staaten, strebt nicht nach territorialen Erwerbungen; sie läßt sich in ihrer Politik unbeirrbar vom Prinzip der Verurteilung von Annexionen, das heißt der Besitzergreifung fremder Gebiete und der zwangsweisen Eingliederung fremder Völkerschaften, leiten, das von dem Begründer des sowjetischen Staates, Lenin, bereits in den ersten Tagen des Bestehens des Sowjetregimes in Rußland verkündet wurde.

Die UdSSR geht auf keinerlei Eroberungen aus, sondern sie will nur den anomalen und gefährlichen Zustand beenden, der in Berlin dadurch entstanden ist, daß die westlichen Sektoren dieser Stadt weiter unter der Besatzung der USA, Großbritanniens und Frankreichs verbleiben.

Da die Westmächte es ablehnen, sich an der Vorbereitung eines Friedensvertrages mit Deutschland zu beteiligen, und da die Regierung der Bundesrepublik Deutschland mit Unterstützung eben dieser Mächte eine Politik betreibt, die eine Vereinigung Deutschlands verhindert, muß die Berlin-Frage in nächster Zeit einer selbständigen Lösung zugeführt werden.

Es muß so verfahren werden, daß West-Berlin aufhört, ein Sprungbrett für die gegen die sozialistischen Länder, gegen die DDR und die UdSSR gerichtete forcierte Spionage-, Diversions- und sonstige Wühltätigkeit oder, mit den Worten führender Vertreter der amerikanischen Regierung ausgedrückt, für eine »indirekte Aggression« gegen das Lager der sozialistischen Länder zu sein.

Im Grunde genommen sind die USA, Großbritannien und Frankreich an West-Berlin nur deshalb interessiert, weil sie diese »Frontstadt«, wie man sie marktschreierisch im Westen nennt, als Aufmarschgebiet für eine feindliche Tätigkeit gegen die sozialistischen Länder benutzen. Einen anderen Nutzen ziehen die Westmächte aus ihrer Anwesenheit als Okkupanten in Berlin nicht. Die Beendigung der unrechtmäßigen Besatzung West-Berlins würde weder den Vereinigten Staaten, Großbritannien oder Frankreich irgendwelchen Schaden zufügen, andererseits aber die internationale Atmosphäre in Europa wesentlich verbessern und die Gemüter der Menschen in allen Ländern beruhigen.

Hingegen könnte ein starres Festhalten der Westmächte an der Beibehaltung ihrer Besatzung West-Berlins lediglich zu der Schlußfolgerung führen, daß es hier nicht nur um eine »indirekte Aggression« gegen die DDR und die Sowjetunion geht, sondern, daß man hier offenbar irgendwelche Pläne für eine noch gefährlichere Ausnutzung West-Berlins ins Auge gefaßt hat.

Bei diesem Appell an die Regierung der USA läßt sich die sowjetische Regierung von dem Bestreben leiten, eine Verringerung der internationalen Spannung zu erreichen, den Zustand des »kalten Krieges« zu beenden, den Weg für die Wiederherstellung guter Beziehungen zwischen der Sowjetunion, den Vereinigten Staaten sowie Großbritannien und Frankreich freizumachen, alles aus dem Wege zu räumen, was unsere Länder gegeneinander aufbringt und entzweit und die Anzahl der Herde zu verringern, die Konflikte auslösen. Man kommt doch an der Tatsache nicht vorbei, daß West-Berlin in seiner jetzigen Lage gerade eine solche Quelle der Zwietracht und des Argwohns zwischen unseren Ländern ist.

Die richtigste und natürlichste Lösung dieser Frage wäre natürlich die Wiedervereinigung des westlichen Teils Berlins, der heute faktisch von der DDR losgelöst ist, mit dem östlichen Teil, wodurch Berlin zu einer vereinigten Stadt im Bestande des Staates würde, auf dessen Gebiet sie sich befindet.

Unter Berücksichtigung der gegenwärtigen unrealistischen Politik der USA, Großbritanniens und Frankreichs gegenüber der Deutschen Demokratischen Republik muß jedoch die sowjetische Regierung die Schwierigkeiten, die sich für die Westmäche bei der Mitwirkung an einer solchen Lösung der Berliner Frage ergeben, voraussehen. Zugleich ist sie darum besorgt, den Prozeß der Beseitigung des Besatzungsregimes nicht mit irgendeinem schmerzhaften Bruch mit der bestehenden Ordnung der Bevölkerung West-Berlins einhergehen zu lassen.

Man muß natürlich berücksichtigen, daß die politische und wirtschaftliche Entwicklung West-Berlins in der Zeit seiner Besetzung durch die drei Westmächte andersgeartet war als die Entwicklung Ost-Berlins und der DDR, wodurch die Lebensformen in beiden Teilen Berlins gegenwärtig grundverschieden sind. Die sowjetische Regierung ist der Ansicht, daß bei Beendigung der Besetzung durch die Fremdmächte der Bevölkerung West-Berlins das Recht zugestanden werden muß, bei sich die Ordnung einzuführen, die sie selbst wünscht. Wenn die Bewohner West-Berlins die gegenwärtigen Lebensformen, die auf privatkapitalistischem Eigentum basieren, beizubehalten wünschen, so ist das ihre Sache. Die UdSSR ihrerseits wird jede diesbezügliche Entscheidung der Westberliner respektieren.

Auf Grund all dieser Überlegungen würde es die sowjetische Regierung ihrerseits für möglich halten, die West-Berlin-Frage gegenwärtig durch die Umwandlung West-Berlins in eine selbständige politische Einheit – in eine Freie Stadt – zu lösen, in deren Leben sich kein Staat, auch keiner der beiden bestehenden deutschen Staaten, einmischen dürfte. Man könnte sich insbesondere darüber einigen, das Territorium der Freien Stadt zu demilitarisieren und auf ihm keinerlei Streitkräfte zuzulassen. Die Freie Stadt West-Berlin könnte ihre eigene Regierung haben und könnte ihre Wirtschaft, Verwaltung und sonstigen Angelegenheiten selbst lenken.

Die vier Mächte, die nach dem Kriege an der gemeinsamen Verwaltung Berlins beteiligt waren, wie auch die beiden deutschen Staaten, könnten die Verpflichtung übernehmen, den Status West-Berlins als Freie Stadt zu achten, ähnlich, wie es zum Beispiel die vier Mächte bezüglich des von der Österreichischen Republik angenommenen Status der Neutralität getan haben.

Die sowjetische Regierung ihrerseits würde keine Einwendungen erheben, wenn sich auch die Organisation der Vereinten Nationen an der Wahrung des Status der Freien Stadt West-Berlin in irgendeiner Form beteiligen würde.

Es ist offensichtlich, daß unter Berücksichtigung der spezifischen Lage West-Berlins, das sich auf dem Hoheitsgebiet der DDR befindet und von der Außenwelt abgeschnitten ist, die Frage auftauchen würde, mit der Deutschen Demokratischen Republik in irgendeiner Form eine Vereinbarung über Garantien für einen ungehinderten Verkehr zwischen der Freien Stadt und der Außenwelt – sowohl in östlicher als auch in westlicher Richtung – mit dem Ziel des freien Personen- und Warenverkehrs zu treffen. West-Berlin würde seinerseits die Verpflichtung übernehmen, auf seinem Gebiet keine feindselige Wühltätigkeit, die gegen die DDR oder irgendeinen anderen Staat gerichtet ist, zu dulden.

Die oben dargelegte Lösung der Frage des Status West-Berlins wäre ein wichtiger Schritt vorwärts auf dem Wege zur Normalisierung der Verhältnisse in Berlin, das aus einem Herd der Unruhe und Spannung zu einem Mittelpunkt der Kontakte und der Zusammenarbeit zwischen den beiden Teilen Deutschlands im Interesse seiner friedlichen Zukunft und der Einheit der deutschen Nation werden könnte.

Die Schaffung des Status einer Freien Stadt für West-Berlin würde es gestatten, die wirtschaftliche Entwicklung West-Berlins dank seiner allseitigen Verbindungen zu den Staaten des Ostens und des Westens und einen würdigen Lebensstandard der Bevölkerung der Stadt verläßlich zu garantieren. Ihrerseits erklärt die Sowjetunion, daß sie auf jede Weise zur Erreichung dieser Ziele beitragen wird, insbesondere durch Vergebung von Aufträgen für Industrieerzeugnisse in einem Umfange, der die Stabilität und das Aufblühen der Wirtschaft der Freien Stadt voll und ganz sicherstellen würde, sowie durch regelmäßige Lieferung der notwendigen Rohstoff- und Lebensmittelmengen auf kommerzieller Grundlage an West-Berlin. Auf diese Weise würde bei der Beseitigung des Besatzungsregimes die mehr als zwei Millionen zählende Bevölkerung West-Berlins nicht nur keinen Schaden erleiden, sondern im Gegenteil, ihr würden alle Möglichkeiten offenstehen, ihren Lebensstandard zu verbessern.

Sofern die Regierung der USA sowie die Regierungen Großbritanniens und Frankreichs sich bereit erklären, die Frage der Aufhebung des gegenwärtigen Besatzungsregimes in West-Berlin im Wege der Bildung einer Freien Stadt auf ihrem Territorium zu prüfen, so wäre die sowjetische Regierung bereit, im Namen der vier Mächte hinsichtlich dieser Frage offiziell Verbindung zur Regierung der Deutschen Demokratischen Republik aufzunehmen, mit der sie bereits Vorbesprechungen vor Übermittlung dieser Note hatte. Hierbei müßte man selbstverständlich berücksichtigen, daß die Zustimmung der DDR zur Bildung eines derartigen unabhängigen politischen Organismus auf ihrem Gebiet, wie die Freie Stadt West-Berlin, ein Zugeständnis wäre, ein ausgesprochenes Opfer der DDR für die Festigung des Friedens in Europa und für die nationalen Interessen des gesamten deutschen Volkes.

Die sowjetische Regierung hat beschlossen, ihrerseits Maßnahmen zur Aufhebung des Besatzungsregimes in Berlin durchzuführen, wobei sie sich von dem Bestreben leiten läßt, im Interesse des Friedens in Europa, im Interesse der friedlichen und unabhängigen Entwicklung Deutschlands zur Normalisierung der Lage in Berlin zu gelangen. Sie hofft, daß die Regierung der USA das notwendige Verständnis für diese Motive und eine realistische Einstellung zur Berlin-Frage bekunden wird.

Zugleich ist die sowjetische Regierung bereit, Verhandlungen mit den Regierungen der Vereinigten Staaten von Amerika und anderer interessierter Staaten über die Gewährung des Status einer entmilitarisierten Freien Stadt für West-Berlin aufzunehmen. Wenn jedoch dieser Vorschlag für die Regierung der USA unannehmbar sein sollte, so ist ein Gegenstand für Verhandlungen zwischen den ehemaligen Besatzungsmächten in der Berlin-Frage nicht mehr gegeben.

Die sowjetische Regierung ist bestrebt, die erforderliche Änderung der Verhältnisse in Berlin in Ruhe vor sich gehen zu lassen, ohne Eile und unnötige Reibungen, unter möglichst weitgehender Berücksichtigung der Interessen der beteiligten Parteien. Offensichtlich wird eine gewisse Zeit notwendig sein, damit die Mächte, die Deutschland nach der Vernichtung der Hitler-Wehrmacht besetzt hatten, sich über die Erklärung West-Berlins zu einer Freien Stadt verständigen können, vorausgesetzt natürlich, daß die Westmächte ein gebührendes Interesse an diesem Vorschlag bekunden. Man muß auch damit rechnen, daß Verhandlungen zwischen den städtischen Behörden beider Teile Berlins sowie zwischen der DDR und der Bundesrepublik Deutschland zur Regelung auftauchender Fragen notwendig werden können. In Anbetracht dessen beabsichtigt die sowjetische Regierung, im Laufe eines halben Jahres keine Änderung des gegenwärtig bestehenden Modus für militärische Transporte der USA, Großbritanniens und Frankreichs aus West-Berlin in die Bundesrepublik Deutschland vorzunehmen. Sie erachtet diese Frist als vollkommen ausreichend, um eine gesunde Grundlage für die Regelung der Fragen, die mit der Änderung der Lage Berlins zusammenhängen, zu finden und um eventuellen Komplikationen vorzubeugen, vorausgesetzt natürlich, daß die Regierungen der Westmächte nicht vorsätzlich solche Komplikationen anstreben werden. Im Laufe der angegebenen Frist werden die Parteien die Möglichkeit haben, bei der Regelung der Berlin-Frage ihr Streben nach internationaler Entspannung durch die Tat zu beweisen.

Sollte die genannte Frist nicht zur Erreichung einer entsprechenden Übereinkunft ausgenutzt werden, so wird die Sowjetunion durch ein Abkommen mit der DDR die geplanten Maßnahmen verwirklichen. Dabei ist daran gedacht, daß die Deutsche Demokratische Republik, wie auch jeder andere selbständige Staat, in

vollem Umfange für die ihr Gebiet angehen-
den Fragen zuständig sein muß, das heißt, daß
sie ihre Souveränität zu Lande, zu Wasser und
in der Luft ausüben muß. Gleichzeitig werden
alle bisherigen Kontakte zwischen den Vertretern der Streitkräfte und anderen offiziellen
Personen der Sowjetunion in Deutschland und
den entsprechenden Vertretern der Streitkräfte
und anderen offiziellen Personen der USA,
Großbritanniens und Frankreichs in Fragen,
die Berlin betreffen, aufhören.

In den Hauptstädten einiger Westmächte sind
Stimmen zu vernehmen, wonach diese Mächte,
wie es heißt, den Beschluß der Sowjetunion,
ihre Funktionen bezüglich der Aufrechterhaltung des Besatzungsstatus in Berlin niederzule-
gen, nicht anerkennen werden. Wie kann man
indes die Frage so trivial stellen? Wer heute
von der Nichtanerkennung der von der Sowjetunion geplanten Schritte spricht, der möchte
mit ihr offensichtlich nicht in der Sprache der
Vernunft und der stichhaltigen Argumente
sprechen, sondern in der Sprache der rohen
Gewalt, wobei er vergißt, daß Drohungen und
Einschüchterungen auf das Sowjetvolk nicht
wirken. Sollte aber hinter den Worten der
»Nichtanerkennung« tatsächlich die Absicht
stehen, wegen Berlin zur Gewalt zu greifen und
die Welt zum Kriege zu drängen, so müssen die
Verfechter einer solchen Politik damit rechnen,
daß sie eine äußerst schwere Verantwortung
für alle Folgen dieser Politik vor den Völkern
und vor der Geschichte auf sich nehmen. Wer
im Zusammenhang mit der Lage in Berlin mit
dem Säbel rasselt, der läßt wieder einmal sein
Interesse erkennen, in Berlin das Besatzungsregime zu aggressiven Zwecken aufrechtzuerhalten.

Die Regierung der Sowjetunion möchte hoffen, daß die Aufgabe der Normalisierung der
Lage in Berlin, die unseren Staaten mit natur-
gemäßer Notwendigkeit durch das Leben
selbst gestellt wird, jedenfalls so gelöst wird,
wie es die Erwägungen staatmännischer Weisheit und die Interessen des Friedens unter den
Völkern diktieren, ohne nutzlose Aufpeit-
schung der Nerven und Zuspitzung des »kalten Krieges«.

Bei der Lösung eines Problems wie das Berlin-
Problem ist die Methode der Erpressung und

der unüberlegten Gewaltandrohung am aller-
wenigsten angebracht. Solche Methoden tragen nicht dazu bei, auch nur eine einzige Frage
zu lösen; sie können nur die Lage gefährlich
erhitzen. Aber nur Wahnsinnige können so
weit gehen, daß sie wegen der Aufrechterhaltung der Privilegien der Okkupanten in West-
Berlin einen neuen Weltkrieg auslösen. Sollten solche Wahnsinnigen tatsächlich auftauchen, so braucht nicht daran gezweifelt zu
werden, daß sich für sie Zwangsjacken finden
würden.

Sofern die Staatsmänner, die für die Politik der
Westmächte verantwortlich sind, sich bei der
Behandlung der Berlin-Frage wie auch anderer
internationaler Probleme vom Haß gegen den
Kommunismus, gegen die sozialistischen Länder leiten lassen, so wird das zu nichts Gutem
führen. Weder die Sowjetunion noch irgendein
anderer sozialistischer Staat können und wollen ihre Existenz gerade als sozialistische Staaten leugnen. Vereinigt zu einem unerschütterli-
chen brüderlichen Bund stehen sie daher fest
für den Schutz ihrer Rechte und ihrer Staats-
grenzen ein, wobei sie nach der Devise handeln: Einer für alle und alle für einen. Jedwede
Verletzung der Grenzen der Deutschen Demokratischen Republik, Polens, der Tschechoslowakei, jedwede aggressive Aktion gegen
irgendeinen Mitgliedstaat des Warschauer
Paktes wird von allen seinen Mitgliedern als
ein Überfall auf sie alle betrachtet werden und
sofort die entsprechenden Gegenmaßnahmen
auslösen.

Die sowjetische Regierung glaubt, daß es vernünftig wäre, die in der Welt entstandene Lage
anzuerkennen und normale Verhältnisse für
die Koexistenz aller Staaten zu schaffen, den
internationalen Handel auszubauen und die
Beziehungen zwischen unseren Ländern auf
der Grundlage der bekannten Prinzipien – der
gegenseitigen Achtung der Souveränität und
territorialen Integrität, des Nichtangriffs, der
Nichteinmischung in die inneren Angelegenheiten des anderen, der Gleichheit und des gegenseitigen Nutzens – aufzubauen.

Die Sowjetunion, ihr Volk und seine Regierung bemühen sich aufrichtig um die Wiederherstellung guter, auf Vertrauen beruhender
Beziehungen zu den Vereinigten Staaten von

Amerika, Beziehungen, die durchaus möglich sind, wie das die Erfahrung des gemeinsamen Kampfes gegen die Hitler-Aggressoren gezeigt hat, und die in Friedenszeiten unseren beiden Ländern nur die Vorteile einer beide Seiten bereichernden geistigen und materiellen Zusammenarbeit unserer Völker und allen anderen Menschen den Segen eines ruhigen Lebens in einem festgefügten Frieden bringen würden.

Moskau, den 27. November 1958

Quelle: Dokumente zur Deutschlandpolitik IV/1 (1958/59), 163 ff.

Dokument 2

16. Dezember 1958:
Erklärung des Ministerrates der NATO zur
Berlin-Frage

---

1. Der Nordatlantikrat prüfte die Berliner Frage.

2. Der Rat erklärt, daß kein Staat das Recht hat, sich einseitig aus seinen internationalen Abmachungen zu lösen. Er stellt fest, daß die Aufkündigung der interalliierten Vereinbarungen über Berlin durch die Sowjetunion in keiner Weise die anderen Vertragspartner ihrer Rechte berauben oder die Sowjetunion ihrer Verpflichtungen entbinden kann. Solche Methoden zerstören das gegenseitige Vertrauen zwischen den Nationen, das eine der Grundlagen des Friedens ist.

3. Der Rat tritt in vollem Umfange den Auffassungen bei, die hierzu durch die Regierungen der Vereinigten Staaten, des Vereinigten Königreichs, Frankreichs und der Bundesrepublik Deutschland in ihrer Erklärung vom 14. Dezember 1958 zum Ausdruck gebracht wurden.

4. Die von der Sowjetunion erhobenen Forderungen haben eine ernste Lage geschaffen, der mit Entschlossenheit begegnet werden muß.

5. Der Rat erinnert an die Verantwortung, die jeder Mitgliedstaat in bezug auf die Sicherheit und Wohlfahrt Berlins und die Aufrechterhaltung der Position der drei Mächte in dieser Stadt übernommen hat. Die Mitgliedstaaten der NATO könnten keine Lösung der Berliner Frage gutheißen, die das Recht der drei Westmächte, so lange in Berlin zu bleiben, wie es ihre Verantwortlichkeiten erfordern, in Frage stellt und die nicht die Freiheit der Verbindungslinien zwischen dieser Stadt und der freien Welt gewährleistet. Die Sowjetunion wäre für jede Handlung verantwortlich, die dazu führen würde, diese freie Verbindung zu behindern oder diese Freiheit zu gefährden. Die zwei Millionen Einwohner West-Berlins haben soeben in freier Wahl mit überwältigender Mehrheit ihre Zustimmung und Unterstützung für diese Position erneut bestätigt.

6. Der Rat ist der Ansicht, daß die Berliner Frage nur im Rahmen eines Abkommens mit der Sowjetunion über die gesamte Deutschlandfrage geregelt werden kann. Er ruft in Erinnerung, daß die Westmächte sich wiederholt bereit erklärt haben, dieses Problem ebenso wie die der europäischen Sicherheit und der Abrüstung zu prüfen. Sie sind zu einer Diskussion aller dieser Fragen nach wie vor bereit.

Quelle: Dokumente zur Deutschlandpolitik IV/1 (1958/59), 382 f.

Dokument 3

31. Dezember 1958:
Note der Regierung der Vereinigten Staaten
von Amerika an die Regierung der Sowjet-
union zur Lage Berlins

Die Regierung der Vereinigten Staaten bestätigt den Empfang der Note, die die Regierung der Sowjetunion unter dem Datum vom 27. November an sie gesandt hat. Die Note enthält eine lange Darlegung der Ereignisse, die dem letzten Krieg vorausgingen und die

auf ihn folgten. Sie versucht, die Westmächte
– Frankreich, das Vereinigte Königreich
und die Vereinigten Staaten – als Helfers-
helfer des Hitlerismus gegen die Sowjetunion
hinzustellen. Dies steht in scharfem Gegensatz
zu den wirklichen Tatsachen. In diesem Zusammenhang verweisen wir auf die seinerzeit
am 31. Oktober 1939 von dem sowjetischen
Außenminister vor dem Obersten Sowjet der
UdSSR abgegebene Erklärung. In dieser Erklärung nimmt er unter anderem auf den
Abschluß des sowjetisch-deutschen Nichtan-
griffspaktes vom 23. August Bezug und weist
darauf hin, daß »nunmehr eine Wiederannähe-
rung und die Schaffung freundschaftlicher Beziehungen zwischen der Sowjetunion und
Deutschland erfolgt ist«.
Die Erklärung greift weiter die britische und
die französische Regierung wegen ihrer Opposition zum Hitlerismus an, und zwar mit folgenden Worten: »Die herrschenden Kreise in
Großbritannien und Frankreich haben in jüng-
ster Zeit versucht, sich als die Verfechter der
demokratischen Rechte der Nationen gegenüber dem Hitlerismus hinzustellen, und die britische Regierung hat erklärt, daß ihr Ziel in
dem Krieg mit Deutschland nichts Geringeres
als die ›Vernichtung des gesamten Hitlerismus‹ ist. Jeder wird verstehen, daß eine Ideologie nicht durch Gewalt zerstört, daß sie nicht
durch einen Krieg beseitigt werden kann. Es ist
daher nicht nur sinnlos, sondern geradezu verbrecherisch, einen solchen Krieg zu führen –
einen Krieg zur ›Vernichtung des gesamten
Hitlerismus‹, getarnt als Kampf für die ›Demokratie‹.«
Die Situation Berlins, über die sich die sowjetische Regierung beklagt und die sie als anomal
betrachtet, ist eine Folge gerade der besonderen Art des deutschen Problems, wie es seit
1945 bestanden hat. Als das Reich Hitlers zusammenbrach, hatten die westlichen Alliierten
mehr als ein Drittel des Gebiets militärisch in
Besitz, das später von den sowjetischen Behörden besetzt wurde.
Die Sowjetunion war im Besitz Berlins. Auf
Grund der Abkommen vom 12. September
1944 und vom 1. Mai 1945 zogen sich die westlichen Alliierten zurück und ermöglichten damit eine Besetzung großer Teile Mecklenburgs,

Sachsens, Thüringens und Anhalts durch die
Sowjets, und gleichzeitig besetzten die drei
Westmächte die westlichen Sektoren Berlins,
damals ein Gebiet voller Ruinen.
Die Sowjetunion hat direkt und über ihr Ma-
rionettenregime – die sogenannte Deutsche
Demokratische Republik – ihre Machtstellung
über das große Gebiet konsolidiert, das die
westlichen Alliierten ihr abgetreten hatten. Sie
fordert nunmehr, daß die westlichen Alliierten
ihre Positionen in Berlin aufgeben, die praktisch die Gegenleistungen dafür waren.
Die drei Westmächte sind als Besatzungsmächte in Berlin, und sie sind nicht zur Aufgabe ihrer Rechte bereit, die sie durch den Sieg
erworben haben, genauso wie sie annehmen,
daß die Sowjetunion nicht gewillt ist, jetzt den
Westmächten diejenigen Positionen zu überlassen, die die Westmächte in Mecklenburg,
Sachsen, Thüringen und Anhalt gewonnen hatten und die sie auf Grund der Abkommen von
1944 und 1945 der Sowjetunion zur Besetzung
übergeben hatten.
Die von den vier Mächten geschlossenen Abkommen können nicht deshalb als überholt betrachtet werden, weil die Sowjetunion bereits
den vollen Nutzen aus ihnen gezogen hat und
weil sie nunmehr die übrigen Partner der Vorteile zu berauben wünscht, die diese zum Ausgleich hierfür erhalten hatten. Diese Abkommen sind für alle Signatarstaaten so lange bindend, wie sie nicht durch andere, auf Grund
freier Verhandlungen vereinbarte Abkommen
ersetzt worden sind.
Was das Potsdamer Abkommen anbetrifft, so
hängt der Status Berlins nicht von ihm ab. Darüber hinaus trägt die Sowjetunion die Verantwortung für die Tatsache, daß das Potsdamer
Abkommen nicht durchgeführt werden
konnte.
Das sowjetische Memorandum zielt offiziell
darauf ab, die Abkommen vom 12. September
1944 und 1. Mai 1945 aufzukündigen. Diese
Aufkündigung betrifft praktisch auch noch andere, später getroffene Vereinbarungen. Wir
verweisen in diesem Zusammenhang auf das
Viermächteabkommen vom 20. Juni 1949, mit
dem die Sowjetunion unter anderem »die Verpflichtung übernahm, das normale Funktionieren des Gütertransportes und der Verbindung

zwischen Berlin und den westlichen Zonen Deutschlands zu gewährleisten«. Dieser »Verpflichtung« möchte die Sowjetunion sich nunmehr entziehen. Die Vereinigten Staaten verweisen ferner auf das Abkommen auf der »Gipfelkonferenz« vom 23. Juli 1955, in dem die vier Mächte »ihre gemeinsame Verantwortung für die Regelung der deutschen Frage« anerkannten, eine Formulierung, die zwangsläufig auch das Berlin-Problem mit einschließt. Offensichtlich versucht die Sowjetunion nunmehr, sich von diesen vereinbarten Verantwortlichkeiten und Verpflichtungen freizumachen.

Die Regierung der Vereinigten Staaten kann die sowjetische Regierung nicht daran hindern, das Aufgeben ihrer eigenen Machtbefugnisse im Rahmen der Viermächteregierung in dem Sektor zu verkünden, den sie in der Stadt Berlin besetzt. Auf der anderen Seite kann und wird die Regierung der Vereinigten Staaten in keiner Weise eine einseitige Aufkündigung der Abkommen der Jahre 1944 und 1945 akzeptieren; sie ist auch nicht bereit, die Sowjetunion aus den Verpflichtungen zu entlassen, die diese im Juni 1949 übernommen hat. Eine solche Maßnahme seitens der sowjetischen Regierung würde keine rechtliche Basis mehr haben, da die Abkommen nur durch gemeinsame Zustimmung aufgehoben werden können. Die Regierung der Vereinigten Staaten wird auch weiterhin die sowjetische Regierung direkt für die Erfüllung ihrer Verpflichtungen, die sie unter den bestehenden Abkommen hinsichtlich Berlins übernommen hat, verantwortlich machen. Wie der sowjetischen Regierung bekannt ist, haben die Regierungen Frankreichs, Großbritanniens und der USA das Recht, in ihren Sektoren in Berlin Truppen zu stationieren und freien Zugang dahin zu haben. Dementsprechend sind mit den sowjetischen Behörden gewisse administrative Verfahren abgesprochen worden, die zum gegenwärtigen Zeitpunkt in Kraft sind. Die Regierung der Vereinigten Staaten wird eine einseitige Aufkündigung der übernommenen Verpflichtungen seitens der sowjetischen Regierung hinsichtlich des freien Zugangs nicht akzeptieren. Sie wird es auch nicht akzeptieren, daß das Regime, das die Sowjetregierung als Deutsche Demokratische Re-

publik bezeichnet, in dieser Hinsicht an die Stelle der sowjetischen Regierung tritt.

Nach Ansicht der Regierung der Vereinigten Staaten kann die Anwesenheit der französischen, britischen und amerikanischen Truppen in Berlin keine »Bedrohung« für die sowjetische Regierung oder für das Regime darstellen, das die sowjetische Regierung als Deutsche Demokratische Republik bezeichnet. Genausowenig kann für die sowjetische Regierung und besagtes Regime eine militärische Bedrohung von Berlin ausgehen. Die Streitkräfte der drei Westmächte in Berlin belaufen sich auf rund 10 000 Mann. Die Sowjetregierung andererseits hat – wie es heißt – etwa 350 000 Mann in Ostdeutschland stationiert, während das Regime, das die Sowjetregierung als die Deutsche Demokratische Republik bezeichnet, ebenfalls über 200 000 Mann unter Waffen halten soll. Unter diesen Umständen scheint die Befürchtung, daß die in Berlin stationierten westlichen Truppen »Schaden anrichten« könnten, völlig unbegründet. Wenn Berlin zum Mittelpunkt internationaler Spannungen geworden ist, so nur, weil die Sowjetunion bewußt mit der Aufhebung der gegenwärtig dort in Kraft befindlichen Vereinbarungen gedroht hat – Vereinbarungen, die von der Sowjetregierung mit getroffen wurden. Die Bevölkerung in West-Berlin hat vor kurzem in einer freien Wahl ihre überwältigende Zustimmung und Unterstützung des bestehenden Status der Stadt erneut bekräftigt. Der weitere Schutz der Freiheit von über zwei Millionen Menschen in West-Berlin ist von den drei Westmächten feierlich als Recht und Pflicht übernommen worden. Die Vereinigten Staaten können daher keinen Vorschlag in Betracht ziehen, der auf eine Gefährdung der Freiheit und Sicherheit dieser Menschen hinauslaufen würde. Die Rechte der drei Mächte, in Berlin ohne eine Behinderung der Verbindungsstraßen und der Luftwege zwischen dieser Stadt und der Bundesrepublik Deutschland zu verbleiben, sind unter den gegebenen Bedingungen für die Ausübung dieses Rechtes und die Erfüllung dieser Pflicht von entscheidender Wichtigkeit. Daher ist der Vorschlag, aus West-Berlin eine sogenannte »freie Stadt« zu machen, wie ihn die Sowjetunion unterbreitet hat, unannehmbar.

Es ist – wie in der Note der sowjetischen Regierung vom 27. November erklärt wird – gewiß nicht normal, daß 13 Jahre nach Kriegsende in einem Teil deutschen Territoriums immer noch ein 1945 geschaffenes Besatzungssystem besteht. Die Vereinigten Staaten bedauern diese Tatsache sowie auch die Tatsache, daß Deutschland immer noch nicht wiedervereinigt worden ist, so daß Berlin seinen rechtmäßigen Platz als Hauptstadt eines vereinigten Deutschlands einnehmen könnte. Wenn der Friedensvertrag, der allein ein Ende dieser Situation bringen kann, noch nicht mit einem wiedervereinigten Deutschland abgeschlossen worden ist, so liegt die Verantwortung hierfür keineswegs bei den drei Westmächten, die keine Anstrengung gescheut haben, um die vier Mächte aus der Sackgasse herauszubringen, in der sie sich schon so lange befinden. Solange es nicht zu einem Friedensvertrag kommt, wird die gegenwärtige Situation andauern.

In Wirklichkeit ist die Form der Regierung Berlins, deren Gültigkeit die sowjetische Regierung heute zu bestreiten sucht, nur ein Aspekt und nicht der entscheidende des deutschen Problems in seiner Gesamtheit. Dieses Problem, das oftmals definiert worden ist, schließt die wohlbekannten Fragen der Wiedervereinigung und der europäischen Sicherheit ebenso wie die des Friedensvertrages ein. Es ist in der Vergangenheit im Verlaufe zahlreicher internationaler Konferenzen mit den Sowjets ohne Erfolg erörtert worden. Die Regierung der Vereinigten Staaten ist stets bereit gewesen, dieses Problem zu erörtern, und ist es auch heute. Die Vereinigten Staaten haben diese Bereitschaft in der Note an die Sowjetunion vom 30. September 1958 klar dargelegt, in der es heißt: »Die Regierung der Vereinigten Staaten ist jederzeit bereit, mit der sowjetischen Regierung auf der Grundlage dieser Vorschläge – das heißt der westlichen Vorschläge für freie gesamtdeutsche Wahlen und Entscheidungsfreiheit für eine gesamtdeutsche Regierung – oder irgendwelcher anderer Vorschläge, hinter denen die ehrliche Absicht steht, die Wiedervereinigung Deutschlands in Freiheit herbeizuführen, in jedem geeigneten Rahmen Verhandlungen aufzunehmen. Sie hält die Lösung des Deutschlandproblems für wesentlich, wenn eine dauerhafte Regelung in Europa erreicht werden soll.«

Die Sowjetunion hat sich bisher noch nicht in der Lage gesehen, auf diese Note zu antworten. Die öffentliche Aufkündigung feierlicher Vereinbarungen, die formell eingegangen und wiederholt bekräftigt wurden, zusammen mit einem Ultimatum, das mit einseitigen Maßnahmen zur Verwirklichung dieser Aufkündigung droht, sofern ihm nicht innerhalb von sechs Monaten entsprochen wird, würde keine vernünftige Grundlage für Verhandlungen zwischen souveränen Staaten abgeben. Die Regierung der Vereinigten Staaten könnte Besprechungen mit der Sowjetunion über diese Fragen unter einer Drohung oder einem Ultimatum nicht aufnehmen; vielmehr wären die Vereinigten Staaten, falls dies beabsichtigt wäre, verpflichtet, umgehend in der nachdrücklichsten Form zu protestieren. Es wird daher angenommen, daß dies nicht die Absicht der sowjetischen Note vom 27. November ist und daß die sowjetische Regierung – gleich der amerikanischen Regierung – bereit ist, in einer Atmosphäre in Besprechungen einzutreten, die frei von Druck oder Drohungen ist.

Von dieser Grundlage ausgehend, wäre die Regierung der Vereinigten Staaten daran interessiert zu erfahren, ob die sowjetische Regierung bereit ist, Besprechungen zwischen den vier betroffenen Mächten aufzunehmen. In diesem Falle würde es das Ziel der Regierung der Vereinigten Staaten sein, die Frage Berlins in dem weiteren Rahmen von Verhandlungen zur Lösung des deutschen Problems wie auch des Problems der europäischen Sicherheit zu erörtern. Die Regierung der Vereinigten Staaten würde es begrüßen, die Ansichten der sowjetischen Regierung zu einem baldigen Zeitpunkt kennenzulernen.

Quelle: Dokumente zur Deutschlandpolitik IV/1 (1958/59), 440 ff.

Dokument 4

**31. Dezember 1958:
Note der Regierung
der Französischen Republik
an die Regierung der Sowjetunion
zur Lage Berlins**

Die französische Regierung hat die ihr von der Sowjetregierung am 27. November zugeleitete Note zur Kenntnis genommen. Das nachfolgende Memorandum ist ihre Antwort:

1. Die Note enthält sehr lange Ausführungen über die Ereignisse vor und nach dem letzten Krieg. Das wenigste, was man dazu sagen kann, besteht darin, daß diese Ausführungen der Wirklichkeit nicht entsprechen. In dieser Hinsicht genügt es, an einige Tatsachen zu erinnern, die die Jahre 1939 bis 1941 gekennzeichnet haben.
Frankreich ist im Jahre 1939 in dem Augenblick in den Krieg eingetreten, in dem das »Dritte Reich« Polen angriff. Zur gleichen Zeit hat die Sowjetunion mit der Hitler-Regierung einen Nichtangriffspakt, einen Freundschafts- und Grenzvertrag sowie zahlreiche wirtschaftliche und militärische Vereinbarungen abgeschlossen. Die Sowjetregierung hat durch den Mund ihres Außenministers am 31. Oktober 1939 verkündet, daß »es nicht nur unsinnig, sondern verbrecherisch ist, einen Krieg zur Vernichtung des Hitlerregimes zu führen, der als Kampf für die Demokratie getarnt ist«. Erst am 22. Juni 1941 hat die von Hitler angegriffene Sowjetunion sich den Reihen der Verbündeten angeschlossen.
Die französische Regierung wünscht in keiner Weise, in eine Polemik mit der Sowjetregierung einzugehen. Sie wird sich auf diese Richtigstellung beschränken, um zu zeigen, daß sie in keiner Weise die Auslegungen akzeptiert, die in der Note vom 27. November der ferneren oder näheren Geschichte gegeben werden.

2. Die Situation in Berlin, über die sich die Sowjetregierung beklagt und die sie für anomal hält, ergibt sich aus der Natur des Deutschland-Problems, wie es seit 1945 besteht.
Als das Reich Hitlers zusammenbrach, haben die vier Mächte in Deutschland die höchste Gewalt übernommen. Sie sollen diese Gewalt wieder in die Hände einer deutschen Regierung legen, die im Namen des souveränen Volkes die Friedensregelung unterzeichnen wird. Dieser Zustand ergibt sich keineswegs aus den Potsdamer Abkommen. Diese legten in bezug auf Deutschland bestimmte Grundsätze für die Anfangszeit der Besetzung fest und regelten auf der anderen Seite wichtige wirtschaftliche Fragen, ohne die gebietsmäßigen Klauseln und die Bevölkerungsverschiebungen zu vergessen. Die Anwesenheit französischer Truppen in Berlin hängt nicht von diesen Abkommen ab, bei denen die französische Regierung im übrigen nicht Vertragspartner war und die sie nur für die Bestimmungen binden, die Frankreich ausdrücklich akzeptiert hat. Die Anwesenheit der Truppen resultiert aus der bedingungslosen Kapitulation des »Dritten Reichs«. Die interalliierten Abkommen vom 12. September 1944 und vom 1. Mai und 5. Juni 1945 legen die Modalitäten fest.

3. Die zwischen den vier Mächten abgeschlossenen Abkommen können nicht deswegen als hinfällig angesehen werden, weil sie einer dieser Mächte nicht mehr passen. Sie verpflichten alle Unterzeichnerstaaten so lange, als sie nicht nach freier Verhandlung durch andere Abkommen ersetzt worden sind. Die französische Regierung kann die Sowjetregierung nicht daran hindern zu erklären, daß sie aus eigner Machtvollkommenheit ihre Funktionen in dem Sektor der Stadt Berlin beendet, den sie besetzt. Die französische Regierung kann dagegen keine einseitige Aufkündigung der Abkommen von 1944 und 1945 hinnehmen, die auf keiner juristischen Grundlage beruhen würde. Diese Aufkündigung würde im übrigen auch die Aufkündigung neuerer Abkommen einschließen. So hat sich die Sowjetregierung im Viererabkommen vom 21. Juni 1949 verpflichtet, das normale Funktionieren der Verkehrsverbindungen und sonstigen Verbindungswege zwischen Berlin und den Westzonen Deutschlands sicherzustellen. Die französische Regierung

bezieht sich in gleicher Weise auf die Erklärung vom 25. Juli 1955, in der die vier Regierungschefs »ihre gemeinsame Verantwortung für die Regelung der Deutschland-Frage« anerkannt haben. Dieser Satz gilt notwendigerweise auch für das Berlin-Problem.

Die französische Regierung könnte sich unter diesen Umständen nicht damit einverstanden erklären, daß die Sowjetregierung den Behörden von Pankow ihre Verantwortung hinsichtlich der Garantie freier Verbindungswege für die alliierten Truppen in Berlin zwischen den Westsektoren der Stadt und dem Gebiet der Bundesrepublik Deutschland überträgt. Diese Garantie stellt eine unmittelbare und unbestreitbare Verpflichtung der Sowjetregierung dar. Diese kann nach den gültigen Abkommen diese Verpflichtung an niemanden abtreten, und die französische Regierung kann der Sowjetregierung von vornherein nur die ganze Verantwortung für die Folgen überlassen, die sich aus einem Nichteinhalten dieser Verpflichtung ergeben würden.

4. Aus denselben Gründen kann die französische Regierung den sowjetischen Vorschlag auf Schaffung einer »Freien Stadt« Westberlin nicht annehmen. Sie sieht im übrigen nicht ein, wie die wenigen Streitkräfte, die sie in Berlin unterhält, irgend jemanden »bedrohen« könnten. Sie garantieren im Gegenteil die Sicherheit und die Freiheit der Bewohner des französischen Sektors von Berlin.

5. Es ist gewiß nicht normal, wie die Note der Sowjetregierung vermerkt, daß es dreizehn Jahre nach Kriegsende in einem Teil des deutschen Gebiets noch das 1945 eingerichtete Besatzungsregime gibt. Die französische Regierung bedauert dies als erste ebenso wie sie die Tatsache bedauert, daß Deutschland noch nicht wiedervereinigt ist. Aber wenn der Friedensvertrag, der allein diese Situation beenden kann, noch nicht abgeschlossen ist, so trifft die Verantwortung dafür in keiner Weise die französische Regierung, die keine Anstrengung gescheut hat, um die vier Mächte aus dem Engpaß herauszuführen, in dem sie sich seit so langer Zeit befinden. In Wirklichkeit ist das Regime von Berlin, dessen Rechtmäßigkeit die

Sowjetregierung heute bestreiten zu können glaubt, nur ein Aspekt und nicht einmal der wichtigste Aspekt des gesamten Deutschland-Problems. Dieses so oft klargestellte Problem wirft die drei wohlbekannten Fragen der Wiedervereinigung, der europäischen Sicherheit und des Friedensvertrages auf. Es ist früher schon bei zahlreichen internationalen Konferenzen ohne Erfolg erörtert worden. Die französische Regierung war immer und bleibt heute noch bereit, mit den drei anderen Mächten, die für die Regelung verantwortlich sind, von neuem darüber zu verhandeln. Sie hat in ihrer Note vom 30. September 1958, die bis jetzt ohne Antwort geblieben ist, diese Bereitschaft zu erkennen gegeben. Sie wird, wenn sich die Gelegenheit bietet, mit dem festen Willen, zu einer Einigung zu kommen, darüber verhandeln.

6. Die von einem Ultimatum begleitete Aufkündigung feierlicher Verpflichtungen ist keine Verhandlungsgrundlage zwischen souveränen Staaten. Es handelt sich um ein Ultimatum, weil es darum ginge, einseitig die Konsequenzen aus einer solchen Aufkündigung zu ziehen, wenn sie nicht in einer Frist von sechs Monaten akzeptiert würde. Die französische Regierung ist nicht bereit, unter Drohung Verhandlungen aufzunehmen. Wenn dies die Absichten der Sowjetregierung sein sollten, sähe sich die französische Regierung verpflichtet, dagegen energisch Protest zu erheben. Sie nimmt daher an, daß dies nicht der Zweck der Note vom 27. November ist und daß die Sowjetregierung nicht daran denkt, daß unter Druck oder Drohungen verhandelt werden soll.

7. Wenn es so ist, ist die französische Regierung immer bereit, die Berlin-Frage im Rahmen von Verhandlungen über die Lösung des Deutschland-Problems und des Problems der europäischen Sicherheit zu erörtern. Die französische Regierung würde sich freuen, baldigst die Auffassungen der Sowjetregierung hierzu kennenzulernen.

Quelle: Dokumente zur Deutschlandpolitik IV/1 (1958/59), 424 ff.

Dokument 5

I.

1. Die Regierung Ihrer Majestät hat die an sie gerichtete Note der sowjetischen Regierung vom 27. November über Deutschland erhalten.

2. Die Note der sowjetischen Regierung enthält gewisse Bemerkungen über die Ereignisse vor dem letzten Krieg. Das wenigste, was man zu diesen Bemerkungen sagen kann, ist, daß sie nach Ansicht der Regierung Ihrer Majestät nicht den historischen Tatsachen entsprechen. Es ist nicht die Absicht der Regierung Ihrer Majestät, in eine Polemik über die Richtigkeit oder Unrichtigkeit des Sachverhalts der Ereignisse einzutreten, die vor 20 Jahren unter politischen Umständen stattfanden, die von den heutigen gänzlich verschieden sind. Nichtsdestoweniger hält es die Regierung Ihrer Majestät für richtig, etwaige Mißverständnisse, die auf Grund der Bemerkungen der sowjetischen Regierung über die Lage Europas zu Beginn des letzten Krieges aufkommen könnten, richtigzustellen.

3. In der Note der sowjetischen Regierung heißt es: »Es ist zur Genüge bekannt, daß Großbritannien und auch die Vereinigten Staaten und Frankreich keineswegs gleich zu Beginn die Notwendigkeit zur Zusammenarbeit mit der Sowjetunion erkannten, um der Aggression Hitlers zu begegnen, obgleich die sowjetische Regierung stets ihre Bereitwilligkeit zur Zusamenarbeit gezeigt hatte. Lange Zeit hindurch behielten in den westlichen Hauptstädten entgegengesetzte Bestrebungen die Oberhand. Sie wurden besonders deutlich zur Zeit der Münchener Abmachungen mit Hitler.«

4. In diesem Zusammenhang hält es die Regierung Ihrer Majestät für angebracht, an die Lage zu erinnern, wie sie kurz vor Ausbruch des Krieges im Jahre 1939 bestand. Im Mai jenes Jahres hatte die Regierung Seiner Majestät der sowjetischen Regierung vorgeschlagen, sie solle eine Erklärung dahingehend abgeben, daß die Sowjetunion, falls Frankreich oder Großbritannien auf Grund ihrer Verpflichtun-gen gegenüber Polen oder Rumänien in einen Krieg verwickelt würden, Frankreich bzw. Großbritannien auf Verlangen helfen würde. Die sowjetische Regierung lehnte diesen Vorschlag ab. Die Verhandlungen über den geplanten britisch-französisch-sowjetischen Pakt gingen jedoch weiter, und auf Ersuchen der Sowjetunion begannen am 12. August 1939 in Moskau militärische Dreimächte-Beratungen. Mit einer Plötzlichkeit, die Europa erschütterte, wurde am 23. August der deutsch-sowjetische Nichtangriffspakt, allgemein Molotow-Ribbentrop-Pakt genannt, bekanntgegeben. Mit Überraschung stellt die Regierung Ihrer Majestät fest, daß es die sowjetische Regierung unterläßt, diesen Pakt in dem historischen Teil ihrer Note vom 27. November zu erwähnen, da die Unterzeichnung dieses Pakts nach allgemeiner Ansicht den Kriegsausbruch unvermeidlich machte. Es kann auch nicht vergessen werden, daß die Verhandlungen über den Molotow-Ribbentrop-Pakt gerade zu der Zeit stattfanden, da die Westmächte in gutem Glauben noch mit der sowjetischen Regierung verhandelten. Diese beiden Namen sind, ob man will oder nicht, Teil der Geschichte.

5. Die Haltung der sowjetischen Regierung zu jener Zeit wird treffend veranschaulicht durch die Äußerungen des sowjetischen Außenministers auf der fünften Sitzung des Obersten Sowjets der UdSSR am 31. Oktober 1939. Damals, so wird man sich erinnern, befanden sich Großbritannien und Frankreich bereits im Krieg mit Deutschland.

Außenminister Molotow sagte:

»Die herrschenden Kreise in Großbritannien und Frankreich haben in letzter Zeit versucht, sich als Vorkämpfer der demokratischen Rechte der Nationen gegen den Hitlerismus hinzustellen, und die britische Regierung hat verkündet, daß ihr Ziel im Krieg gegen Deutschland nicht mehr und nicht weniger ist als die ›Vernichtung des Hitlerismus‹; das bedeutet, daß die britischen und mit ihnen die französischen Kriegsbefürworter gegen Deutschland einen Krieg führen, der seinem

Wesen nach ein ›ideologischer‹ Krieg ist und an die Religionskriege alter Zeiten erinnert ... Es gibt aber absolut keine Rechtfertigung für solch einen Krieg. Wie bei jedem anderen ideologischen System kann man die Ideologie des Hitlerismus annehmen oder verwerfen – das ist eine Frage der politischen Ansichten. Aber jeder wird begreifen, daß eine Ideologie nicht durch Gewalt vernichtet, daß sie durch Krieg nicht ausgemerzt werden kann. Es ist deshalb nicht nur unsinnig, sondern verbrecherisch, solch einen Krieg zu führen – einen Krieg zur ›Vernichtung des Hitlerismus‹, der als Kampf für die ›Demokratie‹ getarnt ist.«

6. Das war die Lage bei Ausbruch des Krieges im Jahre 1939. Als die Nazi-Armeen 1940 Westeuropa überrannten, stand Großbritannien allein gegen Hitler, dessen Beziehungen zur Sowjetregierung weiter durch den Molotow-Ribbentrop-Pakt bestimmt wurden bis zu der Zeit, als seine Armeen auf sowjetisches Gebiet vordrangen. Die Sowjetregierung wird die Eile nicht vergessen, mit der sich damals die Regierung Seiner Majestät unter der Führung von Mr. Churchill entschloß, vergangene Meinungsverschiedenheiten zu vergessen und ein Bündnis mit der Sowjetregierung abzuschließen.

7. Die sowjetische Note spricht von dem Münchener Vertrag von 1938. Sie spricht auch von »den kurzsichtigen Berechnungen der Inspiratoren von München«. Zu diesem Punkt möchte die Regierung Ihrer Majestät nur bemerken, daß Ihrer Majestät gegenwärtige Regierung entschlossen ist, gleichgültig welcher Ansicht man heute über die Motive und Handlungen der britischen Regierung von damals sein mag, aus den geschichtlichen Lehren jener Zeit Nutzen zu ziehen. Ja, sie ist fest entschlossen, keine Politik der Beschwichtigung zu verfolgen und sich nicht durch Drohungen davon abschrecken zu lassen, getreulich zu ihren übernommenen internationalen Verpflichtungen zu stehen.

II.

1. In ihrer Note befaßt sich die sowjetische Regierung auch ziemlich eingehend mit der Frage des Potsdamer Abkommens. Die Regierung Ihrer Majestät akzeptiert nicht das Argument, daß der Status von Berlin von diesem Abkommen abhängig sei. Ihre Ansicht über die rein rechtliche Stellung Berlins wird an anderer Stelle dieser Note dargelegt werden. Trotzdem hält sie es für angebracht, sich zu einigen Feststellungen in der sowjetischen Note zum Thema des Potsdamer Abkommens zu äußern.

2. Wie die sowjetische Regierung sehr richtig feststellt, sah das Potsdamer Abkommen vor, Deutschland als eine wirtschaftliche Einheit zu betrachten. Aber die sowjetische Regierung tat nichts, um diese wichtige Bestimmung des Abkommens zu erfüllen. Vom Beginn der Besatzungszeit an verfolgte die sowjetische Regierung in ihrer Zone eine unabhängige Wirtschaftspolitik und beraubte die Zone dabei zum alleinigen Nutzen der Sowjetunion allmählich ihrer Werte und Produktionsmittel. Außerdem weigerte sich die sowjetische Regierung trotz Wahrung ihrer eigenen Ansprüche auf Reparationen ständig, auch nur eine der Maßnahmen zu billigen, die das Potsdamer Abkommen ausdrücklich forderte, wie zum Beispiel die Aufstellung gemeinsamer Import-Export-Programme für Deutschland in seiner Gesamtheit.

3. Die sowjetische Regierung behauptet weiter, die Westmächte hätten entgegen den Bestimmungen des Potsdamer Abkommens »gerade jene Kräfte, die Hitlers Militärapparat geschaffen hatten, zu neuem Leben erweckt und gestärkt«. Die Regierung Ihrer Majestät möchte in diesem Zusammenhang an die Remilitarisierungsmaßnahmen erinnern, die die sowjetische Regierung in ihrer Zone in Deutschland ergriffen hat. Die wichtigste dieser Maßnahmen war die Schaffung von »Bereitschaften«, auf die die Regierung Ihrer Majestät die sowjetische Regierung bereits in einer Note vom 25. Mai 1950 hingewiesen hat:

»In jenem Teil Deutschlands, der unter sowjetischer Kontrolle steht, ist eine Polizeitruppe gegründet worden, die ihrem System, ihrer Ausbildung und ihrer Ausrüstung nach den Charakter einer Armee hat ... Es ist bekannt, ... daß sie unter der Kontrolle der Hauptverwaltung für Ausbildung auf der Grundlage von Bereitschaften organisiert ist und aus fast 50 000 Mann besteht. Sie sind in militärische Einheiten aufgegliedert, zu denen Artillerie-, Panzer- und Infanteriebataillone gehören. Sie

erhalten eine militärische Grundausbildung und werden nicht für die üblichen polizeilichen Aufgaben eingesetzt. Sie sind mit militärischen Waffen ausgerüstet, wie zum Beispiel in einigen Einheiten mit Maschinengewehren, Panzerabwehrgeschützen, Flakgeschützen, Minenwerfern und Panzern. Eine Reihe hoher deutscher Offiziere gehören der Truppe an.«
Die sowjetische Regierung behauptet weiter, die Westmächte hätten jene Bestimmungen des Potsdamer Abkommens verletzt, die die Einheit Deutschlands als eines friedliebenden, demokratischen Staates sichern sollten. Das Wort »demokratisch« scheint heute viele Interpretationen zuzulassen. Im Westen bezeichnet es noch immer ein Gesellschaftssystem, das Freiheit der Religion, der Rede, der Wahl und der Presse gewährt. Wie die Sowjetunion weiß, sah das Potsdamer Abkommen ausdrücklich die Herstellung solcher Freiheiten vor sowie die Gründung freier Gewerkschaften. Keine einzige dieser Freiheiten existiert in Ost-Deutschland. Wenn es heißt, dies sei Ansichtssache, dann möchte die Regierung Ihrer Majestät daran erinnern, daß in den letzten Jahren etwa zwei Millionen Deutsche es vorgezogen haben, Ost-Deutschland zu verlassen, statt noch länger das Gesellschaftssystem zu ertragen, das dort herrscht. Das sind Tatsachen, keine Theorien.

5. Auf diese Umstände weist die Regierung Ihrer Majestät aus dem einfachen Grunde hin, weil sie den Eindruck korrigieren möchte, den die sowjetische Regierung in jenem Teil ihrer Note erweckt, der sich mit dem Potsdamer Abkommen befaßt. Wie jedoch bereits oben dargelegt, erkennt die Regierung Ihrer Majestät nicht an, daß das Potsdamer Abkommen für die Berlin-Frage von Bedeutung ist, jener Frage, um die es sich hier unmittelbar handelt.

III.

1. Die Situation Berlins, über die sich die sowjetische Regierung beklagt und die sie als abnorm ansieht, ist eine Folge des eigentlichen Wesens der deutschen Frage, wie sie seit 1945 besteht. Als Hitlers Reich zusammenbrach, hielten die westlichen Verbündeten mehr als ein Drittel des später von den Sowjetbehörden besetzten Gebiets. Die Sowjetunion war im Besitz von Berlin. Als Folge der Abkommen vom 12. September 1944 und vom 1. Mai 1945 zogen sich die westlichen Verbündeten zurück und gestatteten die sowjetische Besetzung großer Teile Mecklenburgs, Sachsens, Thüringens und Anhalts. Auf Grund der gleichen Abkommen rückten die drei Westmächte in ihre Sektoren in Westberlin ein.

2. Die Sowjetunion hat direkt und durch das wieder als Deutsche Demokratische Republik bezeichnete Regime ihren Einfluß in den weiten Gebieten konsolidiert, die ihr von den westlichen Verbündeten abgetreten wurden. Sie verlangt jetzt, daß die westlichen Verbündeten ihre Rechte in Berlin aufgeben, die in den obenerwähnten Abkommen festgelegt sind. Aber Abkommen zwischen den vier Mächten können nicht deshalb als überholt angesehen werden, weil eine von ihnen, nachdem sie den vollen Nutzen daraus gezogen hat, jetzt die Zeit für gekommen hält, sie aufzukündigen. Diese Abkommen sind so lange für alle Unterzeichnerstaaten bindend, bis sie durch andere, frei ausgehandelte Abkommen ersetzt werden.

3. In jedem Fall beruht jedoch das Recht der drei Westmächte, sich in Berlin aufzuhalten, nicht auf den oben erwähnten Abkommen, sondern auf der bedingungslosen Kapitulation Deutschlands und der Übernahme der obersten Gewalt in Deutschland durch die Siegermächte. Sie sind nicht gewillt, auf dieses Recht zu verzichten, von dessen ständiger Ausübung die Freiheit West-Berlins so lange abhängt, wie die deutsche Frage nicht gelöst ist.

4. Was das Potsdamer Abkommen angeht, so hängt der Status Berlins nicht von diesem Abkommen ab, und die Sowjetunion trägt die Verantwortung dafür, daß das Potsdamer Abkommen nicht erfüllt wurde.

5. Das sowjetische Memorandum bedeutet die formelle Nichtanerkennung der Abkommen vom 12. September 1944 und vom 1. Mai 1945. Die Nichtanerkennung erstreckt sich sogar auf andere, neuere Verpflichtungen. Die Regierung Ihrer Majestät möchte in diesem Zusammenhang auf das Vier-Mächte-Abkommen vom 20. Juni 1949 verweisen, durch das sich die Sowjetunion unter anderem »verpflichtete«, ein normales Funktionieren der Verkehrs- und Nachrichtenverbindungen zwi-

schen Berlin und den westlichen Zonen Deutschlands sicherzustellen. Diese »Verpflichtung« will die Sowjetunion jetzt abschütteln. Die Regierung Ihrer Majestät möchte auch auf das »Gipfel«-Abkommen vom 23. Juli 1955 verweisen, in dem die vier Mächte »ihre gemeinsame Verantwortung für die Regelung der deutschen Frage« anerkannten, eine Formulierung, die zwangsläufig auch die Berlin-Frage einschließt. Offensichtlich versucht die Sowjetunion jetzt, sich von dieser übernommenen Verantwortung und Verpflichtung zu befreien.

6. Die Regierung Ihrer Majestät stellt fest, daß die Sowjetregierung den Wunsch hegt, ihre Befugnisse in der Viermächteregierung für den von ihr besetzten Sektor der Stadt Berlin aufzugeben. Wie dem auch sei, die Regierung Ihrer Majestät wird keinesfalls einen einseitigen Widerruf der Abkommen von 1944 und 1945 hinnehmen, ebensowenig ist sie bereit, die Sowjetunion von den Verpflichtungen zu entbinden, die sie im Juni 1949 übernommen hat.

Ein solches Vorgehen seitens der Sowjetregierung würde jeder rechtlichen Grundlage entbehren, da die Verträge nur mit gegenseitiger Zustimmung beendet werden können. Dementsprechend wird die Regierung Ihrer Majestät die Sowjetregierung weiterhin im Rahmen der bestehenden Verträge als direkt verantwortlich für die Erfüllung ihrer im Hinblick auf Berlin übernommenen Verpflichtungen betrachten. Die Regierungen Frankreichs und der Vereinigten Staaten und die Regierung Ihrer Majestät haben das Recht auf die Stationierung von Truppen in ihren Sektoren von Berlin und auf freien Zugang zu ihnen. Mit den sowjetischen Behörden sind bestimmte Verwaltungsverfahren vereinbart worden, die gegenwärtig in Kraft sind. Die Regierung Ihrer Majestät wird eine einseitige Aufkündigung der Verpflichtungen seitens der Sowjetregierung in bezug auf diesen freien Zugang nicht anerkennen. Auch wird sie in dieser Hinsicht die Einsetzung des Regimes, das die Sowjetregierung als Deutsche Demokratische Republik bezeichnet, als Vertreter der Sowjetregierung nicht anerkennen.

7. Der fortgesetzte Schutz der Freiheit von mehr als zwei Millionen Menschen in West-

Berlin ist ein Recht und eine Verpflichtung, die feierlich von den drei Westmächten akzeptiert wurden. Somit kann die Regierung Ihrer Majestät Vorschläge, die eine Gefährdung der Freiheit und der Sicherheit dieser Menschen bedeuten würden, nicht in Erwägung ziehen. Um diesem Recht und dieser Verpflichtung Genüge zu tun, ist es unter den gegenwärtigen Umständen unerläßlich, daß die Rechte der drei Mächte auf ein Verbleiben in Berlin bei ungehinderten Land- und Luftverbindungen zwischen der Stadt und der Bundesrepublik Deutschland gewahrt bleiben. Aus diesem Grund ist der Vorschlag über die Schaffung einer sogenannten »freien Stadt« West-Berlin, wie er von der Sowjetunion vorgebracht wurde, unannehmbar.

8. Nach Ansicht der Regierung Ihrer Majestät kann die Anwesenheit französischer, amerikanischer und britischer Truppen in Berlin keine »Bedrohung« der Sowjetregierung oder des von der Sowjetregierung als Deutsche Demokratische Republik bezeichneten Regimes darstellen. Die Streitkräfte der drei Westmächte in Berlin zählen etwa 10 000 Mann. Die Sowjetregierung dagegen soll in Ostdeutschland rund 350 000 Soldaten stehen haben, während das Regime der sowjetisch besetzten Zone außerdem über 200 000 Mann unter Waffen hält. Unter diesen Umständen ist die Befürchtung, daß die Truppen des Westens in Berlin »Unheil anrichten« könnten, völlig unbegründet. Wenn Berlin zum Brennpunkt internationaler Spannung geworden ist, dann nur deshalb, weil die Sowjetregierung vorsätzlich angedroht hat, die gegenwärtig dort in Kraft befindlichen Vereinbarungen, deren Kontrahent die Sowjetregierung selber ist, umzustoßen. Die Bewohner West-Berlins haben vor kurzem in einer freien Wahl erneut mit überwältigender Mehrheit ihre Zustimmung zu dem bestehenden Status dieser Stadt bekräftigt.

9. Wie in der Note der Sowjetregierung vom 27. November erklärt wird, ist es zweifellos nicht normal, daß dreizehn Jahre nach Beendigung des Krieges in einem Teil deutschen Gebiets noch immer das 1945 errichtete Besatzungssystem besteht. Die Regierung Ihrer Majestät bedauert diese Tatsache wie auch die Tatsache, daß Deutschland noch nicht wiedervereinigt

wurde und Berlin damit seine rechtmäßige Stellung als Hauptstadt eines wiedervereinigten Deutschlands übernehmen konnte. Seit zehn Jahren haben die Westmächte auf zahlreichen internationalen Zusammenkünften mit der Sowjetunion alles in ihrer Macht Stehende getan, um die Unterzeichnung eines Friedensvertrages mit einem wiedervereinigten Deutschland zu erreichen. Aber alle ihre Bemühungen blieben erfolglos.

10. Die Form der Regierung in Berlin, deren Gültigkeit die sowjetische Regierung heute anzufechten versucht, ist nur ein Aspekt des deutschen Problems. Dieses Problem, das schon so oft umrissen worden ist, umfaßt die bekannten Fragen der Wiedervereinigung Deutschlands und der europäischen Sicherheit sowie auch einen Friedensvertrag. Die Regierung Ihrer Majestät hat ihre Bereitschaft zur Erörterung dieser Probleme in ihrer Note an die sowjetische Regierung vom 30. September 1958 erklärt, in der es hieß: »Die Regierung Ihrer Majestät ist jederzeit bereit, vor einem beliebigen geeigneten Forum mit der sowjetischen Regierung in Gespräche einzutreten auf der Grundlage dieser Vorschläge (das heißt der westlichen Vorschläge für freie gesamtdeutsche Wahlen und freie Beschlüsse über eine gesamtdeutsche Regierung) oder jeder anderen Vorschläge, die ehrlich auf die Herbeiführung der Wiedervereinigung Deutschlands in Freiheit zielen. Sie betrachtet die Lösung des deutschen Problems als unerläßlich für eine dauerhafte Regelung in Europa.«

Die Sowjetregierung hat auf diese Note noch nicht geantwortet.

11. Die öffentliche Aufkündigung feierlicher Verpflichtungen, die offiziell eingegangen und wiederholt bestätigt wurden, verbunden mit einem Ultimatum, in dem ein einseitiges Vorgehen zur Verwirklichung dieser Aufkündigung angedroht wird, sofern ihr nicht innerhalb von sechs Monaten stattgegeben wird, kann keine vernünftige Grundlage für Verhandlungen zwischen souveränen Staaten sein. Die Regierung Ihrer Majestät kann sich auf eine Erörterung dieser Fragen mit der Sowjetregierung unter Druck nicht einlassen. Man darf wohl annehmen, daß dies nicht der Sinn der Sowjetnote vom 27. November ist, und daß die Sowjetregierung ebenso wie die Regierung Ihrer Majestät bereit ist, in einer von Zwang und Drohung freien Atmosphäre in Erörterungen einzutreten.

12. Auf dieser Grundlage würde es die Regierung Ihrer Majestät begrüßen zu erfahren, ob die Sowjetregierung bereit ist, in Erörterungen all dieser Probleme unter den vier beteiligten Mächten einzutreten. Für diesen Fall würde es das Ziel der Regierung Ihrer Majestät sein, die Berlin-Frage im weiteren Rahmen von Verhandlungen über die Lösung des deutschen Problems und des Problems der europäischen Sicherheit zu erörtern. Die Regierung Ihrer Majestät würde eine baldige Stellungnahme der Sowjetregierung begrüßen.

Quelle: Dokumente zur Deutschlandpolitik IV/1 (1958/59), 431 ff.

Dokument 6

10. Januar 1959:
Aus der Note der Regierung der UdSSR an die
Regierungen Frankreichs, Großbritanniens
und der Vereinigten Staaten
(Erläuterung des der Note beigefügten
sowjetischen Friedensvertragsentwurfs
für Deutschland)

Die Sowjetregierung glaubt, daß neben dem Abschluß eines Friedensvertrages schon jetzt praktische Schritte im Hinblick auf Berlin unternommen werden können, wie sie die sowjetische Regierung besonders in ihrer Note an die USA-Regierung vom 27. November 1958 schon vorgeschlagen hat. Soweit die amerikanische Regierung ihre Ansichten zu den oben erwähnten Vorschlägen in ihrer Note vom 31. Dezember 1958 dargelegt hat, scheint es der Sowjetregierung notwendig, folgendes in der Beantwortung dieser Note festzustellen.

Die Zeit, in der die alliierten Regierungen Deutschlands Unterwerfung unter die Bestimmungen der bedingungslosen Kapitulation verlangten, gehört seit langem der Vergangenheit an, ebenso auch die Zeit, in der die oberste Macht in Deutschland in den Händen der Oberbefehlshaber der Besatzungstruppen der Vier Mächte lag, in der der Kontrollrat seine Tätigkeit noch ausübte ebenso wie auch die »Alliierte Kommandantura« für die gemeinsame Verwaltung des von ihr regierten »Groß-Berlin«. Man gewinnt jedoch den Eindruck, daß die amerikanische Note zu den ersten Jahren der Besatzung Deutschlands passend abgefaßt worden ist, ohne Rücksicht auf die großen Veränderungen, die in den Nachkriegsjahren in Deutschland vor sich gegangen sind. Sie ist vollkommen vom Geist jener Zeit durchdrungen, einem Begehren, das »Recht auf Besatzung« zu rechtfertigen und zu bestätigen, obgleich die amerikanische Regierung das Anomale der Situation erkennt, wenn Berlin, 13 Jahre nach dem Krieg, noch immer unter einem 1945 geschaffenen Besatzungssystem lebt. Niemand kann sich Argumenten beugen, das Verbleiben amerikanischer Truppen in Berlin sei durch die Tatsache gerechtfertigt, daß sie als Ergebnis des Zweiten Weltkrieges dorthin kamen.

Wenn wir die Überreste der Besatzungszeit beseitigen und die Lage nüchtern abschätzen wollen, wird klar werden, daß der Wunsch der USA, Großbritanniens und Frankreichs, ihre Positionen in West-Berlin zu bewahren, nichts mit den Konsequenzen des letzten Krieges und den Nachkriegsabkommen zu tun hat, die Deutschlands Entwicklung als friedliebender und demokratischer Staat festlegten. Dies ergibt sich aus dem neuen Stand der Dinge, hervorgerufen durch die krasse Verletzung der oben erwähnten Abkommen durch die Westmächte, ihren Verzicht auf gute alliierte Beziehungen und die Umkehrung ihrer Politik in Richtung auf eine Verschärfung der Beziehungen zur Sowjetunion und das Zusammenschmieden von Militärblöcken.

Für die Beibehaltung der gegenwärtigen Situation in Berlin können sich nur diejenigen einsetzen, die West-Berlin als ein Instrument feindlicher Tätigkeit gegen die Sowjetunion, die Deutsche Demokratische Republik und die ihnen befreundeten Länder ausnutzen möchten, als ein Instrument zur weiteren Verschärfung der bestehenden Gegensätze und zur Vergrößerung der internationalen Spannung.

Wenn der gegenwärtige Zustand in West-Berlin beibehalten wird, bleibt die Gefahr bestehen, daß sich der Kalte Krieg in einen dritten Weltkrieg mit allen damit zusammenhängenden schwerwiegenden Konsequenzen für die Völker verwandelt. Unter diesen Umständen kann niemand erwarten, daß die Sowjetunion mit ihren eigenen Händen das Besatzungsregime in West-Berlin stützt.

Die Besatzung, die unmittelbar nach der Niederlage Hitler-Deutschlands verständlich und notwendig war, da sie zu einer Umformung des deutschen politischen Lebens auf friedliebenden und demokratischen Wegen führte, hat jetzt nur noch vor allem den Zweck, die Verwandlung West-Berlins in einen NATO-Stützpunkt im Herzen der DDR zu verschleiern. Die Note der USA erinnert an die alliierten Übereinkommen über Berlin von 1944 und 1945 und legt darüber hinaus diese Abkommen in einer Weise aus, als ob sie nicht vom Potsdamer Abkommen abhängig seien und den West-mächte noch immer ein Recht gäben, ihre Truppen in West-Berlin zu belassen. Wir kön-nen dieser Auslegung nicht zustimmen, da sie in Widerspruch zu den allgemein bekannten Tatsachen und den von den Mächten gegen-über Deutschland übernommenen Verpflich-tungen steht.

Berlins Viermächte-Status entstand und exi-stiert nicht unabhängig von all den anderen al-liierten Abkommen über Deutschland. Sein Ziel war lediglich, die grundlegenden Aufga-ben der Besetzung Deutschlands in der Zeit unmittelbar nach dem Kriege zu erfüllen, Auf-gaben, die in dem Potsdamer Abkommen fest-gelegt sind. Da die USA, Großbritannien und Frankreich den Weg zur Wiederbewaffnung Westdeutschlands eingeschlagen haben und es in ihr Militärbündnis einbeziehen, haben sie das Potsdamer Abkommen kraß verletzt und damit alle legitimen Rechte auf Beibehaltung des gegenwärtigen Status von Berlin wie auch auf die Besetzung Deutschlands im allgemei-nen verwirkt.

Die Sowjetunion ist ihren internationalen Ver-pflichtungen, einschließlich der Deutschland betreffenden, immer nachgekommen und kommt ihnen nach. Ferner kann niemand der Sowjetunion vorwerfen, daß sie nicht gewarnt habe, als die Westmächte ein alliiertes Abkom-men nach dem anderen über Bord warfen und Westdeutschland auf den Pfad zum Militaris-mus und Revanchismus zogen.

Wenn die drei Westmächte wie die Sowjet-union das Potsdamer Abkommen erfüllt hätten und an ihren Absprachen gemäß diesem Ab-kommen festgehalten hätten, könnten wir mit Sicherheit feststellen, daß es jetzt keine Berlin-Frage und kein deutsches Problem im allge-meinen geben würde, da diese zum Wohle der deutschen Bevölkerung und im Interesse des europäischen Friedens gelöst wären.

Die Viermächte-Abkommen sowohl über Ber-lin als auch über Deutschland in seiner Ge-samtheit sind von vorläufigem Charakter, nur für die Periode der Besetzung Deutschlands gültig. Aber die Besetzung ist vorüber. Die So-wjetunion, die Vereinigten Staaten, Großbri-tannien, Frankreich und die anderen Staaten haben die Beendigung des Kriegszustandes mit

Deutschland erklärt. Unter diesem Gesichts-punkt sind die Behauptungen der USA-Note über gewisse Rechte zur Fortsetzung der Beset-zung offensichtlich grundlos.

Angesichts dieser Tatsache versteht man leicht, daß die Sowjetunion keine einseitige Aufkün-digung der Abkommen über Berlin beabsich-tigt, wie die Regierungen der drei Westmächte darzustellen versuchen, sondern daß sie ledig-lich die logische Schlußfolgerung aus der be-stehenden Lage zu ziehen versucht, einer Lage, die durch die Beendigung der Besetzung Deutschlands und durch die offenkundige Ver-letzung der bei Kriegsende übernommenen Verpflichtungen durch die Westmächte ge-kennzeichnet ist.

In ihrer Note erklärt die Regierung der Verei-nigten Staaten, daß die Westmächte ihre Rechte in Berlin auch dadurch erworben hät-ten, daß sie der Sowjetunion »erlaubten«, ge-wisse Gebiete Deutschlands, die im Verlauf des Krieges durch die amerikanischen und bri-tischen Truppen besetzt worden waren, zu be-setzen.

Diese Behauptungen stellen lediglich eine of-fenkundige Verdrehung der Tatsachen dar. Es ist wohlbekannt, daß das Abkommen über die Besatzungszonen während des Krieges abge-schlossen wurde, als es noch schwierig war, vorauszusehen, wessen Truppen diese Zonen zuerst erreichen würden. Gleichzeitig ist es er-forderlich, daran zu erinnern, daß bei Kriegs-ende in Europa sowjetische Truppen nicht nur in Deutschland, sondern auch in den Gebieten mancher anderer Staaten, zum Beispiel in Österreich, standen. Die Sowjetunion hat je-doch niemals die Frage einer Kompensation für die Zurückziehung ihrer Truppen aus die-sen Gebieten angeschnitten und hat auch keine Konzessionen verlangt, daß alliierte Truppen in Gebiete einrückten, die von den sowjeti-schen Truppen besetzt waren – zum Beispiel Wien –, denn derartige Forderungen zu erhe-ben, wäre gleichbedeutend mit einem unbe-rechtigten Schacher mit den Gebieten anderer Nationen. Es ist daher erstaunlich, daß die Re-gierung der Vereinigten Staaten bei einem Land wie Deutschland einen derartigen Ver-such zuläßt.

Die Regierung der Vereinigten Staaten erklärt,

daß sie zustimmen könnte, die Berlin-Frage in breiteren Besprechungen über die Lösung des Deutschlandproblems einschließlich der Vereinigung Deutschlands und der Frage der europäischen Sicherheit zu erörtern.

Die Sowjetregierung hat wiederholt darauf hingewiesen, daß es keine Viermächte-Besprechungen zur Erörterung der Frage der Vereinigung Deutschlands geben kann, weil diese Frage außerhalb der Zuständigkeit der Sowjetunion, der Vereinigten Staaten, Großbritanniens und Frankreichs liegt.

Quelle: Dokumente zur Deutschlandpolitik IV/1 (1958/59), 543 ff.

Dokument 7

6. März 1959:
Aus der Rede des Ministerpräsidenten
Chruschtschow auf einem Empfang im
sowjetischen Pavillon in Leipzig

Die Wiedervereinigung Deutschlands kann nicht durch eine mechanische Vereinigung der beiden deutschen Staaten erreicht werden, was die Westmächte nachdrücklich anstreben. Ein solches Rezept kann zu keinen positiven Ergebnissen führen. Wir halten den Vorschlag der Regierung der Deutschen Demokratischen Republik, eine Konföderation der beiden deutschen Staaten zu schaffen, für vernünftig und unterstützen ihn vollauf. Die Verwirklichung dieses Vorschlages gäbe die Möglichkeit, die Fragen zu lösen, an deren Regelung sowohl die Deutsche Demokratische Republik als auch die Deutsche Bundesrepublik interessiert sind. Da aber eine solche Konföderation noch nicht geschaffen ist, schlagen wir vor, den Friedensvertrag mit den beiden bestehenden deutschen Staaten zu unterzeichnen, das heißt, eine Frage zu lösen, die die ganze deutsche Nation so tief bewegt. Wir verstehen die Besorgnis der Deutschen im Westen und Osten darüber, daß es keine Friedensregelung mit Deutschland gibt. Wir fühlen mit ihnen und versichern, daß die Sowjetunion keine Anstrengungen scheuen wird, damit das deutsche Volk einen Friedensvertrag erhält.

Wir haben wiederholt erklärt und erklären auch jetzt, daß, wenn Westdeutschland und seine Verbündeten sich weigern, einen Friedensvertrag zu unterzeichnen, wir einen solchen Vertrag mit der Deutschen Demokratischen Republik unterzeichnen werden, wenn sie damit einverstanden ist. Sie können überzeugt sein, daß wir die in der DDR lebenden Deutschen nicht ohne Friedensvertrag lassen werden.

Zusammen mit der Sowjetunion werden diesen Vertrag sicher auch andere Länder unterzeichnen, die an der Zerschlagung des Hitlerfaschismus teilgenommen haben und die Bedeutung dieses wichtigen Schrittes richtig verstehen. Der Friedensvertrag wird mit den Überresten des zweiten Weltkrieges aufräumen, die es leider immer noch gibt. Damit wird auch die sogenannte Berlinfrage gelöst werden, da mit der Unterzeichnung eines Friedensvertrages mit der Deutschen Demokratischen Republik das Besatzungsregime in Westberlin liquidiert wird, und dann werden in ganz Berlin Frieden und Ruhe hergestellt sein. Denn wenn der Kriegszustand beendet wird und Friedensbeziehungen hergestellt werden, verlieren die Beschlüsse der Kriegs- und Nachkriegsperiode über die Besetzung Berlins automatisch ihre Gültigkeit. Das ist jedermann klar. Westberlin wird die reale Möglichkeit erhalten, sich als Freie Stadt zu entwickeln und als solche zu gedeihen. Gerade das haben wir vorgeschlagen, und dazu rufen wir beharrlich unsere ehemaligen Verbündeten auf. Die Entwicklung Westberlins als einer Freien Stadt – das ist vernünftig und nützlich für das deutsche Volk und für alle Völker, die für den Frieden und gegen einen neuen Krieg sind.

Quelle: Neues Deutschland, 7. März 1959

Dokument 8

1. Die Außenminister Frankreichs, des Vereinigten Königreichs, der Vereinigten Staaten und der Union der Sozialistischen Sowjetrepubliken haben die Berlin-Frage in dem Wunsch geprüft, allseitig zufriedenstellende Lösungen der aufgeworfenen Probleme zu finden, die ihrem Wesen nach aus der Teilung Berlins und Deutschlands herrühren. Sie waren sich darüber einig, daß die beste Lösung dieser Probleme die Wiedervereinigung Deutschlands wäre. Sie erkannten jedoch an, daß bis zur Wiedervereinigung die bestehende Lage und die gegenwärtig in Kraft befindlichen Vereinbarungen in mancher Hinsicht abgewandelt werden können, und sind daher wie folgt übereingekommen:

a) Der sowjetische Außenminister hat den Beschluß der sowjetischen Regierung bekanntgegeben, keine Streitkräfte mehr in Berlin zu unterhalten.
Die Außenminister Frankreichs, des Vereinigten Königreichs und der Vereinigten Staaten erklären, daß ihre Regierungen beabsichtigen, die Gesamtstärke aller ihrer Truppen in Berlin auf die derzeitige Anzahl (rd. 11 000) zu beschränken und diese Streitkräfte auch weiterhin nur, wie dies jetzt der Fall ist, mit herkömmlichen Waffen auszustatten. Die drei Minister erklären ferner, daß ihre Regierungen von Zeit zu Zeit die Möglichkeit erwägen werden, diese Streitkräfte zu verringern, wenn die Entwicklung der Lage dies gestattet.

b) Die Minister kamen überein, daß der freie und uneingeschränkte Zugang nach West-Berlin zu Lande, auf dem Wasser und in der Luft für alle Personen, Güter und Kommunikationsmittel, einschließlich derjenigen der in West-Berlin stationierten Streitkräfte Frankreichs, des Vereinigten Königreichs und der Vereinigten Staaten, fortbestehen wird. Die im April 1959 in Kraft befindlichen Verfahren finden weiterhin Anwendung. Unbeschadet bestehender Grundverantwortlichkeiten könnten diese Verfahren jedoch, soweit dies nicht schon der Fall ist, von deutschem Personal ausgeführt werden.
Die Minister bestätigten gleichfalls erneut, daß die Freizügigkeit zwischen Ost- und Westberlin auch weiterhin erhalten bleibt.
Alle Streitigkeiten, die in bezug auf den Zugang etwa entstehen, werden bei den vier Regierungen anhängig gemacht und zwischen ihnen beigelegt. Diese Regierungen werden eine Vierer-Kommission einsetzen, die in Berlin zusammentritt, um jede Schwierigkeit, die aus der Anwendung dieses Absatzes entsteht, zu untersuchen und ihre Beilegung zu erleichtern. Die Kommission kann, soweit erforderlich, Vorkehrungen zur Konsultierung deutscher Sachverständiger treffen.

2. Die Minister sind der Auffassung, daß mit den Grundrechten und Grundfreiheiten vereinbare Maßnahmen getroffen werden sollen, um in beiden Teilen Berlins Betätigungen zu verhüten, welche entweder die öffentliche Ordnung stören oder die Rechte und Interessen anderer ernstlich berühren oder Einmischungen in die inneren Angelegenheiten anderer darstellen könnten.

3. Die Minister kamen überein, daß diese Abmachungen, soweit sie nicht in der Folge durch Viermächte-Vereinbarung geändert werden, bis zur Wiedervereinigung Deutschlands in Kraft bleiben.

Quelle: Dokumente zur Deutschlandpolitik IV/2 (1959), 636f.

Dokument 9

19. Juni 1959:
Entgegnung des sowjetischen Außenministers
Gromyko zu den westlichen Kompromiß-
vorschlägen zur Berlin-Frage auf der Genfer
Außenminister-Konferenz

Im Verlauf der Arbeit der Konferenz der Außenminister hat ein nützlicher Meinungsaustausch über die Westberlin-Frage und über die
Bildung eines Gesamtdeutschen Ausschusses
stattgefunden. Ungeachtet der aufgetretenen
Meinungsverschiedenheiten und Schwierigkeiten ist die auf der Konferenz bereits geleistete
Arbeit von unbestreitbar positiver Bedeutung.
Der Meinungsaustausch gestattete es, die
Standpunkte der Seiten besser herauszuarbei-
ten, das Ausmaß der vorhandenen Meinungsverschiedenheiten genauer zu bestimmen und
zu versuchen, die Standpunkte der Seiten in
diesen Fragen irgendwie anzunähern.
Unter Berücksichtigung der Auffassung der
Westmächte und der realen Gegebenheiten hat
die sowjetische Seite am 9. und 10. Juni der
Konferenz neue Vorschläge zur Berlin-Frage
und zur Frage eines Gesamtdeutschen Ausschusses zur Prüfung vorgelegt, die unserer Ansicht nach eine gute Grundlage für die Lösung
dieser Fragen abgeben.
Wir bedauern, daß die Westmächte auf unsere
Vorschläge negativ reagiert haben; wir sind jedoch der Ansicht, daß der grundlegende Einwand gegen unsere Vorschläge – in der Frage
der Geltungsdauer der vorläufigen Vereinbarung für Westberlin und in der Frage des Gesamtdeutschen Ausschusses – auf einem Miß-
verständnis oder einem nicht richtigen Verstehen des Wesens unserer Vorschläge beruht.
Das Wesen dieser Vorschläge besteht darin,
daß die sowjetische Regierung, da die Westmächte gegenwärtig nicht bereit sind, einer un-
verzüglichen und vollständigen Beseitigung
des Besatzungsregimes in Westberlin zuzustimmen, eingewilligt hat, gegen die Beibehaltung
gewisser Besatzungsrechte der Drei Mächte in
Westberlin während eines bestimmten Zeit-
raums keine Einwände zu erheben. Wir haben
vorgeschlagen, eine Vereinbarung über eine
vorläufige Regelung der West-Berlin-Frage
auszuarbeiten, die während einer bestimmten
Frist gültig wäre. Inzwischen hätte der Gesamtdeutsche Ausschuß konkrete Maßnahmen zur
Vorbereitung und zum Abschluß eines deut-

schen Friedensvertrages und zur Vereinigung
Deutschlands auszuarbeiten,.
Somit besteht das Wesen der Vorschläge der
sowjetischen Regierung darin, die anomalen
Zustände in Westberlin allmählich zu beseitigen und den Friedensvertrag sowie Maßnahmen zur Vereinigung Deutschlands vorzubereiten.
Auf Grund des auf unserer Konferenz gepflo-
genen Meinungsaustausches und unter Berücksichtigung der von den Westmächten vor-
gebrachten Erwägungen ist die sowjetische Regierung der Auffassung, daß es durchaus möglich ist, eine annehmbare Grundlage für eine
Übereinkunft in der Berlin-Frage und in der
Frage eines Gesamtdeutschen Ausschusses zu
finden.
Die Vereinbarung über den vorläufigen Status
Westberlins müßte nach Ansicht der sowjetischen Regierung eine Übereinkunft über folgende Punkte enthalten:
über die Verminderung der Besatzungstruppen
der Westmächte in Westberlin auf symbolische
Kontingente;
über die Einstellung der von Westberlin aus gegen die DDR und andere sozialistische Staaten
betriebenen Wühltätigkeit;
über die Nichtstationierung von Atom- und
Raketenwaffen in Westberlin.
Über diese Maßnahmen hinsichtlich Westberlins sollten wir uns also in erster Linie einigen.
Die Frage der Geltungsdauer dieser Vereinbarung ist für uns weder eine wesentliche noch
eine grundsätzliche Frage. Die sowjetische Regierung ist der Ansicht, daß es unmöglich ist,
bis ins Unendliche die Friedensregelung mit
Deutschland hinauszuzögern und das Besatzungsregime in Westberlin aufrechtzuerhalten.
Falls die von der sowjetischen Regierung genannte Frist von einem Jahr den Westmächten
nicht zusagt, kann man sich über eine andere
für alle Beteiligten annehmbare Frist einigen.
Während der Konferenz wurde seitens der
Westmächte eine bestimmte Frist für die Arbeit
des Gesamtdeutschen Ausschusses genannt,
und zwar zweieinhalb Jahre. Wir haben eine

einjährige Frist vorgeschlagen. Jetzt müssen wir versuchen, einen Mittelweg zu finden und eine einvernehmliche Lösung zu erzielen. Wir glauben, daß man sich auf eine Frist von anderthalb Jahren einigen könnte. Wir sind davon überzeugt, daß, wenn wir zu einem Einvernehmen in den wesentlichen prinzipiellen Fragen gelangen, bei der Vereinbarung der erforderlichen Fristen keine Schwierigkeiten auftreten werden.

Während der zwischen den an der Übereinkunft Beteiligten zu vereinbarenden Frist führen die beiden deutschen Staaten Maßnahmen durch, die mit der Bildung und der Tätigkeit des aus Vertretern der DDR und der Bundesrepublik Deutschland paritätisch zusammengesetzten Gesamtdeutschen Ausschusses in Verbindung stehen. Der Ausschuß soll die Ausweitung und Entwicklung von Kontakten zwischen der DDR und der Bundesrepublik Deutschland fördern, konkrete Maßnahmen zur Vereinigung Deutschlands erörtern und ausarbeiten sowie Fragen prüfen, die mit der Vorbereitung und dem Abschluß eines Friedensvertrages mit Deutschland zusammenhängen.

Falls es innerhalb der vereinbarten Frist im Rahmen des Gesamtdeutschen Ausschusses auf andere Weise nicht gelingt, die Frage einer Friedensregelung mit Deutschland und die Frage der Vereinigung Deutschlands zu lösen, so könnten die Teilnehmerstaaten der Genfer Außenministerkonferenz von 1959 die Erörterung der Westberlin-Frage erneut aufnehmen. Wenn die Erörterung der Westberlin-Frage nach Ablauf der genannten Frist wiederaufgenommen werden muß, so hat eine derartige Erörterung selbstverständlich unter Berücksichtigung der dann gegebenen Lage zu erfolgen.

Während der Geltungsdauer der Vereinbarung bleiben die Verbindungen Westberlins zur Außenwelt in der gegenwärtig bestehenden Form erhalten.

Wie bereits in den Vorschlägen der sowjetischen Regierung vom 9. und 10. Juni ausgeführt wurde, wird vorgeschlagen, zur Überwachung der Erfüllung der sich für die Seiten aus der erwähnten Vereinbarung über den vorläufigen Status Westberlins ergebenenden Verpflichtungen einen Überwachungsausschuß aus Vertretern der Vereinigten Staaten, der UdSSR, Englands und Frankreichs zu bilden. Die vorstehend dargelegten Vorschläge der sowjetischen Regierung kommen den von den Westmächten geäußerten Wünschen entgegen und stellen eine gute Grundlage für eine gegenseitig annehmbare Vereinbarung über die Berlin-Frage und die Frage des Gesamtdeutschen Ausschusses dar.

Die sowjetische Delegation berücksichtigt hierbei, daß sich die Standpunkte der Westmächte und der Sowjetunion hinsichtlich vieler in diesen Vorschlägen berührter Fragen im Verlauf der Erörterung auf der Konferenz angenähert haben. Dies betrifft insbesondere die Frage der Verminderung der Streitkräfte und der Nichtstationierung von Atom- und Raketenwaffen in Westberlin, die Einstellung der Wühltätigkeit sowie die Notwendigkeit, einen Gesamtdeutschen Ausschuß zu bilden, um die Annäherung zwischen den beiden deutschen Staaten zu fördern, um ihre Wiedervereinigung zu erleichtern und um einen Friedensvertrag mit Deutschland vorzubereiten.

Die sowjetische Regierung hofft, daß die Regierungen der Vereinigten Staaten, Englands und Frankreichs die dargelegten sowjetischen Vorschläge mit aller Aufmerksamkeit behandeln werden und daß eine gegenseitig annehmbare Vereinbarung zustande kommen wird.

Quelle: Dokumente zur Deutschlandpolitik IV/2 (1959), 652 ff.

52

28. Juli 1959:
Bericht über den Austausch
von Arbeitspapieren zur Berlin-Frage
auf der Konferenz der Außenminister in Genf

Am 28. Juli tauschten die Delegationen der Westmächte mit der Delegation der Sowjetunion Arbeitspapiere über ihre Standpunkte zu einem Interimsabkommen für Berlin aus. Die Arbeitspapiere wurden nicht veröffentlicht.
Das westliche Arbeitspapier stützte sich im wesentlichen auf den westlichen Berlin-Plan vom 16. Juni, der jedoch durch zwei Zusätze ergänzt wurde, und zwar erstens durch eine Revisionsklausel, die das Übergangsabkommen nicht mehr wie bisher unbefristet läßt, sondern vorsieht, daß die Außenminister nach einem Zeitraum von fünf Jahren, falls die Wiedervereinigung Deutschlands nicht zustande gekommen ist, auf Wunsch auch nur einer der Mächte nochmals zusammentreten sollten, um die Lage neuerlich zu begutachten, und zweitens durch die von Herter am 16. Juli vorgeschlagene Einschaltung der Vereinten Nationen in beiden Teilen Berlins zwecks Überwachung subversiver Tätigkeit.
Das sowjetische Arbeitspapier sah eine Interimslösung für Berlin für 18 Monate vor. In der Präambel wird festgestellt, daß die Vier Mächte Maßnahmen zur Änderung der Lage in Berlin vereinbart hätten. Die Truppen der Westmächte in Westberlin sollten auf eine symbolische Zahl reduziert werden und eine Gesamtstärke von 3000 bis 4000 Mann nicht überschreiten. (Der westliche Plan sieht demgegenüber eine Belassung der Streitkräfte auf dem gegenwärtigen Stand von etwa 11000 Mann vor, wobei er eine Reduktion dieser Zahl zu einem späteren Zeitpunkt als möglich in Aussicht stellt.) Das sowjetische Arbeitspapier sieht ebenso wie das westliche Arbeitspapier vor, daß die in Westberlin stationierten Truppen nicht mit Atomwaffen ausgerüstet und daß in Berlin auch keine Atomwaffen gelagert werden sollen. Die drei Westmächte sollen sich verpflichten, gemeinsam mit der Sowjetunion Maßnahmen zu treffen, damit das Gebiet von Westberlin nicht für eine Wühltätigkeit gegen die Sowjetunion, die DDR und andere sozialistische Staaten mißbraucht werden könne, und damit gegen diese Staaten auch keine feindselige Propaganda betrieben werde. Die »DDR« würde sich durch eine einseitige Erklärung gleichfalls zu einer Enthaltung von subversiver Propaganda verpflichten. (Das westliche Arbeitspapier verlangt hingegen eine Überwachung subversiver Tätigkeit durch die UN in beiden Teilen Berlins.) Die Westmächte sollen von der Erklärung der Sowjetregierung Kenntnis nehmen, daß sie für die Dauer des Abkommens (18 Monate) den Zutritt der Westmächte nach Westberlin gewährleisten werde. (Die Westmächte verlangen dieses Recht unbefristet.) In dem sowjetischen Arbeitspapier wird schließlich die Bildung eines Gesamtdeutschen Ausschusses auf Basis der Parität verlangt, was die Westmächte ablehnen. Der Gesamtdeutsche Ausschuß oder eine andere für beide Seiten akzeptable Form Gesamtdeutscher Verhandlungen soll sich mit der Ausarbeitung eines Friedensvertrages, der endgültigen Lösung der Frage Westberlins, Schritten zur Wiedervereinigung und der Verbesserung der Kontakte befassen. Der Ausschuß soll einstimmig Beschlüsse fassen.

Quelle: Dokumente zur Deutschlandpolitik IV/2 (1959), 1106f.

Flugblatt einer »Agitationsbrigade«
der Bezirksleitung der SED
gegen einen Bauern des Dorfes Thürungen

Was hat der VdgB-Vorsitzende Paul Trinkaus aus Thüringen mit Herrn von Brentano gemeinsam?

Der Bonner Außenminister von Brentano will, daß ein neuer Krieg vom Zaun gebrochen wird!

Paul Trinkaus,
unterstützt durch sein passives Verhalten unserem sozialistischen Aufbau gegenüber — diese Kriegsvorbereitungen.

Der Bonner Außenminister von Brentano tritt für die Verfolgung fortschrittlicher Menschen — die den Frieden wollen, ein!

Paul Trinkaus,
hat keine Meinung dazu — denn sonst müßte er als Vorsitzender der Ortsorganisation der VdgB in Thüringen dagegen auftreten und die Mitglieder der Ortsorganisation davon überzeugen, daß es gegen dieses Treiben gilt, aktiv dagegen zu kämpfen und für den Frieden einzutreten.

Paul Trinkaus,
durch dein Verhalten gefährdest Du den Frieden und fällst allen Berufskollegen und Mitgliedern der Organisation der VdgB in den Rücken!

Herr von Brentano sagt: „Man müßte die DDR und alle sozialistischen Länder ausradieren."

Paul Trinkaus,
ist scheinbar derselben Meinung — denn sonst hätte er sich schon längst in die Front eingereiht, die mit ehrlichem Herzen für die sozialistische Umgestaltung der Landwirtschaft kämpfen und arbeiten.

Herr von Brentano will den friedliebenden Menschen auf der Welt, welche einen unerbittlichen Kampf gegen Militarismus und Imperialismus führen — mit Atombomben das Massengrab bereiten!

Paul Trinkaus,
löst sich von den friedlichen Zielen unseres Arbeiter-und-Bauern-Staates und hilft bewußt oder unbewußt den Gegnern unseres Staates!

PAUL TRINKAUS!
Wann machst Du endlich mit Deiner Hinhaltepolitik Schluß.
Bekenne einmal klar, wo Du hingehörst und sag als Vorsitzender der Ortsorganisation der VdgB Thüringen einmal offen hierzu Deine Meinung!
Die fortschrittlichen Kräfte Deines Dorfes sind mit Deinem undurchsichtigen Verhalten nicht mehr länger einverstanden und wollen von Dir wissen — ob Du ebenfalls, wie der kriegslüsterne Herr von Brentano, ein Feind unseres sozialistischen Aufbaues bist.

Brigade der Bezirksleitung der SED
— Thüringen —

Fundstelle: Gesamtdeutsches Institut, Bonn

54

Dokument 12

**25. April 1960:
Aus der Regierungserklärung des Ersten
Stellvertretenden Ministerpräsidenten
der DDR, Walter Ulbricht, zum Abschluß
der Zwangskollektivierung
vor der Volkskammer**

Die Bäuerinnen und Bauern in der Deutschen Demokratischen Republik haben den großen historischen Schritt des Zusammenschlusses in landwirtschaftlichen Produktionsgenossenschaften vollendet. Unseren Bäuerinnen und Bauern ging es in der Deutschen Demokratischen Republik auch bisher nicht schlecht. Aber indem sie jetzt den Zusammenschluß in landwirtschaftlichen Produktionsgenossenschaften, der vor acht Jahren begann, beendet haben, eröffnen sich vor der Bauernschaft der Deutschen Demokratischen Republik die großen Perspektiven des stetig wachsenden materiellen und kulturellen Wohlstandes. Damit wurde die endgültige Befreiung der Bauern verwirklicht. Die Arbeiterklasse, die seit 15 Jahren ein festes Bündnis mit der Bauernschaft geschlossen hat, und die Nationale Front des demokratischen Deutschland haben den Bauern aktive Unterstützung gewährt und werden ihnen auch in Zukunft alle notwendige Hilfe leisten.
Der Ministerrat der Deutschen Demokratischen Republik schlägt der Volkskammer vor, auf Grund des Gesetzes über die landwirtschaftlichen Produktionsgenossenschaften vom 3. Juni 1959 den vollständigen Übergang der Bauern zur genossenschaftlichen Arbeit in landwirtschaftlichen Produktionsgenossenschaften zur Kenntnis zu nehmen und zu bestätigen ...
Besonderer Dank und die Anerkennung des ganzen Volkes gebührt den Pionieren der sozialistischen Genossenschaftsbewegung auf dem Lande, die, beseelt von den großen neuen Ideen des sozialistischen Fortschritts im Dorf, in den ersten Jahren des Genossenschaftsaufbaus in ihren Dörfern mit der Organisierung von LPGs begannen. Geführt von der Sozialistischen Einheitspartei Deutschlands und unterstützt von der Arbeiterklasse und den patriotischen Kräften der Nationalen Front, wurden von diesen Pionieren der Genossenschaftsbewegung in zahlreichen Dörfern die LPGs be-

reits zu Musterwirtschaften, zu wahrhaften Schulen des Genossenschaftsaufbaus entwickelt, die allen Bauern den Weg in die neue, sozialistische Zukunft weisen. Heute versteht jeder Bauer, daß diese Pioniere der Genossenschaftsbewegung ein großes Werk vollbracht haben. Sie nahmen mutig die großen Schwierigkeiten des Anfangs auf sich. Umgeben von Zweifel und Mißtrauen, attackiert von Feinden des sozialistischen Aufbaus, beschritten sie unbeirrt den neuen Weg, den immer mehr Bauern beschritten, bis jetzt alle Bauern in LPGs vereint sind. Ruhm und Ehre gebührt diesen Helden des sozialistischen Aufbaus.
Wir danken auch allen Arbeitern und anderen Kräften der Nationalen Front, den Mitgliedern der Demokratischen Bauernpartei und der anderen Parteien des antifaschistisch-demokratischen Blocks und der Massenorganisationen sowie den zahlreichen Mitarbeitern des Staatsapparates, die all ihre Kräfte aufboten und auch weiterhin einsetzen, um den Bauern beim Übergang zur genossenschaftlichen Wirtschaftsweise und bei der Lösung der neuen Probleme des Aufbaus in den vollgenossenschaftlichen Dörfern jede nur mögliche Hilfe zu geben. Bei dieser großen Umwälzung im Dorf und bei der Gestaltung des neuen Lebens hat sich erneut die Einheit der in der Nationalen Front des demokratischen Deutschland vereinigten Kräfte hervorragend bewährt ...
Der Zusammenschluß der Bauern in den landwirtschaftlichen Produktionsgenossenschaften war ein Volksentscheid für den Frieden, weil die Bauern sehr gut verstanden: Durch die genossenschaftliche Entwicklung wird die Überlegenheit des sozialistischen Gesellschaftssystems in der DDR über das imperialistische Herrschaftssystem in Westdeutschland bewiesen, und damit werden die Friedenskräfte in Deutschland gestärkt. Die Bauern aber sind für den Frieden. Sie wissen aus der Geschichte Deutschlands, daß der Krieg der furchtbarste Bauernvernichter und Bauernleger ist, weil er

Millionen Bauern ins Grab geschossen hat. Sie wissen, daß ein atomarer Krieg die physische Existenz der deutschen Bauern vernichten würde, und sie hassen auch nur den Gedanken an diese entsetzliche Barbarei, mit der die Politik der Bundesrepublik die deutschen Bauern in ganz Deutschland bedroht. Die Bauern wollen Tbc-freie Kühe und nicht radioaktive Milch.

Durch die genossenschaftliche Entwicklung wird das Bündnis der Arbeiterschaft mit den Bauern gestärkt und die Einheit der Werktätigen im Dorf geschaffen, was von großer Bedeutung im Kampf um die Wiedervereinigung Deutschlands ist. Durch den genossenschaftlichen Zusammenschluß werden die Zweifel und Unklarheiten überwunden, und es erfolgt auch eine innere Befreiung von alten, rückständigen Auffassungen, wodurch das Zusammenleben im Dorf schöner gestaltet wird und unsere Überzeugungskraft zur Gewinnung der westdeutschen Bauern für die Herbeiführung eines dauerhaften Friedens wächst.

Quelle: Neues Deutschland, 26. April 1960

Dokument 13

20. Mai 1960:
Aus der Ost-Berliner Rede des sowjetischen Ministerpräsidenten Chruschtschow nach der gescheiterten Pariser Gipfelkonferenz

---

Wir hoffen, daß in sechs bis acht Monaten die Gipfelkonferenz stattfinden wird. Unter diesen Umständen hat es Sinn, noch ein wenig zu warten und zu versuchen, durch gemeinsame Bemühungen aller vier Siegermächte eine Lösung der längst reif gewordenen Frage zu finden, einen Friedensvertrag mit den beiden jetzt real bestehenden deutschen Staaten zu unterzeichnen.
(Beifall.)
Das läuft uns nicht weg. Warten wir, bis sie besser reifen.
(Langanhaltender Beifall.)
Deshalb wird es hinsichtlich des deutschen Friedensvertrags und darunter der Westberlinfrage offenbar nötig sein, die bestehende Lage bis zur Zusammenkunft der Regierungschefs aufrechtzuerhalten, die, wie anzunehmen ist, in sechs bis acht Monaten abgehalten werden wird. Zu der Schlußfolgerung, daß die Konferenz zu diesem Zeitpunkt zusammentreten können wird, gelangten wir nicht deshalb, weil wir selbst einen solchen Vorschlag gemacht haben, sondern auch, weil sich diesem Vorschlag die Chefs der drei Westmächte in ihrem Kommuniqué vom 18. Mai faktisch angeschlossen haben.
Unseren Standpunkt sollten die westlichen Staaten, unsere Partner beim Gipfeltreffen, richtig verstehen. Auch sie müssen ihrerseits solche Prinzipien befolgen: einseitige Schritte, die ein Treffen der Regierungschefs in 6–8 Monaten verhindern könnten, nicht zuzulassen. Nur dann kann man tatsächlich günstige Voraussetzungen für ein künftiges Treffen der Regierungschefs und für die Prüfung der aktuellen Fragen schaffen, die gelöst werden müssen, damit der Frieden in der ganzen Welt gefestigt werde.
Ich glaube, daß alle Menschen, die für die Politik der friedlichen Koexistenz von Staaten mit unterschiedlicher sozialer Ordnung sind, uns richtig verstehen werden. Zugleich aber muß ich unsere Partner nochmals darauf aufmerksam machen, daß weder die Sowjetunion noch die Deutsche Demokratische Republik die Absicht haben, in der Frage eines Friedensvertrags mit Deutschland die Hände in den Schoß zu legen und ohne Ende zu warten.
(Lang andauernder Beifall.)
Man darf unsere Geduld nicht mißbrauchen. Die friedliebenden Länder werden nicht erlauben, das Besatzungsregime in Westberlin zu verewigen.

Quelle: Neues Deutschland, 21. Mai 1960

II

Die DDR-Führung in Bedrängnis

Juni 1960 bis Anfang August 1961

1960 hatte der Erste Sekretär des ZK der SED, Walter Ulbricht, zwar mit der Übernahme zweier neugeschaffener Ämter (er wurde im Februar Vorsitzender des Nationalen Verteidigungsrates und im September Vorsitzender des Staatsrates) den Höhepunkt seiner persönlichen Macht erklommen, doch innenpolitische Erfolge blieben der SED versagt. Die Enteignung der Landwirte und des privaten Handwerks zu Beginn des Jahres trieb Tausende zur Flucht in den Westen. Interesselosigkeit der Zurückbleibenden und Inkompetenz vieler Funktionäre führten zu Desorganisation, Planrückständen und Versorgungslücken, was die die SED offen eingestehen mußte. Die Ursachen dafür erblickte sie indessen nicht bei sich selbst, sondern beispielsweise in den angeblichen Aktivitäten westlicher »Menschenhändler« und »Agenten«, die, vornehmlich von West-Berlin aus, DDR-Bürger zur Flucht veranlaßt und Sabotageakte in der DDR betrieben hätten. Auch die ca. 60 000 »Grenzgänger«, Ost-Berliner, die in West-Berlin ihre Arbeitsplätze hatten, gerieten zunehmend in die Schußlinie der parteioffiziellen Kritik (Dok. 21, 22, 23). Sie wurden des Devisenschmuggels und der Ausnutzung des sogenannten »Schwindelkurses« (1 DM West = 4 DM Ost) bezichtigt, wodurch der DDR-Wirtschaft Schäden in Milliardenhöhe entstanden seien.

Die zweifellos schwerste Beeinträchtigung wurde der DDR-Wirtschaft durch den unablässig ansteigenden Exodus von qualifizierten Fachkräften und jungen DDR-Bürgern zugefügt. 1960 flohen fast 200 000, und bis zum 13. August 1961 waren es über 155 000. Innenpolitischer Druck und eine Lawine von Strafprozessen vermochten dagegen nichts auszurichten. Als einziger Ausweg blieb die Schließung

der offenen Grenze nach West-Berlin. Deshalb verstärkte die SED ihre Angriffe auf die »Frontstadt« (Dok. 1). Ein Treffen von Heimatvertriebenen in West-Berlin nahm die DDR zum Anlaß, vom 31. August bis zum 4. September 1960 westdeutschen Besuchern das Betreten Ost-Berlins nur noch mit Aufenthaltsgenehmigungen zu gestatten. Am 8. September wird dieses Verfahren zur Dauerregelung. Ab 15. September erkennt die DDR, später auch die UdSSR, Bundespässe für West-Berliner nicht mehr an. (Dok. 2, 3, 4, 5). Die Bundesregierung kündigte daraufhin das gerade erst am 16. August 1960 mit verbesserten Konditionen abgeschlossene neue Interzonenhandelsabkommen. Es wurde zum 1. Januar 1961 wieder in Kraft gesetzt, ergänzt durch eine Widerrufsklausel für den Fall von Störungen im Berlinverkehr. Die Kündigung veranlaßte die DDR zu – vergeblichen – Anstrengungen, ihre Wirtschaft »störfrei«, d.h. unabhängig von der Bundesrepublik zu machen.

Die sowjetische Führung verhielt sich während des amerikanischen Wahlkampfes und in den ersten Monaten der Präsidentschaft Kennedys abwartend. Sie verweigerte im Verein mit den anderen kommunistischen Staaten Osteuropas auf der Tagung des Politischen Beratenden Ausschusses der Warschauer-Pakt-Staaten Ende März ihre Zustimmung zu Ulbrichts Plänen, die Grenze nach West-Berlin abzuriegeln. Dies war der Hintergrund für Ulbrichts Erklärung auf der Pressekonferenz vom 15. Juni 1961, niemand habe die Absicht, eine Mauer zu bauen (Dok 11).

Das ergebnislos verlaufene Treffen zwischen Kennedy und Chruschtschow Anfang Juni 1961 in Wien (Dok. 8, 9, 10) und die entschiedene Haltung Kennedys, die Freiheit West-

Berlins und der Zugangswege zu verteidigen (Dok. 15), einerseits, die eskalierenden Flüchtlingszahlen andererseits veranlaßten die Sowjetunion, Ulbrichts Abriegelungspläne zu akzeptieren. Auf der Tagung der Ersten Sekretäre der Kommunistischen Parteien des Warschauer Paktes (3.–5. August 1961) in Moskau erhielt die SED grünes Licht zum Mauerbau.

Dokument 1

12. Juni 1960:
Stellungnahme des SED-Parteichefs
Walter Ulbricht zur Berlin-Frage und
zur gescheiterten Pariser Gipfelkonferenz

Genosse Walter Ulbricht ist in seinem Diskussionsbeitrag auf der Bezirksdelegiertenkonferenz Groß-Berlin ausführlich auf die Westberlinfrage eingegangen. Er stellte sie in dem Zusammenhang der nationalen Frage und ging aus vom Grundwiderspruch in Deutschland. Sinngemäß führte er dazu aus: ...
Walter Ulbricht beantwortete dann die nach den Auseinandersetzungen in Paris auch in Westberlin gestellte Frage, wie es weitergehen solle. Er führte u. a. aus: Die Lektion von Paris besteht darin, daß Genosse Chruschtschow den USA, den übrigen Westmächten und der Bonner Regierung klargemacht hat, daß die Zeit der Politik der Stärke vorbei ist und die Zeit herangereift ist, eine Politik der friedlichen Koexistenz zu treiben.
Die Politik der Bonner Regierung war darauf aufgebaut, daß die Stärke der USA und die Drohung mit dem Atomkrieg die Sowjetunion zum Zurückweichen zwingen würde. Nun mußte die Bonner Regierung aber erfahren, daß sich das Kräfteverhältnis in der Welt endgültig zu Gunsten der Sowjetunion und des sozialistischen Lagers verändert hat, daß nicht nur die Flugzeuge von Aggressoren abgeschossen werden, sondern daß sich die Sowjetunion auch mit den Basen beschäftigen wird, von denen aus die Flugzeuge gestartet sind. Ich möchte der Adenauer-Regierung im Westberliner Senat sagen – so erklärte Walter Ulbricht –, daß wir uns auch nicht damit begnügen, die feindliche Tätigkeit bei uns abzuwehren, sondern uns selbstverständlich mit den Basen beschäftigen werden, von denen aus die feindliche Tätigkeit gegen die DDR durchgeführt wird... Walter Ulbricht formulierte dann in fünf Punkten die Veränderungen, die in Westberlin unbedingt notwendig sind:

1. In Westberlin dürfen keine Raketenwaffen stationiert und keine Truppen rekrutiert werden.
2. Im Interesse der Sicherung des Friedens müssen die ausländischen Truppen aus Westberlin schrittweise abgezogen werden. Was die sowjetischen Truppen im demokratischen Berlin betrifft, so hat die Sowjetregierung selbst erklärt, daß sie auch ihre Truppen aus Berlin zurückziehen wird, wenn aus Westberlin alle ausländischen Truppen abgezogen werden.
3. Das Besatzungsstatut für Westberlin muß aufgehoben werden. Wir sind in keinem Falle bereit, dem sogenannten Status quo, das heißt der Erhaltung des jetzigen Zustandes, zuzustimmen.
4. Wir fordern die Liquidierung der Spionagezentralen, die von Westberlin aus Diversionsarbeit leisten. Wir haben nichts dagegen einzuwenden, wenn die vier Mächte eine Kontrolle einsetzen, die die Beseitigung dieser Spionagezentralen und anderer Feindtätigkeit in Westberlin überwacht.
5. Westberlin muß eine wirklich Freie Stadt sein, die westdeutschen Gesetze können für Westberlin keine Gültigkeit haben. Natürlich wird Westberlin das Recht haben, mit allen Staaten Verträge abzuschließen.
Den demagogischen Einwand Willy Brandts, es müsse eine Lösung für ganz Berlin gefunden werden, bezeichnete Walter Ulbricht als lächerlich. Wir fordern doch auch nicht, daß die östlichen Stadtteile von Bonn von der DDR verwaltet werden. Jeder kann sich auf der Karte überzeugen, daß Westberlin auf dem Boden der DDR liegt.

Quelle: Neues Deutschland, 14. Juni 1960

Dokument 2

29. August 1960:
Anordnung des Ministeriums des Innern
der DDR »über das Betreten der Hauptstadt
der Deutschen Demokratischen Republik
Berlin (das demokratische Berlin) durch
›Bürger der Deutschen Bundesrepublik‹«

Zur Abwehr der sich aus dem vom 1. bis 4. September 1960 in Westberlin stattfindenden Revenchistentreffen für die Deutsche Demokratische Republik ergebenden Gefährdung der Ordnung und Sicherheit des friedlichen Lebens ihrer Bevölkerung wird angeordnet:

§ 1
Bürgern der Deutschen Bundesrepublik ist in der Zeit vom 31. August 1960, 00.00 Uhr, bis 4. September 1960, 24.00 Uhr, das Betreten der Hauptstadt der Deutschen Demokratischen Republik Berlin (das demokratische Berlin) nur gestattet, wenn sie im Besitz einer gültigen Aufenthaltsgenehmigung gemäß der Anordnung des Ministers des Innern vom 3. September 1956 (GBl. I S. 702) sind.

§ 2
Bürger der Deutschen Bundesrepublik, die in der genannten Zeit das Gebiet der Hauptstadt der Demokratischen Republik Berlin (das demokratische Berlin) ohne gültige Aufenthaltsgenehmigung betreten, werden nach den Strafgesetzen der Deutschen Demokratischen Republik zur Verantwortung gezogen.

§ 3
Diese Anordnung tritt am 30. August 1960 in Kraft.

Berlin, den 29. August 1960

Der Minister des Innern
I. V.: Grünstein
Staatssekretär

Quelle: Gesetzblatt der DDR 1960. I, S. 489.

Dokument 3

30. August 1960:
Erklärung der DDR-Regierung zur
vorübergehenden Ausgabe von Aufenthalts-
genehmigungen an Bürger der Bundes-
republik bei Besuchen in Ost-Berlin

Im Jahre 1960 ist mit dem beschleunigten Aufbau der westdeutschen Wehrmacht und ihrer Ausrüstung mit Raketen und Atomwaffen auch eine enorme Verschärfung der revanchistischen Hetze in Westdeutschland erfolgt. Die gegenwärtige westdeutsche Regierung hat den Revanchismus zu ihrer offiziellen Staatspolitik erhoben. Es vergeht kaum eine Woche, in der nicht – von der Bonner Regierung geleitet und finanziert – revanchistische Kundgebungen durchgeführt werden, auf denen in verbrecherischer Weise Gebietsansprüche gegen andere Staaten erhoben werden.
Die Politik der deutschen Militaristen in der ersten Hälfte dieses Jahrhunderts, die das deut-

sche Volk mit unerhörten Opfern an Gut und Blut bezahlen mußte, beweist jedoch eindeutig, daß die Aufstellung und Propagierung revanchistischer Forderungen nur neues und noch größeres Unheil für alle heraufbeschwört, die ein derartiges revanchistisches Treiben dulden oder sich gar von seinen demagogischen Forderungen einfangen lassen.
Der Revanchismus war und ist nur der Ausdruck der aggressiven Ziele der deutschen Militaristen. Er richtet sich in erster Linie gegen die Deutsche Demokratische Republik und die Nachbarstaaten beider deutscher Staaten. Die Unterstützung und Duldung revanchistischer Veranstaltungen ist der Unterstützung und

Duldung der Vorbereitung von Aggressionen und militaristischen Abenteuern gleichzusetzen.

In den grundlegenden Völkerrechtsdokumenten der Nachkriegszeit, wie der Charta der Vereinten Nationen oder dem Potsdamer Abkommen, ist der Revanchismus als die Propagierung und Vorbereitung eines Angriffskrieges, der auf die Verletzung der bestehenden Grenzen und die Unterdrückung fremder Völker abzielt, ausdrücklich verboten. Nach diesen völkerrechtlichen Grundsätzen sind die für die Zeit vom 1. bis 4. September 1960 in Westberlin geplanten Hetzveranstaltungen von Militaristen und Revanchisten zu bewerten. Das gilt sowohl für den 6. Verbandstag der sogenannten Heimkehrer, Kriegsgefangenen- und Vermißten-Angehörigen als auch für den sogenannten »Deutschen Tag«.

Entsprechend dem Atomkriegspamphlet des Generalstabes der westdeutschen Wehrmacht werden auf diesen militaristischen Hetzkundgebungen der Antikommunismus und revanchistische Gebietsforderungen gegen andere europäische Staaten propagiert. Sie sind eine Neuauflage der verderblichen und verhängnisvollen Sportpalastkundgebungen, auf denen Goebbels den totalen Krieg verkündete. Der einzige Unterschied besteht darin, daß es noch nicht um die Führung, sondern um die Vorbereitung des totalen Krieges geht.

Dieser Tatbestand macht es der Deutschen Demokratischen Republik zur Pflicht, erneut festzustellen, daß Westberlin nicht zur Bundesrepublik gehört und von ihr nicht regiert werden darf. Die Bonner Regierung, ihre Behörden und die von ihr geleiteten und finanzierten Organisationen haben darum kein Recht, in Westberlin tätig zu sein. Ihre Tätigkeit und vor allem ihre militaristischen und revanchistischen Hetzveranstaltungen sind gegen die staatliche und gesellschaftliche Ordnung der Deutschen Demokratischen Republik gerichtet, auf deren Territorium Westberlin fast 200 km von dem Westzonenstaat entfernt liegt. Jede militaristische und revanchistische Hetzveranstaltung in Westberlin, auch wenn sie vom dortigen Senat gebilligt und unterstützt wird, gefährdet den Frieden Europas. Im Interesse der Erhaltung des Friedens und der friedlichen Zukunft des deutschen Volkes hat die Regierung der DDR die Verpflichtung, alles zur Verhinderung der militaristischen und revanchistischen Verhetzung der Bevölkerung zu tun.

Aus allen diesen Gründen erklärt die Regierung der Deutschen Demokratischen Republik, daß sie ihren Pflichten, die ihr aus den grundlegenden Völkerrechtsdokumenten der Nachkriegszeit und aus ihrer politischen Verantwortung für die Sicherung des Friedens erwachsen, Genüge tun und mit allen ihr zu Gebote stehenden Mitteln dem militaristischen und revanchistischen Treiben aus Westdeutschland Einhalt gebieten wird. Die Regierung der Deutschen Demokratischen Republik hat die erforderlichen Maßnahmen angeordnet, damit das Territorium und die Verkehrswege der Deutschen Demokratischen Republik, einschließlich des demokratischen Teils ihrer Hauptstadt Berlin, nicht für die Organisierung und Förderung der militaristischen und revanchistischen Hetzveranstaltungen, die vom 1. bis 4. September 1960 in Westberlin stattfinden, mißbraucht werden können.

Die Regierung der Deutschen Demokratischen Republik lenkt die Aufmerksamkeit der Regierungen der USA, Großbritanniens und Frankreichs auf das gefährliche Treiben der Militaristen und Revanchisten in Westberlin. Solange das Besatzungsregime der Westmächte in Westberlin besteht, tragen auch diese Regierungen die Verantwortung für die revanchistische Hetze und alle Folgen, die sich aus ihr ergeben können.

Die Regierung der Deutschen Demokratischen Republik macht besonders darauf aufmerksam, daß es unzulässig ist, die Luftkorridore für den Transport von Militaristen und Revanchisten aus Westdeutschland nach Westberlin zu mißbrauchen. Die Luftkorridore sind einzig und allein für die Versorgung der in Westberlin stationierten Truppen der drei Westmächte eingerichtet worden. Die Regierung der Deutschen Demokratischen Republik weist die Regierungen der USA, Großbritanniens und Frankreichs darauf hin, daß sie die volle Verantwortung für alle Folgen tragen, die sich daraus ergeben können, daß die Luftkorridore für die Beschickung von Hetzveranstaltungen in

Westberlin mißbraucht werden, in denen die chauvinistischen Leidenschaften für neue Kriegsabenteuer der aggressiven deutschen Militaristen aufgepeitscht werden.
Die Regierung der Deutschen Demokratischen Republik ist gewiß, daß sie in dieser Warnung

mit den Lebensinteressen des ganzen friedliebenden deutschen Volkes übereinstimmt.

Quelle: Neues Deutschland, 31. August 1961

Dokument 4

August 1960: Flugblatt aus Potsdam, in Berlin (West) verteilt

---

Sie sagen Frieden und meinen Krieg

Erinnern wir uns der Worte Hitlers aus dem Jahre 1938:

„Die Umstände haben mich gezwungen, jahrelang fast nur vom Frieden zu sprechen.

Nur unter Betonung des deutschen Friedenswillens war es mir möglich dem deutschen Volk die Rüstung zu geben."

Erinnern wir uns der Rede Goebbels im Sportpalast, wo er zum totalen Krieg aufrief, der für das deutsche Volk mit der totalen Katastrophe endete.

Nichts anderes bezweckt das Memorandum der ehemaligen Nazi- und heutigen NATO-Generale.

Nichts anderes bezweckt der Rummel der Revanchistenorganisationen in Westberlin.

Sie wollen:
        die freie Verfügung über Atomwaffen,
sie wollen:
        die totale Mobilisierung,
sie wollen:
        das Territorium fremder Länder,

damit fordern sie
        Blut und Leben von Hunderte Millionen Menschen

Wir dürfen nicht länger schweigen

Das Territorium der Deutschen Demokratischen Republik und Westberlins darf nicht für derartige verbrecherische Zwecke mißbraucht werden.

Tor zu für alle Militaristen und Revanchisten,
Westberlin muß eine entmilitarisierte, freie Stadt werden.

                    Bezirksausschuß der Nationalen Front
                    Potsdam

Fg. 010/60 I/16/01 A 1012a

Fundstelle: Gesamtdeutsches Institut, Bonn

Dokument 5

14. September 1960:
Erklärung der Bundesregierung
zu den Maßnahmen der DDR bezüglich
des innerdeutschen Reiseverkehrs

Die Bundesregierung hat sich am 14. September 1960 unter Vorsitz von Vizekanzler Prof. Dr. Erhard erneut eingehend mit den Unrechtsmaßnahmen der Zonenbehörden befaßt, die den freien Personenverkehr innerhalb Berlins behindern, sowie mit der neuesten Anmaßung von Befugnissen durch das Ulbricht-Regime, das die Erteilung von Visa an West-Berliner Einwohner für die Reisen durch die Zone in andere Länder künftig durch Einfügung eines Einlegeblatts in den West-Berliner Personalausweis vornehmen will. Auch diese neueste Maßnahme ist nach Auffassung der Bundesregierung als eine bewußte und willkürliche Schikane zu charakterisieren, die dazu geeignet ist, weitere Unruhe zu stiften. Dieses Manöver dürfte allerdings keine praktischen Auswirkungen für die Einwohner Berlins haben, die auch bisher mit ihrem Personalausweis durch die Zone reisten. Die Pässe der Einwohner West-Berlins behalten selbstverständlich ihre Gültigkeit, denn es ist ohne jeden Belang, was die Zonenbehörden hierüber verfügen.

Im Rahmen der Planung und Durchführung weiterer Maßnahmen der Bundesregierung gegen die sowjetzonalen Maßnahmen und die Verletzung des Viermächte-Status für ganz Berlin wird die Bundesregierung in Zukunft, solange diese Unrechtsmaßnahmen andauern, unterbinden, daß Vertreter der deutschen Wirtschaft an der Leipziger Messe teilnehmen. Angesichts der Tatsache, daß die genannten Rechtsverletzungen und Schikanen durch die Zone in bezug auf Berlin eindeutige Verletzungen des Viermächte-Status für ganz Berlin und der von der Sowjetunion übernommenen Verpflichtungen darstellen, wird die Bundesregierung auch weiterhin auf allen Ebenen auf das engste mit ihren Alliierten Kontakt halten.

Mit den eingeleiteten ersten Gegenmaßnahmen gegen die Willkürakte der Sowjetzonen-Behörden im Berlin-Verkehr sind die Möglichkeiten des Westens, dem Viermächte-Status in der deutschen Hauptstadt Nachdruck zu verschaffen, keineswegs erschöpft. Jede Annahme, den drei Westmächten und der Bun-

desregierung ständen nicht mehr und nachhaltigere Mittel zur Abwehr sowjetzonaler Rechtsbrüche zur Verfügung, wäre ein verhängnisvoller Irrtum. Die am 12. September veröffentlichte Mitteilung der Bundesregierung über die Frage der Besucherpässe für Einwohner der Sowjetzone und die Empfehlung an deutsche Kaufleute, die Sowjetzone zu meiden, spricht ausdrücklich von dem vorläufigen Charakter dieser Maßnahmen. Ob und welche weiteren Maßnahmen ergriffen werden sollen, wird von den Westmächten gemeinschaftlich mit der Bundesregierung beraten.

Durch die Abwehrmaßnahmen sollen nur die Funktionäre und das kommunistische Regime der Zone, nicht aber die 17 Millionen Deutschen getroffen werden, die unter dem Kommunismus zu leben gezwungen sind. Alle Entschlüsse werden nur nach gewissenhafter Prüfung getroffen.

Quelle: Dokumente zur Deutschlandpolitik IV/5 (1960), 269

Ganz Berlin wird glücklich sein

Text und Musik: Werner Lohan

Du mein Berlin, ja mein Berlin,
du bist die Stadt, der unser ganzes Herz gehört.
Du mein Berlin, ja mein Berlin,
du bist die Stadt, der jeder ew'ge Treue schwört.

Doch Westberlin, o Westberlin,
dein Schicksal ist, das dem Berliner nicht behagt.
Du bist als Frontstadt nicht zufrieden,
dir sei bess'res Glück beschieden,
drum höre zu, was der Berliner sagt:

Wenn die Kastanien und der Flieder blüh'n,
dann wird eine Freie Stadt aus Westberlin.
Dann wird die Frontstadt Freie Stadt,
die keinen Krieg zu fürchten hat.

Wenn die Kastanien und der Flieder wieder blüh'n,
Da soll'n die Amis übers große Wasser zieh'n,
dann zieht der Frieden endlich ein,
und ganz Berlin wird froh und glücklich sein.

Quelle: Junge Welt, 13. Oktober 1960

17. Februar 1961:
Aus dem Aide-mémoire der Regierung
der UdSSR an die Bundesregierung

Die Sowjetunion verlangt von der Bundesrepublik keinerlei Opfer. Wir schlagen einzig und allein vor, die nach dem Kriege entstandene Lage in Europa zu fixieren, die Unantastbarkeit der nach dem Krieg festgelegten Grenzen rechtlich zu verankern und die Lage in Westberlin auf Grund einer vernünftigen Berücksichtigung der Interessen aller Seiten zu normalisieren.

Was kann die Bundesrepublik von dem, was sie heute besitzt, im Ergebnis einer solchen Regelung verlieren? Absolut nichts. Die Teilnahme der Bundesrepublik am Abschluß eines Friedensvertrages aber würde nicht nur eine wichtige Rolle spielen, um die Voraussetzungen für die Lösung der gesamtnationalen Aufgaben des deutschen Volkes zu schaffen. Dieser Schritt würde die Bundesrepublik aus der Sackgasse herausführen, in die heute ihre Beziehungen zu einer Reihe europäischer Staaten geraten sind.

4. Wie bekannt, sehen die sowjetischen Vorschläge die Lösung der Frage Westberlin als Freie Stadt auf der Grundlage eines Friedensvertrages mit den beiden deutschen Staaten vor. Dieser Umstand eröffnet der Bundesrepublik weitgehende Möglichkeiten für die Wahrnehmung ihrer Interessen in Westberlin, da ihre Vertreter dann als Partner bei den Friedensverhandlungen auftreten würden. Die Sowjetregierung jedenfalls wäre bereit, für die Wünsche der Bundesregierung ein Höchstmaß an Verständnis aufzubringen und sie bei den Verhandlungen mit allen anderen interessierten Seiten zu berücksichtigen. Eine ganz andere Lage entsteht, wenn die Bundesregierung weiter an ihrem negativen Standpunkt zu dem Friedensvertrag mit Deutschland festhalten wird. Dadurch entzieht sie sich der Möglichkeit, ihre Interessen unmittelbar wahrzunehmen.

Der sowjetische Standpunkt schließt nach wie vor auch die Möglichkeit einer zeitweiligen Regelung der Westberlinfrage vor dem Abschluß eines Friedensvertrags mit Deutschland nicht aus, wobei allerdings ein von vornherein streng vereinbarter Termin für den Abschluß eines

solchen Vertrags ins Auge zu fassen ist. Man muß jedoch berücksichtigen, daß an der Ausarbeitung eines zeitweiligen Abkommens über Westberlin nur die unmittelbar interessierten Länder teilnehmen können, zu denen die Bundesrepublik Deutschland bekanntlich nicht gehört.

Wenn aber auch nach Ablauf der von vornherein festgelegten Frist kein Friedensvertrag mit beiden Staaten zustande kommt, so wird die Sowjetunion gemeinsam mit anderen Staaten, die dazu bereit sind, einen Friedensvertrag mit der DDR unterzeichnen. Zugleich wird das auch die Beseitigung des Besatzungsregimes in Westberlin mit allen sich daraus ergebenden Konsequenzen bedeuten. U. a. werden in diesem Falle die Fragen der Benutzung der Kommunikationen zu Lande, zu Wasser und in der Luft über das Territorium der DDR lediglich auf Grund entsprechender Abkommen mit der DDR entschieden werden müssen.

5. Man versucht mitunter, die Sowjetunion mit einem Krieg als Antwort auf den Abschluß eines Friedensvertrags mit der DDR zu schrecken. Aber nur Wahnsinnige könnten sich wie der sowjetische Regierungschef N. S. Chruščev wiederholt erklärt hat, dazu entschließen, einen derartigen Schritt zu tun, nur weil die Sowjetunion und andere Staaten einen Friedensvertrag unterzeichnen, der die Atmosphäre im Herzen Europas zu gesunden berufen ist. Sollte es dennoch jemand riskieren, gegen die sozialistischen Länder eine Aggression zu entfesseln, so müßte er bei dem gegenwärtigen Kräfteverhältnis die schweren Folgen in Rechnung stellen, die ein derartiges Abenteuer unweigerlich nach sich ziehen würde. Die Sowjetunion und ihre Freunde besitzen alles, was nötig ist, um die gerechte Sache in gebührender Weise zu verfechten ...

9. Die Entschlossenheit der Sowjetunion wie der mit ihr befreundeten Staaten, die friedliche Regelung mit Deutschland zum Abschluß zu bringen, ist unerschütterlich. Es hängt nur von der Bundesregierung selbst ab, ob dieses Problem unter Beteiligung der Bundesrepublik geregelt wird.

Wir werden alles tun, um in dieser Frage mit unseren ehemaligen Verbündeten im Krieg gegen Hitlerdeutschland zu einem Übereinkommen zu gelangen. Dabei darf man nicht vergessen, daß die Großmächte umfassendere Interessen besitzen, die sie zur Lösung der spruchreifen Fragen treiben. Gerade diese umfassenderen Interessen, und nicht die Deutschlandfrage, bestimmen letzten Endes ihre Haltung bei Verhandlungen. Und wenn sie dennoch nicht an der friedlichen Regelung teilnehmen wollen, dann werden wir darangehen, einen deutschen Friedensvertrag mit den Ländern zu schließen, die ihn unterzeichnen wollen . . .

Quelle: Dokumente zur Deutschlandpolitik IV/6 (1961), 347 ff.

Dokument 7

9. März 1961:
Aus der Pressekonferenz
des US-Außenministers Rusk

Frage:
Herr Außenminister, Mr. Harriman hat am Mittwoch auf einer Pressekonferenz in Berlin erklärt, daß sich die Regierung Kennedy in bezug auf Berlin nicht an irgendwelche Schritte der vorangegangenen Regierung gebunden fühle und daß – in seinen Worten – die Gespräche nochmals am Nullpunkt beginnen sollten. Bedeutet dies, daß Sie selbst sich nicht mehr an die Vorschläge gebunden betrachten, die Außenminister Herter 1959 auf der Genfer Außenministerkonferenz unterbreitet hat?

Antwort:
Nun, ich glaube, in bezug auf dieses Problem gab es bei den vergangenen Verhandlungen eine Anzahl von Einzelheiten, die überprüft und erneut erörtert werden mußten, als die neue Regierung die Verantwortung übernahm. Aber die wesentlichen Elemente, die entscheidenden Punkte unserer Haltung zum Berlin-Problem haben sich selbstverständlich nicht geändert. Präsident Kennedy hat dies eindeutig klargestellt. Ich habe dies ebenfalls versucht. Wir haben uns nachdrücklich für die Freiheit Westberlins verpflichtet. Wir haben uns nachdrücklich für die Freiheit der Bevölkerung dieser Stadt verpflichtet, und wir werden, was die Zukunft anbetrifft, unsere eigene Position in Berlin halten. . .

Frage:
Herr Außenminister, ich möchte noch einen weiteren Punkt zu Berlin klären, da ich einen Bericht hierüber schreiben möchte. Sie sagen, daß wir unsere eigene Position dort halten werden. Was meinen Sie damit? Für immer oder bis die Situation bereinigt ist, nachdem Sie jede Verantwortung für frühere Schritte der Regierung ausgeschlossen haben. Wie lange beabsichtigen Sie, unsere Position dort zu halten?

Antwort:
Ich glaube, es war John D. Rockefeller sen., der einst sagte, »für immer« sei eine sehr lange Zeit. Ich weiß nicht, ganz offen gesagt, wie ich diese Frage beantworten soll. Dies ist ganz einfach eine Frage für die Zukunft. Es gibt wohl keinen Zweifel hinsichtlich der gegenwärtigen Position des Westens in Berlin und über die Haltung des Westens bezüglich der Rechte und der Sicherheit der Bevölkerung Berlins . . .

Frage:
Wenn Sie den Terminus »für immer« in bezug auf Berlin verwerfen, akzeptieren Sie dann »auf unbegrenzte Zeit« in dem Sinne, daß es der amerikanische Standpunkt ist, wir werden unsere Position in Berlin auf unbegrenzte Zeit halten?

Antwort:
Dieser Terminus trifft für die Regelung der sogenannten deutschen Frage in ihrer Gesamtheit, in ihrem weitesten Sinne zu. All dies kann man nicht, so glaube ich, fest an den Kalender koppeln, und darüber kann man auch nicht irgendwelche Voraussagen machen. Die deutsche Frage ist eine wichtige, eine zentrale Frage. Sie wird Zeit brauchen. Wieviel Zeit,

kann niemand voraussagen. Aber wenn irgend jemand glaubt, wir erwögen oder wir dächten an ein Nachgeben in bezug auf die Rechte des Westens in Berlin oder die Rechte der Bevölke-

rung Berlins in irgendeinem Kompromiß oder einer Kapitulation, dann sollte er sein Denken ändern, da dies bestimmt nicht der Fall ist.
Quelle: Dokumente zu Deutschlandpolitik IV/6 (1961), 391 ff.

Dokument 8

3.–4. Juni 1961:
Chruschtschow und Kennedy in Wien

Am 3. und 4. Juni trafen sich der sowjetische Parteichef und Ministerpräsident, Nikita Chruschtschow, und der amerikanische Präsident John F. Kennedy zu ihrer ersten und einzigen persönlichen Begegnung in Wien. Darüber gibt es nur nichtssagende offizielle Kurzkommuniqués, aber zahlreiche persönliche und journalistische Berichte. Der amerikanische Politikwissenschaftler Honoré M. Catudal hat in seiner Studie »Kennedy and the Berlin Wall Crisis«, englisch 1980, deutsch 1981 im Berlin Verlag, Berlin (West), das verstreute Material zu einer eindrucksvollen politischen und atmosphärischen Schilderung zusammengefaßt. Wir zitieren mit freundlicher Erlaubnis des Verlages aus der deutschen Ausgabe:
Die Lage in Deutschland sei unerträglich, fing Chruschtschow an, sechzehn Jahre seien seit Ende des Zweiten Weltkriegs nun vergangen, und noch immer gebe es keine Friedensregelung. Mehr noch, ein inzwischen wiederbewaffnetes Westdeutschland dominiere in der NATO, so daß ein neuer Weltkrieg drohe. Um das Problem zu entschärfen, wünschte der sowjetische Führer, ein Abkommen mit dem Westen über einen Friedensvertrag zu erreichen. Doch wenn der Westen sich weigere zu unterzeichnen, sei er bereit, im Dezember einen Separatvertrag abzuschließen. Sobald das erreicht sei, würde der Kriegszustand beendet sein, und alle aus der deutschen Kapitulation herrührenden Verbindlichkeiten würden hinfällig werden, einschließlich der Besatzungsrechte in Berlin und des Zugangsrechtes. Die Stadt West-Berlin würde weiter bestehen dürfen, doch ihre Verbindungen zur Außenwelt würden Sache der Deutschen Demokratischen Republik sein.
Verhandlungen über die deutsche Einigung schloß Chruschtschow aus. Adenauer wünsche die Vereinigung Deutschlands nicht, erklärte

er. Deshalb sei es an der Zeit, eine Friedensregelung auf dem Boden der Realitäten zu finden.
Kennedy, dem klar war, daß der sowjetische Führer unter erheblichem Druck des ostdeutschen Regimes stand, sagte, er schätze diese Offenheit. Doch Chruschtschow solle hier keinen Fehler begehen, denn Berlin sei nicht Laos. Die isolierte Stadt sei für die Vereinigten Staaten von großer Bedeutung. Die Sicherheit Amerikas sei direkt betroffen. Der Präsident wiederholte die USA-Position, daß man in Berlin keineswegs nur geduldet sei. »Wir haben uns den Weg dahin erkämpft«, sagte er, »und unsere andauernde Präsenz beruht auf vertraglichen Rechten.« Gäbe er Berlin auf, würden amerikanische Zusagen und Garantien nie wieder ernst genommen werden. Sie würden bloß als ein Fetzen Papier betrachtet werden.
Chruschtschow interpretierte diese Feststellung dahingehend, daß die Vereinigten Staaten keinen Friedensvertrag unterzeichnen wollten. Vielleicht mißverstand er Kennedy auch wiederum absichtlich, als er sagte, vielleicht könne man sich auch auf amerikanische Sicherheitsinteressen berufen, um einen Marsch nach Moskau zu rechtfertigen, der zweifellos Amerikas strategische Position verbessern würde. Doch JFK bestritt, daß die Amerikaner irgendwohin marschieren wollten. Sie wollten da bleiben, wo sie seien, sagte er.
Der sowjetische Führer bedauerte, daß Kennedy ihn nicht verstanden habe. Alles, was er wolle, sei, Spannungen an einem der gefährlichsten Plätze der Welt zu verringern. Das sei mit seinem Friedensvertrag beabsichtigt. Bestehende Grenzen würden dadurch nicht verändert, sie würden nur formal festgelegt.
Später behauptete Chruschtschow dem Kolumnisten Drew Pearson gegenüber, er sei »bestürzt« gewesen, als er und der Präsident in der

Berlin-Frage an einen toten Punkt gelangt waren und über eine militärische Kraftprobe zu sprechen anfingen. »Doch er wollte uns Angst einjagen und jagte sich statt dessen selbst Angst ein«, meinte der Russe[25].

Warum sei Amerika denn überhaupt so auf Berlin versessen? fragte Chruschtschow. Wolle es einen Krieg auslösen? Berlin besäße keine militärische Bedeutung. Sobald sein Friedensvertrag unterzeichnet wäre, würde West-Berlin allen Staaten offen stehen, mit denen es Beziehungen herstellen wolle. Die Vereinigten Staaten und die Sowjetunion könnten gemeinsam für Garantien sorgen oder um UNO-Vermittlung ersuchen. Allerdings werde die Souveränität der DDR beachtet werden müssen. Moskau würde jede Verletzung der ostdeutschen Souveränität als einen Akt offener Aggression gegen ein friedliebendes Volk betrachten. Chruschtschow stellte auch klar, daß die DDR-Grenzen von der Sowjetunion verteidigt werden würden. Wenn die USA wegen Berlin Krieg führen wollten, dann könne die UdSSR nichts dagegen tun. Vielleicht sollte er sofort einen Friedensvertrag unterzeichnen und so mit der Sache fertig werden. Dem Pentagon würde das gefallen. Aber jeder Verrückte, der Krieg wolle, sollte in eine Zwangsjacke gesteckt werden.

Kennedy war durch den kompromißlosen Ton des Gesagten, das fast nach einem neuen Ultimatum klang, verblüfft. Darauf hatte ihn das Außenministerium nicht vorbereitet. In dessen Lagebeurteilung war nur die Rede davon gewesen, daß es wahrscheinlich das Hauptziel des Vorsitzenden bei den Gesprächen über Berlin und Deutschland sein würde, »eine Zusage zu erhalten, die Verhandlungen wieder aufzunehmen«, und daß seine Position »wahrscheinlich recht flexibel sein« würde[26].

Der Präsident fragte Chruschtschow, ob ein Friedensvertrag zur Blockierung des Zugangs zu West-Berlin führen würde. Er wolle über diesen Punkt unbedingte Klarheit haben. Der sowjetische Führer versicherte ihm, so werde es kommen. Dann, erwiderte JFK, solle Chruschtschow an die Verantwortung denken, die sie beide trügen.

»Mr. Kennedy sagte mir«, erinnert sich Chruschtschow, »wir haben jetzt die gleiche militärische Stärke. Wir können uns gegenseitig vernichten.«

»Ja, Herr Präsident«, entgegnete ich. »Das stimmt, obwohl ich davon durchdrungen bin, daß wir stärker sind. Doch ich stimme der Gleichgewichtspolitik zu, und auf der Basis dieser vernünftigen Politik wollen wir alle vor uns liegenden Differenzen beseitigen – zuerst die über Deutschland; wenn wir diese wegschaffen, wird der Rest einfach sein[27].«

Chruschtschow wurde barscher. Er beklagte sich, daß die Sowjetunion bewußt von der Unterzeichnung eines Friedensvertrags mit Japan im Jahr 1951 ausgeschlossen worden sei. Sei das die Art und Weise, einen früheren Verbündeten zu behandeln? Die Sowjetunion sei jetzt zum Handeln entschlossen, und die Verantwortung für jegliche dann folgende Verletzung der Souveränität der DDR würde schwerwiegend sein. In keinem Fall würde Moskau nach dem Vertrag amerikanische Rechte in West-Berlin anerkennen. Der sowjetische Führer übergab Kennedy zwei Memoranda, von denen eins das Berlin- und Deutschland-Problem betraf, und dann gingen die beiden zum Essen[28].

25 Zitiert von Drew Pearson aus einem Interview mit Chruschtschow in The Washington Post vom 2. September 1961.
26 »Background Paper: Soviet Aims and Expectations«, President's Meeting with Khrushchev, Wien 3.–4. Juni 1961, S. 6, JFK Library. Botschafter Martin Hillenbrand, der mit in Wien war, sagte dazu: »Kennedy hätte aufgrund der anderen Unterlagen, die er vom Außenministerium in den vorhergehenden Monaten erhalten hatte, besser vorbereitet sein sollen. Sein Problem war, daß er und viele seiner Berater im Weißen Haus glauben wollten, man würde mit den Sowjets etwas ausarbeiten, um das Berlin-Problem aus der Welt zu schaffen.« Brief an den Autor.
27 Zitiert von Drew Pearson aus einem Interview mit Chruschtschow in The Washington Post vom 31. August 1961.
28 Das Aide-mémoire über Deutschland war eine kurz gefaßte Erklärung, in der die Forderung der Sowjetregierung vom 27. November 1958 wiederholt und auf den letzten Stand gebracht wurde. Chruschtschow drohte darin, einen separaten Friedensvertrag mit der DDR abzuschließen, verlangte, daß West-Berlin in eine »entmilitarisierte Freie Stadt« umgewandelt werde, und setzte eine neue Frist von sechs Monaten. Der Abschluß des Friedensvertrags, hieß es in der Erklärung, hänge nicht von dem »unmittelbaren Ausscheiden der Bundesrepublik Deutschland aus der NATO« ab oder von der »Anerkennung der Deutschen Demokratischen Republik«. Um die Neutralität

(weiter S. 66)

Ein letzter Versuch

Der grimmige Ton der Vormittagskonferenz, die fast vier Stunden gedauert hatte, wirkte sich auch auf die Mitarbeiter und auf die folgende gemeinsame Mahlzeit aus – eine üppige Folge von Gängen, mit denen der russische Küchenmeister nach Schlesingers Urteil »seinen amerikanischen Kollegen in den Schatten stellte«. Chruschtschow trug noch zu dieser gedrückten Stimmung bei, als er aufstand und in seinem Toast kaum Zweifel ließ, daß er sein Ziel nachdrücklich zu verfolgen gedenke. Kennedy versuchte, einen leichten Ton anzuschlagen, indem er darauf zurückkam, daß der Vorsitzende ihm in der vergangenen Nacht gesagt hatte: Als er so alt wie der Präsident gewesen sei, sei er Mitglied der Moskauer Plankommission gewesen und habe sich darauf gefreut, Vorsitzender zu werden. JFK sagte, er hoffe, mit siebenundsechzig Jahren Chef der Bostoner Plankommission und möglicherweise Vorsitzender der Demokratischen Partei zu sein. Doch Chruschtschow, der exzellent kontern konnte, warf ein, daß der junge Mann vielleicht gerne Chef der Plankommission für die ganze Welt werden würde.

Kennedy verneinte jegliche Ambitionen dieser Art und bekräftigte die Verantwortung beider Männer für die Verhinderung einer Konfrontation, die die Zivilisation zerstören könnte. Er sei nach Wien gekommen, um alles zu versuchen, ein solches Ereignis zu verhüten, sagte er. Dann zeigte er auf ein Modell von »Old Ironsides«, das mitten auf dem Tisch stand. Er hatte das kleine Schiff als Geschenk für den Premier mitgebracht. Die Geschütze dieses alten Schlachtschiffes hätten nur eine Reichweite von einer halben Meile, sagte der Präsident. In jenen Tagen hätten Staaten sich innerhalb verhältnismäßig kurzer Zeit von Kriegen erholen können – wie es sogar in Westeuropa nach dem Zweiten Weltkrieg der Fall gewesen sei. Im Zeitalter der Nuklearwaffen sei dies nicht mehr möglich. Ein solcher Krieg würde sich auf Generationen auswirken. Das dürfe man nicht zulassen.

Der Präsident sollte eigentlich nach dem Lunch abreisen. Doch er war offensichtlich unglücklich darüber, wie sich die Dinge entwickelt hatten. Er mag sich sogar etwas getäuscht

vorgekommen sein; schließlich hatte ihm das Außenministerium in der Lagebeurteilung versichert, daß Chruschtschow »es vorziehen würde, die Gespräche in einer Atmosphäre von Übereinstimmung enden zu lassen, daß sie den Beginn einer neuen Epoche verminderter internationaler Spannungen bedeuten würden«[29]. Er hatte einen großen Teil seines Prestiges dafür aufs Spiel gesetzt, bei seinem Treffen mit dem sowjetischen Führer lohnende Ergebnisse zu erzielen. Er wollte nicht abreisen, ohne einen letzten Durchbruchsversuch zu machen. Folglich setzten sich beide Männer, auf Kennedys ausdrücklichen Wunsch nur mit ihren Dolmetschern, zu einem zehnminütigen abschließenden Vier-Augen-Gespräch zusammen. »Das war der Hammer!« sagte der Präsident später mehr als einmal[30].

Chruschtschow seinerseits gab in seinen Memoiren eine dramatische Schilderung der Szene[31]:

»Ich erinnere mich, daß er nicht nur besorgt, sondern zutiefst betroffen aussah. Ich entsinne mich ganz deutlich an seinen Gesichtsausdruck. Als ich ihn ansah, konnte ich nicht umhin, selbst ein bißchen traurig und betroffen zu sein. Ich hatte ihn nicht aus der Fassung bringen wollen. Ich hätte mir sehr gewünscht, in einer anderen Atmosphäre auseinanderzugehen. Aber es gab nichts, was ich tun konnte, um ihm zu helfen. Die Unterschiede unserer Klassenpositionen hatten es uns unmöglich gemacht, zu einer Übereinstimmung zu kommen – trotz aller Bemühungen meinerseits. Politik ist ein gnadenloses Geschäft, doch diese Erkenntnis änderte nichts daran, daß mir Kennedy leid tat. Von Mensch zu Mensch tat seine Enttäuschung mir leid.«

Kennedy drückte zunächst die Hoffnung aus, daß ihn Chruschtschow nicht mit einer Krise

West-Berlins nach Vertragsabschluß zu garantieren, wurde die Stationierung von »symbolischen Truppenkontingenten« der Westmächte und der UdSSR vorgeschlagen. Text s. The New York Times vom 12. Juni 1961.
29 »Briefing Paper: Soviet Aims and Expectations«, President's Visit with Khrushchev, Wien 3.–4. Juni 1961, S. 5, JFK Library.
30 Benjamin C. Bradlee: Conversations with Kennedy (New York: W. W. Norton & Company, Inc., 1975), S. 126.
31 Nikita Khrushchev: Khrushchev Remembers: The Last Testament (New York: Bantam Books, Inc., 1976), S. 569.

konfrontieren würde, die die amerikanischen Interessen in Berlin so stark berührten. Es sei natürlich Sache des Vorsitzenden, was er wegen der DDR unternehmen wolle. Aber er solle seine Entscheidung sorgfältig abwägen. Die Vereinigten Staaten konnten und wollten sich nicht in Entscheidungen einmischen, die die Sowjetunion in ihrer Interessensphäre fälle[32]. Sollte die Sowjetunion jedoch West-Berlin oder dessen lebenswichtige Zugangswege antasten, dann sollte sie wissen, daß solche Schritte die Interessen und Rechte der Vereinigten Staaten ernsthaft verletzen würden. Er selbst würde sie nie hinnehmen.

Doch der sowjetische Führer war nicht in der Stimmung nachzugeben. Er wies darauf hin, daß er entschlossen sei, einen Friedensvertrag mit der DDR zu unterzeichnen, und daß er auf jede Verletzung der ostdeutschen Grenzen zu Lande, Wasser oder Luft mit Gewalt reagieren würde. »Ich will Frieden«, sagte er, »doch wenn Sie Krieg wollen, dann ist das Ihr Problem.« Die Entscheidung über den Vertrag stehe fest, sei absolut »unwiderruflich«. Im Dezember würde Chruschtschow unterschreiben.

Kennedy sah den Russen ernst an. »Wenn das wahr ist«, entgegnete er, »wird es ein kalter Winter werden.«

32 Ein »Insider« wies auf die Bedeutung dieser Erklärung hin, soweit sie die Sowjetunion anbelangt. »Das muß der bestätigende Hinweis gewesen sein, daß wir (die Schließung der Berliner Grenze) hinnehmen würden.«

Dokument 9

6. Juni 1961:
Aus der Rundfunk- und Fernsehansprache des US-Präsidenten Kennedy über das Wiener Treffen

---

Herr Chruščev und ich hatten einen sehr umfassenden und offenen Meinungsaustausch über die wichtigen Probleme, die unsere beiden Länder gegenwärtig trennen. Ich möchte Ihnen hier mitteilen, daß es zwei sehr sachliche und nüchterne Tage waren. Es gab keine Unhöflichkeiten, keine Temperamentsausbrüche oder Drohungen und Ultimaten – weder auf der einen noch auf der anderen Seite –, auch wurde kein Vorteil oder Zugeständnis errungen oder gewährt; wichtige Entscheidungen waren weder geplant noch wurden sie getroffen, und es wurde auch kein ins Auge fallender Fortschritt erzielt oder vorgetäuscht.

Diese Art eines informellen Gedankenaustausches ist vielleicht nicht so erregend wie eine große Gipfelkonferenz mit einer festen Tagesordnung und einem ganzen Stab von Beratern, auf der man zu verhandeln sucht und neue Abkommen anstrebt. Dies sollte jedoch nicht die Absicht unseres Treffens sein und war es auch nicht, und wir machten auch keine Pläne für künftige Gipfelkonferenzen in Wien.

Aber ich fand dieses Treffen mit Ministerpräsident Chruščev, so ernst es auch war, äußerst nützlich. Ich hatte seine Reden und die Veröffentlichungen über seine Politik gelesen. Ich war über seine Ansichten unterrichtet worden. Mir war von anderen westlichen Staatsmännern wie General de Gaulle, Bundeskanzler Adenauer und Premierminister Macmillan gesagt worden, was für ein Mann er ist....

... Unsere ernstesten Gespräche betrafen das Thema Deutschland und Berlin. Ich habe Herrn Chruščev klargemacht, daß die Sicherheit Westeuropas und damit unsere eigene Sicherheit tief mit unserer Anwesenheit in und unseren Zugangsrechten nach West-Berlin verflochten sind, daß diese Rechte auf gesetztem Recht und nicht auf einer stillschweigenden Duldung beruhen und daß wir entschlossen sind, diese Rechte auf jede Gefahr hin zu wahren und damit unseren Verpflichtungen gegenüber der Bevölkerung West-Berlins nachzukommen und ihr Recht, die eigene Zukunft zu bestimmen, zu gewährleisten.

Herr Chruščev legte seine Ansichten im einzelnen dar, und diese seine Darlegung wird noch Gegenstand weiterer Kontakte sein. Aber wir trachten nicht danach, die gegenwärtige Situation zu ändern. Ein bindender Friedensvertrag mit Deutschland ist eine Angelegenheit, die alle angeht, die mit Deutschland im Kriege standen, und wir und unsere Verbündeten können unsere Verpflichtungen gegenüber der Bevölkerung West-Berlins nicht aufgeben.

Im allgemeinen führte Herr Chruščev keine kriegerische Sprache. Er glaubt, daß die Welt seinen Weg einschlagen wird, ohne daß man zur Gewalt Zuflucht nehmen muß. Er sprach von den Erfolgen seines Landes im Weltraum.

Er betonte seine Absicht, uns auf dem Gebiet der industriellen Produktion und des Handels zu überholen und der Welt die Überlegenheit seines Systems gegenüber dem unsrigen zu beweisen. Vor allem aber sagte er den Triumph des Kommunismus in den neuen und weniger entwickelten Ländern voraus.

Quelle: Dokumente zur Deutschlandpolitik IV/6 (1961), 833ff.

Dokument 10

15. Juni 1961: Aus der Rundfunk- und Fernsehansprache des sowjetischen Ministerpräsidenten Chruschtschow über das Wiener Treffen

---

Die Ablehnung eines Friedensvertrags und die Verewigung des Besatzungsregimes in Westberlin zielen auf die Fortsetzung des Kalten Krieges ab, und wer kann sagen, wo die Grenze ist, die den Kalten Krieg von einem Krieg im wahren Sinne dieses Wortes trennt? Ist etwa nicht klar, daß der Kalte Krieg die Vorbereitung, die Kraftansammlung für einen Krieg ist?

Ich sage das, damit alle verstehen, mit welch einer ernsten Gefahr der weitere Aufschub des Abschlusses eines deutschen Friedensvertrages verknüpft ist.

Wenn wir vorschlagen, mit Deutschland einen Friedensvertrag zu unterzeichnen und Westberlin in eine Freie Stadt zu verwandeln, beschuldigt man uns, wir wollen den Westmächten das Zugangsrecht zu dieser Stadt entziehen. Das ist aber ein unzutreffendes und hinfälliges Argument. Westberlin den Status einer Freien Stadt verleihen, würde bedeuten, daß alle Länder der Welt, welche mit dieser Stadt Wirtschafts- und Kulturbeziehungen zu pflegen wünschen, das Recht und die Möglichkeit besäßen, diese Beziehungen unbehindert zu verwirklichen.

Natürlich wäre dazu ein Abkommen mit dem Lande notwendig, durch dessen Gebiet die Verbindungswege zwischen Westberlin und der Außenwelt verlaufen. Das ist normal. Anders wäre die Souveränität des Staates, innerhalb dessen Westberlin gelegen ist, gefährdet.

Die Regierungen der Westmächte behaupten, sie hätten versprochen, Freiheit und Wohlergehen der Bevölkerung von Westberlin zu verteidigen. Allerdings ist in den vierseitigen Abmachungen, die Berlin betreffen, über solche Verpflichtungen der USA, Englands und Frankreichs nichts gesagt. Der Gedanke einer Gewährleistung der Freiheit für die Bewohner von Westberlin als solcher kann bei niemandem Einwände hervorrufen. Kein anderer als die Sowjetunion schlägt vor, daß das politische und soziale Regime in Westberlin so sein soll, wie seine Bewohner es haben wollen. Also gibt es keinerlei Anschläge auf die Freiheit von Westberlin, ebensowenig wie Hindernisse für den Zugang zu dieser Stadt.

Wir haben es wiederholt und wiederholen es wieder: Ein Friedensvertrag würde alle notwendigen Voraussetzungen zur Sicherung der Freiheit einer Freien Stadt Westberlin und zu unbehinderter Verbindung Westberlins mit der Außenwelt herbeiführen. Selbstverständlich müßte man sich bei der Lösung der Frage des Zugangs nach Westberlin an die allgemein üblichen internationalen Normen halten, das heißt das Gebiet des Landes, durch das die Zugangswege verlaufen, nur mit dem Einverständnis seiner Regierung benutzen.

Solch eine Lage wird von jedermann als normal anerkannt. Warum soll man es dann für anomal halten, wenn für den Zugang nach Westberlin das Einverständnis der DDR beantragt werden müßte? Verlaufen doch die Landwege nach Westberlin durch ihr Gebiet, die Wasserwege ebenfalls durch ihr Gebiet, die Luftwege wiederum durch ihr Gebiet. Darum werden die Länder, die mit Westberlin Verbindung aufrechterhalten möchten, nach dem Abschluß eines Friedensvertrages mit der Regierung der DDR über die Regeln des Zugangs nach Westberlin und über die Verbindungen mit dieser Stadt übereinkommen müssen...

Wir bitten alle, uns richtig zu verstehen: Der Abschluß eines Friedensvertrages mit Deutschland darf nicht länger verschoben werden. Die friedliche Regelung in Europa muß in diesem Jahre erreicht werden.

Wir fordern alle Länder, die gegen Deutschland gekämpft haben, auf, an der Friedenskonferenz teilzunehmen, sobald eine Vereinbarung über ihre Einberufung erreicht ist. Die Frage lautet heute nicht, ob man einen Friedensvertrag unterzeichnen oder nicht unterzeichnen soll, sondern ob dieser Friedensvertrag mit den beiden vorhandenen deutschen Staaten, der DDR und der Bundesrepublik, oder mit einem deutschen Staate geschlossen wird und ob sich an der friedlichen Regelung alle Staaten, die gegen Deutschland kämpften, beteiligen werden oder nur ein Teil von ihnen.

Die Regierungen einiger Länder haben im voraus erklärt, sie würden an der Friedenskonferenz nicht teilnehmen. Die Sowjetunion wird es natürlich bedauern, wenn sich irgendwelche Staaten der Unterzeichnung eines deutschen Friedensvertrages entziehen. Wir waren immer bemüht und bemühen uns weiterhin darum, daß sich an der friedlichen Regelung der deutschen Frage alle Länder der Antihitlerkoalition beteiligen.

Aber selbst wenn sich einige Länder weigern

sollten, an den Verhandlungen über den Abschluß eines Friedensvertrages teilzunehmen, wird uns das nicht aufhalten, und wir werden zusammen mit den anderen Ländern, die es wünschen, einen Friedensvertrag mit den beiden deutschen Staaten unterzeichnen. Sollte sich die Bundesrepublik Deutschland nicht einverstanden erklären, einen Friedensvertrag abzuschließen, dann werden wir ihn nur mit der Deutschen Demokratischen Republik unterzeichnen, die bereits ihren Wunsch zum Abschluß eines Friedensvertrages geäußert und ihre Zustimmung zur Schaffung einer Freien Stadt Westberlin auf ihrem Boden gegeben hat.

Gewisse Leute im Westen drohen uns und erklären, wenn wir einen Friedensvertrag unterzeichnen, würde dieser nicht anerkannt werden, und es werde sogar Waffengewalt angewandt, um seine Verwirklichung zu verhindern. Diese Leute scheinen zu vergessen, daß heute andere Zeiten sind, und wenn schon früher die Politik der Stärke gegenüber der Sowjetunion untauglich war, so ist sie heute erst recht zum Fiasko verurteilt. Die Sowjetunion ist gegen Gewaltanwendung in den Beziehungen zwischen den Staaten. Wir sind für eine friedliche Regelung der strittigen Fragen zwischen Staaten. Wir sind jedoch imstande, jegliche Gewalt gebührend abzuweisen, und wir haben die Mittel, um unsere Interessen zu schützen.

Quelle: Dokumente zur Deutschlandpolitik IV/6 (1961), 957 ff.

Dokument 11

15. Juni 1961: Aus der Pressekonferenz des DDR-Staatsratsvorsitzenden Ulbricht

---

Vater (Redaktion »Der Spiegel«):

Wir hätten drei Fragen an den Herrn Vorsitzenden im Hinblick auf Westberlin zu stellen:

1. Ist es mit dem streng neutralen Status der Freien Stadt Westberlin, den das sowjetische Memorandum fordert, Ihrer Meinung nach vereinbar, daß diese geplante Freie Stadt weiter finanzielle und wirtschaftliche Unterstützung aus der Bundesrepublik erhält?

2. Ist es mit diesem streng neutralen Status vereinbar, daß weiterhin in Westberlin Flüchtlinge aus der DDR aufgenommen werden?

3. Schließt die angestrebte Kontrolle der DDR über die Verkehrswege einer Freien Stadt Westberlin nach Westdeutschland weiterhin die Möglichkeit ein, daß Flüchtlinge aus Westberlin in die Bundesrepublik abgeflogen werden können?

Walter Ulbricht:
Sie stellen die Frage, ob Westberlin das Recht haben wird, wirtschaftliche und finanzielle Unterstützung von anderen Staaten anzunehmen. Meine Meinung hierzu: Die Freie Stadt Westberlin hat natürlich das Recht, nach Belieben wirtschaftliche Verträge abzuschließen. Sie kann Handelsverträge abschließen. Sie kann Schulden machen, soviel es ihr beliebt. Niemand wird sie daran hindern.
Sie kann solche Verträge abschließen mit jedem Lande, mit dem sie solche Verträge abzuschließen wünscht. Sie kann Verträge abschließen mit der Bundesrepublik, mit der DDR, mit England, mit der Sowjetunion, mit Polen – wie sie es wünscht. Wir haben nicht die Absicht, uns in die inneren Angelegenheiten der Freien Stadt Westberlin einzumischen. – Ich glaube, damit ist diese Frage klar beantwortet.
Nun zu den anderen Fragen! Ich möchte Ihnen sagen: Die Abwerbung von Menschen aus der Hauptstadt der DDR und aus der Deutschen Demokratischen Republik gehört zu den Methoden des kalten Krieges. Mit Menschenhandel beschäftigen sich viele Spionageagenturen, westdeutsche, amerikanische, englische, französische, die in Westberlin ihren Sitz haben. Wir halten es für selbstverständlich, daß die sogenannten Flüchtlingslager in Westberlin geschlossen werden und die Personen, die sich mit dem Menschenhandel beschäftigen, Westberlin verlassen. Dazu gehören also nicht nur die Spionagezentralen der westdeutschen Bundesrepublik, sondern auch die Spionagedienste der USA, Frankreichs und Englands.
Ich möchte hinzufügen, daß es selbstverständlich Menschen gibt und geben wird, die die Absicht haben, ihren Wohnsitz zu ändern. Die einen wollen aus der Deutschen Demokratischen Republik nach der westdeutschen Bundesrepublik umsiedeln, die anderen wollen aus der Bundesrepublik in die Deutsche Demokratische Republik umsiedeln. Besonders viele Soldaten wollen aus der westdeutschen Bundesrepublik in die DDR umsiedeln. Das darf selbstverständlich alles nur auf gesetzlichem Wege geschehen. Die Ein- und Ausreise von Bürgern der Deutschen Demokratischen Republik ist – so wie auch in anderen Staaten – durch Gesetz geregelt. In den USA wie in

Großbritannien, in allen Ländern, gibt es eine bestimmte Ordnung für die Ein- und Ausreise und auch für das Übersiedeln in ein anderes Land. Dieselbe Ordnung gibt es in der Deutschen Demokratischen Republik, und diese Ordnung wird eingehalten werden.
Wer also von den Organen der Deutschen Demokratischen Republik, vom Innenministerium, die Erlaubnis erhält, der kann die DDR verlassen. Wer sie nicht erhält, der kann sie nicht verlassen. Wer von der westdeutschen Bundesrepublik die Erlaubnis erhält, nach der DDR umzusiedeln, der wird umsiedeln. Wer die Erlaubnis nicht erhält, der kann nicht umsiedeln. Das ist eine Ordnung, wie sie in jedem Staat besteht. Wir denken, es müßte doch eine Selbstverständlichkeit sein, daß die Gesetze der Deutschen Demokratischen Republik, die sich in dieser Beziehung nicht von den Gesetzen der USA oder anderer Länder unterscheiden, genauso eingehalten werden, wie die Gesetze zum Beispiel der westeuropäischen kapitalistischen Länder eingehalten werden ...

Dr. Kertzscher (»Neues Deutschland«):
Ich möchte eine weitere Frage zu Westberlin stellen. Es gibt westdeutsche und Westberliner Politiker, die behaupten, daß die Umwandlung Westberlins in eine Freie Stadt nicht nur die Freiheit Westberlins beeinträchtigte, sondern auch internationales Recht, irgendwelche Verträge, verletze. Können Sie etwas zur Klarstellung dieser Frage sagen?

Walter Ulbricht:
Durch einen Friedensvertrag können überhaupt keine Verträge verletzt werden, weil der Friedensvertrag als Vereinbarung zwischen den Mächten selbstverständlich völkerrechtlich oberstes Gesetz ist. Der Friedensvertrag wird in jedem Falle den Bestimmungen der Charta der Vereinten Nationen entsprechen.
Was die Rechte Westberlins und der Westberliner Bürger betrifft, so ist notwendig, klarzustellen, daß bisher in Westberlin ein Besatzungsstatut herrschte. Man kann also nicht sagen, daß in Westberlin etwa das Recht herrschte, daß die Westberliner Bürger über die Ordnung in Westberlin bestimmen konnten. Mit der Bildung der Freien Stadt erhält Westberlin zum ersten Mal einen rechtlich fundierten und in-

ternational garantierten Status. Das heißt, die jetzige ungeklärte Lage in Westberlin wird damit beendet. Jetzt hängt Westberlin völkerrechtlich sozusagen in der Luft.

Hinzu kommt, daß Westberlin auf dem Territorium der Deutschen Demokratischen Republik liegt, daß es staatsrechtlich zum Territorium der DDR gehört. Das bestreiten die Westmächte zwar, aber sie haben kein rechtliches Argument. Erst mit der Schaffung der Freien Stadt Westberlin wird ein klarer völkerrechtlicher Status geschaffen, ein Status mit völkerrechtlichen Garantien, bis zu Garantien durch die Vereinten Nationen . . .

Norman Gelb (»Mutual Broadcasting System«):
Der amerikanische Senator Mansfield hat gestern vorgeschlagen, daß ganz Berlin, Ost- und Westberlin, eine Freie Stadt werden solle, von einer internationalen Organisation garantiert. Was halten Sie davon?

Walter Ulbricht:
Ich kenne den Senator Mansfield und seine Erklärung nicht. Ich halte mich an die offiziellen Erklärungen der Regierung der USA. Das genügt mir vorläufig. Die Hauptstadt der DDR ist kein Gegenstand von Verhandlungen . . .

Doherr (»Frankfurter Rundschau«):
Ich möchte eine Zusatzfrage stellen: Herr Vorsitzender! Bedeutet die Bildung einer Freien Stadt Ihrer Meinung nach, daß die Staatsgrenze am Brandenburger Tor errichtet wird? Und sind Sie entschlossen, dieser Tatsache mit allen Konsequenzen Rechnung zu tragen?

Walter Ulbricht:
Ich verstehe Ihre Frage so, daß es in Westdeutschland Menschen gibt, die wünschen, daß wir die Bauarbeiter der Hauptstadt der DDR dazu mobilisieren, eine Mauer aufzurichten. Mir ist nicht bekannt, daß eine solche Absicht besteht. Die Bauarbeiter unserer Hauptstadt beschäftigen sich hauptsächlich mit Wohnungsbau, und ihre Arbeitskraft wird dafür voll eingesetzt. Niemand hat die Absicht, eine Mauer zu errichten. Ich habe vorhin schon gesagt: Wir sind für vertragliche Regelung der Beziehungen zwischen Westberlin und der Regierung der Deutschen Demokrati-

schen Republik. Das ist der einfachste und normalste Weg zur Regelung dieser Fragen.

Die Staatsgrenze verläuft, wie bekannt, z. B. an der Elbe usw. Und das Territorium Westberlins gehört zum Territorium der Deutschen Demokratischen Republik. In gewissem Sinne gibt es selbstverständlich staatliche Grenzfragen auch zwischen Westberlin und der Deutschen Demokratischen Republik, wenn die Neutralisierung Westberlins erfolgt. Aber es besteht ein Unterschied zwischen den Regelungen, die für die Staatsgrenze mit Westdeutschland gelten, und den Regelungen, die für Berlin getroffen werden . . .

Bischoff (Westdeutscher Rundfunk):
In einem Ihrer letzten Interviews haben Sie, wenn ich mich recht erinnere, im Zusammenhang mit Ihren Friedensvertragsvorschlägen die Formulierung gebraucht: »Wir haben nicht die Absicht, Verkehrswege zu sperren.« Sie haben dann Vereinbarungen über die Verbindungswege zu Lande, zu Wasser und in der Luft vorgeschlagen. Können Sie mir bitte sagen, wie Sie sich die Kontrolle der Luftverbindung zwischen Berlin und dem Bundesgebiet vorstellen oder, genauer gesagt, den Flugsicherheitsdienst?

Walter Ulbricht:
Selbstverständlich unterliegen alle Verbindungen, die über das Gebiet der DDR gehen, der Kontrolle der souveränen Deutschen Demokratischen Republik. Wenn ich richtig informiert bin, ist das in den USA, in Großbritannien und in Westdeutschland auch so. Wir schlagen nur vor, daß die gleiche Ordnung, die in den USA, in Großbritannien und in Westdeutschland üblich ist, auch für das Gebiet der Deutschen Demokratischen Republik gilt.

Wir verstehen das Interesse der Westmächte und Westberlins daran, daß der Verkehr Westberlins nach allen Seiten regulär verlaufen kann. Wenn die Deutsche Demokratische Republik durch den Friedensvertrag die volle Kontrolle über alle Verkehrswege übernimmt, dann ändert das sachlich nicht sehr viel an der bestehenden Lage. Denn gegenwärtig kontrollieren wir ohnehin 95 Prozent des Verkehrs zu Wasser und zu Lande. Die 5 oder 3 Prozent, die die militärischen Transporte betreffen, kommen dann hinzu. Dazu kommt die Kontrolle über die Luftverbindungen.

Nachdem unter den Bedingungen unserer Kontrolle auf dem Lande und zu Wasser der Verkehr zwischen Westberlin und allen Staaten normal verläuft, nachdem also praktische Erfahrungen vorliegen, die beweisen, daß diese Kontrolle kein Hindernis für den Verkehr ist, sollte es doch für die USA, Großbritannien und Frankreich nicht schwer sein, im Geiste des Völkerrechts und der Respektierung der Souveränität der DDR auch über diese restlichen Kontrollen mit uns eine Verständigung zu erzielen.

Ich halte es für das zweckmäßigste, daß zwischen den vier Mächten sowie zwischen der DDR und der Regierung Westdeutschlands – was die Beziehungen zwischen den beiden deutschen Staaten betrifft – unverzüglich Verhandlungen beginnen, um eine Verständigung über den Friedensvertrag und auch über die Frage der Verbindungen Westberlins zu anderen Ländern zu erreichen. Je früher diese Verhandlungen beginnen, desto früher ist eine Verständigung mit der Regierung der DDR über die Benutzung der Verkehrswege der DDR zu Wasser, zu Lande und in der Luft möglich, und es kann dann keine Unterbrechung eintreten. Wer also keine Unterbrechung wünscht, der ist für baldige Verhandlungen. Das ist der einfachste Weg. Das ist keine Besonderheit der jetzigen Lage, sondern das ist in den Beziehungen zwischen den Staaten schon immer so gewesen. Das ist der normale Zustand, den wir herstellen werden.

Wenn es zu einem Friedensvertrag kommt, dann bleibt den am Verkehr mit Westberlin interessierten Staaten nichts anderes übrig, als mit der Regierung der DDR solche Verhandlungen zu führen ...

Puhle (»Landesjugendpresse«):
Herr Vorsitzender! Es heißt im Memorandum an den Präsidenten der USA, daß ein Friedensvertrag auch den Status Westberlins als einer Freien Stadt fixieren soll. Ich möchte Sie, Herr Vorsitzender, fragen, ob die Regierung der DDR das dahingehend interpretiert, daß auch in einem Friedensvertrag, der nur zwischen der Sowjetunion und der DDR abgeschlossen

wird, endgültige Beschlüsse über das Territorium oder die Institutionen Westberlins gefaßt werden sollen?

Walter Ulbricht:
Diese Frage ist schon mehrfach vom Vorsitzenden des Ministerrates der Sowjetunion beantwortet worden. Er hat erklärt, daß die Westberliner nach Abschluß eines Friedensvertrages die volle Freiheit haben, ihre eigene Ordnung zu bestimmen, daß aber die Reste des Krieges beseitigt werden. Im Friedensvertrag wird also in jedem Falle festgelegt, daß die Reste des Krieges beseitigt werden. Dazu gehören auch das Besatzungsstatut und verschiedenes andere, was in Westberlin existiert. Der Friedensvertrag wird nicht die demokratischen Rechte der Bevölkerung Westberlins beeinträchtigen. Im Gegenteil: Sie wird über ihre innere Ordnung selbst entscheiden.

Ich möchte zur Präzisierung ausdrücklich hinzufügen: Die Freie Stadt Westberlin wird nach Abschluß eines Friedensvertrages in ihrem Leben weder durch Besatzungsregime noch durch Agentenzentralen, noch durch spezielle Sender, die als Organisatoren des kalten Krieges auftreten, noch durch andere Maßnahmen beeinträchtigt werden, die der Vorbereitung eines Krieges dienen könnten. Das heißt: Westberlin darf weder gegen die Interessen der Deutschen Demokratischen Republik und der sozialistischen Staaten noch gegen die USA, England, Frankreich, die westdeutsche Bundesrepublik und andere westliche Staaten ausgenutzt werden. Westberlin soll wirklich den Status einer neutralen Stadt erhalten. Das heißt: im Zusammenhang mit dem Abschluß eines Friedensvertrages wird das Besatzungsstatut wegfallen und Westberlin wird den Status einer neutralisierten Freien Stadt mit gesicherter internationaler Garantie bekommen. Die Deutsche Demokratische Republik wird diesen Status der Neutralität stets respektieren. Wir denken, ein solcher Status wird den Interessen des Friedens dienen.

Gabriele Müller (»Süddeutsche Zeitung«):
Herr Vorsitzender! Sie sagten, durch den Friedensvertrag würden die Reste des Krieges beseitigt, und dazu gehöre das Besatzungsstatut.

Nun ist das sogenannte kleine Besatzungsstatut nur zwischen den Westmächten und dem Senat von Berlin vereinbart worden. Falls kein Friedensvertrag mit beiden deutschen Staaten mit den Unterschriften aller Siegermächte zustande kommt, können Sie mir dann bitte erklären, wie dann dieser Vertrag, der nur zwischen den Westmächten und Westberlin abgeschlossen wurde, durch einen Friedensvertrag zwischen der DDR und der Sowjetunion und anderen Staaten, die noch dazu bereit sind, dadurch berührt werden kann?

Walter Ulbricht:
Sie befinden sich im Irrtum. Das Besatzungsstatut Westberlins ist mit niemandem vertraglich abgeschlossen. In Westberlin gibt es eine vom Abgeordnetenhaus festgelegte Verfassung. Weiter nichts! Das Besatzungsstatut ist eine einseitige Angelegenheit der drei Westmächte und nicht mit irgend jemand vereinbart. Deswegen ist das keine Frage, die für uns aktuelles Interesse hat.

Sjoegren (»Dagens Nyheter«):
Ich möchte eine Frage stellen. Sie haben teils heute, teils in Ihrer Rede im vergangenen März einen ganzen Katalog von Dingen genannt, die in einer eventuellen Freien Stadt Westberlin nicht passieren dürfen, Revanchisten, Ultras usw. Ich verstehe Ihre Ausführungen so, daß eine Freie Stadt Westberlin auch souverän sein soll. Wer bestimmt aber nachher, was erlaubt sein soll oder nicht, die Westberliner Behörden oder wer?
Ich möchte noch eine Zusatzfrage stellen. Sie haben bei den Fragen des Flugverkehrs die Kontrollprozedur hier mit der in London verglichen. Wenn ein Flugzeug aus Warschau oder Hamburg nach Westberlin fliegt, dann landet es in Tempelhof, überfliegt also nur Ihr Territorium. Wie kontrolliert man dann die Passagiere? – Ich meine, dieser Vergleich geht doch vorbei.

Walter Ulbricht:
Ich bin nicht der Leiter des Flugsicherheitsdienstes. Ich denke, daß über diese Details verhandelt werden muß. Wir werden unsere Vorschläge machen. Und die anderen Staaten werden auch ihre Vorschläge machen. Wir haben schon mit skandinavischen Staaten solche Verträge abgeschlossen, die in Ordnung gehen. Weshalb können wir nicht dieselbe Ordnung, die mit Schweden besteht, auch auf den Flugdienst anderer Staaten anwenden? – Bitte! Das Beispiel zeigt, daß das alles ganz gut gelöst werden kann.

Gerhard Kegel:
Was macht eigentlich Schweden, wenn ein ausländisches Flugzeug ohne Genehmigung der schwedischen Regierung schwedisches Territorium überfliegt?

Walter Ulbricht:
Es geht um die Kontrolle der Flugzeuge, die unser Territorium überfliegen. Wenn eine ausländische Maschine ohne Erlaubnis schwedisches Gebiet überfliegt, dann wird die schwedische Regierung es einladen, auf ihrem Territorium zu landen. Dasselbe Recht steht auch uns zu. Das können wir also auch machen. Aber ich meine, das ist keine endgültige Antwort auf diese Frage. Wir möchten, daß das alles durch ordentliche Verträge geregelt wird. Wozu soll man sich solche Mühe machen, wenn man das alles am Verhandlungstisch regeln kann.
Sie stellten weiter die Frage, wer bestimmen soll, was in Westberlin erlaubt und was nicht erlaubt ist. Im Friedensvertrag wird das festgelegt. Was es also im einzelnen für Westberlin bedeutet, eine entmilitarisierte, neutrale Freie Stadt zu sein, das bestimmt der Friedensvertrag. Die Regierung der DDR hat also keine Sorgen mit diesen Fragen. Wir haben nur den Wunsch, daß der Westberliner Senat und die Westberliner Bevölkerung den Friedensvertrag einhalten.

Quelle: Dokumente zur Deutschlandpolitik IV/6 (1961), 925 ff.

74

Frage:
Um noch einmal die Berlin-Frage aufzuwerfen: Gilt unsere Besorgnis der Unterzeichnung eines ostdeutschen Friedensvertrages oder einer möglichen Anstrengung, den Westen aus Westberlin zu verdrängen? Angenommen, sie unterzeichnen einen solchen Vertrag und machen keine Anstrengung, die Zufahrtsstraßen abzuschneiden?

Antwort:
Nun, auch hier sollten wir nicht zuviel Spekulationen über die künftigen Eventualitäten anstellen. Aber jeder Versuch, die Lage in Deutschland ohne Rücksicht auf die berechtigten Wünsche des deutschen Volkes einzufrieren, wäre nach unserer Auffassung ein sehr unglücklicher Schritt. Die Sowjetunion und ihre Vertreter sind in den Vereinten Nationen von Zeit zu Zeit aufgestanden und haben eine große Sache aus ihren Verpflichtungen gegenüber dem Prinzip der Selbstbestimmung in verschiedenen Teilen der Welt gemacht. Sie waren jedoch nicht gewillt, dieses gleiche Prinzip auf Mitteleuropa anzuwenden.

Wenn man vom Kern der Sache ausgehen will, dann muß man sagen, daß unsere eigenen nationalen Interessen bei unserer Position in Westberlin und unseren Verpflichtungen gegenüber der Bevölkerung dieser Stadt beginnen. Dies bedeutet aber nicht, daß damit unser Interesse daran erschöpft ist. Wir haben auch aus Abkommen, die aus der Kriegszeit herrühren, ein Interesse an Ostberlin. Als ein Land, das gegen Deutschland Krieg geführt hat und den Vereinten Nationen angehört, haben wir ein Interesse an einer Friedensregelung mit Deutschland. Aber ich möchte in keiner Weise den entscheidenden Punkt unseres Interesses verwässern – nämlich unsere Position in Westberlin und unsere Verpflichtungen gegenüber der Bevölkerung dieser Stadt.

Quelle: Dokumente zur Deutschlandpolitik IV/6 (1961), 1024f.

Ich möchte kurz zu Deutschland und Berlin Stellung nehmen. Die sowjetischen und die ostdeutschen Führer haben dem jüngsten sowjetischen Aide-mémoire Reden folgen lassen, die offensichtlich die Spannungen vergrößern sollten. Es ist von größter Wichtigkeit, daß das amerikanische Volk die grundlegenden Fragen, um die es hier geht, sowie die Bedrohungen des Friedens und der Sicherheit Europas wie auch der unserigen versteht, die die sowjetische Ankündigung darstellt, daß sie beabsichtigen, einseitig die bestehenden Vereinbarungen über Berlin zu ändern.

Die »Berlin-Krise« ist von den Sowjets künstlich hervorgerufen worden. Die Sowjets haben die Stadt 1948 rechtswidrig blockiert und die Blockade im Frühjahr 1949 aufgehoben. Von diesem Zeitpunkt an bis zum November 1958 – also fast ein Jahrzehnt lang – war die Situation in Berlin verhältnismäßig friedlich. Die Bevölkerung Westberlins schuf eine dynamische und aufblühende Stadt. Wir erfüllten unsere Verpflichtungen und übten unsere Rechte auf Zugang zu der Stadt aus, ohne daß es zu einem ernsten Zwischenfall kam, obwohl es niemals ganz ohne ärgerliche Schwierigkeiten abging, die uns in den Weg gelegt wurden.

Im November 1958 begann die Sowjetunion eine neue Kampagne, um die alliierten Mächte zum Verlassen Berlins zu zwingen – ein Programm, an dessen Ende schließlich die nicht zustande gekommene Gipfelkonferenz in Paris im Mai vergangenen Jahres stand. Jetzt haben sie diese Kampagne wieder aufleben lassen. Sie fordern uns auf, einen – wie sie es nennen – »Friedensvertrag« mit dem Regime zu unterzeichnen, das sie in Ostdeutschland geschaffen haben. Wenn wir uns weigern, so sagen sie, würden sie selbst einen solchen »Vertrag« unterzeichnen . . .

Wenn die Sowjets so von ihren eigenen Verpflichtungen zurücktreten, dann ist es ganz eindeutig Sache der drei anderen Verbündeten, darüber zu entscheiden, wie sie ihre Rechte ausüben und ihre Verpflichtungen erfüllen wollen. Aber die Sowjets erklären, daß wir, wenn wir dies tun, uns den Plänen des ostdeutschen Regimes beugen müssen und daß diese Pläne mit Gewalt unterstützt würden. Die jüngsten Erklärungen der Führer dieses Regimes machen es ganz eindeutig klar, daß in der »Freien Stadt«, wie sie ihnen vorschwebt, die Rechte der Bürger Westberlins allmählich, aber erbarmungslos ausgelöscht würden. Mit anderen Worten, eine solche Stadt wäre nicht frei.

Wohl niemand wird den Ernst dieser Drohung verkennen. Und wohl niemand kann sie mit den sowjetischen Beteuerungen eines Wunsches nach friedlicher »Koexistenz« vereinbaren. Hier geht es nicht einfach um formaltechnische Rechte. Hier stehen der Friede und die Sicherheit der Bevölkerung Westberlins auf dem Spiel. Hier stehen die direkten Verpflichtungen und Zusagen der Vereinigten Staaten, Großbritanniens und Frankreichs auf dem Spiel. Hier stehen der Friede und die Sicherheit der westlichen Welt auf dem Spiel.

Quelle: Dokumente zur Deutschlandpolitik IV/6 (1961), 1088f.

Dokument 14

19. Juli 1961:
Aus der Pressekonferenz des US-Präsidenten Kennedy

. . . Drei einfache Tatsachen sind klar:
1. Heute herrscht in Berlin, in Deutschland und in Europa Frieden. Wenn dieser Friede durch einseitige Maßnahmen der Sowjetunion zerstört wird, dann werden die sowjetischen Führer vor der Weltmeinung und vor der Geschichte eine schwere Verantwortung auf sich laden.
2. Heute ist die Bevölkerung Westberlins frei. In diesem Sinn ist Westberlin bereits eine »freie Stadt« – frei, seine führenden Männer zu wählen, und frei, sich der menschlichen Grundrechte zu erfreuen, wie sie in der UN-Charta erneut bekräftigt worden sind.
3. Die weitere Anwesenheit der Vereinigten Staaten, Großbritanniens und Frankreichs in Westberlin ergibt sich heute aus einem klaren legalen Recht, das aus dem Krieg stammt, das in vielen von der Sowjetunion unterzeichneten Abkommen seine Bestätigung fand und das von der überwältigenden Mehrheit der Bevölkerung der Stadt nachdrücklich unterstützt wird. Ihre Freiheit ist davon abhängig, daß wir

diese Rechte ausüben – eine Ausübung, die damit eine politische und moralische Verpflichtung genauso wie ein legales Recht ist. Insofern diese Rechte, einschließlich des Rechts auf Zugang nach Berlin, nicht von der Sowjetregierung gewährt wurden, können sie auch nicht durch irgendeine einseitige Maßnahme der Sowjetunion aufgehoben werden. Sie können durch einen sogenannten »Friedensvertrag« nicht beeinträchtigt werden, der nur einen Teil Deutschlands betrifft, dessen Regime die eigene Schöpfung der Sowjetunion ist – ein Regime, das nicht wahrhaft repräsentativ für ganz Deutschland oder irgendeinen Teil Deutschlands ist und das Vertrauen der 17 Millionen Ostdeutschen nicht besitzt. Der unablässige Strom deutscher Flüchtlinge aus dem Osten nach dem Westen ist ein beredtes Zeugnis für dieses Faktum.

Quelle: Dokumente zur Deutschlandpolitik IV/6 (1961), 1262f.

76

Heute nacht sind es sieben Wochen her, daß ich von Europa zurückgekehrt bin und Ihnen über mein Treffen mit dem sowjetischen Ministerpräsidenten Chruščev und den anderen berichtete.

Seine düsteren Warnungen in bezug auf die Zukunft der Welt, sein Aide-mémoire zu Berlin, die späteren Reden und die Drohungen, die von ihm und seinen Beauftragten ausgingen, sowie die von ihm verkündete Erhöhung des sowjetischen Militärbudgets, dies alles hat zu einer Reihe von Entscheidungen seitens der amerikanischen Regierung und zu einer Reihe von Konsultationen mit den Mitgliedern der NATO geführt.

In Berlin will er – wie Sie sich erinnern – durch einen Federstrich erstens unsere legalen Rechte auf Anwesenheit in Westberlin aufheben und zweitens uns die Möglichkeit nehmen, unsere Verpflichtungen gegenüber den zwei Millionen Einwohnern dieser Stadt zu erfüllen. Das können wir nicht zulassen.

Wir sind uns darüber im klaren, was getan werden muß – und wir werden dies tun. Ich möchte mit Ihnen heute abend offen über die ersten Schritte sprechen, die wir ergreifen werden. Diese Maßnahmen werden Opfer von vielen Bürgern fordern, und die Zukunft wird in dieser Hinsicht noch mehr verlangen. Sie wird von uns allen Mut und Beharrlichkeit in den kommenden Jahren fordern.

Wenn wir und unsere Verbündeten jedoch aus Stärke und Einheit der Zielsetzung heraus handeln – mit ruhiger Entschlossenheit und starken Nerven – mit unseren Worten und unseren Waffen Zurückhaltung übend –, dann habe ich die Hoffnung, daß sowohl Friede wie Freiheit erhalten werden.

Die unmittelbare Bedrohung der freien Menschen liegt in Westberlin. Aber dieser isolierte Vorposten ist kein isoliertes Problem.

Die Bedrohung ist weltumfassend. Unsere Anstrengung muß gleichermaßen umfassend und stark sein und nicht von einer einzelnen angezettelten Krise allein beherrscht. Wir sehen uns einer Bewährungsprobe in Berlin gegenüber. Aber auch in Südostasien, wo die Grenzen we-

niger bewacht sind und der Feind schwerer auszumachen ist und die Gefahren des Kommunismus denen, die so wenig ihr eigen nennen, oft weniger in die Augen fällt, müssen wir eine solche Herausforderung bestehen. Wir sehen uns in unserer eigenen Hemisphäre, ja wo immer sonst die Freiheit der Menschen auf dem Spiel steht, einer derartigen Herausforderung gegenüber.

Lassen Sie mich Sie daran erinnern, daß das Geschick des Krieges und der Diplomatie die freie Bevölkerung Westberlins im Jahre 1945 110 Meilen hinter dem Eisernen Vorhang ließ. Aus dieser Karte wird das Problem, dem wir uns gegenübersehen, sehr klar. Hier liegt Westdeutschland und im Osten das von der Sowjetunion kontrollierte Gebiet. Wie Sie aus der Karte ersehen können, liegt Westberlin 110 Meilen in dem Gebiet, das die Sowjets jetzt beherrschen und das unter unmittelbarer Kontrolle des sogenannten ostdeutschen Regimes steht. Unsere Anwesenheit hier ist ein Resultat unseres Sieges über Nazideutschland – und zu unseren Grundrechten, dort zu sein, die aus diesem Sieg stammen, gehört sowohl unsere Anwesenheit in Westberlin wie auch die Wahrnehmung des Rechtes auf Zugang durch Ostdeutschland.

Diese Rechte sind wiederholt in besonderen Abkommen mit der Sowjetunion bestätigt und anerkannt worden. Berlin ist nicht ein Teil Ostdeutschlands, sondern ein separates Gebiet unter der Kontrolle der alliierten Mächte. Somit sind unsere diesbezüglichen Rechte klar definiert und tief verwurzelt. Aber zu diesen Rechten kommt noch unsere Verpflichtung hinzu, mehr als zwei Millionen Menschen die Selbstbestimmung ihrer Zukunft und die freie Wahl ihrer Lebensform zu gewährleisten – und diese Möglichkeit notfalls zu verteidigen.

Deshalb kann unserer Anwesenheit in Westberlin und unserem Zugang zu dieser Stadt nicht durch irgendwelche Handlungen der Sowjetregierung ein Ende gesetzt werden. Schon vor langer Zeit wurde Westberlin unter die Obhut des NATO-Schildes genommen, und wir haben unser Wort gegeben, daß wir jeden Angriff auf diese Stadt als einen gegen uns alle gerichteten Angriff betrachten werden.

Denn Westberlin – in seiner exponierten Lage 110 Meilen inmitten Ostdeutschlands, umgeben von sowjetischen Truppen und dicht an den sowjetischen Versorgungslinien – spielt eine vielgestaltige Rolle. Es ist mehr als ein Schaufenster der Freiheit, ein Symbol, eine Insel der Freiheit inmitten der kommunistischen Flut. Es ist noch weit mehr als ein Bindeglied zur freien Welt, ein Leuchtfeuer der Hoffnung hinter dem Eisernen Vorhang und ein Schlupfloch für die Flüchtlinge.

Westberlin ist all das. Aber darüber hinaus ist es jetzt – mehr denn je zuvor – zu dem großen Prüfstein für den Mut und die Willensstärke des Westens geworden, zu einem Brennpunkt, in dem unsere feierlichen, durch all die Jahre bis 1945 zurückreichenden Verpflichtungen jetzt mit den sowjetischen Ambitionen in grundsätzlicher Gegenüberstellung zusammentreffen.

Es wäre ein Fehler, wenn andere Berlin – seiner Lage wegen – als ein verlockendes Ziel ansähen. Die Vereinigten Staaten sind dort und Großbritannien und Frankreich ebenfalls, da ist ferner die Bürgschaft der NATO – und die Bevölkerung Berlins selbst. Es ist in diesem Sinne genauso sicher wie wir alle – denn wir können seine Sicherheit nicht von unserer eigenen trennen.

Ich habe sagen hören, Westberlin sei militärisch nicht zu halten. Dies war Bastogne auch und in der Tat auch Stalingrad. Jede gefährliche Position ist zu halten, wenn tapfere Männer dafür einstehen.

Wir wollen den Kampf nicht – aber wir haben schon gekämpft. Und andere haben in zurückliegenden Zeiten den gleichen gefährlichen Fehler gemacht, anzunehmen, der Westen sei zu selbstsüchtig, zu weich und zu gespalten, um Angriffen auf die Freiheit in anderen Ländern zu widerstehen. Diejenigen, die jetzt damit drohen, die Kräfte des Kriegs wegen eines Streits um Westberlin zu entfesseln, sollten sich an die Worte des klassischen Philosophen erinnern, der sagte: »Ein Mann, der Furcht hervorruft, kann selbst nicht frei von Furcht sein.«

Wir können und werden es nicht zulassen, daß die Kommunisten uns – sei es allmählich oder mit Gewalt – aus Berlin treiben. Denn die Erfüllung unseres dieser Stadt gegebenen Versprechens ist für die Moral und Sicherheit Westdeutschlands, für die Einheit Westeuropas und das Vertrauen der gesamten freien Welt wesentlich. Die sowjetische Strategie hat seit langem schon nicht nur auf Berlin abgezielt, sondern auf die Teilung und Neutralisierung ganz Europas, um uns an unsere eigenen Küsten zurückzuwerfen. Wir müssen unser der freien Bevölkerung Westberlins gegebenes und oft wiederholtes Versprechen halten und unsere Rechte und ihre Sicherheit selbst angesichts von Gewalt bewahren, um das Vertrauen der anderen freien Völker in unser Wort und unsere Entschlossenheit nicht zu verlieren. Die Stärke der Allianz, von der unsere Sicherheit abhängt, ist wiederum von unserer Bereitschaft abhängig, unseren Verpflichtungen ihnen gegenüber nachzukommen.

Solange die Kommunisten erklären, daß sie Vorbereitungen treffen, um unsere Rechte in Westberlin und unsere Verpflichtungen gegenüber seiner Bevölkerung einseitig aufzuheben, müssen wir darauf vorbereitet sein, diese Rechte und diese Verpflichtungen zu verteidigen. Wir werden zu allen Zeiten zu Gesprächen bereit sein, wenn Gespräche nützen. Aber wir müssen genauso bereit sein, der Gewalt Widerstand zu leisten, wenn uns gegenüber Gewalt angewendet wird. Eines allein würde vergeblich sein; zusammen kann dies der Sache des Friedens und der Freiheit nutzen.

Die neuen Vorbereitungen, die wir zur Verteidigung des Friedens treffen werden, sind Teil des langfristigen Aufbaus unserer Stärke, der bereits seit Januar im Gange ist. Sie gründen sich auf der Notwendigkeit, einer weltweiten Bedrohung zu begegnen – auf einer Basis, die weit über die gegenwärtige Berlin-Krise hinausreicht. Unser Hauptziel ist weder Propaganda noch Provokation – sondern Bereitsein.

Das erste Erfordernis besteht darin, den Fortschritt in Richtung auf die militärischen Ziele zu beschleunigen, die sich die Nordatlantikpaktorganisation selbst gesetzt hat. Weniger wird in Europa heute nicht mehr ausreichen. Wir werden vielmehr noch größere Hilfsquellen für die Erreichung dieser Ziele bereitstel-

len, und wir erwarten von unseren Verbündeten, daß sie das gleiche tun ...
Wir haben bereits früher unsere Bereitschaft
bekundet, jedwede wirkliche Störungsfaktoren
in Westberlin zu beseitigen, aber über die Freiheit dieser Stadt gibt es kein Verhandeln. Wir
können nicht mit denen verhandeln, die sagen,
»was mir gehört ist mein, und was dir gehört,
darüber läßt sich reden«. Aber wir sind bereit,
jede Vereinbarung oder jeden Vertrag in bezug
auf Deutschland zu prüfen, der in Einklang mit
der Erhaltung von Frieden und Freiheit steht,
sowie mit den legitimen Sicherheitsinteressen
aller Nationen.
Wir erkennen die in der Geschichte begründete
Besorgnis der Sowjetunion bezüglich ihrer Sicherheit in Mittel- und Osteuropa nach einer
Reihe räuberischer Invasionen an – und wir
glauben, daß Vereinbarungen ausgearbeitet
werden können, die dazu beitragen werden,
dieser Besorgnis gerecht zu werden, und die es
möglich machen, daß sowohl Sicherheit wie
auch Freiheit in diesem Unruhegebiet herr-
schen.
Denn nicht die Freiheit Berlins ist es, die in
dem heutigen Deutschland »anormal« ist, sondern die Situation in diesem gesamten geteilten
Lande. Wenn irgend jemand die Legalität unserer Rechte in Berlin anzweifelt, so sind wir
bereit, diese einem internationalen Rechts-
spruch zu unterwerfen. Wenn irgend jemand
Zweifel hegt, in welchem Maße die Bevölkerung Westberlins unsere Anwesenheit wünscht
– verglichen mit den Gefühlen, die die Ostdeutschen gegenüber ihrem Regime hegen –,
so sind wir bereit, diese Frage zur freien Ab-
stimmung in Berlin und, wenn möglich, dem
ganzen deutschen Volk zu stellen. Und lassen
Sie uns auch gleichzeitig die zweieinhalb Millionen Flüchtlinge hören, die vor dem kommunistischen Regime in Ostdeutschland geflohen
sind und die mit ihren Füßen für die westliche
Form der Freiheit gestimmt haben.
Die Welt wird durch den kommunistischen
Versuch, Berlin zu einer Brutstätte des Krieges
zu stempeln, nicht getäuscht. In Berlin herrscht
heute Frieden. Der Ursprung der Unruhe und

der Spannungen in der Welt ist Moskau und
nicht Berlin. Und sollte ein Krieg beginnen,
dann wird er in Moskau und nicht in Berlin begonnen haben.
Denn die Entscheidung für Krieg oder Frieden
liegt bei den Sowjets, nicht bei uns. Sie sind es,
die diese Krise geschürt haben. Sie sind es, die
eine Veränderung zu erzwingen versuchen. Sie
sind es, die sich freien Wahlen widersetzt haben, und sie sind es auch, die einen gesamtdeutschen Friedensvertrag und die Bestimmungen des Völkerrechts verworfen haben.
Und wie wir Amerikaner aus unserer Geschichte, unserer eigenen alten Grenzerzeit,
wissen, sind es die Gesetzesbrecher und nicht
die Hüter des Friedens, durch die Schießereien
verursacht werden ...
Das feierliche Gelöbnis, das jeder von uns
Westberlin in Zeiten des Friedens gegeben hat,
wird nicht in Zeiten der Gefahr gebrochen werden. Wenn wir unsere Verpflichtungen gegenüber Berlin nicht erfüllen, wo werden wir dann
später stehen? Wenn wir hier unserem Wort
nicht treu sind, dann wird alles, was wir hinsichtlich der kollektiven Sicherheit, die auf diesen Worten beruht, erreicht haben, nichts bedeuten – und wenn es einen Weg gibt, der vor
allen anderen zum Krieg hinführt, dann ist es
der Weg der Schwäche und Uneinigkeit.
Heute verläuft die gefährdete Grenze der Freiheit quer durch das geteilte Berlin. Wir wollen,
daß sie eine Friedensgrenze bleibt. Das ist die
Hoffnung jedes Bürgers der Atlantischen Gemeinschaft, jedes Bürgers der osteuropäischen
Länder und, wie ich zuversichtlich glaube,
auch jedes Bürgers der Sowjetunion. Denn ich
kann mir nicht vorstellen, daß die Völker Rußlands – die im zweiten Weltkrieg enorme Verluste so tapfer ertrugen – jetzt einen erneuten
Bruch des Friedens in Deutschland wünschen
sollten. Die sowjetische Regierung allein ver-
mag die Friedensgrenze in Berlin in einen
Kriegsvorwand zu verwandeln.

Quelle: Dokumente zur Deutschlandpolitik IV/6 (1961),
1348 ff.

Am 26. und 27. Juli 1961 traf der Abrüstungsbeauftragte des amerikanischen Präsidenten,
John McCloy, mit dem sowjetischen Ministerpräsidenten Chruschtschow in dessen Urlaubs-
domizil in Sotschi am Schwarzen Meer zusammen. Es war die erste Begegnung Chruschtschows mit einem amerikanischen Politiker von Rang seit dem Amtsantritt Kennedys.
Chruschtschow drohte bei dieser Gelegenheit
den Vereinigten Staaten mit einer »Hundert-
megatonnen-Superbombe« und kündigte
Maßnahmen zur Unterbindung des ostdeutschen Flüchtlingsstroms an. Über dieses Treffen gibt es wie über das Wiener Treffen
Chruschtschows mit Kennedy nur Presseb-
erichte, keine offiziellen Verlautbarungen, da
der Besuch als privat deklariert war. Wir zitieren aus der Darstellung von Honoré M. Catudal in »Kennedy and the Berlin Wall Crisis«
(in eigener Übersetzung):
Am folgenden Tag, nachdem der sowjetische
Ministerpräsident Kennedys Rede verdaut
hatte*, brach laut McCloy »der Sturm los«.
Chruschtschow ließ ihn unmißverständlich
wissen, daß er die Rede für eine Art Kriegser-
klärung der Vereinigten Staaten an die UdSSR
halte. JFK beabsichtige offensichtlich Feindse-
ligkeiten und habe ihm den Fehdehandschuh
hingeworfen.
Chruschtschow wiederholte in »schroffer krie-
gerischer Sprache« vieles, was er westlichen
Diplomaten zu verschiedenen Zeiten gesagt
hatte. Die Sowjetunion werde einen Friedensvertrag »unter allen Umständen« unterzeichnen. Danach würden die alliierten Besatzungsrechte erlöschen, der Zugang nach West-Berlin
werde abgeschnitten, und die drei Westmächte
müßten selbst sehen, wie sie mit der DDR zu
Rande kämen. Falls sie versuchten, den Zugang nach West-Berlin zu erzwingen, so würde
eine solche Aktion auf den unerbittlichen Widerstand Moskaus stoßen, und der Krieg
werde ausbrechen. Auch wenn die Vereinigten
Staaten und die Sowjetunion solch einen Konflikt überleben könnten, er würde »thermonu-
klear« sein und alle europäischen Verbündeten
Amerikas vollständig vernichten.

Anschließend legte der sowjetische Ministerpräsident auseinander, welch ein Unsinn dies
doch alles sei. Sollte ein Krieg ausbrechen, so
werde er durch die stärksten Raketen entschieden. Und die habe die UdSSR, bekräftigte er.
Chruschtschow prahlte mit der russischen Fä-
higkeit, eine Hundertmegatonnen-»Super-
bombe« bauen und mit einer Rakete auf amerikanisches Territorium schießen zu können.
Die sowjetischen Wissenschaftler seien
»scharf« darauf, sie zu testen[31].
Dann milderte Chruschtschow seinen Ton ein
wenig. Er bemerkte, die Sowjets und die Amerikaner seien beide große Völker und sollten
Freunde sein. Auch wenn das Prestige beider
Länder im Spiel sei, gebe es keinen Grund, in
den Krieg zu ziehen, wenn beide Seiten »Vernunft« zeigten.
Der Parteichef erklärte, er glaube an den gesunden Menschenverstand des Präsidenten. Er
denke nicht, daß die Vereinigten Staaten oder
ihre Verbündeten kämpfen würden, um die
westlichen Besatzungsrechte in Berlin zu verteidigen. Immer wieder kam er zurück auf den
gleichen Refrain: Warum könnten Washington
und Moskau das nicht unter sich ausmachen?
In diesem Zusammenhang bot er Verhandlungen an über Friedensbedingungen, Zugangsga-
rantien und die Lösung des deutschen Problems »als des einzigen ernsten Problems zwischen uns«.
Chruschtschow drückte gegenüber McCloy
seine ernste Sorge über den ständig steigenden
Exodus von Ostdeutschen nach Westen aus.
Dies könne zum Krieg führen, ließ er den Amerikaner wissen. Er malte ein Szenarium aus von

---

* Es handelt sich um die Rede vom 25. Juli 1961 im amerikanischen Fernsehen (Anm. der Redaktion).
31 Nach Robert M. Slusser, The Berlin Crisis of 1961 (Bal-
timore: The John Hopkins University Press, 1973), S. 90,
ist diese drohende Anspielung auf eine sowjetische »Su-
perbombe« von grundsätzlicher Bedeutung für die Analyse der Antwort Chruschtschows auf Kennedys Rede
und ihre Bedeutung für die sowjetische Strategie. Sie war
»für die Außenwelt der erste Hinweis auf die gewaltige
Einschüchterungsoffensive, die damals im Kreml geplant
wurde«. Vgl. auch Earl H. Voss, Nuclear Ambush: The
Test-ban Trap (Chicago: Regnery 1963, S. 467).

einem Aufstand der ostdeutschen Bevölkerung, gefolgt von einem westdeutschen Angriff
auf die DDR. Der Abrüstungsexperte versuchte, den Parteichef zu beruhigen. Er wies
darauf hin, daß die Bundesrepublik unter der
Kontrolle der Vereinigten Staaten stehe und
fest im Atlantischen Bündnis verankert sei.
Aber der Sowjetführer zeigte sich unbeein-
druckt. Man könne sich nicht darauf verlassen,
daß die »alten Nazigeneräle« die augenblickli-
che Schwäche der DDR nicht ausnutzen würden, erklärte er. Deshalb müsse er dem Flüchtlingsstrom ein Ende machen. Dies liege ebenso
im Interesse der Vereinigten Staaten wie in
dem der Sowjetunion, den einzigen beiden
Mächten, die in der deutschen Frage wirklich
zählten ...
Der Präsident empfing McCloy am Montag
(31. Juli – die Redaktion) im Weißen Haus.
Anschließend diskutierte er die Folgerungen
aus McCloys Gesprächen mit Chruschtschow
mit Walt Rostow auf einem Spaziergang um
den Swimming-pool. »Chruschtschow«, bemerkte Kennedy ernst, »steht vor einer untrag-
baren Situation. Ostdeutschland blutet sich zu
Tode, und als Folge davon ist der gesamte Ostblock in Gefahr. Er muß etwas tun, um das zu
stoppen. Vielleicht eine Mauer[33].«[*]

33 Interview mit Rostow in einer Rundfunksendung von
Lutz Lehmann und anderen »Ein Sonntag im August«,
Norddeutscher Rundfunk, 12. August 1976, in der Übersetzung des Autors. Diese Unterhaltung ist von Arthur M.
Schlesinger etwas abweichend wiedergegeben worden:
»Anfang August sagte Präsident Kennedy während eines
Spaziergangs zu Rostow, Chruschtschow sei gezwungen, irgend etwas im Innern des Landes zu unternehmen,
um die Situation wieder in die Hand zu bekommen – und
wenn er es täte, könnten die Vereinigten Staaten nichts
dagegen machen. Osteuropa besitze für Chruschtschow
ein lebenswichtiges Interesse; er könne nicht tatenlos zusehen, wie es ihm durch die Finger gleite. Für die Vereinigten Staaten habe Osteuropa dagegen kein so ent-
scheidendes Interesse. ›Ich kann die Allianz zum Ein-
schreiten bringen, wenn Chruschtschow etwas mit West-
Berlin anzustellen versucht, aber nicht, wenn er nur in
Ost-Berlin etwas unternimmt.‹« Arthur M. Schlesinger,
Die Tausend Tage Kennedys. 1. Band. München/Zürich
1968, S. 351.

* In der Anmerkung 32 geht Catudal auf die damals um-
laufenden Gerüchte ein, McCloy habe mit Chruschtschow
in Sotschi ein geheimes Einverständnis erzielt. In der tele-
grafischen Korrespondenz des Weißen Hauses, die Catudal einsehen konnte, gibt es dafür keinen Beweis. Catudal
zitiert Willy Brandt, der McCloy direkt danach fragte und in
seinen Memoiren dazu schrieb, McCloy habe ihm »in aller
Form und jeden Zweifel auslöschend versichert, daß er
keinen Hinweis erhalten habe«. Willy Brandt, Begegnungen und Einsichten. Hamburg 1976, S. 15. (Anmerkung
der Redaktion)

Dokument 17

31. Juli 1961:
Aus dem Interview des DDR-Staatsrats-
vorsitzenden Ulbricht mit M. Wilson
vom »Evening Standard«

Wilson:
Können Sie mir Ihre Meinung sagen zu Mel-
dungen über die Abwanderung von Menschen
aus Ostdeutschland nach Westdeutschland?
Von westdeutscher Seite wird behauptet, daß
es sich um 1000 Personen täglich handelt.
Stimmt das?

Ulbricht:
Diese Zahlenangaben gehören mit zur psycho-
logischen Kriegführung gegen die DDR.
Die Abwanderung von Bürgern der DDR nach
Westdeutschland ist seit Jahren keine bloße
Abwanderung oder Auswanderung aus diesen
oder jenen Gründen, sondern ein fester Be-
standteil des kalten Krieges, des Menschen-

handels, der psychologischen Kriegführung
und der Sabotage – gerichtet gegen die Deutsche Demokratische Republik. Das ist keine
politische Emigration, sondern schmutziger
Menschenhandel, der mit den verwerflichsten
Mitteln betrieben wird, in den die Bonner Behörden, das westdeutsche Monopolkapital
und auch die US-amerikanischen Agentenzentralen, die meist von Westberlin aus arbeiten,
große Geldmittel investieren.
Nachdem in Westdeutschland hohe Pensionen
für alte Nazis beschlossen worden sind – bei
uns müssen sie sich durch ehrliche Arbeit er-
nähren –, gehen auch viele politisch belastete
Leute nach Westen.

Der Potsdamer Platz 1936

Der Potsdamer Platz 1972

SED-Kampfgruppen und NVA-Einheiten
sperren das Brandenburger Tor.

13. August 1961, 6 Uhr:
Eine Arbeitskolonne der Volkspolizei
reißt die Ebertstraße
im Bezirk Tiergarten auf.

August 1961:
Die Mauer Zimmerstraße Ecke Lindenstraße,
Bezirk Kreuzberg

August 1961:
Flucht durch den Stacheldraht

Bernauer Straße, Bezirk Wedding,
Mitte August 1961: Flucht durch die Fenster.
Die Häuser bilden die Sektorengrenze,
Bürgersteig und Straße gehören zu West-Berlin.
Die Haustüren sind schon von innen zugemauert
die Schlösser zugeschweißt.

Bernauer Straße, Bezirk Wedding:
6. Oktober 1961: Die Häuser sind geräumt worden,
die Fenster werden bis zum 4. Stock hinauf
unter Aufsicht der Volkspolizei zugemauert.

Bernauer Straße
Ecke Swinemünder Straße,
Bezirk Wedding, 3. September 1961:
Ein West-Berliner Brautpaar
grüßt die Angehörigen
hinter der Mauer in Ost-Berlin.

26. August 1961:
Ein britischer Panzerspähwagen
eskortiert einen Schüler auf dem Schulweg
zwischen Spandau und der Enklave Eiskeller,
nachdem Volkspolizei den zu West-Berlin
gehörenden Weg blockiert hatte.

Zimmerstraße Ecke Charlottenstraße,
Bezirk Mitte, 17. August 1962:
Der achtzehnjährige Peter Fechter
wurde beim Fluchtversuch angeschossen
und verblutete im Stacheldraht.

Die Michaelskirche
am Leuschnerdamm,
Bezirk Kreuzberg

Die Organisationen des Menschenhandels scheuen vor kriminellen Mitteln, vor Erpressung und Nötigung, ja vor Kinderraub und gewaltsamer Entführung nicht zurück. Unser Presseamt kann Ihnen sicherlich – falls Sie es wünschen – eine Fülle von Beweismaterial dafür geben.

In den letzten Monaten ist im Zusammenhang mit unseren Bemühungen um die Sicherung des Friedens von Bonn und den amerikanischen Agentenorganisationen der organisierte Menschenhandel forciert worden. Das Ziel ist: Die Deutsche Demokratische Republik zu diskreditieren und ihre Entwicklung zu verzögern. Wir werden der unerhörten Verschärfung des psychologischen Krieges, dem gelenkten Menschenhandel und der Sabotage nicht tatenlos zusehen. Den westdeutschen Revanchepolitikern wird ihre Politik des Menschenhandels letztlich ins eigene Auge gehen...

Wilson:
Gibt es von Ihrer Seite, Herr Ulbricht, irgendeine Drohung, die Grenzen zu schließen?

Ulbricht:
Eine solche Drohung gibt es nicht. Sehen Sie, das hängt von den Westmächten ab, nicht von uns. Das hängt davon ab, daß sie zu einem friedlichen Vertragssystem übergehen. Entscheidend ist, daß ein Friedensvertrag abgeschlossen wird und normale vertragliche Beziehungen zwischen der Deutschen Demokratischen Republik, Westberlin und den Staaten hergestellt werden, die die Transitlinien auf dem Gebiet der Deutschen Demokratischen Republik zu benutzen wünschen.

Wilson:
Es gibt also überhaupt keine Frage, daß etwa die Grenzen geschlossen werden sollen? Ist es richtig zu sagen: Sie hätten heute nicht die Absicht, die Grenzen zu schließen?

Ulbricht:
Das ist richtig. Voraussetzung ist, daß die andere Seite friedliche Absichten bezeugt, indem sie zu normalen Beziehungen übergeht.

Kegel:
Es geht ja schließlich auch nicht an, daß die Deutsche Demokratische Republik auf die Dauer die amerikanische Besatzung in Westberlin mitfinanziert.

Wilson:
Finanziert? Mit Menschen?

Kegel:
Auch mit Geld!

Ulbricht:
Ich will Ihnen das erklären, Herr Wilson! Die USA benutzen zum Beispiel seit 1945 unser Telefonkabel nach dem Westen. Die Benutzungsgebühren betragen jährlich 1 038 800 DM. Die britischen Besatzungstruppen in Westberlin benutzen ebenfalls eines unserer Kabel. Die Gebühren betragen jährlich 519 500 DM. Die Deutsche Demokratische Republik unterhält und pflegt diese Kabel. Das geht noch zurück auf ein Abkommen der vier Mächte. Aber dieses Abkommen sieht auch die Zahlung entsprechender Gebühren vor. Die Sowjetunion zahlt für die Benutzung der Kabel. Die USA und England zahlen nicht. Das heißt, wir finanzieren auch noch das Verbindungswesen der amerikanischen und der britischen Besatzungstruppen in Westberlin. Ein weiteres Beispiel: Die Besatzungstruppen der Westmächte in Westberlin benutzen die Eisenbahn der Deutschen Demokratischen Republik und deren Einrichtungen zu Vorzugstarifen. Das heißt, unsere Werktätigen zahlen auch hier für die Besatzung in Westberlin. Niemand kann doch behaupten, 16 Jahre nach Beendigung des Krieges müßten solche Zustände bestehenbleiben. Ich denke, die USA, Großbritannien und Frankreich müssen sich schon an die international übliche Ordnung halten.

Kegel:
Wenn sie uns schon nicht lieben, sollten sie wenigstens nicht auf unsere Kosten leben.

Ulbricht:
Und dazu noch das Besatzungsregime in Westberlin aufrechterhalten! Wir erwarten keine Liebeserklärungen für die DDR, aber normale Beziehungen auf der Grundlage der Gleichberechtigung.

Quelle: Dokumente zur Deutschlandpolitik IV/6 (1961), 1380 ff.

82

... Der eine oder der andere wird möglicherweise sagen: Ist es denn jetzt so notwendig, einen Friedensvertrag mit Deutschland abzuschließen? Warum könnte man mit der Unterzeichnung dieses Vertrages nicht noch zwei bis drei Jahre oder sogar länger warten? Vielleicht würde das die Spannungen mindern und die Kriegsgefahr bannen?
Nein, so darf man nicht handeln. Man muß der Wahrheit ins Gesicht sehen. Die Westmächte weigern sich, einen Friedensvertrag mit Deutschland auf vereinbarter Grundlage zu schließen. Gleichzeitig drohen sie mit Krieg und fordern, daß wir mit der DDR keinen Friedensvertrag abschließen. Sie wollen nicht mehr und nicht weniger, als den Ländern des sozialistischen Lagers ihren Willen aufzwingen.
Die Frage des Zutritts nach Westberlin und die Frage des Friedensvertrages überhaupt ist für sie nur ein Vorwand. Würden wir auf den Abschluß eines Friedensvertrages verzichten, so würden sie das als einen strategischen Durchbruch bewerten und sogleich ihre Forderungen höher schrauben. Sie würden die Beseitigung der sozialistischen Ordnung in der Deutschen Demokratischen Republik verlangen. Hätten sie auch das erreicht, dann würden sie sich natürlich das Ziel setzen, die an Polen und an die Tschechoslowakei auf Grund des Potsdamer Abkommens zurückerstatteten Gebiete – polnische und tschechoslowakische Gebiete – loszutrennen. Hätten die Westmächte auch das alles erreicht, würden sie ihre Hauptforderung vorbringen: die sozialistische Ordnung in allen Ländern des sozialistischen Lagers zu beseitigen. Das möchten sie auch jetzt schon.
Ebendeshalb kann die Lösung der Frage des Friedensvertrages nicht aufgeschoben werden...

Es werden die nötigen Maßnahmen getroffen, damit die Verteidigungskraft der Sowjetunion noch stärker und zuverlässiger werde. Wir werden den weiteren Gang der Ereignisse verfolgen und der Lage entsprechend handeln. Möglicherweise werden wir im weiteren gezwungen sein, die zahlenmäßige Stärke der Armee an den Westgrenzen durch Divisionen aus anderen Gebieten der Sowjetunion zu vergrößern. In diesem Zusammenhang wird es vielleicht notwendig sein, einen Teil der Reservisten einzuberufen, damit unsere Divisionen in voller Stärke bereitstehen und auf jegliche Überraschungen vorbereitet sind.
Warum erwägt die Sowjetregierung solche Maßnahmen? Das sind Gegenmaßnahmen. Die Vereinigten Staaten von Amerika führen im Grunde genommen Mobilmachungsmaßnahmen durch und drohen einen Krieg zu entfesseln. Die Verbündeten der Vereinigten Staaten in den aggressiven Militärblocks unterstützen diesen gefährlichen Kurs. Die englische Regierung hat erklärt, daß sie zusätzliche Truppen nach Deutschland werfen wird, und Frankreich zieht Truppen aus Algerien nach Europa ab.
Wenn sich eine derartige Situation herausbildet, wäre es unsererseits unzulässig, mit den Händen im Schoß dazusitzen. Die Erfahrungen der Geschichte lehren, daß der Aggressor, wenn er sieht, daß ihm keine Abfuhr erteilt wird, frech wird; und umgekehrt – erhält er eine Abfuhr, so wird er stiller. Wir müssen denn auch entsprechend dieser historischen Erfahrung handeln.

Quelle: Dokumente zur Deutschlandpolitik IV/6 (1961), 1524f.

Dokument 19

10. August 1961:
Aus der Pressekonferenz
des US-Präsidenten Kennedy

Frage:

Herr Präsident, einige Mitglieder Ihrer Regierung sowie andere haben privat ihre Besorgnis darüber zum Ausdruck gebracht, daß der anhaltende große Sturm ostdeutscher Flüchtlinge nach dem Westen zu Gewaltmaßnahmen führen könnte. Senator Fulbright meinte, daß die Grenze vielleicht geschlossen werden könnte*. Könnten Sie uns sagen, wie Sie die Gefahr beurteilen, und könnten Sie uns mitteilen, ob die amerikanische Regierung eine bestimmte Politik hinsichtlich der Ermutigung oder der Entmutigung der nach dem Westen gehenden ostdeutschen Flüchtlinge verfolgt?

Antwort:

Um den letzten Teil Ihrer Frage zu beantworten – nein, ich glaube nicht, daß wir versucht haben, den Flüchtlingsstrom zu ermutigen oder zu entmutigen. Natürlich sind wir besorgt über die Situation in Ostdeutschland, und natürlich in Osteuropa. Es hat eine gewaltige Bewegung von Ost nach West stattgefunden, die – das weiß ich natürlich – für die Kommunisten eine besorgniserregende Angelegenheit ist, weil dieses gewaltige Anschwellen des Stromes der Flüchtlinge, die das kommunistische System verlassen, um nach dem Westen und in die Freiheit zu gelangen, selbstverständlich ein eindeutiges Zeugnis für die Werte des Lebens in Freiheit und der offenen Gesellschaft gegenüber denen in einer geschlossenen Gesellschaft unter dem kommunistischen System ist.

Um Ihre Frage jedoch zu beantworten: Die Regierung der USA versucht nicht, den Flüchtlingsstrom zu ermutigen oder ihn zu entmutigen, und mir sind keine darauf abzielenden Pläne bekannt.

Frage:

Herr Präsident, wenn es zum Ausbruch von Kämpfen über Berlin kommen sollte, das heißt, wenn die Friedensbemühungen fehlschlagen, glauben Sie, daß solche Kämpfe dann auf einen konventionellen Krieg beschränkt werden könnten oder würden sie zur Anwendung nuklearer Waffen führen?

Antwort:

Nun, wir hoffen, daß wir in der Lage sein werden, friedliche Lösungen für die Probleme zu erreichen.

* Vgl. den folgenden Bericht über ein Fernsehinterview des Senators Fulbright am 30. Juli 1961 (Die Welt. Nr. 177 vom 2. August 1961):
Der Vorsitzende des außenpolitischen Ausschusses des amerikanischen Senats, Fulbright, hat in einem Fernsehinterview die Auffassung vertreten, daß bei Berlin-Verhandlungen mit der Sowjetunion auch über Zugeständnisse des Westens gesprochen werden könnte, die zur Schließung Westberlins als eines Ventils für den Flüchtlingsstrom führen würden. Der demokratische Senator meinte, die Sowjets hätten in jedem Fall die Macht, das Ventil ohnehin zu schließen.
Wörtlich sagte er: »Ich glaube, man würde nicht mehr viel aufgeben, weil sie (die Sowjets) nach meiner Ansicht, wenn sie wollten, ihre Grenzen schließen könnten, ohne ein vertragliches Recht zu verletzen. Wir haben nicht das Recht, von ihnen zu verlangen, daß Flüchtlinge herausdürfen.«
Senator Fulbright warf außerdem der Kennedy-Regierung vor, bisher nicht genügend Vorschläge zur Regelung der Berlin-Frage gemacht zu haben. Zugleich setzte er sich für ernsthafte Berlin-Verhandlungen mit der Sowjetunion ein. Der Westen sollte viel mehr als bisher mit den Kommunisten verhandeln, da dies die »Luft ein bißchen reinigen« könnte.
Der Senator wies die Auffassung zurück, daß alle Verhandlungen mit dem Osten auf eine Beschwichtigungspolitik hinausliefen, und sagte: »Ich bin für Verhandlungen und Diskussionen und nicht für Ultimaten und Kraftproben.«
Als Kompromißmöglichkeiten für eine Berlin-Lösung nannte Fulbright ein Disengagement in Mitteleuropa, das Verbot jeder Atombewaffnung der Bundesrepublik, einen Freistaat-Status für Berlin und eine große Friedenskonferenz der ehemaligen kriegführenden Länder.

Quelle: Dokumente zur Deutschlandpolitik IV/6 (1961), 1548f.

Dokument 20

Man muß den faulen Zahn ziehen, damit die Menschheit keine Schmerzen empfindet und tatsächlich ruhig schlafen kann. Der Präsident der Vereinigten Staaten von Amerika hat ein düsteres Bild gezeichnet und zum Schluß der Rede seinen Zuhörern Gute Nacht gewünscht.* Aber wer kann gut schlafen, wenn Gefahren über ihn heraufbeschworen werden und sein Schlaf durch Atombombenexplosionen unterbrochen werden kann?

Die Kriegshysterie wird nichts Gutes erbringen, man muß Maß halten und die Kriegsleidenschaften nicht entfachen. Läßt man den Empfindungen freien Lauf, läßt man sie über den Verstand die Oberhand gewinnen, so kann man das Schwungrad der Kriegsvorbereitungen sehr stark ankurbeln. Und wenn der Verstand schon zum Bremsen mahnt, wird das Schwungrad der Kriegsvorbereitungen eine so große Schnelligkeit und Kraft erlangt haben, daß sogar derjenige, der das Rad in Gang setzte, es nicht mehr aufhalten kann. Die Menschen, die das Schwungrad in Gang gesetzt haben, können selber zu dessen Opfern werden. Das Schrecklichste ist aber, daß zu den Opfern nicht nur diejenigen gehören können, die das Rad in Schwung bringen. Sie können ihre Völker in den Abgrund eines thermonuklearen Krieges führen.

All das muß man berücksichtigen, man muß sowohl den Gesetzen der Physik als auch denen der Politik Rechnung tragen.

Westberlin liegt auf dem Territorium der Deutschen Demokratischen Republik. Die Regierung dieses Staates hat tiefes Verständnis für die Interessen des Friedens bekundet. Um die Entspannung und die Herstellung normaler Beziehungen im Nachkriegseuropa zu ermöglichen, hat sie sich bereit erklärt, Westberlin beim Abschluß eines Friedensvertrags als Freie Stadt anzuerkennen, seine Souveränität zu achten und der Freien Stadt freie Verbindungen mit der Außenwelt nach Vereinbarungen mit der Deutschen Demokratischen Republik zu gewährleisten ...

Wir wollen, daß endlich ein deutscher Friedensvertrag geschlossen wird, und wir werden eine friedliche Regelung zusammen mit den Ländern erreichen, die bereit sind, den Frieden und die Freundschaft zwischen den Völkern zu festigen. Wollen die Westmächte in dieser wichtigen Sache nicht mitarbeiten, so werden die Sowjetunion und andere friedliebende Staaten sich genötigt sehen, einen Friedensvertrag mit der Deutschen Demokratischen Republik zu unterzeichnen.

Ich wiederhole nochmals vor aller Welt: Laßt uns mit den Drohungen Schluß machen, laßt uns das Trennende zurückstellen, verschärfen wir nicht die ohnehin sehr weitgehenden Meinungsverschiedenheiten. Schließlich haben wir doch gemeinsame Bedürfnisse und Interessen, wenn wir schon auf einem Planeten leben müssen! Diese Interessen müssen den Völkern helfen, auf friedlichem Wege aus der gegenwärtigen gespannten Lage herauszukommen. Wir schlagen vor, sich an den Verhandlungstisch zu setzen und, ohne die Leidenschaften aufzupeitschen, ruhig und sachlich zu erörtern, was zu tun ist, damit die Hinterlassenschaften des vergangenen Krieges nicht die Ursache für neue Konflikte bilden.

Heute habe ich einen Bericht über eine Pressekonferenz des USA-Präsidenten Kennedy gelesen. In Beantwortung einer Frage nach der Gefahr eines Militärkonflikts im Zusammenhang mit dem Abschluß eines deutschen Friedensvertrags erklärte der Präsident: »Wir hoffen, eine friedliche Lösung der Probleme erreichen zu können.«

Diese Erklärung ist begrüßenswert. Denn eben eine friedliche Lösung strebt die Sowjetregierung an. Um aber eine friedliche Regelung zu gewährleisten, muß man einen Friedensvertrag mit Deutschland schließen. Nur auf diese Weise lassen sich die Überreste des zweiten Weltkrieges beseitigen.

---

*Rundfunk- und Fernsehansprache des Präsidenten Kennedy vom 25. Juli 1961

Quelle: Dokumente zur Deutschlandpolitik IV/6 (1961), 1557f.

Dokument 21

Seit Dienstag werden die sogenannten Grenzgänger, die morgens die Sektoren- oder Zonengrenze in Richtung West-Berlin überqueren wollen, nun auch handgreiflich daran gehindert, hier ihrer Arbeit nachzugehen. Mit der Begründung »Vom 1. August an ist das Arbeiten für Grenzgänger in West-Berlin verboten« wurde an den Kontrollpunkten Arbeitern, die als Grenzgänger zu erkennen sind, der Personalausweis abgenommen.

Nach einer Erhebung der Zentralstelle der Berliner Arbeitgeber-Verbände (ZBA) waren bisher 47,2% der männlichen und 32,8% der weiblichen Grenzgänger, die in West-Berlin tätig sind, älter als 45 Jahre; allein dieses hohe Durchschnittsalter (73% der Grenzgänger sind Männer) zeigt, daß sehr viele von ihnen schon vor der Spaltung Berlins in dem gleichen Betrieb arbeiteten, in dem sie jetzt noch tätig sind, denn die Erfahrung lehrt, daß mit steigendem Lebensalter die Neigung zum Arbeitsplatzwechsel immer geringer wird.

Viele West-Berliner Betriebe hielten sich angesichts der seit Jahren immer wieder aufflackernden Polemiken gegen die Grenzgänger ohnehin bei der Einstellung von Arbeitern zurück, die sie möglicherweise von einem auf den anderen Tag verlieren könnten. Von 1957 bis 1959 lag die Zahl der Grenzgänger nahezu konstant bei 40 000. Erst seit Mitte 1960 machte sich ein stärkeres Angebot von Arbeitnehmern aus dem Währungsgebiet der Ostmark bemerkbar, unter denen eine große Zahl von Facharbeitern war, die bei ihrer Bewerbung angaben, daß der Materialmangel in den Ost-Berliner Betrieben ihre Verdienstmöglichkeiten erheblich einenge. Am 1. Oktober 1960 war der Anteil der Grenzgänger an den in der West-Berliner Industrie Beschäftigten mit 4,06% höher als ein Jahr vorher (3,11%). Der Anteil an allen in West-Berlin tätigen Arbeitnehmern liegt gegenwärtig bei rund 5%; ihre Zahl, die vor kurzem noch 53 000 betrug, ist auf 52 000 gesunken. In einzelnen Wirtschaftszweigen, vor allem im verarbeitenden Gewerbe und im Baugewerbe, ist er jedoch größer, im Öffentlichen Dienst dagegen verschwindend gering. Über-

durchschnittlich viele Grenzgänger beschäftigen die Gummi- und Asbestverarbeitung (12%) und die Bekleidungsindustrie (9%).

In allen Wirtschaftszweigen ist überdies der Anteil der Arbeiter höher als der der Angestellten. Bemerkenswert ist, daß mit sinkender Qualifikation der Arbeitnehmer auch der Anteil der Grenzgänger abnimmt, bei den ungelernten Arbeitern sind es nur noch rund 2%.

Dokument 22

RAT DER STADT BERNAU — Bernau, den 22. Juli 1961

An die

Bürger der Stadt Bernau!

In den letzten Tagen kommen immer mehr Werktätige unserer Stadt zu den Stadtverordneten und zu mir und erheben die Forderung, entschiedene Maßnahmen gegen das Grenzgänger-Unwesen zu ergreifen.

Mit Recht empören sich unsere Werktätigen gegen eine Handlungsweise, die unseren friedlichen sozialistischen Aufbau stört und Handlangerdienst für diejenigen Kräfte ist, die das deutsche Volk ein drittes Mal in eine verheerende Kriegskatastrophe stürzen wollen.

Mit der größten Selbstverständlichkeit nehmen die Grenzgänger, die bei uns wohnen und leben, alle durch den Fleiß unserer Werktätigen geschaffenen Möglichkeiten und Vorteile in Anspruch. Ihre Arbeitskraft jedoch stellen sie denen zur Verfügung, die alle Errungenschaften unserer Werktätigen beseitigen wollen.

Ich habe mich auf der Grundlage des Kreistagsbeschlusses vom 20. Juli 1961 mit den Vertretern der in der Nationalen Front des demokratischen Deutschland vereinten Parteien und Organisationen darüber beraten.

Wir haben festgelegt, daß ab Montag, den 24. Juli 1961 Aussprachen mit den Grenzgängern durchgeführt werden mit dem Ziel, ihnen die Verwerflichkeit ihres Handelns darzulegen und sie zu veranlassen, Brandt und seinen Kriegshetzern den Rücken zu kehren.

Ich rufe alle Bürger unserer Stadt auf, in diese politische Auseinandersetzung überall offen und konsequent mit einzugreifen.

Durch die Rückgewinnung der Grenzgänger für unsere Friedensproduktion versetzen wir dem Frontstadtsenat einen ernsten Schlag und unterstützen den Kampf für den Abschluß eines Friedensvertrages und die Umwandlung Westberlins in eine entmilitarisierte neutrale Freie Stadt.

gez. *Losensky*, Bürgermeister

Fundstelle: Gesamtdeutsches Institut, Bonn

Etwa 60% der Arbeiter unter den Grenzgängern sind Facharbeiter, rund 80% der Ange-
stellten-Grenzgänger üben qualifizierte Tätigkeiten aus, vor allem in technischen Berufen.
Vermutlich wird es für Pankow leichter sein,
den direkten Weg aus den Berliner Randgebieten nach West-Berlin zu sperren, als die Sektorengrenze, so daß zunächst vor allem Bewohner der Sowjetzone betroffen sein dürften, deren Anteil an den Grenzgängern weit unter
50% liegt. Daß gerade diese Arbeitskräfte nach
West-Berlin legal übersiedeln, kann man sich
nur schwer vorstellen. Von den 1960 nach
West-Berlin gezogenen 2400 Grenzgängern kamen die meisten aus Ost-Berlin.

Die Personalchefs der West-Berliner Firmen
sind insofern in einer schwierigen Situation,
als sie einerseits damit rechnen müssen, in absehbarer Zeit wertvolle Arbeitskräfte zu verlieren, andererseits – entgegen den »Abwer-
bungs«-Behauptungen – niemanden zu unüberlegten Handlungen überreden wollen.
Während die größeren Betriebe bessere Möglichkeiten zum Ausgleich haben, könnten bei
einigen kleinen Firmen vorübergehende
Schwierigkeiten auftreten, denn der Berliner
Arbeitsmarkt hat kaum noch Reserven.

Quelle: Tagesspiegel, Berlin (West), 3. August 1961.

Dokument 23

RAT DER STADT
BERNAU BEI BERLIN

BERNAU, DEN   26.07.1961
FERNSPRECHER 791

Herrn
Bruno B e h r e n d t

B e r n a u

Wilhelm Pieck Str. 7

Sie haben unsere Vorladung zum Dienstag, dem 25.7.1961
leider unbeachtet gelassen und sind nicht zu der angesetzten
Aussprache erschienen.
Wir müssen Sie nunmehr auffordern, am

        Mittwoch, dem 26.07.1961 um19.oo Uhr
        =====================================

    zu dieser Aussprache zu erscheinen.

                                    (E. Borchardt)
Rat der Stadt   Stellv.Bürgermeister
Bernau bei Berlin

Aufforderung an einen sogenannten »Grenzgänger«, zu einer »Aussprache«
beim Rat der Stadt Bernau zu erscheinen

Fundstelle: Gesamtdeutsches Institut, Bonn

Dokument 24

9. August 1961:
Anordnung des Magistrats von Groß-Berlin –
Grenzgänger müssen kommunale Abgaben
mit Westmark zahlen

Paragraph 1

1. Personen mit Wohnsitz in der Hauptstadt
der DDR (demokratisches Berlin), die in West-
berlin arbeiten, haben ihre
a) Mieten aller Art,
b) Pachten für Grundstücke,
c) Abgaben für Strom, Gas, Wasser sowie
d) öffentliche Gebühren (wie Telefon, Rundfunk, Fernsehen, Müllabfuhr, Straßenreini-
gung, Entwässerungsgebühren, Kfz-Steuern,
Hundesteuern, Wasserstraßenabgabe, Pflicht-
versicherung und Verwaltungsgebühren aller
Art)
in DM DBB (Westmark) zu entrichten.

2. Diese Verpflichtung zu a), b) und c) besteht
auch dann, wenn eine Wohngemeinschaft mit
einem Familienmitglied besteht, das zu den in
1 genannten Personen gehört.

Paragraph 2
Die Einzahlung der Westmarkbeträge hat über
die Kreditinstitute der DDR einschließlich der
Deutschen Post zugunsten des Zahlungsemp-
fängers zu erfolgen.

Paragraph 3
Wer gegen die Vorschriften der Paragraphen 1
und 2 verstößt, wird nach Paragraph 9 der
Wirtschaftsstrafverordnung vom 2. August
1950 in der Fassung der Änderungsverordnung
vom 14. Dezember 1953 (VOBl. I, S. 419) bestraft, sofern nicht nach anderen Bestimmungen eine höhere Strafe verwirkt ist.

Paragraph 4
Diese Anordnung tritt ab 1. August 1961 in
Kraft.

Quelle: Dokumente zur Deutschlandpolitik IV/6 (1961),
1529

Dokument 25

10. August 1961:
Aus der Rede des DDR-Staatsratsvorsitzenden
Ulbricht im VEB Kabelwerk Oberspree
(über die sog. Grenzgänger)

Wenn man die Frage stellt: Was soll mit den
Menschen werden, die sich haben abwerben
lassen, die in der Hauptstadt der DDR die Vorteile des Arbeiter-und-Bauern-Staates ausnutzen und in Westberlin sich von den Monopol-
herren ausbeuten lassen und in der Rüstungs-
produktion arbeiten, so sage ich offen: Die Beschlüsse des Magistrats der Hauptstadt, wonach sich alle sogenannten Grenzgänger regi-
strieren lassen müssen, sind absolut richtig.
Aber es ist zugleich notwendig, mit allen
Grenzgängern zu sprechen. Sie sollen nicht nur
registriert werden, sondern ihre Arbeit in West-
berlin einstellen, um in der Hauptstadt des ersten deutschen Friedensstaates eine ehrliche
und gute Arbeit zu leisten. *(Lebhafter Beifall)*
Auch hier im KWO wurde die Frage gestellt,
weshalb die Maßnahmen gegen den Menschenhandel und zur Sicherung der DDR nicht
schon früher durchgeführt worden sind. Sowohl die Sowjetregierung als auch die Regierung der DDR und der anderen Staaten des sozialistischen Lagers haben Jahr für Jahr mit
größter Geduld alles unternommen, und – ich
sage ausdrücklich – wir haben sogar Opfer gebracht, um eine Entspannung und Verständigung herbeizuführen. Die Bonner Regierung
hat diese unsere Geduld ausgenutzt, ihre militärische Rüstung beschleunigt, ist dann zu bru-
talen Maßnahmen gegen Bürger der DDR
übergegangen, die als friedliche Reisende
Westdeutschland besuchten, und hat schließlich unsere Verständigungsbereitschaft mit einer großangelegten Organisierung des
Menschenhandels und sonstiger Störtätigkeit
beantwortet.

Wir haben uns mit unseren sowjetischen
Freunden und den Vertretern aller Staaten des
Warschauer Vertrages beraten und sind übereingekommen, daß wir nicht länger unsere Geduld mißbrauchen lassen wollen. Wir sind
übereingekommen, daß der Zeitpunkt gekommen war, wo man sagen muß: Bis hierher und
nicht weiter! So hat die Regierung der Deutschen Demokratischen Republik Maßnahmen
gegen den Menschenhandel beschlossen und
dem Vorschlag des Magistrats der Hauptstadt
zugestimmt, dem Grenzgängerunwesen ein
Ende zu bereiten.
Ich verstehe vollkommen die Ungeduld der
Werktätigen in Groß-Berlin und in den Randgebieten. Diese Ungeduld ist berechtigt und
gesund. Wer ist nicht von tiefster Empörung
über diesen Menschenhandel erfüllt, über
diese Verschleppung von Kindern und anderen Verbrechen, die von den westdeutschen
Agenturen im Namen ihrer »Freiheit« begangen werden?
Das Maß ist voll!

Es ist Pflicht jedes Bürgers der Deutschen De-
mokratischen Republik, jeden, der versucht,
Abwerbung durchzuführen, den staatlichen
Organen zu übergeben, damit ein für allemal
Schluß mit dem Menschenhandel gemacht
wird!
(Lebhafter Beifall)
Ich glaube, liebe Kollegen, damit habe ich die
Grundlinie unserer Friedenspolitik, unseres
Kampfes für einen deutschen Friedensvertrag
erläutert und auch die Fragen beantwortet, die
hier im Betrieb und in anderen Betrieben Berlins gestellt wurden, Fragen, über die wir offen
mit den Werktätigen sprechen. Jawohl, liebe
Freunde, es ist die Zeit gekommen, wo man
alle diejenigen, die noch Unklarheiten haben,
überzeugt und gewinnt, wo man falsche oder
sogar feindliche Auffassungen nicht mehr
schweigend übergehen kann.

Quelle: Dokumente zur Deutschlandpolitik IV/6 (1961),
1546f.

Dokument 26

11. August 1961:
Aus der Rede des DDR-Ministerpräsidenten
Willi Stoph vor der Volkskammer

Jeder Bürger unserer Republik, der eine Reise
nach Westdeutschland unternimmt und seinen
Arbeiter-und-Bauern-Staat verteidigt, ist großen Gefahren ausgesetzt. In besonderem Maße
trifft das auch für Besuche in Westberlin zu,
das zum Hauptumschlagplatz des Menschenhandels geworden ist.
Das Schicksal vieler Irregeleiteter, die in die
Fänge der Abwerber und Kopfjäger geraten
sind, beweist, daß der Weg in den militaristischen Westzonenstaat der Weg in das eigene
Unglück ist. Niemand mache sich gegenüber
seinem Vaterland, seinen Mitbürgern und seiner Familie schuldig. Wir wiederholen, daß jeder Bürger, der die Deutsche Demokratische

Republik verläßt und sich zur Teilnahme am
Menschenhandel mißbrauchen läßt, Verrat an
der Sache des Friedens übt und die aggressive
Politik der westdeutschen Militaristen unterstützt, die einen atomaren Angriffskrieg vorbereiten.
Viele Werktätige unserer Republik sind bereits
dem Aufruf der Regierung gefolgt und helfen
tatkräftig mit, die Menschenhändler dingfest
zu machen und ihrer gerechten Bestrafung zu-
zuführen.

Quelle: Dokumente zur Deutschlandpolitik IV/6 (1961),
1574

Dokument 27

**11. August 1961:
Aus der Rede des DDR-Außenministers
Lothar Bolz vor der Volkskammer**

Meine Damen und Herren Abgeordnete! Im Namen der Regierung der Deutschen Demokratischen Republik wende ich mich an das Hohe Haus mit der Bitte, dem Standpunkt der Regierung der Sowjetunion zur deutschen Frage, wie er in der Rede des sowjetischen Ministerpräsidenten Chruščev vom 7. August und in den sowjetischen Dokumenten an die Westmächte und die Bonner Regierung dargelegt ist, in vollem Umfange zuzustimmen; die Ergebnisse der Moskauer Beratung der Ersten Sekretäre der Zentralkomitees der kommunistischen und Arbeiterparteien der Länder des Warschauer Vertrages zu billigen und insbesondere, daß die erforderlichen Schritte zur Vorbereitung eines Friedensvertrages eingelei-

tet werden, und zur Vorbereitung des Abschlusses eines deutschen Friedensvertrages die Abhaltung einer Außenministerkonferenz der Warschauer-Vertrags-Staaten gutzuheißen. Die Regierung der Deutschen Demokratischen Republik ruft alle Bürger auf, sich fest um den Staatsrat, die Volkskammer und die Regierung zu scharen und freudigen Herzens die großen nationalen Verpflichtungen zu erfüllen, die der Schutz des Friedens und die Sicherung der friedlichen Zukunft unseres Volkes uns allen auferlegen.
(Starker, anhaltender Beifall).

Quelle: Dokumente zur Deutschlandpolitik IV/6 (1961), 1572

Quelle: Berlin. Materialien zur Rechtslage und zur politischen Entwicklung seit 1945. Herausgegeben vom Informationszentrum Berlin, 1979.

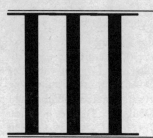

III

Mauerbau

August bis September 1961

Anfang August 1961 intensivierte die östliche Seite noch einmal ihre Propagandaoffensive für den Abschluß eines deutschen Friedensvertrages zum Jahresende. Die Ersten Sekretäre der kommunistischen Parteien der Warschauer-Pakt-Staaten verbanden dies in ihrer Mitteilung über ihre Moskauer Tagung vom 3. bis 5. August mit der Drohung, anderenfalls einen Separatfriedensvertrag mit der DDR schließen zu wollen, in dem auch West-Berlin betreffende Fragen geregelt werden müßten. Chruschtschow äußerte sich am 7. August in einer Rundfunk- und Fernsehansprache im gleichen Sinne. Walter Ulbricht verteidigte am 10. August in einer Rede in einem Ost-Berliner Betrieb die Maßnahmen der DDR-Regierung gegen die sogenannten Grenzgänger (Ost-Berliner und DDR-Bürger, denen es untersagt wurde, weiterhin in West-Berlin zu arbeiten). Scharfe Angriffe gegen westliche »Menschenhändler« und »Agenten« beherrschten die Debatte der DDR-Volkskammer am 11. August, die in einer Entschließung die Maßnahmen *»zur Unterbindung der von Westdeutschland und Westberlin aus organisierten Kopfjägerei«* billigte. Die Volkskammer beauftragte den Ministerrat, *»alle Maßnahmen vorzubereiten und durchzuführen, die sich auf Grund der Festlegungen der Teilnehmerstaaten des Warschauer Vertrages und dieses Beschlusses als notwendig erweisen«.*

Um welche »Festlegungen« es sich dabei gehandelt hatte, wurde erst am 13. August bekannt, als SED-Kampfgruppen, Volkspolizei und Einheiten der Nationalen Volksarmee die Sektorengrenze zwischen Ost- und West-Berlin abriegelten. Am gleichen Tag wurde eine undatierte Erklärung der Regierungen der Warschauer-Pakt-Staaten veröffentlicht (Dok. 1), in der der DDR die Vollmacht zur Absperrung des Ostsektors von Berlin erteilt wurde. Auf der Grundlage dieser Erklärung wurde in Ost-Berlin gleichfalls am 13. August ein Beschluß des DDR-Ministerrates vom Vortage veröffentlicht (Dok. 2), in dem verfügt wurde, daß die Grenze der DDR zur Bundesrepublik und zu West-Berlin künftig so kontrolliert werde, wie das *»an den Grenzen jedes souveränen Staates üblich«* sei. Ebenfalls vom 12. August sind Anordnungen von DDR-Ministerien und vom Ost-Berliner Magistrat datiert, die die Bewegungsfreiheit in Berlin beschränkten (Dok. 3, 4 und 5).

Erich Honecker, damals der zuständige Sekretär für Sicherheitsfragen im Zentralkomitee der SED, war mit der Leitung der Absperrungsmaßnahmen in Berlin beauftragt worden.

Er schildert erstmals seinen Anteil am Mauerbau in seinen 1980 erschienenen Memoiren (Dok. 7).

Die West-Berliner fühlten sich von den Westmächten und der Bundesregierung im Stich gelassen (Dok. 9). Der Regierende Bürgermeister von Berlin, Willy Brandt, forderte Gegenmaßnahmen (Dok. 11). In seinem Schreiben vom 16. August an den amerikanischen Präsidenten Kennedy warnte er angesichts der Stimmungslage der Berliner Bevölkerung vor Untätigkeit und wies auf die Verletzungen des Viermächte-Status von Berlin hin (Dok. 10). Kennedy entsandte seinen Vizepräsidenten Johnson nach Berlin und ernannte am 30. August den ehemaligen Stadtkommandanten von Berlin, General Lucius D. Clay, zu seinem persönlichen Vertreter in Berlin. Johnson bekräftigte, daß die Zusicherung Kennedys, »die er für die Freiheit von West-Berlin und für die Rechte des westlichen Zugangs zu Berlin abgegeben hat, fest« sei (Dok. 14).

Vor dem Bundestag in Bonn verlangte Bundeskanzler Adenauer am 18. August vom Westen, nichtmilitärische Gegenmaßnahmen zu ergreifen (Dok. 13). Der Deutsche Sportbund und das NOK für Deutschland brachen auf Drängen des Berliner Senats und der Bundesregierung den gesamtdeutschen Sportverkehr ab (Dok. 12).

Um einer völkerrechtlichen Anerkennung der DDR nicht Vorschub zu leisten sowie um nachträglich nicht die Beschränkung der Freizügigkeit in Berlin durch die Absperrmaßnahmen billigen zu müssen, weigerten sich die drei Westmächte und der Berliner Senat, in Berlin (West) Büros des DDR-Innenministeriums zur Ausgabe von Passierscheinen an West-Berliner zum Besuch des Ostsektors zuzulassen (Dok. 17 und 18). Die West-Berliner mußten bis zur ersten Passierscheinregelung im Dezember 1963 warten, um ihre Verwandten im anderen Teil der Stadt wieder besuchen zu können.

Die DDR-Führung zeigte sich indessen darüber befriedigt, daß, abgesehen von zahllosen westlichen Protesten, die Abriegelung des Ostsektors von Berlin reibungslos verlaufen war und den gewünschten Erfolg erbracht hatte: der Zufluchtsort West-Berlin war ihren Bürgern nunmehr verschlossen (Dok. 8, 15, 16).

Dokumente 1 und 2
Quelle: Neues Deutschland, 13. August 1961

ERKLÄRUNG

der Regierungen der Warschauer Vertragsstaaten

Die Regierungen der Teilnehmerstaaten des Warschauer Vertrages streben bereits seit mehreren Jahren nach einer Friedensregelung mit Deutschland. Sie gehen dabei davon aus, daß diese Frage längst spruchreif ist und keinen weiteren Aufschub duldet. Wie bekannt, hat die Regierung der UdSSR mit vollem Einverständnis und voller Unterstützung aller Staaten, die der Warschauer Vertragsorganisation angehören, den Regierungen der Länder, die am Krieg gegen das hitlerfaschistische Deutschland teilnahmen, den Vorschlag gemacht, mit den beiden deutschen Staaten einen Friedensvertrag abzuschließen und auf dieser Grundlage die Frage Westberlin durch die Verleihung des Status einer entmilitarisierten Freien Stadt zu lösen. Dieser Vorschlag berücksichtigt die reale Lage, die sich in der Nachkriegszeit in Deutschland und in Europa herausgebildet hat. Er ist nicht gegen irgendwessen Interessen gerichtet und hat nur den Zweck, die Überreste des zweiten Weltkrieges zu beseitigen und den Weltfrieden zu festigen.

Die Regierungen der Westmächte haben sich bisher nicht bereit gezeigt, durch Verhandlungen aller interessierten Länder zu einer vereinbarten Lösung zu kommen. Mehr noch: Die Westmächte beantworten die von Friedensliebe getragenen Vorschläge der sozialistischen Länder mit verstärkten Kriegsvorbereitungen, mit der Entfachung einer Kriegshysterie und mit der Androhung militärischer Gewalt. Offizielle Vertreter einer Anzahl von NATO-Ländern haben eine Verstärkung ihrer Streitkräfte und Pläne einer militärischen Teilmobilmachung bekanntgegeben. In einigen NATO-Ländern wurden sogar Pläne einer militärischen Invasion des Hoheitsgebietes der DDR veröffentlicht.

Die aggressiven Kräfte machen sich das Fehlen eines Friedensvertrages zunutze, um die Militarisierung Westdeutschlands zu forcieren und in beschleunigtem Tempo die Bundeswehr zu verstärken, wobei sie diese mit den modernsten Waffen ausrüsten. Die westdeutschen Revanchisten fordern offen, daß ihnen Kern- und Raketenwaffen zur Verfügung gestellt werden. Die Regierungen der Westmächte, die die Aufrüstung Westdeutschlands auf jede Weise begünstigen, verstoßen damit gröblichst gegen die wichtigsten internationalen Abkommen, die die Ausrottung des deutschen Militarismus und die Verhütung seines Wiedererstehens in irgendeiner Form vorsehen.

Die Westmächte haben sich nicht nur nicht um die Normalisierung der Lage in Westberlin bemüht, sondern fahren fort, es verstärkt als Zentrum der Wühlarbeit gegen die DDR und andere Länder der sozialistischen Gemeinschaft zu mißbrauchen. Es gibt auf der Erde keinen Ort, wo so viele Spionage- und Wühlzentralen fremder Staaten konzentriert wären und wo sie sich so ungestraft betätigen können wie in Westberlin. Diese zahlreichen Wühlzentralen schleusen in die DDR Agenten ein, damit sie verschiedene Diversionen unternehmen, sie werben Spione an und putschen feindliche Elemente zur Organisation von Sabotageakten und Unruhen in der DDR auf.

Die herrschenden Kreise der Bundesrepublik und die Spionageorgane der NATO-Länder benutzen die gegenwärtige Verkehrslage an der Westberliner Grenze, um die Wirtschaft der Deutschen Demokratischen Republik zu unterhöhlen. Durch Betrug, Korruption und Erpressung veranlassen Regierungsorgane und Rüstungskonzerne der Bundesrepublik einen gewissen labilen Teil von Einwohnern der DDR, nach Westdeutschland zu gehen. Diese Be-

trogenen werden in die Bundeswehr gepreßt, sie werden in großem Umfang für Spionageorgane verschiedener Länder angeworben, worauf sie als Spione und Sabotageagenten wieder in die DDR geschickt werden. Für derartige Diversionstätigkeit gegen die Deutsche Demokratische Republik und die anderen sozialistischen Länder ist sogar ein Sonderfonds gebildet worden. Der westdeutsche Kanzler Adenauer hat unlängst die NATO-Regierungen aufgefordert, diesen Fonds zu vergrößern.

Es ist charakteristisch, daß sich die von Westberlin ausgehende Wühltätigkeit in letzter Zeit verstärkt hat, und zwar gerade nachdem die Sowjetunion, die DDR und die anderen sozialistischen Länder Vorschläge für eine unverzügliche Friedensregelung mit Deutschland gemacht haben. Diese Wühltätigkeit schädigt nicht nur die Deutsche Demokratische Republik, sondern berührt auch die Interessen der anderen Länder des sozialistischen Lagers. Angesichts der aggressiven Bestrebungen der reaktionären Kräfte der Bundesrepublik und ihrer NATO-Verbündeten können die Warschauer Vertragsstaaten nicht umhin, die erforderlichen Maßnahmen zu treffen, um ihre Sicherheit und vor allem die Sicherheit der Deutschen Demokratischen Republik im Interesse des deutschen Volkes selbst zu gewährleisten.

Die Regierungen der Warschauer Vertragsstaaten wenden sich an die Volkskammer und an die Regierung der DDR, an alle Werktätigen der Deutschen Demokratischen Republik mit dem Vorschlag, an der Westberliner Grenze eine solche Ordnung einzuführen, durch die der Wühltätigkeit gegen die Länder des sozialistischen Lagers zuverlässig der Weg verlegt und rings um das ganze Gebiet Westberlins, einschließlich seiner Grenze mit dem demokratischen Berlin, eine verläßliche Bewachung und eine wirksame Kontrolle gewährleistet wird. Selbstverständlich werden diese Maßnahmen die geltenden Bestimmungen für den Verkehr und die Kontrolle an den Verbindungswegen zwischen Westberlin und Westdeutschland nicht berühren.

Die Regierungen der Warschauer Vertragsstaaten verstehen natürlich, daß die Ergreifung von Schutzmaßnahmen an der Grenze Westberlins für die Bevölkerung gewisse Unbequemlichkeiten schafft, aber angesichts der entstandenen Lage trifft die Schuld daran ausschließlich die Westmächte und vor allem die Regierung der Bundesrepublik. Wenn die Westberliner Grenze bisher offengehalten wurde, so geschah dies in der Hoffnung, daß die Westmächte den guten Willen der Regierung der Deutschen Demokratischen Republik nicht mißbrauchen würden. Sie haben jedoch unter Mißachtung der Interessen des deutschen Volkes und der Berliner Bevölkerung die jetzige Ordnung an der Westberliner Grenze zu ihren heimtückischen Wühlzwecken ausgenutzt. Der jetzigen anomalen Lage muß durch eine verstärkte Bewachung und Kontrolle an der Westberliner Grenze ein Ende gesetzt werden.

Zugleich halten es die Regierungen der Teilnehmerländer des Warschauer Vertrages für notwendig, zu betonen, daß die Notwendigkeit dieser Maßnahmen fortfällt, sobald die Friedensregelung mit Deutschland verwirklicht ist und auf dieser Grundlage die spruchreifen Fragen gelöst sind.

BESCHLUSS

des Ministerrates der Deutschen Demokratischen Republik

Auf Grund der Erklärung der Teilnehmerstaaten des Warschauer Vertrages und des Beschlusses der Volkskammer beschließt der Ministerrat der Deutschen Demokratischen Republik:

Die Erhaltung des Friedens erfordert, dem Treiben der westdeutschen Revanchisten und Militaristen einen Riegel vorzuschieben und durch den Abschluß eines deutschen Friedensvertrages den Weg zu öffnen für die Sicherung des Friedens und die Wiedergeburt Deutschlands als friedliebender, antiimperialistischer, neutraler Staat. Der Standpunkt der Bonner Regierung, der zweite Weltkrieg sei noch nicht zu Ende, kommt der Forderung gleich auf Freiheit für militaristische Provokationen und Bürgerkriegsmaßnahmen. Diese imperialistische Politik, die unter der Maske des Antikommunismus geführt wird, ist die Fortsetzung der aggressiven Ziele des faschistischen deutschen Imperialismus zur Zeit des dritten Reiches. Aus der Niederlage Hitler-Deutschlands im zweiten Weltkrieg hat die Bonner Regierung die Schlußfolgerung gezogen, daß die räuberische Politik des deutschen Monopolkapitals und seiner Hitler-Generäle noch einmal versucht werden soll, indem auf eine deutsche nationalstaatliche Politik verzichtet und Westdeutschland in einen NATO-Staat, in einen Satellitenstaat der USA verwandelt wurde.

Diese neuerliche Bedrohung des deutschen Volkes und der europäischen Völker durch den deutschen Militarismus konnte zu einer akuten Gefahr werden, weil in der westdeutschen Bundesrepublik und in der Frontstadt Westberlin die grundlegenden Bestimmungen des Potsdamer Abkommens über die Ausmerzung des Militarismus und Nazismus fortlaufend gebrochen worden sind.

In Westdeutschland ist eine Verschärfung der Revanchepolitik mit sich steigernden Gebietsforderungen gegenüber der Deutschen Demokratischen Republik und den Nachbarstaaten Deutschlands erfolgt, die in enger Verbindung steht mit der beschleunigten Aufrüstung und Atombewaffnung der westdeutschen Bundeswehr. Es wird eine systematische Bürgerkriegsvorbereitung durch die Adenauer-Regierung gegenüber der Deutschen Demokratischen Republik betrieben. Bürger der Deutschen Demokratischen Republik, die Westdeutschland besuchen, sind in zunehmendem Maße terroristischen Verfolgungen ausgesetzt. Von westdeutschen und Westberliner Agentenzentralen wird eine systematische Abwerbung von Bürgern der Deutschen Demokratischen Republik und ein regelrechter Menschenhandel organisiert.

Wie aus offiziellen Regierungsdokumenten und aus der Grundsatzerklärung der Parteiführung der CDU/CSU zu entnehmen ist, hat diese aggressive Politik und Störtätigkeit das Ziel, ganz Deutschland in den westlichen Militärblock der NATO einzugliedern und die militaristische Herrschaft in der Bundesrepublik auch auf die Deutsche Demokratische Republik auszudehnen. Die westdeutschen Militaristen wollen durch alle möglichen betrügerischen Manöver, wie z. B. „freie Wahlen", ihre Militärbasis zunächst bis zur Oder ausdehnen, um dann den großen Krieg zu beginnen.

Die westdeutschen Revanchisten und Militaristen mißbrauchen die Friedenspolitik der UdSSR und der Staaten des Warschauer Vertrages in der Deutschlandfrage, um durch feindliche Hetze, durch Abwerbung und Diversionstätigkeit nicht nur der Deutschen Demokratischen Republik, sondern auch anderen Staaten des sozialistischen Lagers Schaden zuzufügen.

Aus all diesen Gründen beschließt der Ministerrat der Deutschen Demokratischen Republik in Übereinstimmung mit dem Beschluß des Politischen Beratenden Ausschusses der Staaten des Warschauer Vertrages zur Sicherung des europäischen Friedens, zum Schutze der Deutschen Demokratischen Republik und im Interesse der Sicherheit der Staaten des sozialistischen Lagers folgende Maßnahmen:

Zur Unterbindung der feindlichen Tätigkeit der revanchistischen und militaristischen Kräfte Westdeutschlands und Westberlins wird eine solche Kontrolle an den Grenzen der Deutschen Demokratischen Republik einschließlich der Grenze zu den Westsektoren von Groß-Berlin eingeführt, wie sie an den Grenzen jedes souveränen Staates üblich ist. Es ist an den Westberliner Grenzen eine verläßliche Bewachung und eine wirksame Kontrolle zu gewährleisten, um der Wühltätigkeit den Weg zu verlegen. Diese Grenzen dürfen von Bürgern der Deutschen Demokratischen Republik nur noch mit besonderer Genehmigung passiert werden. Solange Westberlin nicht in eine entmilitarisierte neutrale Freie Stadt verwandelt ist, bedürfen Bürger der Hauptstadt der Deutschen Demokratischen Republik für das Überschreiten der Grenzen nach Westberlin einer besonderen Bescheinigung. Der Besuch von friedlichen Bürgern Westberlins in der Hauptstadt der Deutschen Demokratischen Republik (das demokratische Berlin) ist unter Vorlage des Westberliner Personalausweises möglich. Revanchepolitikern und Agenten des westdeutschen Militarismus ist das Betreten der Hauptstadt der DDR (demokratisches Berlin) nicht erlaubt. Für den Besuch von Bürgern der westdeutschen Bundesrepublik im demokratischen Berlin bleiben die bisherigen Kontrollbestimmungen in Kraft. Die Einreise von Bürgern anderer Staaten in die Hauptstadt der Deutschen Demokratischen Republik wird von diesen Bestimmungen nicht berührt.

Für Reisen von Bürgern Westberlins über die Verbindungswege der Deutschen Demokratischen Republik ins Ausland gelten die bisherigen Bestimmungen weiter.

Für den Transitverkehr zwischen Westberlin und Westdeutschland durch die Deutsche Demokratische Republik wird an den bisherigen Bestimmungen durch diesen Beschluß nichts geändert.

Der Minister des Innern, der Minister für Verkehrswesen und der Oberbürgermeister von Groß-Berlin werden beauftragt, die notwendigen Ausführungsbestimmungen zu erlassen.

Dieser Beschluß über Maßnahmen zur Sicherung des Friedens, zum Schutze der Deutschen Demokratischen Republik, insbesondere ihrer Hauptstadt Berlin, und zur Gewährleistung der Sicherheit anderer sozialistischer Staaten bleibt bis zum Abschluß eines deutschen Friedensvertrages in Kraft.

Berlin, den 12. August 1961

Dokument 3

12. August 1961:
Bekanntmachung des Ministeriums des Innern
der DDR über den Zugang nach Ost-Berlin

Auf Grund des Beschlusses der Regierung der Deutschen Demokratischen Republik vom 12. August 1961 erläßt der Minister des Innern mit sofortiger Wirkung folgende Anweisung:

1. Im Straßenverkehr für Kraftfahrzeuge und andere Fahrzeuge sowie Fußgänger zwischen Westberlin und dem demokratischen Berlin bleiben folgende Übergänge geöffnet:

Kopenhagener Straße
Wollankstraße
Bornholmer Straße
Brunnenstraße
Chausseestraße
Brandenburger Tor
Friedrichstraße
Heinrich-Heine-Straße
Oberbaumbrücke
Puschkin-Allee
Elsenstraße
Sonnenallee
Rudower Straße

2. Bürger der Deutschen Demokratischen Republik einschließlich der Bürger der Hauptstadt der Deutschen Demokratischen Republik (des demokratischen Berlin) benötigen für den Besuch von Westberlin eine Genehmigung ihres zuständigen Volkspolizei-Kreisamtes bzw. ihrer zuständigen Volkspolizei-Inspektion.

Über die Ausgabe solcher Genehmigungen erfolgt eine besondere Bekanntmachung.
3. Friedliche Bürger von Westberlin können unter Vorlage ihres Westberliner Personalausweises die Übergangsstellen zum demokratischen Berlin passieren.
4. Einwohner Westdeutschlands erhalten an den vier Ausgabestellen Wollankstraße, Brandenburger Tor, Elsenstraße, Bahnhof Friedrichstraße unter Vorlage ihrer Personaldokumente (Personalausweis oder Reisepaß) wie bisher Tages-Aufenthaltsgenehmigungen für den Besuch der Hauptstadt der Deutschen Demokratischen Republik (das demokratische Berlin).
5. Für ausländische Staatsangehörige gelten die bisherigen Bestimmungen. Für Angehörige des Diplomatischen Corps und der westlichen Besatzungskräfte bleibt es bei der bisher bestehenden Ordnung.
6. Bürger der Deutschen Demokratischen Republik, die nicht in Berlin arbeiten, werden gebeten, bis auf weiteres von Reisen nach Berlin Abstand zu nehmen.
Berlin, den 12. August 1961
Maron
Minister des Innern

Quelle: Dokumente zur Deutschlandpolitik IV/7 (1961), 8 f.

Dokument 4

12. August 1961:
Bekanntmachung des Ministeriums
für Verkehrswesen der DDR
über Veränderungen im Nah- und Fernverkehr

Zur Durchführung des Beschlusses des Ministerrats der Deutschen Demokratischen Republik vom 12. August 1961 werden ab sofort folgende Veränderungen im gesamten Verkehrsnetz des Raumes von Berlin durchgeführt:
I. Auf dem Streckennetz der Deutschen Reichsbahn
1. Fernverkehr
Die Züge des internationalen Fernverkehrs und des Fernverkehrs zwischen Berlin und

Westdeutschland verkehren nach ihrem bisher gültigen Fahrplan. Jedoch beginnen und enden diese Züge am Fernbahnsteig A des Bahnhofs Friedrichstraße.
2. Berliner S-Bahn-Verkehr
Der direkte S-Bahn-Verkehr zwischen den Randgebieten der Deutschen Demokratischen Republik und Westberlin wird eingestellt.
Ferner werden eingestellt der direkte S-Bahn-Verkehr zwischen den S-Bahnhöfen Pankow –

Gesundbrunnen, Schönhauser Allee – Gesundbrunnen, Treptower Park – Sonnenallee, Baumschulenweg – Köllnische Heide.

Auf der Stadtbahn beginnen und enden die S-Bahn-Züge nach und aus Richtung Osten auf dem Bahnsteig C des Bahnhofs Friedrichstraße. Die Züge nach und aus Westen beginnen und enden auf dem Bahnsteig B des Bahnhofs Friedrichstraße.

Die S-Bahnhöfe Bornholmer Straße, Nordbahnhof, Oranienburger Straße, Unter den Linden und Potsdamer Platz werden für den öffentlichen Verkehr geschlossen. Die Bahnhöfe Wilhelmsruh, Schönholz und Wollankstraße der Nordstrecken der S-Bahn können nur von der Westberliner Seite her betreten und verlassen werden. Die Züge der Nord-Süd-S-Bahn, die zwischen Frohnau und Lichterfelde-Süd, Heiligensee und Lichtenrade sowie zwischen Gesundbrunnen und Wannsee über Schöneberg verkehren, halten im demokratischen Berlin nur am unteren Bahnsteig des Bahnhofs Friedrichstraße. Das Hauptgebäude des Bahnhofs Friedrichstraße kann nur nach dem Passieren einer Kontrolle betreten und verlassen werden. Der Bahnsteig C des Bahnhofs Friedrichstraße kann über die Zugänge an seinem östlichen und westlichen Ende ohne Kontrolle betreten und verlassen werden.

Auf den im demokratischen Berlin gelegenen S-Bahnstrecken wird der Zugverkehr in der bisherigen Weise in vollem Umfang aufrechterhalten. Der S-Bahnverkehr von Bernau – über Pankow – Schönhauser Allee zum östlichen Teil des Innenrings wird verstärkt.

Auf den S-Bahnstrecken Oranienburg – Hohenneuendorf, Velten – Hennigsdorf, Nauen – Falkensee, Potsdam – Griebnitzsee und Mahlow – Rangsdorf wird der örtliche Nahverkehr durch Pendelzüge der S-Bahn bedient. Zur Verbindung der nördlich, westlich und südlich von Westberlin gelegenen Kreise des Bezirks Potsdam mit der Hauptstadt der Deutschen Demokratischen Republik wird der bereits bestehende Berufsschnellverkehr auf dem Berliner Außenring verstärkt.

II. Auf dem Streckennetz der U-Bahn

1. Die U-Bahn-Züge des im demokratischen Berlin gelegenen Teils der Linie A beginnen und enden für den öffentlichen Verkehr auf dem Bahnhof Thälmannplatz. Der U-Bahnhof Potsdamer Platz wird für den öffentlichen Verkehr geschlossen.

2. Der Bahnhof Warschauer Brücke der U-Bahn-Linie B wird für den öffentlichen Verkehr geschlossen.

3. Die Züge der U-Bahn-Linie C halten im demokratischen Berlin nur auf dem U-Bahnhof Friedrichstraße, der nach dem Passieren einer Kontrolle betreten und verlassen werden kann. Die Bahnhöfe Walter-Ulbricht-Stadion, Nordbahnhof, Oranienburger Tor, Französische Straße und der zu dieser Linie gehörende Bahnsteig des Bahnhofs Stadtmitte werden für den öffentlichen Verkehr geschlossen.

4. Die Züge der U-Bahn-Linie D durchfahren das demokratische Berlin ohne Halt. Die U-Bahnhöfe Bernauer Straße, Rosenthaler Platz, Weinmeisterstraße, der Bahnsteig D des Bahnhofs Alexanderplatz, die Bahnhöfe Jannowitzbrücke und Heinrich-Heine-Straße dieser Linie werden für den öffentlichen Verkehr geschlossen.

5. Der parallel zu den U-Bahn-Linien C und D verlaufende Omnibus- und Straßenbahnverkehr der BVG wird verstärkt.

III. Fahrgastschiffahrt

Der Ausflugsverkehr der »Weißen Flotte« zwischen den Havelseen und dem Seengebiet im Osten Berlins wird eingestellt.

IV. Sonderfahrten mit Kraftomnibussen

Alle grenzüberschreitenden Sonderfahrten mit Kraftomnibussen aus Westberlin sind genehmigungspflichtig.

Die Genehmigung zu solchen Fahrten ist beim Deutschen Reisebüro zu beantragen.

Einige dieser Maßnahmen werden zu Fahrzeitverlängerungen und andere zu Fahrzeitverkürzungen führen. Das Ministerium für Verkehrswesen wird sofort die erforderlichen Maßnahmen einleiten, um so schnell wie möglich auftretende Unbequemlichkeiten zu vermindern.

Diese Maßnahmen tragen vorläufigen Charakter und bleiben in Kraft bis zum Abschluß eines Friedensvertrages.

Berlin, den 12. August 1961

Kramer

Minister für Verkehrswesen

Quelle: Dokumente zur Deutschlandpolitik IV/7 (1961), 9 f.

Dokument 5

**12. August 1961:
Bekanntmachung des Magistrats
von Groß-Berlin**

Auf Grund des Beschlusses des Ministerrates der Deutschen Demokratischen Republik vom 12. August 1961 ist es Bürgern des demokratischen Berlins nicht mehr möglich, in Westberlin eine Beschäftigung auszuüben.

Der Magistrat fordert alle Bürger des demokratischen Berlins, die bisher einer Beschäftigung in Westberlin nachgingen, auf, sich entweder an ihrer letzten Arbeitsstelle im demokratischen Berlin zur Wiederaufnahme der Arbeit oder bei der für sie zuständigen Registrierstelle zur Vermittlung einer geeigneten Tätigkeit zu melden.

Berlin, den 12. August 1961

Der Magistrat von Groß-Berlin
Ebert
Oberbürgermeister

Quelle: Dokumente zur Deutschlandpolitik IV/7 (1961), 11

Dokument 6

**13. August 1961:
Erklärung von Bundeskanzler Adenauer**

Die Machthaber der Sowjetzone haben heute nacht damit begonnen, unter offenem Bruch der Viermächtevereinbarungen West-Berlin von seiner Umgebung abzuriegeln. Diese Maßnahme ist getroffen worden, weil das der mitteldeutschen Bevölkerung von einer auswärtigen Macht aufgezwungene Regime der inneren Schwierigkeiten in seinem Machtbereich nicht mehr Herr wurde. Die übrigen Ostblock-Staaten haben von dem Zonenregime verlangt, diesen Zustand seiner Schwäche und Unsicherheit zu beseitigen. Der gesamten Weltöffentlichkeit wurde durch die Massenflucht aus der Zone tagtäglich gezeigt, unter welchem Druck die Bewohner stehen und daß ihnen das in der ganzen Welt anerkannte Selbstbestimmungsrecht nicht gewährt wird.

Durch die Willkür des Pankower Regimes ist eine ernste Situation heraufbeschworen worden. Im Verein mit unseren Alliierten werden die erforderlichen Gegenmaßnahmen getroffen. Die Bundesregierung bittet alle Deutschen, auf diese Maßnahmen zu vertrauen. Es ist das Gebot der Stunde, in Festigkeit, aber auch in Ruhe der Herausforderung des Ostens zu begegnen und nichts zu unternehmen, was die Lage nur erschweren, aber nicht verbessern kann.

Mit den Deutschen in der Sowjetzone und in Ost-Berlin fühlen wir uns nach wie vor aufs engste verbunden; sie sind und bleiben unsere deutschen Brüder und Schwestern. Die Bundesregierung hält an dem Ziel der deutschen Einheit in Freiheit unverrückbar fest. Bei der Bedeutung des Vorgangs habe ich den Außenminister gebeten, die ausländischen Regierungen durch die deutschen Vertretungen unterrichten zu lassen.

Quelle: Dokumente zur Deutschlandpolitik IV/7 (1961), 11

Dokument 7

**Der 13. August im Rückblick
des SED-Generalsekretärs Erich Honecker**

Vom 3. bis zum 5. August 1961 fand in Moskau eine Beratung der Ersten Sekretäre der Zentralkomitees der kommunistischen und Arbeiterparteien der Staaten des Warschauer Vertrages statt, der auch Vertreter von Bruderparteien aus anderen sozialistischen Ländern Asiens beiwohnten. Im Einvernehmen mit der KPdSU schlug die SED vor, die Grenzen der DDR gegenüber Berlin-West und der BRD unter die zwischen souveränen Staaten übliche Kontrolle zu nehmen. Diesem Vorschlag stimmte die Moskauer Beratung einmütig zu.

Vom damaligen Vorsitzenden des Nationalen Verteidigungsrates der DDR, Walter Ulbricht, wurde mir die Vorbereitung und Durchführung der hierfür erforderlichen Aktion übertragen. Die notwendigen Maßnahmen und die Entwürfe der Einsatzbefehle für die Nationale Volksarmee, die Organe des Ministeriums für Staatssicherheit und des Ministeriums des Innern, für die Bereitschaftspolizei, die Volkspolizei und die Kampfgruppen der Arbeiterklasse sowie die Anweisungen für die zentralen staatlichen Institutionen, für das Verkehrswesen, das Bauwesen und andere wirtschaftsleitende Organe wurden ausgearbeitet. Später konnten wir befriedigt feststellen, daß wir nichts Wesentliches unberücksichtigt gelassen hatten.

Zur unmittelbaren Leitung der Operation richtete ich meinen Stab im Berliner Polizeipräsidium ein. Dort stand ich in ständiger Verbindung mit den Kommandeuren und Stäben der bewaffneten Kräfte, den Bezirksleitungen der SED Berlin, Frankfurt an der Oder und Potsdam, den zentralen Staatsorganen, dem Berliner Magistrat und den Räten der Bezirke Frankfurt an der Oder und Potsdam.

Am 11. August 1961 erklärte die Volkskammer der DDR, daß eine ernste Gefahr für den Frieden in Europa besteht. Sie beauftragte den Ministerrat der DDR, alle Maßnahmen vorzubereiten und durchzuführen, die zur Sicherung des Friedens notwendig sind. Daraufhin faßte der Ministerrat am folgenden Tage den Beschluß, die noch offene Grenze zwischen dem sozialistischen und dem kapitalistischen Europa unter zuverlässige Kontrolle zu nehmen. Als ich am Nachmittag des 12. August 1961 zum Döllnsee fuhr, sah ich beiderseits der Straßen, daß sich die Motorisierten Schützenverbände unserer Volksarmee schon in ihren Bereitstellungsräumen befanden. Um 16.00 Uhr unterzeichnete der Vorsitzende des Nationalen Verteidigungsrates der DDR, Walter Ulbricht, die von uns vorbereiteten Befehle für die Sicherungsmaßnahmen an der Staatsgrenze der DDR zu Berlin-West und zur BRD. Am späten Abend, eine Stunde vor Beginn der Operation, trat der von mir geleitete Stab im Berliner Polizeipräsidium zusammen. Anwesend waren die

Mitglieder des Politbüros des Zentralkomitees der SED Willi Stoph, Stellvertreter des Vorsitzenden des Ministerrates der DDR, und Paul Verner, die Mitglieder des Zentralkomitees der SED Heinz Hoffmann, Minister für Nationale Verteidigung, Erich Mielke, Minister für Staatssicherheit, Karl Maron, Minister des Innern, und Erwin Kramer, Minister für Verkehrswesen, sowie Willi Seifert, Stellvertreter des Ministers des Innern, Fritz Eikemeier, Präsident der Volkspolizei Berlin, und Horst Ende, Leiter des Stabes des Ministeriums des Innern. Um 0.00 wurde Alarm gegeben und die Aktion ausgelöst. Damit begann eine Operation, die an dem nun anbrechenden Tag, einem Sonntag, die Welt aufhorchen ließ.

Gemäß den Einsatzbefehlen rückten die Verbände der Nationalen Volksarmee und die Bereitschaften der Volkspolizei in die ihnen zugewiesenen Abschnitte. Auch die Kampfgruppen in Berlin und in den an Berlin-West grenzenden Bezirken Potsdam und Frankfurt an der Oder bezogen ihre festgelegten Einsatzpunkte. Unsere bewaffneten Kräfte erhielten von den in der DDR stationierten sowjetischen Streitkräften Unterstützung, deren Oberbefehl am 10. August 1961 Marschall der Sowjetunion I. S. Konew übernommen hatte.

An diese spannungsgeladenen Tage und Stunden erinnert sich Heinz Hoffmann, seit Juli 1960 Minister für Nationale Verteidigung der DDR: »Ich weiß noch, wie wir damals die Stäbe und Verbände der Volksarmee – durch bestimmte Truppenbewegungen getarnt – heranführten. Erich Honecker rief mich nachts an, gab mir die ›X-Zeit‹ und sagte: ›Die Aufgabe kennst du! Marschiert!‹ Wir waren kaum an der Grenze, da war auch Erich Honecker da und überzeugte sich, ob unsere Panzer und anderen Einheiten an der richtigen Stelle standen. Er sprach nicht nur mit mir und anderen leitenden Offizieren, sondern – wie das seine Gewohnheit ist – an Ort und Stelle mit den Soldaten und erläuterte ihnen, warum wir diese Maßnahmen durchführen mußten.«

Binnen weniger Stunden war unsere Staatsgrenze rings um Berlin-West zuverlässig geschützt. Ich hatte vorgeschlagen, direkt an der Grenze die politische und militärische Kampfkraft der Arbeiterklasse einzusetzen, das heißt

Werktätige aus sozialistischen Betrieben in den Uniformen der Kampfgruppen. Sie sollten mit Bereitschaften der Volkspolizei unmittelbar die Grenze zu Berlin-West sichern. Falls es notwendig werden sollte, hatten die Truppenteile und Verbände der Nationalen Volksarmee und die Organe des Ministeriums für Staatssicherheit sie aus der zweiten Staffel zu unterstützen. Nur bei einem etwaigen Eingreifen der NATO-Armeen sollten die in der DDR stationierten sowjetischen Streitkräfte in Aktion treten.

Wie der Verlauf der Ereignisse bestätigte, bestanden die bewaffneten Kräfte der DDR ihre Bewährungsprobe hervorragend. Dennoch war dies keine rein militärische Operation. Vielmehr erforderten die Sicherungsmaßnahmen umfangreiche politische, ideologische, wirtschaftliche und organisatorische Aktivitäten. Wir hatten – ohne zunächst in aller Öffentlichkeit über konkrete Aufgaben sprechen zu können – die gesamte, damals von Paul Verner geleitete Berliner Parteiorganisation der SED mobilisiert. Innerhalb von Stunden war das Berliner Verkehrsnetz umzustellen und der Stadtbahn- und Untergrundbahn-Verkehr von und nach Berlin-West zu unterbrechen. Das konnte nur gelingen, wenn die Werktätigen der Reichsbahn und der Berliner Verkehrsbetriebe im Vertrauen auf ihre Arbeiterpartei und Arbeiterregierung alle Anweisungen diszipliniert verwirklichten, und das taten sie. Obwohl Tausende Werktätige zum Schutz der Staatsgrenze aufgezogen oder als Agitatoren tätig waren, mußte der 14. August 1961 in der Hauptstadt zu einem Montag mit guten Produktionsergebnissen werden. Die Stadt wollte versorgt sein wie gewohnt. Das Leben sollte so normal wie möglich weitergehen.

Quelle: Erich Honecker, Aus meinem Leben, Frankfurt am Main und Ost-Berlin 1980, S. 203 ff.

Dokument 8

**August 1961:
Flugblatt der SED-Bezirksleitung Suhl
zum Mauerbau**

Das Maß ist voll!

Unsere Geduld ist zu Ende!

Der Staat der Arbeiter und Bauern, unsere Deutsche Demokratische Republik, schützt vom heutigen Tage an wirksam seine Grenzen gegen den Kriegsherd Westberlin und gegen den Bonner Atomkriegsstaat.

Arbeiter und Genossenschaftsbauern, Angehörige der Intelligenz, Handwerker und Bürger des Mittelstandes, Werktätige in Stadt und Land des Bezirkes Suhl!

Stellt Euch geschlossen hinter die Schutzmaßnahmen unseres Arbeiter-und-Bauern-Staates!

Nehmt von allen Reisen nach Berlin, die nicht der unmittelbaren Arbeit dienen, Abstand!

Bekundet jetzt noch entschlossener Eure Treue zur Arbeiter-und-Bauern-Macht!

Wir bedrohen niemanden — aber wir fürchten auch keine Drohung!

Nicht Strauß siegt – Ulbricht wird siegen – und Ulbricht sind wir!

Wir sind eins mit dem mächtigen sozialistischen Weltsystem, an dessen Spitze die unbesiegbare Sowjetunion steht. Wir sind eins mit den Worten Chruschtschows: „Ihr Herren Imperialisten, eure Arme sind zu kurz!" Wer uns angreift, wird durch die Riesenfaust des Sozialismus zerschlagen!

Schuld an Unbequemlichkeiten, die für diesen oder jenen unserer Bürger mit unseren Schutzmaßnahmen verbunden sind, hat einzig und allein das Verbrechergesindel in Bonn und Westberlin!

Fundstelle: Gesamtdeutsches Institut, Bonn

Mittwoch, 16. August 1961 · 15 Pf

16. Jahr · Nr. 189 · Druck in Berlin · C 2184 A **** 2

BILD ZEITUNG

UNABHÄNGIG · ÜBERPARTEILICH

Berliner illustrierte **Nachtausgabe**

Der Osten handelt – was tut der Westen?

...denn Zigarren raucht der Mann!

Der Westen tut NICHTS!

Enttäuscht

Der Osten hat gehandelt. Der Osten handelt noch.

Die Stacheldrahtverhaue in Berlin werden dichter.

Die Kontrollen werden schärfer. Immer mehr Panzer kommen in die Stadt.

Was tut der Westen?

Der Westen tut nichts.

In den westlichen Hauptstädten wird beraten. Nachgedacht. Spekuliert. Fühlung genommen. Man bereitet „Schritte" vor. Man versucht, sich zu einigen. Und inzwischen rennen sich unsere Landsleute am Stacheldraht der Kommunisten die Köpfe blutig.

Was tun eigentlich die westlichen Staatsmänner?

Kennedy, der junge Präsident, schweigt.

Macmillan, der erfahrene Premier, schießt Schnepfen.

Adenauer, der greise Kanzler, spielt Wahlkampf.

In einer der schwersten Situationen deutscher Geschichte bringt es der Kanzler fertig, seinen politischen Gegner Brandt zu beleidigen.

Das ist nicht nur unfair. Das ist — man muß es leider sagen — das Eingeständnis, daß er im Augenblick nicht über den Schatten der engstirnigen Parteipolitik springen kann. Der Kanzler konnte es früher. Jetzt offenbar nicht.

Nicht der Wahlsieg einer Partei steht im Augenblick auf dem Spiel. Im Augenblick steht die deutsche Sache auf dem Spiel.

Am 13. August hat Ulbricht die Fluchtwege abgeriegelt und den Sowjetsektor in ein Militärlager verwandelt.

Erst drei Tage später hat sich die Bundesregierung zu einer Sondersitzung aufgerafft. Wie kläglich.

Und westliche Diplomaten sind sogar der Meinung, alliierte Rechte in Berlin seien nicht unmittelbar betroffen. Alliierte Rechte sind natürlich eindeutig verletzt worden.

Gerade deshalb ist das lange Schweigen, das hilflose Abwarten, das bedächtige Zögern für uns alle niederschmetternd. Wir sind enttäuscht.

Wir sind in das westliche Bündnis gegangen, weil wir geglaubt haben, dies sei für Deutschland wie für den Westen die beste Lösung.

Die Mehrheit der Deutschen, die überwältigende Mehrheit sogar, ist auch heute noch davon überzeugt.

Nur wird diese Überzeugung nicht gerade gestärkt, wenn einige unserer Partner in dem Augenblick, in dem die deutsche Sache in größter Gefahr ist, kühl erklären: „Alliierte Rechte sind nicht betroffen."

Die deutsche Sache ist in größter Gefahr.

Seit drei Tagen ist bisher nichts geschehen — außer einem Papierprotest der alliierten Kommandanten.

Wir sind enttäuscht.

 US-Präsident Kennedy schweigt...

 Macmillan geht auf die Jagd...

 ...und Adenauer schimpft auf Brandt

Lesen Sie die Berichte auf den Seiten 2, 3, 4 und 8

Der erste Volksarmist sprang in die Freiheit

Sehen Sie Seite 2 und 3!

Nach den Entwicklungen der letzten drei Tage in meiner Stadt möchte ich Ihnen in diesem persönlichen und informellen Schreiben einige der Gedanken und Gesichtspunkte mitteilen, die mich bewegen.

Die Maßnahmen des Ulbricht-Regimes, gestützt durch die Sowjetunion und den übrigen Ostblock, haben die Reste des Vier-Mächte-Status nahezu völlig zerstört. Während früher die Kommandanten der alliierten Mächte in Berlin bereits gegen Paraden der sogenannten Volksarmee protestierten, haben sie sich jetzt mit einem verspäteten und nicht sehr kraftvollen Schritt nach der militärischen Besetzung des Ostsektors durch die Volksarmee begnügen müssen. Die illegale Souveränität der Ostberliner Regierung ist durch Hinnahme anerkannt worden, soweit es sich um die Beschränkung der Übergangsstellen und des Zutritts zum Ostsektor handelt. Ich halte dies für einen ernsten Einschnitt in der Nachkriegsgeschichte dieser Stadt, wie es ihn seit der Blockade nicht mehr gegeben hat.

Die Entwicklung hat den Widerstandswillen der Westberliner Bevölkerung nicht verändert, aber sie war geeignet, Zweifel in die Reaktionsfähigkeit und Entschlossenheit der drei Mächte zu wecken. Dabei ist ausschlaggebend, daß der Westen sich stets gerade auf den existierenden Vier-Mächte-Status berufen hat. Ich weiß wohl, daß die gegebenen Garantien für die Freiheit der Bevölkerung, die Anwesenheit der Truppen und den freien Zugang allein für West-Berlin gelten. Dennoch handelt es sich um einen tiefen Einschnitt im Leben des deutschen Volkes und um ein Herausdrängen aus Gebieten der gemeinsamen Verantwortung (Berlin und Deutschland als Ganzes), durch die das gesamte westliche Prestige berührt wird. Die politisch-psychologische Gefahr sehe ich in doppelter Hinsicht:
1. Untätigkeit und reine Defensive könnten eine Vertrauenskrise zu den Westmächten hervorrufen. 2. Untätigkeit und reine Defensive könnten zu einem übersteigerten Selbstbewußtsein des Ostberliner Regimes führen, das heute bereits in seinen Zeitungen mit dem Erfolg seiner militärischen Machtdemonstration prahlt.

Die Sowjetunion hat die Hälfte ihrer Freistadtvorschläge durch den Einsatz der deutschen Volksarmee erreicht. Der zweite Akt ist eine Frage der Zeit. Nach dem zweiten Akt würde es ein Berlin geben, das einem Ghetto gleicht, das nicht nur seine Funktion als Zufluchtsort der Freiheit und als Symbol der Hoffnung auf Wiedervereinigung verloren hat, sondern das auch vom freien Teil Deutschlands abgeschnitten wäre. Dann könnten wir statt der Fluchtbewegung nach Berlin den Beginn einer Flucht aus Berlin erleben.

Ich würde es dieser Lage für angemessen halten, wenn die Westmächte zwar die Wiederherstellung der Viermächteverantwortung verlangen, gleichzeitig aber einen Drei-Mächte-Status West-Berlins proklamieren würden. Die drei Mächte sollten die Garantie ihrer Anwesenheit in West-Berlin bis zur deutschen Wiedervereinigung wiederholen und gegebenenfalls von einer Volksabstimmung der Bevölkerung in West-Berlin und der Bundesrepublik unterstützen lassen. Es bedarf auch eines klaren Wortes, daß die deutsche Frage für die Westmächte keineswegs erledigt ist, sondern daß sie mit Nachdruck auf einer Friedensregelung bestehen werden, die dem Selbstbestimmungsrecht des deutschen Volkes und den Sicherheitsinteressen aller Beteiligten entspricht. Außerdem würde ich es für gut halten, wenn der Westen das Berlin-Thema durch eigene Initiative vor die Vereinten Nationen brächte, mindestens mit der Begründung, die Sowjetunion habe in eklatanter Weise die Erklärung der Menschenrechte verletzt. Es scheint mir besser zu sein, die Sowjetunion in einen Anklagezustand zu versetzen, als dasselbe Thema nach Anträgen anderer Staaten diskutieren zu müssen.

Ich verspreche mir von derartigen Schritten keine wesentliche materielle Änderung der augenblicklichen Situation und kann nicht ohne Bitterkeit an die Erklärungen denken, die Verhandlungen mit der Sowjetunion mit der Begründung abgelehnt haben, man dürfe nicht unter Druck verhandeln. Wir haben jetzt einen Zustand vollendeter Erpressung, und schon höre ich, daß man Verhandlungen nicht werde ablehnen können. In einer solchen Lage ist es um so wichtiger, wenigstens politische Initiative zu zeigen, wenn die Möglichkeit der Initiative des Handelns schon so gering ist.

Nach der Hinnahme eines sowjetischen Schrittes, der illegal ist und als illegal bezeichnet worden ist, und angesichts der vielen Tragödien, die sich heute in Ost-Berlin und in der Sowjetzone abspielen, wird uns allen das Risiko letzter Entschlossenheit nicht erspart bleiben. Es wäre zu begrüßen, wenn die amerikanische Garnison demonstrativ eine gewisse Verstärkung erfahren könnte.

Ich schätze die Lage ernst genug ein, um Ihnen, verehrter Herr Präsident, mit dieser letzten Offenheit zu schreiben, wie sie nur unter Freunden möglich ist, die einander voll vertrauen.

Quelle: Dokumente zur Deutschlandpolitik IV/7 (1961), 48 f.

Dokument 11

**16. August 1961:
Aus der Rede des Regierenden
Bürgermeisters von Berlin, Brandt,
auf einer Kundgebung in Berlin**

Sie, unsere Mitbürger im Sektor und unsere Landsleute in der Zone, sie tragen in diesen Tagen die schwerste Last. Ich wende mich, ebenso wie mein Kollege Franz Amrehn, in dieser Stunde ganz bewußt auch an die Landsleute, die in den Behörden und in den Organisationen des Zonenregimes tätig sind, ich wende mich besonders an diejenigen, die zum Dienst in den militärischen Formationen des Zonenregimes verpflichtet worden sind, in der sogenannten Volkspolizei, in der sogenannten Volksarmee, in den sogenannten Betriebskampfgruppen. Wir verstehen alle, was es bedeutet, in die Disziplin militärischer Einheiten eines Zwangsregimes eingeordnet zu sein, aber wir müssen auch alle wissen, daß es für den einzelnen eine Stimme des Gewissens gibt, die er nicht überhören darf, wenn er nicht bösen Schaden nehmen will! Deshalb mein Aufruf, mein Appell an alle Funktionäre des Zonenregimes, an alle Offiziere und Mannschaften der militärischen und halbmilitärischen Einheiten: Laßt euch nicht zu Lumpen machen! Zeigt menschliches Verhalten, wo immer es möglich ist, und vor allem, schießt vor allem nicht auf eure eigenen Landsleute!

Wir können den Mitbürgern im Sektor und den Landsleuten in der Zone in diesen Tagen nicht ihre Last abnehmen, und das ist heute das Bitterste für uns! Wir können sie ihnen nur mittragen helfen, indem wir ihnen zeigen, daß wir uns der Stunde gewachsen zeigen! Sie fragen, ob wir sie jetzt abschreiben. Darauf gibt es nur die Antwort: Nein, niemals! Sie fragen uns, ob wir sie jetzt verraten werden, und auch darauf gibt es nur die Antwort: Nein, niemals! ...

Wir haben unsere Landsleute zur Solidarität aufgerufen. Zu solcher Solidarität gehört, daß keiner aus der Bundesrepublik und aus West-Berlin an kulturellen, an sportlichen oder anderen Veranstaltungen des Zonenregimes teilnimmt. Das sollte auch für die Leipziger Messe gelten. Wer mit den Kerkermeistern unseres Volkes in dieser Situation auf der Messe noch Geschäfte machen will, der soll gleich dort bleiben. Wir wollen ihn nicht mehr sehen. Es wäre, meiner Meinung nach, nicht zu verstehen, wenn in dieser Situation über das deutsch-sowjetische Kulturabkommen weiterverhandelt würde.

Wir haben der Bundesregierung schon bei früherer Gelegenheit gesagt, und ich wiederhole es heute: Da die Bundesrepublik durch Vertrag mit den Westmächten die völkerrechtliche Vertretung des Landes Berlin übernommen hat, darf es von ihr kein internationales Abkommen auf nichtmilitärischen Gebieten geben, ohne daß die Interessen des freiheitlichen Berlin gesichert sind.

Quelle: Dokumente zur Deutschlandpolitik IV/7 (1961), 52 ff.

Quelle: Neues Deutschland, 23. August 1961

Brandt: »Du Ärmster bist jetzt hinter Gittern.«

Quelle: Neues Deutschland, 20. August 1961

Das letzte Geleit

Quelle: Neues Deutschland, 18. August 1961

Vor und hinter dem Brandenburger Tor

Quelle: Neues Deutschland, 23. August 1961

Dokument 12

16. August 1961:
Nationales Olympisches Komitee der Bundes-
republik Deutschland und Deutscher Sport-
bund zum Abbruch des gesamtdeutschen
Sportverkehrs

1. Die vom Regime der Sowjetzone getroffenen Abschnürungsmaßnahmen werden auf das Schärfste mißbilligt. Dieses Vorgehen widerspricht den Prinzipien der Menschlichkeit und verletzt auch alle sportlichen Grundsätze. Nach diesen Maßnahmen haben nur noch systemhörige Personen die Möglichkeit zu sportlichen Begegnungen mit der Bundesrepublik. Damit hat die Sowjetzone den gesamtdeutschen Sportverkehr unterbunden. Sie trägt dafür die alleinige Verantwortung. Solange ein normaler Verkehr zwischen der SBZ und Berlin sowie der Bundesrepublik nicht möglich ist, können die Spitzenverbände Genehmigungen zur Durchführung von Sportveranstaltungen in der Sowjetzone und in der Bundesrepublik mit Sportgruppen der Sowjetzone nicht mehr erteilen. Ebenso können die Sportverbände der Bundesrepublik für die Dauer dieses, von der Sowjetzone geschaffenen Zustandes auch an internationalen Sportveranstaltungen innerhalb der Sowjetzone nicht mehr teilnehmen.

Verhandlungen über gesamtdeutsche Sportfragen haben unter diesen Umständen keinen Sinn; sie werden ab sofort eingestellt.
2. In der gegenwärtigen Lage ist es eine Ehrenpflicht der Turn- und Sportbewegung der Bundesrepublik, den Sportverkehr mit West-Berlin mit allen Kräften zu verstärken.
3. Die widerrechtliche Aussperrung von Sportjournalisten aus West-Berlin und der Bundesrepublik von den Ruder-Ausscheidungen in Potsdam veranlassen den Deutschen Sportbund und das Nationale Olympische Komitee, die Spitzenverbände zu bitten, sich bei allen Sportveranstaltungen energisch dafür einzusetzen, daß die Sportjournalisten der Bundesrepublik entsprechend den internationalen Gepflogenheiten wie die Journalisten aller anderen Länder zugelassen und in ihrer Arbeit nicht behindert werden.

Quelle: Dokumente zur Deutschlandpolitik IV/7 (1961), 59

Dokument 13

18. August 1961:
Aus der Regierungserklärung, abgegeben
von Bundeskanzler Adenauer auf der
Sondersitzung des Deutschen Bundestages

In dieser ernsten Lage, die durch die Zonenmachthaber heraufbeschworen worden ist, steht die Bundesregierung mit ihren drei westlichen Verbündeten in engster Verbindung. Sie wird gemeinsam mit ihnen die erforderlichen Maßnahmen vorbereiten und durchführen. Die Bundesregierung und ihre Verbündeten sind sich in der Bewertung der der freien Welt drohenden Gefahren einig. Die Außenminister der drei Westmächte und der Bundesrepublik sind vor zwei Wochen in Paris zu Beratungen zusammengetreten. Ich kann, meine Damen und Herren, mit besonderer Genugtuung feststellen, daß diese Beratungen im Geiste vollen gegenseitigen Einvernehmens geführt wurden.

Diese Beratungen wurden ergänzt und bestätigt durch eine ausführliche Konsultation zwischen den vier Mächten und allen NATO-Partnern. Auf diese Weise ist es möglich gewesen, über die Grundlage der westlichen Haltung eine volle Übereinstimmung nicht nur zwischen den an der Lösung der Deutschland-Frage unmittelbar beteiligten Westmächten und uns, sondern auch zwischen allen NATO-Partnern zu erzielen. Der amerikanische Außenminister Rusk hat im Anschluß an die mit den Außenministern Frankreichs, Großbritanniens und der Bundesrepublik geführten Besprechungen den NATO-Rat unterrichtet, der bei dieser Gelegenheit erneut und unzweideu-

tig die Entschlossenheit aller NATO-Staaten zum Ausdruck gebracht hat, die Freiheit Berlins aufrechtzuerhalten.
(Beifall auf allen Seiten des Hauses.)
Zugleich hat der NATO-Rat wiederholt die Überzeugung ausgedrückt, daß eine friedliche und gerechte Lösung der deutschen Frage einschließlich Berlins nur auf der Grundlage des Selbstbestimmungsrechtes des gesamten deutschen Volkes herbeigeführt werden kann.
(Erneuter Beifall.)
Wir werden diese engen Kontakte und die Zusammenarbeit in den nächsten Wochen und Monaten fortsetzen und werden im engsten Einvernehmen miteinander gemeinsam die Schritte ergreifen, die zur Abwehr etwaiger sowjetischer Versuche, die Freiheit Berlins zu beeinträchtigen, erforderlich sind ...

Auch die Bundesrepublik Deutschland wird im Rahmen der Atlantischen Verteidigungsorganisation ihrerseits Maßnahmen zur Stärkung der militärischen Bereitschaft ergreifen müssen, um die Anstrengungen, die insbesondere durch die Vereinigten Staaten, aber in erheblichem Umfange auch von den anderen NATO-Partnern unternommen werden, zu unterstützen und zu ergänzen. Es ist für uns, meine Damen und Herren, ein Gebot der Selbsterhaltung, daß wir uns in diesem Augenblick, in dem es um Berlins Schicksal, um unser Schicksal, geht, mit unseren westlichen Verbündeten solidarisch erklären und mit ihnen gemeinsam die Anstrengungen unternehmen, die erforderlich sind, um der Gefahr zu begegnen.
(Beifall.)

Wir sind jedoch weit davon entfernt, in militärischen Maßnahmen eine Lösung der künstlich von der Sowjetunion erzeugten Krise zu erblicken. Die Bundesregierung ist nicht davon überzeugt, daß der sowjetische Ministerpräsident einen Krieg auslösen will, der auch sein Land vernichten würde. Die Bundesregierung glaubt, daß es nach wie vor möglich ist, aus der Lage, in der die Welt sich befindet, durch Verhandlungen einen Ausweg zu finden.
(Beifall bei der CDU/CSU.)
Sie ist bereit, jeden Ansatz für Verhandlungen zwischen den vier für Berlin und Deutschland als Ganzes zuständigen Mächten zu unterstützen. Die Bundesregierung erachtet es jedoch für unerläßlich, darauf hinzuweisen, daß das einseitige Vorgehen der Zonenmachthaber, das mit Zustimmung der Regierung der UdSSR erfolgt ist, eine Belastung der vom Westen gezeigten Verhandlungsbereitschaft darstellt.
Die Bundesregierung wird aber die Hoffnung nicht aufgeben, daß alsbald Verhandlungen aufgenommen werden und daß durch sie eine Lösung des Deutschland-Problems und damit der Berlin-Frage auf der Grundlage des Selbstbestimmungsrechts der Völker ermöglicht wird. Das Prinzip, daß den Völkern das Recht gegeben werden muß, über ihre staatliche Ordnung selbst zu entscheiden, hat seinen Siegeszug über die ganze Welt angetreten. Die Bundesregierung vertraut darauf, daß es auch im Herzen Europas, wo zur Zeit immer noch 16 Millionen Deutschen dieses Recht verweigert wird, durchgesetzt werden kann.

Quelle: Dokumente zur Deutschlandpolitik IV/7 (1961), 74 ff.

Dokument 14

19. August 1961:
Rede des amerikanischen Vizepräsidenten
Johnson auf einer gemeinsamen Sitzung
des Berliner Senats
und des Berliner Abgeordnetenhauses

Ich bin auf Weisung des Präsidenten Kennedy nach Berlin gekommen. Er und ich wünschen, daß Sie zur Kenntnis nehmen, daß die Zusicherung, die er für die Freiheit von Westberlin und für die Rechte des westlichen Zugangs zu Berlin abgegeben hat, fest ist. Für das Überleben

und die schöpferische Zukunft dieser Stadt haben die Amerikaner in der Tat das verbürgt, was unsere Vorfahren bei der Schaffung der Vereinigten Staaten verbürgt haben: ›unser Leben, unser Gut und unsere heilige Ehre‹. Ich bin hierher gekommen in einem Augenblick der Spannung und Gefahr für Euer Leben, für das Leben meiner Landsleute und das gemeinsame Leben der Freien Welt. Eine Schranke von Stacheldraht wurde quer durch Eure Stadt gezogen. Sie hat für Euch und, was noch wichtiger ist, für Eure Brüder im Osten lebenswichtige, menschliche Bande zerrissen, Bande, die das Leben von Familien und Freunden in dem langen Leben dieser großen Stadt miteinander verknüpften. Ich verstehe den Schmerz und die Erbitterung, die Ihr fühlt. Ich verstehe Euren Ärger darüber, daß die kommunistischen Behörden und ihre Söldlinge sich dazu beglückwünschen, den Strom von Männern, Frauen und Kindern unterbrochen zu haben, die es dort nicht länger aushalten konnten und nach dem Westen gekommen sind, selbst wenn sie dadurch ihre Heime, ihre Familie und alles, was sie geschaffen hatten, preisgeben mußten. Sie nehmen einen Sieg für sich in Anspruch und haben ihre Niederlage bewiesen. Ich sage Euch, die Kommunisten haben sich zu früh beglückwünscht. Laßt uns einen Augenblick überlegen, um was es sich bei dieser Krise handelt. Diese Krise ist infolge einer massiven historischen Tatsache entstanden. Die freien Menschen in Deutschland sowohl hier wie auch in Westdeutschland haben in den Jahren seit Ende des Krieges über unsere optimistischsten Erwartungen hinaus Erfolge erzielt. Ich meine damit nicht nur ihren wirtschaftlichen Erfolg, den die ganze Welt kennt und bewundert. Sie erzielten in einer viel bedeutsameren Beziehung Erfolg. Sie haben ein lebenswertes Leben aufgebaut. Sie haben mit einer bewundernswerten Selbstdisziplin Beschränkungen ihrer militärischen Einrichtungen akzeptiert. Sie haben eine große konstruktive Rolle bei der Schaffung eines vereinten Europa gespielt. Sie sind nun dabei, eine bedeutsame Rolle auf der Szene der Welt von Indien bis Bolivien zu spielen. Andererseits ist in Ostdeutschland ein schreckliches und tragisches Fehlschlagen zu verzeichnen. Trotz Anwendung jedes Instru-

ments von Gewalt und Propaganda, trotz Vorhandenseins aller Aktiva deutscher Tüchtigkeit und deutscher Ressourcen waren die Kommunisten nicht in der Lage, ein Leben zu schaffen, dem die Menschen ihre Talente, ihren Glauben und die Zukunft ihrer Kinder widmen können. Man irre sich nicht, diese geschichtliche Tatsache ist im Kreml wohlbekannt. Was diese Leute nun zu tun versuchen ist, Stacheldraht, Bajonette und Tanks den Kräften der Geschichte entgegenzustellen. Auf kurze Sicht ist der Stacheldraht da und wird nicht durch eine Handbewegung verschwinden. Auf lange Sicht wird aber dieses unkluge Bemühen scheitern. Wendet Eure Augen von diesen Schranken ab und fragt Euch selbst: Wer kann wirklich glauben, daß die Geschichte Deutschland und Berlin ihre natürliche Einheit verweigern wird? Dies ist somit eine Zeit für Vertrauen, Haltung und Glauben – für Glauben an Euch selbst. Dies ist auch eine Zeit für Glauben an Eure Alliierten allüberall in der Welt. Diese Insel steht nicht allein. Ihr seid ein lebenswichtiger Teil der gesamten Gemeinschaft freier Menschen. Eure Leben sind nicht nur mit jenen in Hamburg, Bonn und Frankfurt verbunden, sondern auch mit jenen, die in jeder Stadt Westeuropas, Canadas und der Vereinigten Staaten weilen und mit jenen auf jedem Kontinent, die in Freiheit leben und bereit sind, dafür zu kämpfen. Ich wiederhole: Das ist eine Zeit für Vertrauen, für Haltung und für Glauben – Qualitäten, mit welchen der Name Eurer Stadt verbunden ist, von einem Ende der Welt zu dem andern – seit 1945. Was Präsident Kennedy am 25. Juli zu seinen Mitbürgern gesagt hat, sage ich nun zu Euch: ›Mit Eurer Hilfe und der Hilfe anderer freier Menschen kann diese Krise überstanden werden, kann die Freiheit obsiegen und kann der Frieden gewahrt werden.‹

Quelle: Dokumentation zur Deutschlandfrage. Hauptbd. II. Zusammengestellt von Heinrich von Siegler. Bonn 1961, S. 713 ff.

106

23. August 1961:
SED-Kampfgruppen berichten in Radio DDR
über ihren Einsatz beim Mauerbau

»Im Stadtbezirk Weißensee versammeln sich die Hundertschaften der Betriebskampfgruppen unserer sozialistischen Betriebe, um an der großen Demonstration und am großen Kampfappell teilzunehmen. Ich darf mich mit einigen Genossen bekanntmachen – vielleicht mal ihre Namen bitte. Kämpfer Genosse Pürsch[1]. Der Genosse Pürsch. Kämpfer Genosse Wöhners. Der Genosse Wöhners und der Kommandeur – Genosse Mehling. Ja, Genosse Mehling. Es geht also los zur großen Demonstration der Berliner Kampfgruppen. Darf ich fragen: Wo waren Sie eingesetzt?« – »Wir waren im Stadtbezirk Mitte eingesetzt.« – »Ja, an welchen Grenzübergängen besonders?« – »Wir haben also an verschiedenen Grenzübergängen gearbeitet, wir haben also auch die verschiedensten Arbeiten durchgeführt. Wir haben unter anderem Wachdienst durchgeführt, wir haben Strei-

fendienst durchgeführt, wir haben auch Arbeitseinsätze durchgeführt, indem wir die Mauer gemacht haben. Wir haben Ziegelsteine geladen, um also die Materialien heranzuführen. Wir haben also wie gesagt die verschiedensten Einsätze durchgeführt und waren also sozusagen ein Einsatzkommando.« – »Ja, seit elf Tagen im Einsatz. Wie ist es gelaufen im Einsatz?« – »Eine ausgezeichnete Stimmung, jeder Kämpfer war mit Begeisterung dabei. Letzten Endes galt es ja darum, endlich normale Verhältnisse in Berlin zu schaffen. Und ich glaube, die Kampfgruppen der sozialistischen Betriebe haben dazu beigetragen. Heute ist ja nun die Großdemonstration und ich glaube, alle Kämpfer können stolz sein, an dieser Demonstration teilzunehmen.«

1 Die Namen sind phonetisch wiedergegeben

Die letzten Wochen hatten es in sich. Die Bevölkerung der DDR und ganz besonders die Bevölkerung der Hauptstadt der Deutschen Demokratischen Republik stand vor einer Prüfung von geschichtlicher Bedeutung.
Liebe Berliner! Ihr habt diese Prüfung gut bestanden! Ihr habt euch prächtig gehalten.
Vereint mit unseren Verbündeten, mit der mächtigen Union der Sozialistischen Sowjetrepubliken und den im Warschauer Vertrag vereinten volksdemokratischen Ländern, hat die Deutsche Demokratische Republik – und vor allem die Bevölkerung der Hauptstadt – diese Prüfung in Ehren bestanden ...
Jetzt ist in der Deutschlandfrage die Zeit der Wahrheit gekommen. Die Lügen, der Propagandanebel des kalten Krieges haben keinen Bestand. Was aber ist die Wahrheit in der Deutschlandfrage? In Westberlin, in Westdeutschland und in der ganzen Welt interessiert man sich jetzt dafür. In meiner Fernseh-

rede – heute vor einer Woche – habe ich diese Frage präzise beantwortet. Ich möchte hier nur noch einmal betonen: In Berlin sind einige innerdeutsche Fragen geregelt worden, die keineswegs die Interessen der Westmächte berühren. Es wurden Sicherungsmaßnahmen durchgeführt, wie sie jeder souveräne Staat an seinen Grenzen trifft ...
Herr Adenauer ist zweifellos in einer peinlichen Lage. Der ursprüngliche Plan der Bonner Ultras und Militaristen war doch, nach den westdeutschen Wahlen mit dem Generalangriff gegen die Deutsche Demokratische Republik zu beginnen. Aber seine Leute, die Herren Strauß und Lemmer und Brandt haben die Katze zu früh aus dem Sack gelassen. Sie haben verfrüht mit den massierten Störmanövern begonnen. Sie haben in ihrem frechen Übermut ganz offen ausgeplaudert, worum es ihnen ging. Sie haben das Fell verteilt, bevor sie den Bären erlegt hatten. Sie verteilten untereinan-

der schon die Betriebe der DDR und die anderen von unseren Werktätigen geschaffenen Werte. Da ihnen das Wasser im Munde zusammenlief bei der törichten Vorstellung, sie könnten die Deutsche Demokratische Republik schlucken, konnten einige es nicht erwarten und legten verfrüht los.

Wir wußten seit langem, was gespielt werden sollte, und hatten unsere Vorbereitungen sorgfältig getroffen. Wir hatten angenommen, daß es erst nach den westdeutschen Wahlen richtig losgehen würde. Das Vorprellen der westdeutschen Militaristen hat uns jedoch gezwungen, dem Spuk schon am 13. August ein Ende zu machen und den Kriegsbrandherd Westberlin unter Kontrolle zu nehmen.

Mögen sich die Herrschaften drüben untereinander darüber streiten, wer von ihnen an ihrer Niederlage Schuld hat. Ich kann ihnen zum Trost sagen: Der Versuch, die DDR aufzurollen, hätte auch nach den westdeutschen Wahlen mit einem völligen Fiasko geendet. Die Militaristen haben bei uns nun einmal nichts mehr zu bestellen, absolut nichts, und werden nie wieder, ich wiederhole, niemals wieder irgend etwas bei uns zu bestellen haben! ...

Wir haben ausdrücklich gesagt, daß unsere Maßnahmen bis zum Abschluß eines Friedensvertrages gelten. Wir hoffen, daß sich bis dahin in der Westberliner Bevölkerung die Erkenntnis durchsetzt, daß die Frontstadtpolitik bankrott ist, daß Westberlin nicht imstande ist, die Brandtsche Politik des Störenfrieds gegen die DDR aufrechtzuerhalten, daß es am besten wäre, die Zeit bis zum Abschluß eines Friedensvertrages für die Vorbereitung von Verhandlungen über die Umwandlung Westberlins in eine entmilitarisierte Freie Stadt zu nutzen.

Einige unserer Maßnahmen bringen für manche Berliner Familien Unbequemlichkeiten und vielleicht auch Härten. Aber was sollen wir machen? Wenn es um die großen Interessen der Nation geht, um ihre Zukunft, um Krieg oder Frieden, dann müssen – das wird wohl jeder einsehen – persönliche Interessen zurücktreten. Bedanken kann sich jeder bei den westdeutschen Militaristen und ihrem Westberliner Ableger.

Quelle: Dokumente zur Deutschlandpolitik IV/7 (1961), 231 ff.

| Dokument 17 | **23. August 1961:**
Verlautbarung des Senats von Berlin |

Der Senat hat sich in seiner Sitzung vom Mittwoch, dem 23. August, mit den neuen Unrechtsmaßnahmen der Pankower Machthaber beschäftigt. Auch diese neuen Anordnungen des sogenannten Innenministers der angeblichen »DDR« sind illegal. Sie machen deutlich, daß die Behörden der sowjetisch besetzten Zone Deutschlands die Situation in Berlin weiter verschärfen. Die neuen Unrechtsmaßnahmen stehen im Widerspruch zu den Erklärungen, die der Botschafter der Sowjetunion in der Bundesrepublik Deutschland, Andrej Smirnov, vor wenigen Tagen gegenüber dem Kanzler der Bundesrepublik Deutschland, Dr. Konrad Adenauer, abgegeben hat. Sie greifen darüber hinaus tief in die alliierten Rechte ein. Praktisch sind Einwohner West-Berlins beim Betreten des sowjetisch besetzten Teils unserer Stadt den gleichen Bestimmungen unterworfen wie bei der Einreise in die sowjetisch besetzte Zone. Damit sind die Reste der Freizügigkeit innerhalb Berlins zerstört. Der Senat hat sich ausführlich auch mit den Aspekten der neuen Lage befaßt. Die alliierten Kommandanten traten am Mittwoch, dem 23. August, um 9 Uhr zu einer Sitzung zusammen. Der Regierende Bürgermeister Willy Brandt hatte mit ihnen eine eingehende Unterredung. Er hat den Kommandanten gegenüber zum Ausdruck gebracht, welche besondere Infamie darin liegt, die Genehmigung zum Betreten des Ostsektors von Berlin auf Büros zu übertragen, die noch gar nicht existieren. Das kommt einer praktischen Sperre gleich, ganz abgesehen davon, daß bereits die Einführung von Aufenthaltsgenehmigungen für das Betreten des Ostsektors illegal ist. Der Senat wird Institutionen der sogenannten »DDR« auf Westberliner Gebiet nicht zulassen, die Anordnungen der Zonen»regierung« durchführen. Die alliierten Schutzmächte sind mit dieser Auffassung des Senats vertraut gemacht worden. Zwischen ihnen und den betreffenden Dienststellen des Berliner Senats finden ständig Besprechungen statt. Die Anordnungen des »Innenministers« der Zonen»regierung«, wonach Westberliner sich der Sektorengrenze auf nicht mehr als 100 m nähern sollen, betreffen uns nicht. Einwirkungen ostzonaler Anordnungen auf Westberliner Gebiet werden zurückgewiesen. Die Polizei wird weiterhin die Maßnahmen treffen, die sie im Interesse der Ruhe und Ordnung für notwendig hält. Die alliierten Schutzmächte haben dem Senat zugesagt, daß sie gerade auf diesem Gebiet ihr verstärktes Interesse sichtbar machen werden. Nach der Einführung der neuen Unrechtsmaßnahmen ist der Senat entschlossen, unerwünschten Personen das Betreten West-Berlins unmöglich zu machen. Die dafür erforderlichen Kontrollmaßnahmen werden unverzüglich eingeleitet werden.

Quelle: Dokumente zur Deutschlandpolitik IV/7 (1961), 201 f.

Dokument 18

25. August 1961:
Anordnung der Alliierten Kommandantur
der Stadt Berlin

---

1. Die Alliierte Kommandatura ordnet hierdurch an, daß die Einrichtung sowie der Betrieb von Büros zum Zwecke der Ausgabe von Genehmigungen zum Betreten des Sowjetsektors von Berlin innerhalb des amerikanischen, französischen und britischen Sektors von Berlin verboten sind.
2. Die Berliner Behörden haben die notwendigen Maßnahmen zur Durchführung dieser Anordnung zu ergreifen.

Für die Alliierte Kommandatura Berlin
Lucian Heichler
Vorsitzführender Sekretär

Quelle: Dokumente zur Deutschlandpolitik IV/7 (1961), 242

IV

Auswirkungen und unmittelbare Folgen

September 1961 bis November 1963

Der Mauerbau bedeutete in mehrfacher Hinsicht eine Zäsur. Innenpolitisch begann in der DDR 1963 eine Phase der Konsolidierung. Die SED fing mit großer Verspätung an, Chruschtschows Entstalinisierung nachzuvollziehen. Konkret bedeutete das unter anderem eine vorsichtige Liberalisierung auf kulturellem Gebiet und eine Reform des Wirtschaftssystems (der VI. SED-Parteitag beschloß 1963 das »Neue Ökonomische System der Planung und Leitung«, NÖSPL).

Deutschlandpolitisch stellte Ulbricht die Weichen allmählich auf Abgrenzung von der Bundesrepublik, auch wenn er zunächst noch an seinem 1957 unterbreiteten Konföderationsvorschlag für beide deutsche Staaten festhielt. Im sogenannten »Nationalen Dokument« vom 17. Juni 1962 wurde West-Berlin, das *»auf dem Territorium der DDR liegt«*, als *»entmilitarisierte freie und neutrale Stadt«* in einer deutschen Konföderation gewünscht. Die Forderung nach einem deutschen Friedensvertrag trat hinter dem Konföderationsgedanken zurück.Nach der amerikanisch-sowjetischen Konfrontation in der Kuba-Krise vom Oktober 1962 und dem Abzug der sowjetischen Raketen aus Kuba zeigte sich die Sowjetunion nicht an einer neuerlichen Verschärfung der Lage in Berlin und Deutschland interessiert.

Die Propagandakampagne der SED zur Rechtfertigung des Mauerbaus lief indessen noch geraume Zeit weiter; denn der Unmut der Bevölkerung über die Abschnürung vom Westen machte sich deutlich bemerkbar. Auch nach dem 13. August 1961 flohen jährlich noch Zehntausende in den Westen. Innerhalb von zwei Jahren (bis zum 13. August 1963) verloren dabei 65 Flüchtlinge ihr Leben an der Berliner Mauer (Dok. 7). Der Ausbau der Grenzanlagen, die Errichtung eines sogenannten »Todesstreifens« und die Einrichtung der Grenzordnung vom 21. Juni 1963 (Dok. 9 und 10) erhöhten das Risiko eines sog. Grenzdurchbruchs, so daß sich die Zahl der sogenannten Sperrbrecher allmählich verringerte. Die Justizministerin Hilde Benjamin hatte schon gleich nach dem Mauerbau die Gerichte aufgefordert, drakonische Strafen für den Versuch zur »Republikflucht« zu verhängen (Dok. 1).

Im September 1961 begann eine Kampagne gegen das *»geistige Grenzgängertum«* (Dok. 6). FDJ-Brigaden erhielten den Auftrag, in der *»Aktion Ochsenkopf«* (Berg im Fichtelgebirge, von dem westdeutsche Rundfunk- und Fernsehprogramme in die DDR ausgestrahlt werden) nach Westen gerichtete Antennen zu zerstören (Dok. 2 und 3).

Während sich der Westen und insbesondere die Berliner Bevölkerung mit der Mauer nicht abfinden wollten und konnten (Dok. 8), hoben die DDR-Medien unermüdlich die *»friedensstiftende«* Wirkung des *»antifaschistischen Schutzwalls«* hervor. Besucher aus Westdeutschland erhielten Anfang der sechziger Jahre eine in mehreren veränderten Auflagen erschienene Broschüre mit dem Titel »Was ich von der Mauer wissen muß«, in der zwar nicht um Sympathie, aber doch um Verständnis für den Mauerbau geworben wurde. Walter Ulbricht behauptete Ende 1961, die DDR habe durch die offene Grenze nach Westen einen Verlust von 30 Milliarden Mark erlitten. In einer ausführlichen Beurteilung des ZK der SED zur Lage nach dem 13. August vom 4. Oktober 1961 (Dok. 4) wird festgestellt, daß die völkerrechtliche Anerkennung der DDR nunmehr auf der Tagesordnung stehe, weil auch *»in den Hauptstädten der kapitalistischen Län-*

der die Existenz zweier deutscher Staaten nicht länger übergangen werden könne«. In der Bundesrepublik wurden Ansätze zu einer neuen deutschlandpolitischen Konzeption deutlich. Konrad Adenauer hatte schon in den Jahren 1958 bis 1962 bei den Sowjets Alternativen ins Spiel gebracht, wie einen zehnjährigen »Burgfrieden« auf der Basis des Status quo oder eine »Österreich-Lösung« für die DDR, wenn dadurch der DDR-Bevölkerung größere Freiheiten eingeräumt werden könnten. Der FDP-Politiker William Borm, der CDU-Abgeordnete J. B. Gradl, der SPD-Politiker Egon Bahr (Dok. 12, 13, 14) gehörten zu den Politikern, die offen aussprachen, was bis dahin ein Tabu war: Illusionen über eine schnelle Wiedervereinigung müßten aufgegeben werden, statt dessen gelte es, einen Modus vivendi in Deutschland und Berlin zu finden. Die Verhandlungen über das erste Passierscheinabkommen in Berlin im Dezember 1963, waren ein erster Schritt dazu (Dok. 11).

Dokument 1

**September 1961:
Justizminister Hilde Benjamin
zur Strafjustiz nach dem Mauerbau**

Die Maßnahmen, die aufgrund des Beschlusses der Volkskammer der Deutschen Demokratischen Republik mit dem Ministerratsbeschluß vom 12. August 1961 eingeleitet wurden, bilden eine wichtige Etappe auf dem Weg zu einem Friedensvertrag mit beiden deutschen Staaten. Eindeutig begründet auf Normen des Völkerrechts, sind sie von vielfältiger internationaler und nationaler, politischer, moralischer, ökonomischer und nicht zuletzt rechtlicher Bedeutung.
Ihre exakte Durchführung war eine Bewährungsprobe für den Staatsapparat, und er hat sie bestanden. Sie waren auch eine Bewährungsprobe für die Justizorgane. Nicht nur, daß die Genossen der Justiz in Berlin, Frankfurt (Oder) und Potsdam als Kämpfer der Kampfgruppen ihren Dienst in Ehren erfüllten. Die Staatsanwaltschaft und die Gerichte bewiesen, daß sie nicht außerhalb oder neben den übrigen Teilen des Staatsapparates stehen; auch ihre Aufgabe war es, die Versuche des Gegners, die gegen unsere Maßnahmen zum Schutze des Friedens und der Deutschen Demokratischen Republik gerichtet waren, schnellstens im Keime zu ersticken.
Allerdings befanden sich die Justizorgane schon vor dem 13. August 1961 in »Bereitschaft«. Die Vorbereitung der von den Bonner Ultras beabsichtigten Provokationen, ihre Wühltätigkeit gegen die Deutsche Demokratische Republik hatte in sich steigernder Weise in Verbrechen ihren Ausdruck gefunden, die zu einer Reihe von Strafverfahren geführt hatten: Hetze und Verleumdung, Brandstiftung – so z. B. im Zentralviehhof und der Humboldt-Universität in Berlin –, Kindesraub in den Bezirken Cottbus und Neubrandenburg, verbrecherische Spekulationen, die die Bevölkerung demoralisierende und unsere Wirtschaft beeinträchtigende Grenzgängerei. Vor allen Dingen erreichte aber der zum Äußersten getriebene Menschenhandel ein Ausmaß an Schamlosigkeit und Unmenschlichkeit, das in der Erklärung der Warschauer Vertragsstaaten zur internationalen Anprangerung westdeutscher Regierungsorgane und Rüstungskonzerne und ihrer Methoden – »als Betrug, Korruption und Erpressung« – führte.
Derartige Verfahren beschäftigten alle Bezirksgerichte der Deutschen Demokratischen Republik. Sie dienten nicht nur dem Schutze unseres Staates und unserer Bevölkerung gegen die angeklagten Verbrecher, sondern sie deckten systematisch die Methoden der inneren Aggression von seiten Bonns und der NATO auf und mobilisierten die Bevölkerung zur aktiven Abwehr. Vor allem aber entlarvten die Verfahren vor dem Obersten Gericht gegen Adamo (vgl. NJ, 1961, Heft 16, S. 550) und Vogt und deren Mitangeklagte den Menschenhandel als Aggression in völkerrechtlichem Sinne und trugen durch ihre Feststellungen zur Untermauerung der politischen Schlußfolgerungen und der getroffenen Maßnahmen bei.
Auch die Beschlüsse des Magistrats von Groß-

Berlin und der Bezirkstage Frankfurt (Oder) und Potsdam, die Anfang August 1961 die Registrierpflicht und einige andere Verpflichtungen für Grenzgänger einführten, bereiteten die Justizorgane zur Beantwortung der Fragen vor, die sich für die Rechtsprechung aufgrund der Maßnahmen vom 13. August 1961 neu ergaben und die die Probe dafür bedeuteten, inwieweit die Justizorgane sich den Beschluß des Staatsrates vom 30. Januar 1961 wirklich in allen seinen Teilen und seinem Zusammenhang angeeignet haben. Wo solche Mißverständnisse bestanden, daß der Staatsratsbeschluß eine »weiche Welle« bedeutete und die Gerichtspraxis, im besonderen die der Kreisgerichte, sich im Ausspruch bedingter Verurteilungen oder eines öffentlichen Tadels erschöpfte, wird man den neuen Anforderungen nicht gewachsen sein. Es kommt jetzt darauf an, die Gefährlichkeit der in der gegenwärtigen Situation begangenen Verbrechen, die dem Abschluß eines Friedensvertrages entgegenwirken, die »Aufrollung« der DDR vorbereiten sollen, richtig einzuschätzen.

Jetzt muß mit den Erkenntnissen der vergangenen Monate wirklich gearbeitet werden. Jetzt muß, entsprechend dem Beschluß des Staatsrates, sowohl den von feindlichen Agenturen organisierten Verbrechen als auch anderen schweren Straftaten »mit der ganzen Autorität unseres Staates« entgegengetreten werden. So ist es nicht richtig, wenn einige Gerichte derartige Verbrechen mit Freiheitsstrafen, häufig unter sechs Monaten, bestrafen. Damit wird auch die Richtlinie Nr. 12 des Plenums des Obersten Gerichts über die Anwendung kurzfristiger Freiheitsstrafen, der Strafen ohne Freiheitsentziehung und der öffentlichen Bekanntmachung von Bestrafungen vom 22. April 1961 (GBl. III. 1961, S. 223) verletzt. Jetzt auftretende Verbrechen wie Hetze, Staatsverleumdung, Spekulation, Rowdytum, Widerstand gegen die Staatsgewalt und die noch immer auftretenden Versuche des Menschenhandels verlangen, insbesondere wenn sie von Provokateuren, Arbeitsbummelanten, ehemaligen Grenzgängern, Schiebern, Vorbestraften begangen werden, daß sie mit Freiheitsstrafen bestraft werden, die auch eine nachhaltige Erziehungswirkung sichern.

Die Straforgane dürfen sich nicht darauf verlassen, daß ja nun genügend Schutzmaßnahmen bestehen, die gefährliche Verbrechen verhindern. Sie müssen im Gegenteil große Aufmerksamkeit allen neuen Formen und Methoden des kalten Krieges widmen, durch die versucht wird, diese Schutzmaßnahmen der Deutschen Demokratischen Republik zu umgehen. In dieser Richtung liegt die organisierte Fälschung von Ausweisen, wie es im Verfahren vor dem Stadtgericht Berlin gegen Schmidt, Carow u. a. aufgedeckt wurde, oder auch die Gefährdung der Sicherheit des Schiffsverkehrs, wie es der Versuch einer Gruppe jugendlicher Provokateure darstellte, die Besatzung des Fahrgastschiffes »Binz« zu zwingen, den NATO-Hafen Bornholm anzulaufen. Man muß den Staatsanwälten und Richtern sagen: Selbst wenn vor dem 13. August 1961 nicht überall erkannt war, daß sich die Gesellschaftsgefährlichkeit einer Reihe von Verbrechen beträchtlich gesteigert hat, so muß doch nach dem 13. August 1961 allen klar sein, daß alle verbrecherischen Erscheinungen feindlicher Wühltätigkeit, die dem Abschluß eines Friedensvertrages entgegenwirken sollen, eine erhöhte Gesellschaftsgefährlichkeit, ja, nicht nur in politisch-moralischem, sondern auch juristischem Sinn den Charakter eines Verbrechens gegen den Frieden haben können. Jetzt wird sehr klar, was es bedeutet, wenn von dem »historischen Charakter der Gesellschaftsgefährlichkeit« gesprochen wurde. Hier bestätigt sich erneut die Feststellung des Ersten Sekretärs des ZK der SED, Genossen Walter Ulbricht, auf dem 28. Plenum des ZK der SED: »Die sozialistische Gesetzlichkeit und das Strafmaß (d. h. der Ausdruck der Gesellschaftsgefährlichkeit – H. B.) sind nicht für alle Zeiten gleich.«

Eine weitere wichtige Aufgabe und neue Möglichkeiten zur Sicherung der Maßnahmen der Regierung, zugleich aber auch eine große Verantwortung, erhalten die Richter und Staatsanwälte durch die Verordnung vom 24. August 1961 über die Beschränkung des Aufenthalts. Diese Verordnung ist jedoch nicht nur unter dem Gesichtspunkt des gegenwärtigen Schutzes der DDR zu sehen, sondern sie bedeutet zugleich eine Weiterentwicklung unseres

Rechts. Die Beschränkung des Aufenthalts ist in dem Entwurf eines Strafgesetzbuches enthalten. Wenn sie jetzt in einer den gegenwärtigen Bedingungen entsprechenden Form mit einer besonderen Verordnung eingeführt wird, so wird diese schon seit langem für eine künftige Gesetzgebung als notwendig erkannte Maßnahme vorweggenommen. Und wurde oben auf die Weiterentwicklung unseres Verständnisses für das Wesen der Gesellschaftsgefährlichkeit hingewiesen, so ist die Verordnung vom 24. August 1961 ein Ausdruck der sozialistischen Gesetzlichkeit. Durch den Hinweis darauf, daß auch in den Verfahren nach § 3 dieser Verordnung, die nach § 9 Satz 2 GVG den Gerichten übertragen sind, die Strafprozeßordnung entsprechend anzuwenden ist, sind die persönlichen Garantien der Verfassung und der Strafprozeßordnung ausdrücklich bestätigt. Auf der anderen Seite bedeutet die Tatsache, daß derartige Verfahren, soweit die Aufenthaltsbeschränkung nicht als Zusatzstrafe ausgesprochen wird, auf Verlangen der örtlichen Volksvertretungen eingeleitet werden, unter der Mitwirkung des Staatsanwalts stehen und vom Gericht behandelt werden, ebenfalls eine besondere Garantie der sozialistischen Gesetzlichkeit. Der Inhalt, die »Hauptsorge der Gesetzlichkeit« bei der Durchführung sowohl dieser Verfahren wie überhaupt aller Gerichtsverfahren in der Gegenwart, ist die Sicherung des Abschlusses des Friedensvertrages. Hiernach haben sich die Straforgane zu orientieren. Mit der Möglichkeit der Anordnung der »Arbeitserziehung« eröffnen sich zugleich wichtige Erfahrungen für die künftige Ausgestaltung unseres Strafrechts. Das bedeutet aber nicht, daß die Gerichte nun einseitig etwa nur schwere Verbrechen zu sehen oder nur Verfahren mit dem Ziel der Beschränkung des Aufenthalts durchzuführen hätten. Die große Überzeugungsarbeit gegenüber allen Bürgern sowie die Umerziehung insbesondere derer, die als bisherige Grenzgänger nunmehr in den Betrieben der DDR arbeiten, ist nach wie vor eine entscheidende Aufgabe.

Quelle: Staat und Recht, Nr. 9 (September) 1961, S. VII ff.

Dokument 2

Quelle: Junge Welt, 4. September 1961

Dokument 3

Unsere Blitze zünden – ‚Ochsenköpfe' verschwinden

Mit vielen Ideen sind die FDJler überall dabei, die Aktion „Blitz kontra NATO-Sender" zu einem neuen kräftigen Schlag gegen die kalten Krieger zu machen. In zahlreichen Diskussionen in Städten und Dörfern schufen unsere Freunde Klarheit darüber, daß in keinem Haus NATO-Sender gehört oder gesehen werden.

So sind in der Grenzgemeinde Harkensee, Kreis Grevesmühlen, schon seit einigen Tagen sämtliche Fernsehantennen in Richtung Frieden eingestellt.

EINE BESONDERS originelle Idee hatten die Freunde der FDJ-Organisation der Mathias-Thesen-Werft in Wismar. Sie schufen die Figur „Tele-Conny", die all jenen an die Haustür geheftet bzw. am Arbeitsplatz angebracht wird, die noch immer die Fernsehsendungen des Westens empfangen. Sobald die Antennen aber in Richtung Sozialismus zeigen, wird „Tele-Conny" wieder abgeholt.

IM ERGEBNIS der politischen Diskussion von FDJlern in Bad Düben, Kreis Eilenburg, wurde der unverbesserliche Otto Paul entlarvt. Paul, der Westfernsehen mit Jugendlichen in seiner Wohnung organisierte und sich auch des Menschenhandels mit DDR-Bürgern schuldig gemacht hat, wurde inhaftiert. Seine Antenne wurde abgesägt, auf dem Marktplatz in Bad Düben für alle Einwohner sichtbar ausgestellt und daneben auf zwei Bildern geschrieben: „Wir dulden keine Lügen- und Hetzantennen durch sie wurde Paul zum Verbrecher an der Arbeiterklasse."

IN TEMPLIN wurde besonders an den Schulen die Diskussion gegen das Hören von NATO-Sendern geführt. Im Ergebnis dieser Auseinandersetzungen verpflichteten sich viele Schüler, keine NATO-Sender zu hören und aktiv an der Aktion „Blitz kontra NATO-Sender" teilzunehmen.

Quelle: Junge Welt, 7. September 1961

Dokument 4

4. Oktober 1961:
Aus der Stellungnahme des ZK der SED
zum 13. August und zur Lage in Deutschland

Heute ist es möglich, den deutschen Militarismus zu schlagen. Mögen Bürger in Westdeutschland über unsere Maßnahmen am 13. August zunächst schockiert gewesen sein! Wenn sie die Dinge richtig durchdenken, werden sie verstehen, daß wir an diesem Tag den Frieden für das ganze deutsche Volk gerettet haben.

Es ist durchaus heilsam, wenn einige Leute ihre Illusionen verloren haben. Wir meinen zum Beispiel die Illusion, unsere Republik in einem »kleinen Krieg« überrollen zu können. Hoffentlich ist ihnen klargeworden, daß man die DDR weder erpressen noch überrollen kann. Niemand darf darüber im unklaren bleiben: Jede kriegerische Provokation gegen die Grenzen der DDR bedeutet die Auslösung des großen Krieges. Wer die Waffe gegen den deutschen Friedensstaat erhebt, gleich, wer es ist, wird vernichtet.

Auch die Illusion, die Frontstadt Westberlin als Speerspitze gegen uns benutzen zu können – wie es vor Willy Brandt schon Kurt Schumacher einmal ausdrückte –, ist dahin. Der Speer ist gebrochen, die Ritter sind aus dem Sattel geflogen. Und wahrhaftig – sie geben eine traurige Gestalt ab. Der gefährliche Brandherd Westberlin ist unter Kontrolle gebracht, und die Perspektive ist klar: Westberlin muß eine entmilitarisierte Freie Stadt werden. Schließlich ist die Illusion geplatzt, die DDR »kassieren« zu können. Kassiert wird statt dessen die Hallstein-Doktrin. Die Anerkennung der DDR steht auf der Tagesordnung. Es scheint selbst im Bonner Außenministerium zu dämmern, daß auch in den Hauptstädten der kapitalistischen Länder die Existenz zweier deutscher Staaten nicht länger übergangen werden kann.

Es hat sich gezeigt, daß die DDR niemals zu besiegen ist. Die DDR ist eine sehr reale Macht der Arbeiter und Bauern, die in der Sowjetunion, im sozialistischen Lager über die stärksten Verbündeten verfügt. Die westdeutschen Militaristen wollten eine Offensive gegen die DDR, gegen den Sozialismus starten. In der Offensive aber sind das sozialistische Lager

und alle Friedenskräfte. Heute versteht man besser als gestern, daß die Gründung der Deutschen Demokratischen Republik ein Wendepunkt in der Geschichte Deutschlands und ganz Europas war.

Quelle: Dokumente zur Deutschlandpolitik IV/7 (1961), 34 ff.

Dokument 5

Dem Feind die Faust

.80 Kollegen stellten den Antrag auf Aufnahme in die Partei. Es herrscht bei uns nach dem 13. August eine großartige Kampfstimmung. Wir könnten allein mit unseren Kampfgruppen das gesamte Werk verteidigen. Die Produktionsleistungen lagen noch nie so hoch wie nach den Maßnahmen unserer Regierung an jenem denk.würdigen Tag.' Das erfuhren unsere Gesellschaftswissenschaftler, als sie das Kombinat „Schwarze Pumpe" besuchten und mit den Arbeitern ins Gespräch kamen. Die zahlreichen in der HGL vorliegenden Verpflichtungen als Echo auf das Produktionsaufgebot des FDGB – genannt sei hier nur die Entschließung der Mitarbeiter des Instituts für Ökonomie der Textilindustrie – bekunden, wie die Hochschulangehörigen zu Partei und Regierung stehen.

Es wäre jedoch ein verhängnisvoller Irrtum, zu glauben, daß nach dem Schlag vom 13. August der Klassenfeind seine Wühlarbeit an unserer Hochschule einstellt. Wenn da einer auftritt und die Hetzparolen unserer Feinde vertritt, wie „Ulbricht muß weg", so trifft ihn die Faust der Arbeiterklasse, womit Ranft aus der Werkstatt des Instituts für Fertigungstechnik offenbar nicht gerechnet hatte.

Nicht so gemeint?

Kläglich stammelte er, als er in der Produktionsberatung vom 4. September 1961 merkte, daß es ernst werde: „Ich habe das nicht so gemeint, ich wurde viel gehänselt, aber ich habe dem Meister versprochen, meine Leistungen zu erhöhen." Darauf ließen sich die Kollegen nicht mehr ein. Einstimmig, vom Institutsdirektor Prof. Dr.-Ing. habil. Richter bis zum letzten Werkstattkollegen, beschlossen sie: Ranft gehört nicht mehr an unsere Hochschule. Wir haben keine Geduld mit Feinden. Erregt schlug Genosse Böhme auf den Tisch: „Wir haben uns lange das Treiben Ranfts gefallen lassen." „Ja, wir haben das, was Ranft sagte, nie ganz ernst genommen; man nahm man zum Anlaß, um mit dem Anspruch des Rechts in die damalige Tschechoslowakei und in Österreich einzumarschieren. „Wir können solche Elemente nicht dulden" – „Ranft gehört nicht an unsere Hochschule". Das war auch die Meinung der Kollegen Wagner und Warwziniak.

Wir dulden keine Provokateure

Die Arbeiter haben bitter dafür bezahlen müssen, daß sie die Nazis nicht ernst genug genommen haben! Wenn Ranft gesagt hat: „Schmeißt die Kommunisten aus Westdeutschland heraus, dann ist Ruhe", so kann man das beim besten Willen nicht mehr als Scherz auffassen. Hier ist eine Demonstration gegen unseren Arbeiter-und-Bauern-Staat. Das ist die Methode der Reaktion: erst von innen aufweichen, dann von außen zustoßen. Wie war es doch seinerzeit bei Hitler? Organisierte Flüchtlingsströme aus den später besetzten Gebieten verbreiteten Greuelmärchen, und man nahm man zum Anlaß, um mit dem Anspruch des Rechts in die damalige Tschechoslowakei und in Österreich einzumarschieren. „Wir können solche Elemente nicht dulden" – „Ranft gehört nicht an unsere Hochschule". Das war auch die Meinung der Kollegen Wagner und Warwziniak.

Denken ist die erste Bürgerpflicht,

sagte Genosse Walter Ulbricht. Die Genossen und Kollegen haben im Falle Ranft zu Ende gedacht und die richtige Konsequenz gezogen. „Jedem Freund die Hand, den Unklaren überzeugen, dem Feind die Faust", sagte Genosse Krolikowski auf der Gesamtmitgliederversammlung unserer Parteiorganisation. Nach dieser Losung arbeiten wir. Es wird dem Klassenfeind nicht gelingen, Unruhe unter unseren Mitarbeitern zu stiften. Feindliche Tätigkeit dulden wir nicht. In Fragen des Klassenkampfes gibt es nur ein Entweder – Oder.

Christiane Drachsel

Quelle: Hochschulzeitung (Dresden), 2. September-Nummer 1961
Fundstelle: Gesamtdeutsches Institut, Bonn

KARL-EDUARD VON SCHNITZLER:

An die geistigen Grenzgänger

„Was auch immer geschieht:
Nie darfst Du so tief sinken,
von dem Kakao, durch den man Dich zieht,
auch noch zu trinken!"   (Erich Kästner, 1930)

„Man muß auch die andere Seite hören, um sich eine richtige Meinung bilden zu können!" Welch ein Unsinn! Lernen wir in der Schule erst falsch rechnen, um dann richtig zu rechnen? Schlucken wir Gift, um auszuprobieren, ob Arzt oder Apotheker auch wirklich recht haben? Kann man aus der Gegenüberstellung von Richtigem und Falschem zu einer „mittleren Linie", zur Objektivität, d. h. zur Wahrheit gelangen? Wenn ein Verleumder einem Mädchen häßliche Dinge nachsagt, dann schneiden wir doch nicht ein Stückchen von den Verleumdungen und ein Stückchen vom guten Ruf des Mädchens ab, um zur richtigen Einschätzung zu gelangen. Jeder weiß, daß man auf Verleumder nicht hört, sondern ihnen das Maul stopft.

Es ist ein Irrtum, zu glauben, das Bild sei richtig, das entsteht, wenn man hierhin hört und dorthin hört und von diesem etwas nimmt und von jenem etwas nimmt und sich dann daraus „ein eigenes Bild" macht und dann gar behauptet, man sei „objektiv".

Wir müssen endlich begreifen, aus welchem Interesse und in wessen Interesse diese oder jene Rundfunk- und Fernsehstation diese oder jene Nachricht bringt oder nicht bringt. Wenn wir Ursache, Urheber und beabsichtigte Wirkung erkannt haben, werden wir verstehen, daß es falsch, daß es unmöglich ist, sich eine eigene Meinung zu bilden, indem man sich von jedem das nimmt, was einem glaubhaft erscheint. Westfernsehen und RIAS sind Schmutzkübel, die täglich über unseren Staat entleert werden. Kommt man der Wahrheit auch nur um ein Deut näher, wenn man Schmutzkübel zum Vergleich heranzieht?

Die Frage, in wessen Händen Fernsehen, Rundfunk und Presse liegen, wem sie gehören, wessen Interessen sie vertreten – diese Frage ist keine unwichtige Nebenfrage, sondern die entscheidende Frage der Rede- und Pressefreiheit in einem Lande und das entscheidende Kriterium über Wahrheitsgehalt und Glaubwürdigkeit. Es ist eine Verkennung der wirklichen Lage in der Welt, zu glauben, daß diejenigen, die Krieg wollen, ihre Ziele offen verkünden. Wir haben bei der Vorbereitung von zwei Weltkriegen erlebt, daß sie sich tarnen, daß sie vorgeben, sich „verteidigen" zu müssen, daß es

ihnen um „Freiheit, Demokratie und abendländische Kultur" gehe. Sie sind Wölfe im Schafspelz! Und man kann sie nicht entlarven und den Kampf um den Frieden nicht mit aller Konsequenz führen, wenn man sie wie ehrliche Menschen behandelt und auf ihre Argumente hört. Wenn einst Wölfe in die Schafsherde einbrachen, griff der Hirte zum Knüppel und rief die Bauern zu Hilfe. Wenn die Kriegstreiber unser Leben ruinieren wollen, müssen wir ihre Rolle vor den Massen entlarven und die Bevölkerung aufrufen, den Reden und Schriften, den angeblichen „Ideen" und „Theorien" der Vertreter des Imperialismus den Kampf anzusagen.

Gegenüber Feinden der Menschheit kann es keine wohlwollende oder wie immer geartete Objektivität oder Neutralität geben. Die Argumente der Fernsehstationen, Rundfunksender und Zeitungen der Kriegshetzer sind Argumente des Feindes!

Sie wollen ja nur die Sportreportagen im Schwarzen Kanal sehen? Mit Reportern, die Ihren Staat „Zone" nennen und unsere Sportler „Zonensportler"? Wo bleiben da Würde und der Stolz, Bürger der Deutschen Demokratischen Republik zu sein? „Tagesschau" und andere „politische" Sendungen stellen Sie ab? Es geht Ihnen nur um schöne Fernsehspiele und kulturelle Darbietungen? Was und wo ist keine Politik?! Und – mit Verlaub: Würden Sie ein köstliches Pilsner oder einen gepflegten Wein aus einem dreckigen Glas trinken? Wenn Sie Beethoven oder Gerhart Hauptmann im Schwarzen Kanal „genießen", tun Sie's!

Stellen wir die Frage: Krieg oder Frieden? An dieser Frage läßt sich am besten erläutern, wie unverantwortlich und falsch diejenigen handeln, die „objektiv" sein wollen, die beiden Seiten – Wahrheit und Lüge, Frieden und Krieg – gleiche Möglichkeiten geben. In Wahrheit handelt objektiv, wer sich in seinen Handlungen auf die Seite des Friedens und des gesellschaftlichen Fortschritts stellt; dann entspricht seine Tätigkeit der objektiven Wahrheit.

Die Wahrheit ist erkennbar. Sie kann nur von einem vertreten werden, nämlich von dem, der den Frieden will. Was er sagt, ist wahr und richtig; was die anderen sagen ist unwahr und falsch. Unser Fernsehen, unser Rundfunk und unsere Presse geben jedem genügend Information und Orientierung, um die Methoden der Kriegshetzer zu erkennen, ihre Argumente zu widerlegen und mit klarem Kopf klar zu handeln.

Quelle: Funk und Fernsehen der DDR, Nr. 45, 1. Novemberheft 1961

Dokument 7

In der zweiten Maihälfte kam es zu den bisher schwersten Zwischenfällen an der Mauer in Berlin. Zum ersten Male wurden dabei nicht nur wehrlose Flüchtlinge getötet, sondern auch einer ihrer Verfolger aus den Reihen der Volkspolizei.

Am 23. Mai versuchte ein fünfzehnjähriger Ostberliner Schüler, nördlich der Sandkrugbrücke durch den Spandauer Schiffahrtskanal in den britischen Sektor Westberlins zu fliehen. Im Wasser wurde er von Volkspolizisten entdeckt, die sofort das Feuer auf ihn eröffneten. Der Junge wurde lebensgefährlich verletzt, konnte aber mit letzter Kraft eine Ufertreppe in der westlichen Kaimauer erreichen, wo er zusammenbrach. Die Volkspolizisten schossen aus Maschinenpistolen und Karabinern ununterbrochen weiter auf den Schwerverletzten. Westberliner Polizisten eilten ihm zur Hilfe und forderten die Volkspolizisten auf, das Feuer einzustellen. Als sie daraufhin selber unter Beschuß genommen wurden, schossen sie zurück. Unter dem Feuerschutz gelang es, den Jungen von der Treppe zu bergen, der dann in einem Westberliner Krankenhaus tagelang in Lebensgefahr schwebte. Die in Notwehr abgegebenen Schüsse der Westberliner Polizei töteten einen Volkspolizisten und verletzten einen anderen schwer.

Am 27. Mai kam es erneut zu einem Feuergefecht zwischen Volkspolizisten und Westberliner Beamten. Die sowjetzonalen Grenzwachen hatten auf Ostberliner Seite einen Mann niedergeschossen, der ebenfalls in der Nähe der Sandkrugbrücke durch den Kanal nach Westberlin zu fliehen versucht hatte. Als Westberliner Polizisten und Zollbeamte, durch die Schüsse alarmiert, an die Sektorengrenze eilten, wurden sie von den Volkspolizisten unter Beschuß genommen. Sie erwiderten das Feuer. Der zusammengeschossene Flüchtling wurde 40 Minuten nach dem Zwischenfall von einem Panzerwagen abtransportiert. Das sowjetzonale Innenministerium gab noch am gleichen Tage bekannt, daß er seinen Verletzungen erlegen sei.

Pankow benutzte diese Zwischenfälle zu einer geschickt gezielten Haß- und Hetzkampagne gegen den »Kriegsbrandherd Westberlin«.

»*Mordüberfall der Frontstadt-OAS*« – »*Schüsse gegen den Frieden*« – »*Fortsetzung der Mordtaten der Frontstadtpolizei*« – so lauteten die Schlagzeilen der sowjetzonalen Presse. In den offiziellen Verlautbarungen und in Protestschreiben des Ostberliner Außenministeriums an den britischen Stadtkommandanten und des Innenministeriums an den Westberliner Bürgermeister wurde behauptet, es habe sich um vorbereitete Provokationen aus Westberlin gehandelt, die darauf gerichtet gewesen seien, die Situation an der Grenze zu verschärfen[1].

Zum ersten Fall am 23. Mai hieß es, die Westberliner Polizei hätte einen Feuerüberfall auf sowjetzonale Grenzwachen verübt, als diese versuchten, einen »*Grenzverletzer*« auf Ostberliner Gebiet »*zu stellen*«. Die Westberliner Polizei sei dabei »*in das Territorium der DDR eingedrungen*«. Daß es sich um einen »*direkten Aggressionsakt gegen das Territorium der DDR*« gehandelt habe, beweise die Tatsache, daß die beiden Volkspolizisten »*in einer Enfernung von über 40 m von der Grenze auf dem Staatsgebiet der DDR getroffen*« worden seien.

Der zweite Fall am 27. Mai wurde dargestellt, als neue »*vorbereitete gefährliche Provokation von Westberlin aus in Verbindung mit dem Versuch eines verbrecherischen Elementes, die Staatsgrenze der DDR gewaltsam zu durchbrechen*«.

In beiden Fällen habe die Volkspolizei auf die »*Grenzverletzer*«, nicht aber auf Westberliner Gebiet geschossen: »*Unseren Grenzsicherungskräften ist es im Interesse des Friedens, der Ruhe und Ordnung an der Staatsgrenze verboten, auf Westberliner Territorium zu schießen*[2].«

Diese Darstellungen sind glatt erlogen. Es gab keine »*vorbereiteten provokatorischen Überfälle*« aus Westberlin, sondern deutsche Menschen versuchten, aus dem Machtbereich der SED zu fliehen und wurden dabei von den Volkspolizisten beschossen. Nicht die West-

---

1 Vgl. Neues Deutschland vom 24. bis 28. Mai 1962
2 »Die Sprache der Mörder«, ND vom 26. Mai 1962

berliner Polizei eröffnete das Feuer auf die Mauerbewacher, sondern die Volkspolizisten beschossen Westberliner Beamte, die den Flüchtlingen zu Hilfe kommen wollten und erst, als sie selber angegriffen wurden, die Schüsse erwiderten. Zwar besteht für die Volkspolizei der Befehl, nicht nach Westberlin hineinzuschießen; aber aus den Aussagen geflüchteter Volkspolizisten wissen wir, daß gleichzeitig die »Empfehlung« an die Grenzwächter gegeben wird, »unter günstigen Umständen« Flüchtlinge auch nach Westberlin hinein mit gezielten Schüssen zu verfolgen[3]. Außerdem wird der Befehl durch die Praxis widerlegt, denn nicht nur am 23. und 27. Mai, sondern auch in vielen früheren Fällen haben die Volkspolizisten nachweislich nach Westberlin hineingeschossen, Augenzeugen und zahllose Mauereinschläge auf Westberliner Gebiet beweisen das.

Die Lüge, Westberliner Polizisten seien am 23. Mai »in das Territorium der DDR eingedrungen« und hätten von dort aus die Volkspolizisten »in einer Entfernung von über 40 m von der Grenze auf dem Staatsgebiet der DDR« getroffen, spekuliert auf die Unkenntnis der örtlichen Gegebenheiten. An der fraglichen Stelle bildet der Spandauer Schiffahrtskanal die Sektorengrenze, und zwar verläuft die Grenzlinie hier, im Gegensatz zum nördlichen Kanalabschnitt, an der westlichen Ufermauer. Die Westberliner Polizisten befanden sich, als sie den schwerverletzten Jungen zu retten versuchten und die Schüsse der Volkspolizisten erwiderten, auf der Ufertreppe der westlichen Kaimauer und nicht auf dem »Territorium der DDR«. Sie waren von den Volkspolizisten durch den Kanal getrennt, diese Entfernung hatten sie zu überwinden, als sie die Salven der Volkspolizei abwehrten.

In den Protestschreiben an den britischen Stadtkommandanten und den Westberliner Bürgermeister Brandt hat Pankow verlangt, die Schießerlaubnis für die Westberliner Polizei zurückzuziehen, um Zwischenfälle zu vermeiden. Diese Schießerlaubnis war erst erteilt worden, nachdem sowjetzonale Grenzwächter mehrfach Westberliner Polizisten über die Mauer hinweg mit der Schußwaffe angegriffen hatten. Sie zurückzunehmen hieße, Westberlin

gegen kommunistische Übergriffe wehrlos zu machen. Bürgermeister Brandt hat dieses Ansinnen entschieden zurückgewiesen. Er appellierte erneut an die Volkspolizisten, nicht auf ihre fliehenden Landsleute zu schießen: »*Wer das dennoch tut und wer darüber hinaus auf Westberliner Gebiet und auf unsere Polizeibeamten schießt, muß wissen, daß unsere Beamten dann von der Waffe Gebrauch machen. Wir können nicht zusehen, wenn Menschen gejagt werden, und wir können und werden auf das Recht zur Notwehr nicht verzichten*[4].«

3 Vgl. Rainer Hildebrandt: »Hinter der Mauer«, SBZ-Archiv Nr. 5/1962
4 Frankfurter Allgemeine Zeitung vom 28. Mai 1962

Quelle: SBZ-Archiv Nr. 11, 1. Juniheft 1962

Dokument 8   **August 1962**

Aufruf zum 13. August

Der 13. August ist nicht nur ein Tag der Empörung, des Schmerzes und der Trauer. Er ist auch ein Tag der Besinnung und des Gedenkens.

Mit der unmenschlichen Schandmauer wurden Familien- und Freundesbande zerrissen. Das Bewußtsein untrennbarer Zusammengehörigkeit und unlösbarer Verbundenheit kann jedoch nicht zerstört werden.

Ihr Menschen im ganzen Berlin seid am stärksten von der Mauer betroffen. Euch wurden die tiefsten Wunden geschlagen. Ihr tragt die schwerste Last.

Im freien Teil der schwergeprüften Stadt könnt Ihr dennoch am meisten für jene Menschen tun, die unter Mißachtung der Menschenrechte gewaltsam von Euch getrennt wurden. Ihr könnt der Welt zeigen, daß Ihr nicht bereit seid zu vergessen.

Und deshalb bitten wir Euch, an diesem Tag einen lautlosen, aber eindringlichen Ruf über die Schandmauer an Eure Verwandten und Freunde zu richten, die unser aller Schwestern und Brüder sind.

Am 13. August, so meinen wir, solltet Ihr in der Zeit von 20 Uhr bis 21 Uhr den Straßen fern und in Euren Familien bleiben, um an jene einen Gruß zu richten, die Euch, die uns lieb und teuer sind.

Ihr Bürger des freien Berlins solltet Eure Verbundenheit vor aller Welt bekunden. In dieser Stunde der Besinnung sollten die Menschen diesseits und jenseits der Schandmauer in Gedanken beieinander sein.

LUCIUS D. CLAY	OTTO DIBELIUS	THEODOR HEUSS
Ehrenbürger von Berlin	Ehrenbürger von Berlin	Ehrenbürger von Berlin
PAUL LÖBE	MARIE-ELISABETH LÜDERS	RUDOLF WISSELL
Ehrenbürger von Berlin	Ehrenbürger von Berlin	Ehrenbürger von Berlin

Dokument 9

21. Juni 1963:
Verordnung der Regierung der DDR »über
Maßnahmen zum Schutze der Staatsgrenze
zwischen der DDR und Westberlin«

Die ständige Störtätigkeit revanchistischer und militaristischer Kräfte Westberlins erfordert Maßnahmen zum Schutze der Staatsgrenze zwischen der Deutschen Demokratischen Republik und Westberlin. Dazu wird folgendes verordnet:

§ 1
Die Schutz- und Sicherheitsorgane sowie die örtlichen Räte haben alle Maßnahmen zu treffen, um an der Staatsgrenze zwischen der Deutschen Demokratischen Republik und Westberlin eine feste Ordnung durchzusetzen, insbesondere das Eindringen feindlicher Elemente aus Westberlin in die Deutsche Demokratische Republik zu verhindern, sowie die Sicherheit der Bürger der Deutschen Demokratischen Republik zu gewährleisten.

§ 2
Die zuständigen Minister werden beauftragt, entsprechende Anordnungen zur Durchführung dieser Verordnung zu erlassen.

§ 3
(1) Mit Gefängnis bis zu 2 Jahren und mit Geldstrafe bis zu 2000 DM oder mit einer dieser Strafen wird bestraft, soweit nicht nach einer anderen gesetzlichen Bestimmung eine höhere Strafe verwirkt ist, wer vorsätzlich gegen die Bestimmungen dieser Verordnung und der zu ihrer Durchführung erlassenen Anordnungen gemäß § 2 verstößt, insbesondere wer vorsätzlich
a) unbefugt das zur Sicherung der Staatsgrenze geschaffene Grenzgebiet betritt oder sich darin unberechtigt aufhält;

b) die zur Sicherung der Staatsgrenze errichteten Anlagen beschädigt oder zerstört;
c) unberechtigt über die Staatsgrenze Nachrichten oder Gegenstände austauscht oder andere Dienste leistet;
d) im Grenzgebiet genehmigungspflichtige Veranstaltungen ohne Genehmigung durchführt;
e) der für das Grenzgebiet festgelegten Melde- und Registrierpflicht nicht oder nicht rechtzeitig nachkommt oder dazu unrichtige Angaben macht;
f) innerhalb des Grenzgebiets unbefugt fotografiert oder filmt.
(2) Der Versuch ist strafbar.
(3) Wurde die Tat fahrlässig begangen, so ist auf Gefängnis bis zu 1 Jahr oder auf Geldstrafe bis zu 1000 DM zu erkennen.
(4) In minder schweren Fällen kann auf Geldstrafe bis zu 150 DM erkannt werden.

§ 4
Diese Verordnung tritt mit ihrer Verkündung in Kraft.
Berlin, den 21. Juni 1963
Der Ministerrat
der Deutschen Demokratischen Republik
Stoph
Erster Stellvertreter des Vorsitzenden
des Ministerrates

Der Minister
für Nationale Verteidigung
Hoffmann
Armeegeneral

Quelle: Dokumente zur Deutschlandpolitik IV/9 (1963), 423

Dokument 10

21. Juni 1963:
Anordnung des Ministers für Nationale
Verteidigung der DDR über die »Einrichtung
eines Grenzgebietes an der Staatsgrenze
der DDR zu Westberlin«

Auf Grund des § 2 der Verordnung vom 21. Juni 1963 über Maßnahmen zum Schutz der Staatsgrenze zwischen der Deutschen Demokratischen Republik und Westberlin (GBl. II S. 381) wird folgendes angeordnet:

§ 1
Die unmittelbare Grenzzone wird durch Schilder als Grenzgebiet sichtbar gekennzeichnet.

§ 2
Bürger der Deutschen Demokratischen Republik, die im Grenzgebiet wohnen, erhalten besondere Ausweise.

§ 3
Das Betreten und Befahren des Grenzgebietes ist Bürgern der Deutschen Demokratischen Republik nur mit Sonderausweis gestattet.

§ 4
Das Betreten und Befahren des Grenzgebietes

ist allen Bürgern anderer Staaten (Militär und Zivilpersonen) verboten.

§ 5
Zuwiderhandlungen werden nach den gesetzlichen Bestimmungen der Deutschen Demokratischen Republik bestraft.

§ 6
Diese Anordnung gilt nicht für das Betreten und Befahren des Kontrollterritoriums der bestehenden Grenzübergangsstellen.

§ 7
Diese Anordnung tritt mit ihrer Verkündung in Kraft.
Berlin, den 21. Juni 1963

Der Minister
für Nationale Verteidigung
Hoffmann
Armeegeneral

Quelle: Dokumente zur Deutschlandpolitik IV/9 (1963), 424

Dokument 11

30. November 1963:
Aus den Vorschlägen des Berliner
FDP-Landesvorsitzenden, William Borm,
zur Aktivierung der Deutschlandpolitik

In einem Brief vom 19. Dezember 1962 habe ich Ihnen die Auffassung der Regierung der Deutschen Demokratischen Republik mitgeteilt, daß es Zeit ist, von öffentlichen Erklärungen zu Verhandlungen über beide Seiten interessierende Fragen überzugehen. Solche Möglichkeiten von Verhandlungen zwischen Vertretern der Regierung der Deutschen Demokratischen Republik und des Senats von Westberlin zu erkunden, war der Sinn unseres Vorschlages für erste Kontaktaufnahmen.
Derartige Kontaktaufnahmen zwischen Bevollmächtigten beider Seiten müßten möglich sein, nachdem Sie in der Öffentlichkeit von der Notwendigkeit gesprochen haben, von Westberlin einen »Beitrag zu den internationalen Entspannungsbemühungen« zu leisten, und daß dazu »Modifikationen der augenblickli-

chen Lage und neue Kontakte zwischen Ost und West erforderlich« wären. Sie haben auch die Bereitschaft des Senats von Westberlin erklärt, durch »eigene Kontaktbeauftragte« Besprechungen zur Lösung beiderseits interessierender Fragen führen zu lassen. Da wir nicht annehmen wollen, daß Sie derartige Erklärungen nur für die Öffentlichkeit abgeben, schlagen wir Ihnen erneut die Aufnahme von Kontakten durch beiderseits bevollmächtigte Vertreter vor.
Dabei sollte der unbestreitbare Rechtsgrundsatz beachtet werden, daß verbindliche Regelungen nur zwischen Verhandlungspartnern getroffen werden können, die auch kompetent und in der Lage sind, ihre Durchführung zu gewährleisten. Der Beachtung dieses Grundsatzes kommt um so größere Bedeutung zu, als es

zwischen der Deutschen Demokratischen Republik und dem Senat von Westberlin strittige Fragen gibt, für die nur im Ergebnis ordnungsgemäßer Verhandlungen beiderseits annehmbare Lösungen gefunden werden können.

Nach Auffassung der Regierung der Deutschen Demokratischen Republik wäre es zweckmäßig, wenn die Vorbesprechungen zwischen den Bevollmächtigten abwechselnd in der Hauptstadt der Deutschen Demokratischen Republik und in Westberlin durchgeführt würden.

Dabei darf ich Ihnen die Versicherung geben, daß von seiten der Regierung der Deutschen Demokratischen Republik der sofortigen Aufnahme der Vorbesprechungen nichts entgegensteht.

Quelle: Dokumente zur Deutschlandpolitik, IV/9 (1963), 721

Dokument 12

**30. November 1963:
Aus den Vorschlägen des Berliner
FDP-Landesvorsitzenden, William Borm,
zur Aktivierung der Deutschlandpolitik**

Das Berlin-Problem ist ungelöst und bildet eine ständige Gefahr, aus der unversehens Verwicklungen erwachsen können, die sich leicht der Kontrolle entziehen. Darüber hinaus ist es nicht länger vertretbar, daß die beiden Teile der Stadt für ihre Bewohner hermetisch voneinander abgeschlossen sind. Der Menschlichkeit ist der Vorrang einzuräumen gegenüber auch anerkanntermaßen schwerwiegenden rechtlichen Bedenken. Im Bestreben, die Zustände in der deutschen Hauptstadt für die Bewohner einigermaßen erträglich zu machen, sind Sofortmaßnahmen zu ergreifen, indem die bestehenden technischen Kontakte zwischen beiden Teilen der zertrennten Stadt ausgebaut werden. Die Dienststelle für den Interzonenhandel (West-)Berlin könnte verstärkt eingeschaltet werden, um die Mindestforderungen an Menschlichkeit durch Ermöglichung persönlicher Besuche zu erfüllen.

Die Bundesregierung, vertreten etwa durch das gesamtdeutsche Ministerium, sollte erkennbar und unverzüglich auf diesem Gebiet aktiv werden, um so mehr, als die in Rede stehenden Probleme unstreitig in die Wirkungsmöglichkeiten der deutschen Behörden fallen. Die Verantwortung des Bundes für sein Land Berlin und die Bestätigung der Eigenschaft als Bundesland können durch nichts überzeugender dargetan werden als durch die aus Gründen der Menschlichkeit geforderte Aktivität.

Wiederherstellung der Einheit Berlins: Die deutsche Hauptstadt könnte als erstes deutsches Territorium wiedervereinigt werden,

ohne daß das Kräfteverhältnis zwischen West- und Ostblock zugunsten eines der beiden Blöcke dadurch verändert werden würde. Während für das heutige Gemeinwesen West-Berlin die Zugehörigkeit zur Bundesrepublik nach dem Willen der Deutschen unantastbar ist und keiner Diskussion unterliegen wird, könnte für ein künftiges Gesamt-Berlin ein Sonderstatus vereinbart werden, der dem gesamtdeutschen Charakter der Stadt Rechnung trägt. Folgende Voraussetzungen müßten gegeben sein:

a) Auf dem Weg zur Wiedervereinigung ganz Deutschlands müßten bereits gewisse Fortschritte erzielt sein.

b) Freiheit, Selbstverwaltung, effektiv freier Zugang von und nach Berlin müßten zweifelsfrei gewährleistet sein.

c) Der Schutz der Unabhängigkeit müßte den Streitkräften der vier Siegermächte obliegen, deren Anwesenheit so lange dauern sollte, wie dies von Bewohnern der Stadt gewünscht werden wird.

d) Keine Änderung des vereinbarten Status dürfte möglich sein gegen den Willen der Mehrheit der Berliner Bürger.

e) Die Wahrnehmung der Interessen Gesamt-Berlins müßte so lange in der Hand der vier Mächte liegen, bis sie von der deutschen Nationalversammlung beziehungsweise der deutschen Gesamtregierung übernommen werden könnte.

Quelle: Dokumente zur Deutschlandpolitik IV/9 (1963), 960 ff.

Dokument 13

**November 1963:
J. B. Gradl: Entspannung – Chance
oder Gefahr?**

Wenn Moskau wirklich eine Entspannung, das heißt eine real fundierte Verbesserung des ost-westlichen Verhältnisses will – und nur sie wäre für uns von Interesse –, dann braucht man keine Angst zu haben. Vorsicht und Be-dingungen könnten den neuen ostwestlichen Dialog fruchtlos machen und abreißen lassen. Natürlich müssen die westlichen Bedingungen vernünftig sein, d. h. legitime sowjetische Inter-essen in Rechnung stellen. Aber man darf nicht vergessen, daß die Sowjetunion bisher jeden-falls die gewünschte Pause auf die Grundlage des Status quo, also der maximalen sowjeti-schen Eroberungen, zu stellen versucht. Bisher ist es so, daß der Kreml nicht nur die Pause will, die er braucht, sondern sie sich auch noch vom Westen bezahlen lassen möchte. Das ist der entscheidende Punkt. Ein Nichtangriffs-Arrangement beispielsweise, auf das Moskau offenbar großen Wert legt, ist formal ein in sich gleichwertiger Vorgang: Jede Seite verpflichtet sich, auf Angriff zu verzichten. In Wirklichkeit brächte es dem Kreml einen außerordentlichen zusätzlichen Gewinn, nämlich die faktische Garantie seiner mitteleuropäischen Machtstel-lung auf der Linie Lübeck–Hof. Eine isolierte Nichtangriffsverpflichtung ohne Abbau wirkli-cher Spannungsursachen wäre ein durchaus

einseitiges Geschäft zugunsten des Kreml, wäre eine westliche Leistung ohne annähernd adäquate Gegenleistung der Sowjets.
Unter dem Gesichtspunkt der realen Gleich-wertigkeit wird man jeden Vorschlag auf Initia-tive und jedes einzelne Entspannungsprojekt zu prüfen haben. Die westliche Politik sollte sich dabei nicht von jenen unruhigen Leuten bedrängen lassen, die sich mehr von Stimmun-gen als von Fakten leiten lassen und Initiative mit Voreiligkeit verwechseln. Gerade wenn man Entspannung mit Moskau anstrebt, ge-rade wenn man in Mitteleuropa die wirklichen Konfliktquellen beseitigen und durch eine Friedensregelung ersetzen will, dann muß man Bereitschaft und Initiative mit Abgewogenheit und Geduld sorgsam im Gleichgewicht halten. Voreiligkeit und Vorleistung sind im Umgang mit den ebenso schlauen wie hartnäckigen Kremlpolitikern durchaus unangebracht. Ich kann deshalb auch die Mahnung Löwenthals nur unterstreichen, daß die westliche Politik »sich gleichzeitig der Gefahren wie der Chan-cen der neuen Situation bewußt sein muß«.

Quelle: J. B. Gradl, Entspannung – Chance oder Gefahr? (Aus der Antwort an Richard Löwenthal in der Zeitschrift »Monat«). In: Stets auf der Suche. Reden, Äußerungen und Aufsätze zur Deutschlandpolitik. Köln 1978, S. 252f.

Dokument 14

**15. Juli 1963:
Aus der Rede von Egon Bahr
vor der Evangelischen Akademie Tutzing**

Heute ist klar, daß die Wiedervereinigung nicht ein einmaliger Akt ist, der durch einen hi-storischen Beschluß an einem historischen Tag auf einer historischen Konferenz ins Werk ge-setzt wird, sondern ein Prozeß mit vielen Schritten und vielen Stationen. Wenn es richtig ist, was Kennedy sagte, daß man auch die In-teressen der anderen Seite anerkennen und be-rücksichtigen müsse, so ist es sicher für die So-wjetunion unmöglich, sich die Zone zum Zwecke einer Verstärkung des westlichen Po-tentials entreißen zu lassen. Die Zone muß mit Zustimmung der Sowjets transformiert wer-

den. Wenn wir soweit wären, hätten wir einen großen Schritt zur Wiedervereinigung ge-tan ... Uns hat es zunächst um die Menschen zu gehen und um die Ausschöpfung jedes denkbaren und verantwortlichen Versuchs, ihre Situation zu erleichtern. Eine materielle Verbesserung müßte eine entspannende Wir-kung in der Zone haben. Ein stärkeres Kon-sumgüterangebot liegt in unserem Interesse. In der Sowjetunion ist der Konsumwunsch ge-wachsen und hat zu positiven Wirkungen bei-getragen. Es ist nicht einzusehen, warum es in der Zone anders sein sollte ... Wir haben gesagt, daß die Mauer ein Zeichen der Schwäche ist. Man könnte auch sagen, sie war ein Zeichen der Angst und des Selbsterhaltungstriebes des kommunistischen Regimes. Die Frage ist, ob es nicht Möglichkeiten gibt, diese durchaus berechtigten Sorgen dem Regime graduell soweit zu nehmen, daß auch die Auflockerung der Grenzen und der Mauer praktikabel wird, weil das Risiko erträglich ist. Das ist eine Politik, die man auf die Formel bringen könnte: Wandel durch Annäherung. Ich bin fest davon überzeugt, daß wir Selbstbewußtsein genug haben können, um eine solche Politik ohne Illusion zu verfolgen, die sich außerdem nahtlos in das westliche Konzept der Strategie des Friedens einpaßt, denn sonst müßten wir auf Wunder warten, und das ist keine Politik.

Quelle: Archiv der Gegenwart, XXXIII. Jahrgang 1963, S. 10700f.

Vom ersten Passierschein-abkommen bis zum Viermächte-Abkommen

Dezember 1963 bis Dezember 1972

Das am 17. Dezember 1963 vom West-Berliner Senatsrat Horst Korber und dem DDR-Staatssekretär Erich Wendt unterzeichnete erste Passierscheinabkommen (Dok. 1, 2, 3) ermöglichte erstmals seit dem Mauerbau West-Berlinern den Besuch bei ihren Verwandten in Ost-Berlin. 1,24 Millionen West-Berliner machten zwischen dem 19. Dezember 1963 und dem 5. Januar 1964 von dieser Möglichkeit Gebrauch. Während es dem Berliner Senat bei den Verhandlungen über die Passierscheinabkommen für die Weihnachts- und Ostertage darauf ankam, die Mauer wenigstens für die Einwohner West-Berlins durchlässiger zu machen, versuchte die DDR-Führung, humanitäre Erleichterungen mit ihrem Bestreben zu verknüpfen, West-Berlin als »selbständige politische Einheit« zu behandeln. Diese Formulierung findet sich beispielsweise im Artikel 6 des Freundschaftsvertrages zwischen der Sowjetunion und der DDR vom 12. Juni 1964.

Die im Westen wegen der befürchteten Isolierung West-Berlins von der Bundesrepublik nicht unumstrittenen vier Passierscheinabkommen, das letzte wurde am 7. März 1966 unterzeichnet, kamen nur durch eine sogenannte salvatorische Klausel zustande. Diese besagte, daß über gemeinsame Orts-, Behörden- und Amtsbezeichnungen keine Einigung erzielt werden konnte. Da die DDR sich jedoch 1966 darauf nicht mehr einließ (Dok. 4), einigte man sich am 6. Oktober 1966 nur noch auf ein Abkommen über Besuche von West-Berlinern in dringenden Familienangelegenheiten in Ost-Berlin. Erst sechs Jahre später ermöglichte eine am 20. Dezember 1971 auf der Grundlage des Viermächte-Abkommens über Berlin (Dok. 7) getroffene Vereinbarung zwischen dem Berliner Senat und der DDR-Regierung (Dok. 8) West-Berlinern wieder den Zutritt nach Ost-

Berlin und in die DDR bis zu 30 Tagen im Jahr ohne Beschränkung auf Verwandtenbesuche.

Der DDR-Staatsratsvorsitzende Walter Ulbricht galt als ein Gegner der Viermächte-Vereinbarung über Berlin. Seine überraschende Ablösung als Erster Sekretär der SED am 3. Mai 1971 wird nicht zuletzt auf seinen Widerstand gegen die Intentionen der sowjetischen Führung zurückgeführt, die im Zuge ihrer Annäherung an die Vereinigten Staaten auch an einer Entspannung in der Berlin-Frage interessiert war.

In der zweiten Hälfte der 60er Jahre versuchte die DDR vor allem, durch massive Störmaßnahmen auf den Verbindungswegen nach Berlin die Bundespräsenz in der alten Reichshauptstadt zu unterminieren.

In der Debatte der Volkskammer über die neue DDR-Verfassung (in Kraft seit 1968) stellte Ulbricht am 1. Dezember 1967 wieder fest, daß West-Berlin auf dem Territorium der DDR liege und auch rechtlich zu ihr gehöre. Es unterliege jedoch zur Zeit noch einem »Besatzungsregime«. Die DDR werde sich jedoch dafür einsetzen, daß »Schritt um Schritt die letzten Überreste des Zweiten Weltkrieges« beseitigt würden. Noch am 11. September 1970 – im März des gleichen Jahres hatten bereits Botschaftergespräche der Vier Mächte über Berlin begonnen – verkündete »Neues Deutschland«: »Westberlin ist nach wie vor ein Besatzungsgebiet, das auf dem und inmitten des Territoriums der DDR liegt.« (Dok. 5) Knapp ein Jahr später, also nach Ulbrichts Sturz, bekundete das gleiche Blatt seine Zustimmung zu dem offiziell noch nicht veröffentlichten Verhandlungsergebnis der Vier Mächte und hob die engen Konsultationen zwischen der DDR und der Sowjetunion »während der langwierigen Verhandlungen« hervor (Dok. 6). Der kurz

zuvor noch von Ulbricht angemeldete Besitz-
anspruch auf ganz Berlin war vom Tisch.
Das am 3. Juni 1972 in Kraft getretene Viermächte-Abkommen über Berlin mit den dazu-
gehörigen deutschen Ausführungsvereinba-
rungen (Dok. 7, 8, 9) beendete bis auf weiteres
die seit Kriegsende andauernde Phase der Unsicherheit und Bedrohung West-Berlins. Die
Sowjetunion bestätigte nicht nur grundsätzlich
den Fortbestand der Viermächte-Verantwor-
tung für Berlin, sondern übernahm darüber
hinaus erstmalig auch eine Garantie für den
ungehinderten Zivilverkehr von und nach Berlin. Die früher bestrittenen besonderen Bindungen West-Berlins an die Bundesrepublik
Deutschland sind durch das Abkommen bestätigt worden. Andererseits weist das Abkommen darauf hin, daß die Berliner Westsektoren
*»so wie bisher kein Bestandteil (konstitutiver
Teil) der Bundesrepublik Deutschland sind und
auch weiterhin nicht von ihr regiert werden«.* In
dem Abkommen stimmte auch die Sowjetunion der außenpolitischen Vertretung von

West-Berlin durch die Bundesregierung zu, die
ihr die drei Westmächte bereits im Jahre 1952
übertragen hatten. Der Verkehr zwischen
West-Berlin und der Bundesrepublik Deutschland erfolgt den Bestimmungen des Viermächte-Abkommens entsprechend in der
schnellsten und günstigsten Weise und soll
ohne Behinderung sein. Die Einwohner von
West-Berlin erfahren bei Besuchen im Ostteil
der Stadt und in der DDR gegenüber Bewohnern der Bundesrepublik keine Benachteili-
gungen mehr.
Durch das Viermächte-Abkommen wurden
Voraussetzungen und Vorkehrungen geschaffen, die ein hohes Maß an Sicherheit für die
Stadt bieten. Ernsthafte Versuche des Ostens,
West-Berlin weiterhin als Krisenhebel zu benutzen, sind seither unterblieben, wenngleich
es über die vertraglich festgelegte Bundespräsenz in Berlin und über dessen Bindungen an
den Bund gelegentlich zum Dissens kommt.
Die Mauer wurde wenigstens in West-Ost-
Richtung durchlässiger.

Dokument 1

**17. Dezember 1963:
Protokoll der ersten Berliner
Passierscheinvereinbarung**

Nach einem Meinungsaustausch, der durch einen Brief des Stellvertreters des Vorsitzenden
des Ministerrats der DDR, Herrn Alexander
Abusch, vom 5. Dezember 1963 an den Regierenden Bürgermeister von Berlin, Herrn Willy
Brandt, eingeleitet wurde, sind Staatssekretär
Erich Wendt und Senatsrat Horst Korber vom
12. bis 17. Dezember 1963 zu sieben Besprechungen über die Ausgabe von Passierscheinen für Bewohner von Berlin (West) zum Besuch ihrer Verwandten in Berlin (Ost) / Hauptstadt der DDR in der Zeit vom 19. Dezember
1963 bis 5. Januar 1964 zusammengekommen.
Ungeachtet der unterschiedlichen politischen
und rechtlichen Standpunkte ließen sich beide
Seiten davon leiten, daß es möglich sein sollte,
dieses humanitäre Anliegen zu verwirklichen.
In den Besprechungen, die abwechselnd in
Berlin (West) und Berlin (Ost) / Hauptstadt
der DDR stattfanden, wurde die als Anlage
beigefügte Übereinkunft erzielt.

Beide Seiten stellten fest, daß eine Einigung
über gemeinsame Orts-, Behörden- und Amtsbezeichnungen nicht erzielt werden konnte.
Dieses Protokoll mit seiner Anlage wird von
beiden Seiten gleichlautend veröffentlicht.
Berlin, den 17. Dezember 1963

Auf Weisung des Stellvertreters des Vorsitzenden des Ministerrats der Deutschen Demokratischen Republik
gez. Erich Wendt
Staatssekretär

Auf Weisung des Chefs der Senatskanzlei, die
im Auftrage des Regierenden Bürgermeisters
von Berlin gegeben wurde
gez. Horst Korber
Senatsrat

Quelle: Dokumente zur Deutschlandpolitik IV/9 (1963),
1023.

17. Dezember 1963:
Aus der Anlage zum Protokoll
der Passierscheinvereinbarung

I.

1. In der Zeit vom 19. Dezember 1963 bis zum 5. Januar 1964 können Einwohner von Berlin (West) mit einem Passierschein ihre Verwandten in Berlin (Ost) / in der Hauptstadt der Deutschen Demokratischen Republik besuchen.

2. Als Verwandtenbesuch gilt
der Besuch von Eltern, Kindern, Großeltern, Enkeln, Geschwistern, Tanten und Onkeln, Nichten und Neffen sowie der Ehepartner dieses Personenkreises
und der Besuch von Ehegatten untereinander.

3. Staatssekretär Wendt erklärt, Voraussetzung für die Genehmigung von Besuchsanträgen sei, daß der Antragsteller nicht gegen die Gesetze der Deutschen Demokratischen Republik verstoßen hat.

II.

1. Es werden für die Zeit vom 18. Dezember 1963 bis 4. Januar 1964 Stellen eingerichtet, in denen Antragsformulare ausgegeben, Anträge auf Passierscheine angenommen und solche Passierscheine ausgehändigt werden. Diese Stellen befinden sich ...

2. Die Stellen sind werktags von 13 bis 18 Uhr geöffnet. Die Ausgabe der Antragsformulare und die Entgegennahme der Anträge auf Passierscheine erfolgen in der Zeit vom 18. Dezember 1963 bis 3. Januar 1964. Die Ausgabe der Passierscheine erfolgt in der Zeit vom 19. Dezember 1963 bis 4. Januar 1964.

3. Auf die Stellen wird durch Schilder mit folgender Beschriftung hingewiesen:
»Tagesaufenthaltsgenehmigungen
Anträge – Ausgabe«
Die Beschriftung und Anbringung der Schilder sowie zusätzlicher Wegweiser übernehmen die Beamten, die der Senat von Berlin hierfür bestimmt.

4. Die Ausgabe der Antragsformulare, ihre Entgegennahme nach Ausfüllung und die Ausgabe der Passierscheine erfolgt durch Angestellte der Bezirksdirektion für Post- und Fernmeldewesen Berlin / der Deutschen Post DDR.

Diese Angestellten tragen Dienstkleidung.
In jeder der in Abschnitt II Nr. 1 bezeichneten Stellen werden in der Regel sechs Angestellte tätig sein. Einschließlich der nachfolgend unter Nr. 6 erwähnten Transportbegleiter können bis zu 100 Angestellte eingesetzt werden.

5. Für die angemessene Einrichtung und sonstige sächliche Ausstattung (Heizung, Strom, Reinigung etc.) der Stellen sorgen die Angehörigen des öffentlichen Dienstes, die der Senat hierfür bestimmt. Sie üben in den bezeichneten Stellen das Hausrecht aus.

6. Die Beförderung der in Abschnitt II Nr. 4 genannten Angestellten sowie der Transport der Antragsformulare, der Anträge auf Passierscheine, der Passierscheine und etwaiger Merkblätter erfolgt innerhalb Berlin (West) durch dort zugelassene nicht beschriftete Fahrzeuge, die der Senat bestimmt.
Die Fahrzeuge werden von je einem Angehörigen des öffentlichen Dienstes geführt, die der Senat hierfür bestimmt. Die Transporte der Antragsformulare, der Anträge auf Passierscheine, der Passierscheine und etwaiger Merkblätter werden durch je zwei Angestellte der Bezirksdirektion für Post- und Fernmeldewesen Berlin / der Deutschen Post DDR begleitet.
Übergänge für die in Abschnitt II Nr. 4 genannten Angestellten und Umschlagsort für das in obigem Absatz 1 aufgeführte Transportgut sind ...
Die Abholung der in Abschnitt II Nr. 4 genannten Angestellten erfolgt so rechtzeitig, daß die in Abschnitt II Nr. 2 genannten Öffnungszeiten eingehalten werden können.
Der Rücktransport erfolgt alsbald nach dem Ablauf dieser Öffnungszeiten.

III.

1. In den in Abschnitt II Nr. 1 genannten Stellen werden Antragsformulare sowie Zahlungsmittel- und Warenerklärungen – letztere zur Vorlage beim Übergang – ausgegeben.
Diese Formulare sind von den Antragstellern auszufüllen. Das Antragsformular ist bei der Stelle abzugeben, die es ausgegeben hat. Eine

auf Sachentscheidung gerichtete Bearbeitung findet bei der Annahme von Anträgen nicht statt. Anträge können jedoch sofort zurückgewiesen werden, wenn offensichtlich kein Verwandtschaftsverhältnis im Sinne des Abschnitts I Nr. 2 vorliegt.

Für Kinder unter 16 Jahren sind keine eigenen Antragsformulare auszufüllen. Ihre Personalien werden vielmehr in die Anträge der sie begleitenden Erwachsenen eingetragen, sofern sie in dem Personalausweis dieser Erwachsenen enthalten sind.

2. Die Bearbeitung und Entscheidung der Anträge erfolgt nicht in Berlin (West).

3. Die Passierscheine werden grundsätzlich an dem der Antragsabgabe folgenden Werktag ausgehändigt.

4. Die Beantragung und die Abholung der Passierscheine kann

für Eheleute von einem Ehegatten,

für Eltern von einem Kind über 16 Jahre,

für Kinder über 16 Jahre von einem Elternteil

unter Vorlage des Personalausweises der oder des nicht Erschienenen erfolgen.

Körperbehinderte können Passierscheine durch bevollmächtigte Dritte unter Vorlage des Personalausweises und eines amtlichen Ausweises über die Körperbehinderung des nicht Erschienenen beantragen und abholen lassen.

IV.

Übergangsstellen sind

Chausseestraße

Invalidenstraße

Sonnenallee

(für Fahrzeug- und Fußgängerverkehr)

Oberbaumbrücke

(nur für Fußgängerverkehr)

Bahnhof Friedrichstraße

(nur für Benutzer der S-Bahn)

Es ist jeweils die Übergangsstelle zu benutzen, die im Passierschein eingetragen ist.

V.

1. Jeder Passierschein gilt nur für den auf ihm bezeichneten Kalendertag in der Zeit von 7.00 bis 24.00 Uhr.

2. Die für den 31. Dezember 1963 ausgestellten Passierscheine gelten bis zum 1. Januar 1964, 5.00 Uhr.

VI.

Jede Seite trägt die Kosten für die von ihr nach dieser Protokollanlage zu erbringenden Leistungen.

VII.

1. Beide Seiten treffen alle Voraussetzungen für eine ungestörte Arbeit der in Abschnitt II Nr. 1 genannten Stellen und eine reibungslose Abwicklung des Besucherverkehrs.

2. Der Senat gewährleistet die Sicherheit und Ordnung im Bereich der in Abschnitt II Nr. 1 genannten Stellen und in der Umgebung der in Abschnitt IV genannten Übergangsstellen, den ungehinderten Zu- und Abgang der in Abschnitt II Nr. 4 genannten Angestellten und deren persönliche Sicherheit sowie den ungestörten Transport des in Abschnitt II Nr. 6 genannten Transportgutes.

Der Senat gewährleistet ferner, daß in die zugelassenen Arbeitsvorgänge der unter Abschnitt II Nr. 1 genannten Stellen nicht von seiner Seite eingegriffen wird.

3. Beide Seiten unterbinden mit den ihnen zur Verfügung stehenden Mitteln im Rahmen ihrer Zuständigkeiten jede Tätigkeit, die gegen die Einrichtung und Arbeit der in Abschnitt II Nr. 1 genannten Stellen und gegen die ungestörte Durchführung des Besucherverkehrs gerichtet ist.

VIII.

Sollte es über die Auslegung oder Durchführung dieser Protokollanlage zu Meinungsverschiedenheiten kommen, so ist ihre Beilegung zwischen Staatssekretär Wendt und Senatsrat Korber zu beraten.

Quelle: Dokumente zur Deutschlandpolitik IV/9 (1963), 1024 ff.

Dokument 3

17. Dezember 1963:
Erklärung von Senatsrat Korber
nach der Unterzeichnung des Protokolls
der Passierscheinvereinbarung

Ich möchte auch im Namen meiner beiden Kollegen meiner Genugtuung Ausdruck geben, daß wir hier und drüben bei Ihnen in Ostberlin zu einem positiven Ergebnis gekommen sind. Ich möchte für alle Zeichen des guten Willens danken, die auch Sie während dieser langen Stunden und in diesen zum Teil komplizierten Besprechungen gezeigt haben.

Dieses Ergebnis zu erreichen war nur möglich, weil wir uns darauf beschränkt haben, unter Ausklammerung sachfremder Interessen und ungeachtet verschiedener politischer Auffassungen und Standpunkte eine technische Übereinkunft zu erzielen, die den Wünschen der Menschen in beiden Teilen der Stadt näherkommt. Dabei bleibt es wichtig, daß auch von Ihrer Seite erklärt worden ist, daß diese Vereinbarung nicht den Charakter eines zwischenstaatlichen Abkommens hat.

Wir hoffen, ja wir sind überzeugt, daß die gefundene Regelung sich bewähren wird. Es wäre wünschenswert, wenn es möglich würde, im Interesse der betroffenen Menschen weitere Erleichterungen zu erreichen.

Quelle: Dokumente zur Deutschlandpolitik IV/9 (1963), 1027

Dokument 4

29. Juli 1966:
Gemeinsame Erklärung der Bundesregierung
und des Berliner Senats zur Nichterneuerung
der Passierscheinvereinbarungen

Die Bundesregierung und der Berliner Senat gaben am 29. Juli 1966 folgende gemeinsame Erklärung ab:

Bundesregierung und Senat bedauern, daß eine Übereinkunft über die Fortführung der Passierscheinstelle für besondere Familienangelegenheiten nicht unterzeichnet werden konnte.

Bei der bisherigen Passierscheinübereinkunft war mit der salvatorischen Klausel eine praktikable Möglichkeit für Verwandtenbesuche im geteilten Berlin geschaffen worden. Diese bewährte Regelung wird nunmehr durch das Verhalten der anderen Seite in Frage gestellt, die mehr und mehr erkennen läßt, daß es ihr nur noch um eine Aufwertung, nicht aber um menschliche Erleichterungen geht.

Bundesregierung und Senat sind nach wie vor bereit, auf der bisherigen Grundlage Absprachen zu treffen, die allgemeine Verwandtenbesuche und solche in besonderen Familienangelegenheiten ermöglichen; sie sind jedoch nicht bereit, an einer Aufwertung der SBZ mitzuwirken.

Die Fortführung der Passierscheinstelle für besondere Familienangelegenheiten sollte nach Auffassung von Bundesregierung und Senat auch ohne formelle Absprachen möglich sein.

Quelle: Bulletin des Presse- und Informationsamtes der Bundesregierung vom 2. 8. 1966.

Dokument 5

11. September 1970:
»Neues Deutschland« reklamiert ganz Berlin
für die DDR

Am 1. Oktober werden es 50 Jahre, daß Groß-Berlin entstand. Das alte Berlin wurde mit den Städten Charlottenburg, Wilmersdorf, Schöneberg, Neukölln, Lichtenberg, Köpenick und Spandau, mit 59 Landgemeinden und 27 Gutsbezirken zusammengeschlossen. Wie es dazu kam, wissen heute viele nicht mehr. Einige haben es absichtlich vergessen. Groß-Berlin war nämlich ein Erfolg der Arbeiter, der demokratischen Kräfte. Es war nicht zuletzt das Ergebnis des Ringens der jungen KPD, von Mitgliedern der SPD und USPD gegen die »Spalte-und-herrsche-Politik« der Großbourgeoisie und der Krautjunker.

Worum ging es den Arbeitern? Um die Konzentration ihrer Kräfte in der Hauptstadt. Um die Festigung der in der Novemberrevolution errungenen Rechte. Um die Überwindung der Macht der preußischen Landräte, die in den Vororten wie anno tobak hausten. Und worum ging es der Reaktion? Darum, den Kräftezuwachs der Arbeiterklasse zu verhindern. Der damalige preußische Innenminister Heine (SPD) deutete auf das bourgeoise Klassenmotiv hin, als er sagte: »Es waren vor allen Dingen die Besorgnisse vor einer zu großen Körperschaft, vor einem Überwiegen der Arbeiterklasse in dieser großen Gemeinschaft... darum wollte man Berlin nicht groß werden lassen.« Die »Rote Fahne« schrieb von einem »Abwehrkampf der bürgerlichen Parteien gegen die ›rote Flut Berlins‹«.

Wie es mit Berlin weiterging, ist schon bekannter. Wie überall im Reich breitete sich brutaler Terror gegen die Arbeiterklasse und ihre marxistisch-leninistische Partei aus. In den Jahren der relativen Stabilisierung des Kapitalismus 1924–1928 machten die Herren der Banken und Konzerne die »City« zum Hort ihres Reichtums und ihrer Laster. In der Zeit der Weltwirtschaftskrise aber zählte man allein in Berlin über 636 000 Arbeitslose.

Und dann wurde es Nacht über der Stadt. In diese Nacht blakten die Flammen des von den Nazis angezündeten Reichstages, später die des Scheiterhaufens, auf dem Werke von Marx und Einstein, Heinrich Heine und Thomas Mann brannten. Groß-Berlin wurde Kommandozentrale in Hitlers »Großdeutschem Reich«. Von hier kamen die Befehle zum Bau der Vernichtungslager. Von hier ging der zweite Weltkrieg aus.

Alle wissen, wie er endete. Die Imperialisten hatten aus Berlin gemacht, was sie aus ganz Deutschland gemacht hatten: einen Trümmerhaufen. Aber über Berlin wehte schon das Symbol neuen Lebens – die von den sowjetischen Befreiern aufgepflanzte rote Fahne. In Berlin begann die Gruppe Ulbricht ihre Arbeit. In Berlin trat die KPD mit ihrem historischen

Juniprogramm auf. In Berlin kam es zur Aktionseinheit von KPD und SPD zur Bildung des demokratischen Blocks.

Bereits im Mai 1945 war mit dem neuen Magistrat ein für ganz Berlin einheitliches, fortschrittliches Selbstverwaltungsorgan entstanden. In ganz Berlin begann im Geist des Potsdamer Abkommens der Kampf um die Überführung des Konzernbesitzes in Volkseigentum, um die humanistische Erneuerung von Bildung und Kultur. Da aber traten sie wieder auf den Plan, die Macher der »Spalte-und-herrsche-Politik«. Aus Furcht vor der demokratischen Umwälzung und mit dem Ziel, ihre Macht wenigstens in einem Teil des untergegangenen Reiches zu erhalten, spaltete die Großbourgeoisie, aktiv unterstützt von den imperialistischen Westmächten, Deutschland. Und gemeinsam spalteten sie Berlin. Mit dem Boykott des Potsdamer Abkommens, der Einführung der Separatwährung und der Errichtung einer Separatverwaltung in den Westsektoren zerrissen sie die Stadt.

Die gleichen reaktionären Kräfte also, die 1920 aus eigennützigen Klasseninteressen die Bildung von Groß-Berlin verhindern wollten, zerstörten nun mit den prinzipiell gleichen Absichten die städtische Einheit. Sie zwangen die Westberliner Bevölkerung erneut unter die Macht der Monopole. Westberlin ist nach wie vor ein Besatzungsgebiet, das auf dem und inmitten des Territoriums der DDR liegt. Das demokratische Berlin dagegen wurde zur Hauptstadt des souveränen sozialistischen deutschen Staates. In ihm und seiner Metropole lebt die andere, die gute Tradition deutscher Geschichte.

Das sind die Tatsachen. Vor ihnen nimmt sich seltsam aus, wenn der Westberliner Senat den 1. Oktober mit einem »internationalen Oberbürgermeistertreffen« begehen will. Es ist in der Tat merkwürdig, daß ein Groß-Berlin gefeiert werden soll, das diese Kräfte selbst zerstört haben. Noch befremdlicher wirkt, wenn eine Einladung auch an uns erging mit der famosen Begründung, daß das Gesetz »über die Schaffung der Stadtgemeinde Groß-Berlin auch in der Hauptstadt der DDR weiterhin Gültigkeit habe«. Der Westberliner Bürgermeister Schütz kleidete seine Einladung – westli-

chen Pressemeldungen zufolge – obendrein in die Form einer »Aufforderung«.
Wer möchte angesichts dessen den im Schöneberger Rathaus regierenden Bürgermeister nicht auffordern, sich gründlich mit der Geschichte Berlins zu beschäftigen. Es wäre gut auch für ihn, Lehren aus der Vergangenheit zu

ziehen, so wie es gut wäre, der Gegenwart, den Tatsachen von heute Rechnung zu tragen: Es gibt die Hauptstadt der DDR Berlin, und es gibt die selbständige politische Einheit Westberlin als Besatzungsgebiet.   Dr. H.

Quelle: Neues Deutschland, 11. September 1970.

Dokument 6

**27. August 1971:
DDR-Kommentar zum Viermächte-Abkommen über Berlin**

Am 23. August stellten die Botschafter der vier Mächte nach langen Verhandlungen den Entwurf einer Vereinbarung über die Probleme Westberlins fertig. Zur Zeit liegt dieser Entwurf den Regierungen der Sowjetunion, der USA, Großbritanniens und Frankreichs vor. Von ihnen wird er geprüft, damit er möglichst bald unterzeichnet werden kann. Angesichts des berechtigten Interesses der Öffentlichkeit an diesem bedeutsamen Dokument läßt sich schon jetzt – also vor der Veröffentlichung der Texte – sagen, daß sich das Abkommen der vier Mächte über Westberlin, in dem voll und ganz den souveränen Rechten der DDR und den Interessen der Bürger Westberlins Rechnung getragen wird, positiv auf die weitere Entwicklung der Lage in Europa auswirken wird.
Es ist kein Geheimnis, daß bereits während der langwierigen Verhandlungen der vier Mächte Konsultationen zwischen der UdSSR und der DDR zur Frage des Viermächteabkommens, zum jeweiligen Stand der Botschaftergespräche stattfanden. So konnten auch unmittelbar nach Abschluß des letzten Viermächtegesprächs der Botschafter der UdSSR, Genosse P. A. Abrassimow, und der Erste Sekretär des ZK der SED, Genosse Erich Honecker, die völlige Übereinstimmung der Ansichten über den gesamten Entwurf der Vereinbarung feststellen. Über den Stand und die Ergebnisse der Verhandlungen war die Regierung der DDR vollständig im Bilde, da zwischen der Regierung der Sowjetunion und der Regierung der DDR ständig Konsultationen stattfanden und die erforderlichen Vereinbarungen getroffen wurden.

Der Ministerrat der DDR hat bekanntlich nach Erläuterung des Entwurfs der Vereinbarung der vier Mächte über Westberlin diese Vereinbarung begrüßt. Die Presse unserer Republik hat darüber in einer Mitteilung berichtet. In ihr wird hervorgehoben, daß der gesamte Entwurf der Viermächtevereinbarung über die Probleme Westberlins »von großer Bedeutung für die DDR, für die gemeinsam beratene und abgestimmte Außenpolitik der sozialistischen Staatengemeinschaft und aller Kräfte in der Welt einschließlich in der BRD, die für Frieden und Entspannung eintreten«, ist. Besonders unterstrichen wurde, daß die Ergebnisse der Viermächteverhandlungen ein Ausdruck der erfolgreichen Außenpolitik der UdSSR sind. Sie bestätigen die Rolle der Sowjetunion als Vorhut und Bollwerk des Friedens.
In der Hauptstadt der DDR ist mit Interesse vermerkt worden, daß nun zum erstenmal ein Viermächteabkommen über Westberlin existiert, in dem sowohl die noch auszuhandelnden Abkommen zwischen der Regierung der DDR und der Regierung der BRD als auch die zwischen der Regierung der DDR und dem Senat von Westberlin eingeschlossen werden sollen. Ohne jetzt schon auf den Text eingehen zu können, der bekanntlich noch nicht veröffentlicht wurde, kann man bereits heute sagen, daß die konstruktive Friedenspolitik der DDR – wie sie auf dem VIII. Parteitag beraten und beschlossen wurde – die ersten Früchte trägt. Das vierseitige Abkommen, das in seinem wesentlichen Inhalt beachtet, daß Westberlin kein Bestandteil der Bundesrepublik Deutschland ist und nicht von ihr regiert werden darf und daß die Bundespräsenz der BRD in Westberlin ab-

gebaut wird, ist zweifellos ein wichtiger Schritt zur Entspannung im Herzen Europas und zur Sicherung des Friedens, ein Schritt, der den Interessen aller Völker unseres Kontinents entspricht, ein Schritt, der unter anderem ermöglicht wurde durch die Profilierung der DDR als sozialistischer Staat und ihre unlösbare Verankerung in der sozialistischen Staatengemeinschaft, ein Schritt, der zugleich die Stärkung der internationalen Positionen der DDR ausdrückt.

Nun schwirren, wie es nicht anders zu erwarten war, gestützt auf die Massenmedien der BRD, verschiedene Gerüchte in der BRD herum, die eher Grimms Märchen gleichen als dem Text des gesamten Entwurfs der Viermächtevereinbarung über Westberlin. Dazu muß man sagen, daß die DDR-Journalisten gegenüber diesen Praktiken eine klare Position beziehen. Sie haben es stets so gehalten, und so geschieht das auch in diesen Tagen gegenüber dem noch nicht veröffentlichten Text der Viermächtevereinbarung. Wir respektieren die in den Verhandlungen der Botschafter und in den Kon-

sultationen zwischen der Sowjetunion und der DDR vereinbarte Diskretion. Das hat sich stets im Leben bewährt und als für die Sache nützlich erwiesen.

Selbst solche Leute in der westlichen Welt, die nicht zu den Freunden der DDR gehören, kommen heute zu der Schlußfolgerung, daß ungeachtet verschiedener gegensätzlicher Standpunkte die DDR von Anbeginn einen konstruktiven Beitrag zum erfolgreichen Verlauf, zum Ergebnis der Viermächteverhandlungen leistete. Wir betrachten das Ergebnis jedoch nicht nur als einen Erfolg für uns, sondern als einen Erfolg für alle, die Frieden und Entspannung, die Fortschritte auf dem Wege der Gewährleistung der europäischen Sicherheit wollen. Soviel kann heute schon gesagt werden: Die DDR wird auch weiterhin durch eine konstruktive Haltung darauf hinwirken, daß dieses wichtige Werk der Entspannung zu einem guten Abschluß geführt wird.

Quelle: Neues Deutschland, 27. August 1971.

Die Berlin-Regelung

Die Berlin-Regelung von 1971 besteht aus einer Reihe von Abkommen und Vereinbarungen sowie begleitenden Dokumenten, wie Protokollnotizen, Briefen und Erklärungen. Hier werden aus Platzgründen nur die wesentlichen

Orginaltexte sowie einige Erläuterungen, die dem Verständnis der Regelung dienen, aufgenommen. Die anschließende tabellarische Übersicht wurde vom Gesamtdeutschen Institut, Bonn, erstellt.

Dokument 7	**3. September 1961:** **Das Viermächte-Abkommen**

Die Regierungen der Französischen Republik, der Union der Sozialistischen Sowjetrepubliken, des Vereinigten Königreichs Großbritannien und Nordirland, der Vereinigten Staaten von Amerika,
vertreten durch ihre Botschafter, die in dem früher vom Alliierten Kontrollrat benutzten Gebäude im amerikanischen Sektor Berlins eine Reihe von Sitzungen abgehalten haben, handelnd auf der Grundlage ihrer Viermächte-

Rechte und -Verantwortlichkeiten und der entsprechenden Vereinbarungen und Beschlüsse der Vier Mächte aus der Kriegs- und Nachkriegszeit, die nicht berührt werden,
unter Berücksichtigung der bestehenden Lage in dem betreffenden Gebiet,
von dem Wunsch geleitet, zu praktischen Verbesserungen der Lage beizutragen,
unbeschadet ihrer Rechtspositionen,
haben folgendes vereinbart:

I
Allgemeine Bestimmungen

1. Die Vier Regierungen werden bestrebt sein,
die Beseitigung von Spannungen und die Verhütung von Komplikationen in dem betreffenden Gebiet zu fördern.
2. Unter Berücksichtigung ihrer Verpflichtungen nach der Charta der Vereinten Nationen
stimmen die Vier Regierungen darin überein,
daß in diesem Gebiet keine Anwendung oder
Androhung von Gewalt erfolgt und daß Streitigkeiten ausschließlich mit friedlichen Mitteln
beizulegen sind.
3. Die Vier Regierungen werden ihre individu-
ellen und gemeinsamen Rechte und Verantwortlichkeiten, die unverändert bleiben, gegenseitig achten.
4. Die Vier Regierungen stimmen darin überein, daß ungeachtet der Unterschiede in den
Rechtsauffassungen die Lage, die sich in diesem Gebiet entwickelt hat und wie sie in diesem Abkommen sowie in den anderen in diesem Abkommen genannten Vereinbarungen
definiert ist, nicht einseitig verändert wird.

II
Bestimmungen, die die Westsektoren Berlins
betreffen

A. Die Regierung der Union der Sozialistischen Sowjetrepubliken erklärt, daß der Transitverkehr von zivilen Personen und Gütern
zwischen den Westsektoren Berlins und der
Bundesrepublik Deutschland auf Straßen,
Schienen- und Wasserwegen durch das Territorium der Deutschen Demokratischen Republik ohne Behinderungen sein wird, daß dieser
Verkehr erleichtert werden wird, damit er in
der einfachsten und schnellsten Weise vor sich
geht und daß er Begünstigung erfahren wird.
Die diesen zivilen Verkehr betreffenden kon-
kreten Regelungen, wie sie in Anlage I niedergelegt sind, werden von den zuständigen deutschen Behörden vereinbart.
B. Die Regierungen der Französischen Republik, des Vereinigten Königreichs und der Vereinigten Staaten von Amerika erklärten, daß
die Bindungen zwischen den Westsektoren
Berlins und der Bundesrepublik Deutschland
aufrechterhalten und entwickelt werden, wobei
sie berücksichtigen, daß diese Sektoren so wie

bisher kein Bestandteil (konstitutiver Teil) der
Bundesrepublik Deutschland sind und auch
weiterhin nicht von ihr regiert werden.
Konkrete Regelungen, die das Verhältnis zwischen den Westsektoren Berlins und der Bundesrepublik Deutschland betreffen, sind in Anlage II niedergelegt.
C. Die Regierung der Union der Sozialistischen Sowjetrepubliken erklärt, daß die Kommunikationen zwischen den Westsektoren Berlins und Gebieten, die an diese Sektoren grenzen, sowie denjenigen Gebieten der Deutschen
Demokratischen Republik, die nicht an diese
Sektoren grenzen, verbessert werden. Personen
mit ständigem Wohnsitz in den Westsektoren
Berlins werden aus humanitären, familiären,
religiösen, kulturellen oder kommerziellen
Gründen oder als Touristen in diese Gebiete
reisen und sie besuchen können, und zwar unter Bedingungen, die denen vergleichbar sind,
die für andere in diese Gebiete einreisende Personen gelten.
Die Probleme der kleinen Enklaven einschließlich Steinstückens und anderer kleiner Gebiete
können durch Gebietsaustausch gelöst werden.
Konkrete Regelungen, die die Reisen, die
Kommunikationen und den Gebietsaustausch
betreffen, wie in Anlage III niedergelegt, werden zwischen den zuständigen deutschen Behörden vereinbart.
D. Die Vertretung der Interessen der Westsektoren Berlins im Ausland und die konsularische Tätigkeit der Union der Sozialistischen
Sowjetrepubliken in den Westsektoren Berlins
können wie in Anlage IV niedergelegt ausgeübt
werden.

III
Schlußbestimmungen

Dieses Viermächte-Abkommen tritt an dem
Tage in Kraft, der in einem Viermächte-
Schlußprotokoll festgelegt wird, das abzuschließen ist, sobald die in Teil II dieses Viermächte-Abkommens und in seinen Anlagen
vorgesehenen Maßnahmen vereinbart worden
sind.
GESCHEHEN in dem früher vom Alliierten
Kontrollrat benutzten Gebäude im amerikanischen Sektor Berlin am 3. September 1971, in

vier Urschriften, jede in englischer, französischer und russischer Sprache, wobei jeder Wortlaut gleichermaßen verbindlich ist.

Für die Regierung der Französischen Republik
Jean Sauvagnargues

Für die Regierung der Union der Sozialistischen Sowjetrepubliken *Pjotr Abrassimow*

Für die Regierung des Vereinigten Königreichs Großbritannien und Nordirland
R. W. Jackling

Für die Regierung der Vereinigten Staaten von Amerika *Kenneth Rush*

Anlage I
Mitteilung der Regierung der Union der Sozialistischen Sowjetrepubliken an die Regierungen der Französischen Republik, des Vereinigten Königreiches und der Vereinigten Staaten von Amerika

Die Regierung der Union der Sozialistischen Sowjetrepubliken hat die Ehre, unter Bezugnahme auf Teil II Abschnitt A des Viermächte-Abkommens vom heutigen Tage und nach Konsultationen und in Übereinkunft mit der Regierung der Deutschen Demokratischen Republik den Regierungen der Französischen Republik, des Vereinigten Königreiches und der Vereinigten Staaten von Amerika folgendes mitzuteilen:

1. Der Transitverkehr von zivilen Personen und Gütern zwischen den Westsektoren Berlins und der Bundesrepublik Deutschland auf Straßen-, Schienen- und Wasserwegen durch das Territorium der Deutschen Demokratischen Republik wird erleichtert werden und ohne Behinderungen sein. Er wird in der einfachsten, schnellsten und günstigsten Weise erfolgen, wie es in der internationalen Praxis vorzufinden ist.

2. In Übereinstimmung damit
a) können für die Beförderung von zivilen Gütern auf Straßen, Schienen- und Wasserwegen zwischen den Westsektoren Berlins und der Bundesrepublik Deutschland vor der Abfahrt verplombte Transportmittel benutzt werden. Die Kontrollverfahren werden auf die Prüfung der Plomben und der Begleitdokumente beschränkt werden.
b) werden bei Transportmitteln, die nicht verplombt werden können, wie zum Beispiel offene Lastkraftwagen, die Kontrollverfahren auf die Prüfung der Begleitdokumente beschränkt werden. In besonderen Fällen, in denen hinreichende Verdachtsgründe dafür vorliegen, daß nichtverplombte Transportmittel Materialien enthalten, die zur Verbreitung auf den vorgesehenen Wegen bestimmt sind, oder daß sich in ihnen Personen oder Materialien befinden, die auf diesen Wegen aufgenommen worden sind, kann der Inhalt der nichtverplombten Transportmittel geprüft werden. Die Verfahren zur Behandlung derartiger Fälle werden zwischen den zuständigen deutschen Behörden vereinbart.
c) können für Reisen zwischen den Westsektoren Berlins und der Bundesrepublik Deutschland durchgehende Züge und Autobusse benutzt werden. Die Kontrollverfahren umfassen außer der Identifizierung von Personen keine anderen Formalitäten.
d) werden Personen, die als Transitreisende identifiziert sind und individuelle Transportmittel zwischen den Westsektoren Berlins und der Bundesrepublik Deutschland auf den für den Durchgangsverkehr vorgesehenen Wegen benutzen, zu ihrem Bestimmungsort gelangen können, ohne individuelle Gebühren und Abgaben für die Benutzung der Transitwege zu zahlen. Die Verfahren, die auf solche Reisende Anwendung finden, werden keine Verzögerungen mit sich bringen. Die Reisenden, ihre Transportmittel und ihr persönliches Gepäck werden nicht der Durchsuchung und der Festnahme unterliegen oder von der Benutzung der vorgesehenen Wege ausgeschlossen werden, außer in besonderen Fällen, wie das zwischen den zuständigen deutschen Behörden vereinbart werden kann, in denen hinreichende Verdachtsgründe bestehen, daß ein Mißbrauch der Transitwege für Zwecke beabsichtigt ist, die nicht mit der direkten Durchreise von und nach den Westsektoren Berlins in Zusammenhang stehen und die den allgemein üblichen Vorschriften bezüglich der öffentlichen Ordnung zuwiderlaufen.
e) kann eine entsprechende Kompensation für Abgaben, Gebühren und andere Kosten, die den Verkehr auf den Verbindungswegen zwischen den Westsektoren Berlins und der Bundesrepublik Deutschland betreffen, einschließlich der Instandhaltung der entsprechenden

Wege, Einrichtungen und Anlagen, die für diesen Verkehr benutzt werden, in Form einer jährlichen Pauschalsumme erfolgen, die von der Bundesrepublik Deutschland an die Deutsche Demokratische Republik gezahlt wird.

3. Regelungen zur Durchführung und Ergänzung der in den Absätzen 1 und 2 genannten Bestimmungen werden zwischen den zuständigen deutschen Behörden vereinbart.

Anlage II

Mitteilung der Regierungen der Französischen Republik, des Vereinigten Königreichs und der Vereinigten Staaten von Amerika an die Regierung der Union der Sozialistischen Sowjetrepubliken

Die Regierungen der Französischen Republik, des Vereinigten Königreichs und der Vereinigten Staaten von Amerika beehren sich, unter Bezugnahme auf Teil II Abschnitt B des Viermächte-Abkommens vom heutigen Tage und nach Konsultation mit der Regierung der Bundesrepublik Deutschland der Regierung der Union der Sozialistischen Sowjetrepubliken folgendes mitzuteilen:

1. In Ausübung ihrer Rechte und Verantwortlichkeiten erklären sie, daß die Bindungen zwischen den Westsektoren Berlins und der Bundesrepublik Deutschland aufrechterhalten und entwickelt werden, wobei sie berücksichtigen, daß diese Sektoren wie bisher kein Bestandteil (konstitutiver Teil) der Bundesrepublik Deutschland sind und auch weiterhin nicht von ihr regiert werden. Die Bestimmungen des Grundgesetzes der Bundesrepublik Deutschland und der in den Westsektoren Berlins in Kraft befindlichen Verfassung, die zu dem Vorstehenden in Widerspruch stehen, sind suspendiert worden und auch weiterhin nicht in Kraft.

2. Der Bundespräsident, die Bundesregierung, die Bundesversammlung, der Bundesrat und der Bundestag, einschließlich ihrer Ausschüsse und Fraktionen, sowie sonstige staatliche Organe der Bundesrepublik Deutschland werden in den Westsektoren Berlins keine Verfassungs- oder Amtsakte vornehmen, die in Widerspruch zu Absatz 1 stehen.

3. Die Regierung der Bundesrepublik Deutschland wird in den Westsektoren Berlins bei den Behörden der drei Regierungen und beim Senat durch eine ständige Verbindungsbehörde vertreten sein.

Anlage III

Mitteilung der Regierung der Union der Sozialistischen Sowjetrepubliken an die Regierungen der Französischen Republik, des Vereinigten Königreiches und der Vereinigten Staaten von Amerika

Die Regierung der Union der Sozialistischen Sowjetrepubliken hat die Ehre, unter Bezugnahme auf Teil II Abschnitt C des Viermächte-Abkommens vom heutigen Tage und nach Konsultationen und in Übereinkunft mit der Regierung der Deutschen Demokratischen Republik den Regierungen der Französischen Republik, des Vereinigten Königreiches und der Vereinigten Staaten von Amerika folgendes mitzuteilen:

1. Die Kommunikationen zwischen den Westsektoren Berlins und Gebieten, die an diese Sektoren grenzen, sowie denjenigen Gebieten der Deutschen Demokratischen Republik, die nicht an diese Sektoren grenzen, werden verbessert werden.

2. Personen mit ständigem Wohnsitz in den Westsektoren Berlins werden aus humanitären, familiären, religiösen, kulturellen oder kommerziellen Gründen oder als Touristen in diese Gebiete reisen und sie besuchen können, und zwar unter Bedingungen, die denen vergleichbar sind, die für andere in diese Gebiete einreisende Personen gelten. Zur Erleichterung der oben beschriebenen Besuche und Reisen von Personen mit ständigem Wohnsitz in den Westsektoren Berlins werden zusätzliche Übergangsstellen eröffnet.

3. Die Probleme der kleinen Enklaven einschließlich Steinstückens und anderer kleiner Gebiete können durch Gebietsaustausch gelöst werden.

4. Die Telefon-, Telegrafen-, Transport- und anderen Verbindungen der Westsektoren Berlins nach außen werden erweitert werden.

5. Regelungen zur Durchführung und Ergänzung der Bestimmungen der Absätze 1 bis 4 werden zwischen den zuständigen deutschen Behörden vereinbart.

Anlage IV
A

Mitteilung der Regierungen der Französischen Republik, des Vereinigten Königreiches und der Vereinigten Staaten von Amerika an die Regierung der Sozialistischen Sowjetrepubliken

Die Regierungen der Französischen Republik, des Vereinigten Königreiches und der Vereinigten Staaten von Amerika beehren sich, unter Bezugnahme auf Teil II D des Viermächte-Abkommens vom heutigen Tage und nach Konsultation mit der Regierung der Bundesrepublik Deutschland, der Regierung der Union der Sozialistischen Sowjetrepubliken folgendes mitzuteilen:

1. Die Regierungen der Französischen Republik, des Vereinigten Königreiches und der Vereinigten Staaten von Amerika behalten ihre Rechte und Verantwortlichkeiten hinsichtlich der Vertretung im Ausland der Interessen der Westsektoren Berlins und der Personen mit ständigem Wohnsitz in den Westsektoren einschließlich der Rechte und Verantwortlichkeiten, die Angelegenheiten der Sicherheit und des Status betreffen, sowohl in internationalen Organisationen als auch in Beziehungen zu anderen Ländern bei.

2. Unbeschadet des Vorstehenden und unter der Voraussetzung, daß Angelegenheiten der Sicherheit und des Status nicht berührt werden, haben sie sich einverstanden erklärt, daß
a) die Bundesrepublik Deutschland die konsularische Betreuung für Personen mit ständigem Wohnsitz in den Westsektoren Berlins ausüben kann;
b) in Übereinstimmung mit den festgelegten Verfahren völkerrechtliche Vereinbarungen und Abmachungen, die die Bundesrepublik Deutschland schließt, auf die Westsektoren Berlins ausgedehnt werden können, vorausgesetzt, daß die Ausdehnung solcher Vereinbarungen und Abmachungen jeweils ausdrücklich erwähnt wird;
c) die Bundesrepublik Deutschland die Interessen der Westsektoren Berlins in internationalen Organisationen und auf internationalen Konferenzen vertreten kann;
d) Personen mit ständigem Wohnsitz in den Westsektoren Berlins gemeinsam mit Teilnehmern aus der Bundesrepublik Deutschland am

internationalen Austausch und an internationalen Ausstellungen teilnehmen können. Tagungen internationaler Organisationen und internationale Konferenzen sowie Ausstellungen mit internationaler Beteiligung können in den Westsektoren Berlins durchgeführt werden. Einladungen werden vom Senat oder gemeinsam von der Bundesrepublik Deutschland und dem Senat ausgesprochen.
3. Die drei Regierungen genehmigen die Errichtung eines Generalkonsulates der Union der Sozialistischen Sowjetrepubliken in den Westsektoren Berlins, das gemäß den üblichen in diesen Sektoren geltenden Verfahren bei den entsprechenden Behörden der drei Regierungen zum Zwecke der Ausübung konsularischer Betreuung nach Maßgabe der in einem gesonderten Dokument vom heutigen Tage niedergelegten Bestimmungen akkreditiert wird.

Anlage IV
B

Mitteilung der Regierung der Union der Sozialistischen Sowjetrepubliken an die Regierungen der Französischen Republik, des Vereinigten Königreiches und der Vereinigten Staaten von Amerika

Die Regierung der Union der Sozialistischen Sowjetrepubliken hat die Ehre, unter Bezugnahme auf Teil II D des Viermächte-Abkommens vom heutigen Tage und auf die Mitteilung der Regierungen der Französischen Republik, des Vereinigten Königreichs und der Vereinigten Staaten von Amerika, die die Vertretung im Ausland der Interessen der Westsektoren Berlins und der Personen mit ständigem Wohnsitz in den Westsektoren betreffen, den Regierungen der Französischen Republik, des Vereinigten Königreichs und der Vereinigten Staaten von Amerika folgendes mitzuteilen:

1. Die Regierung der Union der Sozialistischen Sowjetrepubliken nimmt die Tatsache zur Kenntnis, daß die drei Regierungen ihre Rechte und Verantwortlichkeiten in bezug auf die Vertretung im Ausland der Interessen der Westsektoren Berlins und der Personen mit ständigem Wohnsitz in den Westsektoren einschließlich der Rechte und Verantwortlichkeiten, die Angelegenheiten der Sicherheit und des Status betreffen, sowohl in internationalen

Organisationen als auch in Beziehungen zu anderen Länder beibehalten.

2. Unter der Voraussetzung, daß Angelegenheiten der Sicherheit und des Status nicht berührt werden, wird sie ihrerseits keine Einwände haben gegen

a) die Ausübung der konsularischen Betreuung für Personen mit ständigem Wohnsitz in den Westsektoren Berlins durch die Bundesrepublik Deutschland;

b) die Ausdehnung von völkerrechtlichen Vereinbarungen und Abmachungen, die die Bundesrepublik Deutschland schließt, auf die Westsektoren Berlins in Übereinstimmung mit den festgelegten Verfahren, vorausgesetzt, daß die Ausdehnung solcher Vereinbarungen und Abmachungen jeweils ausdrücklich erwähnt wird;

c) die Vertretung der Interessen der Westsektoren Berlins durch die Bundesrepublik Deutschland in internationalen Organisationen und auf internationalen Konferenzen;

d) die Teilnahme von Personen mit ständigem Wohnsitz in den Westsektoren Berlins gemeinsam mit Teilnehmern aus der Bundesrepublik Deutschland am internationalen Austausch und an internationalen Ausstellungen, oder die Abhaltung von Tagungen internationaler Organisationen und von internationalen Konferenzen sowie Ausstellungen mit internationaler Beteiligung in diesen Sektoren, wobei berücksichtigt wird, daß Einladungen durch den Senat oder gemeinsam durch die Bundesrepublik Deutschland und den Senat ausgesprochen werden.

3. Die Regierung der Union der Sozialistischen Sowjetrepubliken nimmt die Tatsache zur Kenntnis, daß die drei Regierungen der Errichtung eines Generalkonsulates der Union der Sozialistischen Sowjetrepubliken in den Westsektoren Berlins zugestimmt haben. Es wird bei den entsprechenden Behörden der drei Regierungen für die Zwecke und in Übereinstimmung mit den Bestimmungen akkreditiert, die in ihrer Mitteilung genannt und in einem gesonderten Dokument vom heutigen Tage niedergelegt sind.

Viermächte-Schlußprotokoll

Die Regierungen der Französischen Republik, der Union der Sozialistischen Sowjetrepubliken, des Vereinigten Königreichs Großbritannien und Nordirland und der Vereinigten Staaten von Amerika,
eingedenk des Teils III des Viermächte-Abkommens vom 3. September 1971 und mit Befriedigung davon Kenntnis nehmend, daß die nachstehend genannten Vereinbarungen und Regelungen getroffen wurden,
sind wie folgt übereingekommen:

1. Die Vier Regierungen setzen mittels dieses Protokolls das Viermächte-Abkommen in Kraft, das ebenso wie dieses Protokoll die Viermächte-Vereinbarungen oder -Beschlüsse, die früher abgeschlossen oder gefaßt wurden, nicht berührt.

2. Die Vier Regierungen gehen davon aus, daß die Vereinbarungen und Regelungen, die zwischen den zuständigen deutschen Behörden getroffen wurden (Aufzählungen dieser Vereinbarungen und Regelungen), gleichzeitig mit dem Viermächte-Abkommen in Kraft treten.

3. Das Viermächte-Abkommen und die nachfolgenden Vereinbarungen und Regelungen zwischen den zuständigen deutschen Behörden, die in diesem Protokoll erwähnt werden, regeln wichtige Fragen, die im Verlaufe der Verhandlungen erörtert wurden, und bleiben zusammen in Kraft.

4. Bei Schwierigkeiten in der Anwendung des Viermächte-Abkommens oder einer der oben erwähnten Vereinbarungen oder Regelungen, die eine der Vier Regierungen als ernst ansieht, oder bei Nichtdurchführung eines Teils des Viermächte-Abkommens oder der Vereinbarungen und Regelungen hat diese Regierung das Recht, die drei anderen Regierungen auf die Bestimmungen des Viermächte-Abkommens und dieses Protokolls aufmerksam zu machen und die erforderlichen Viermächte-Konsultationen zu führen, um die Einhaltung der eingegangenen Verpflichtungen sicherzustellen und die Situation mit dem Viermächte-Abkommen und diesem Protokoll in Einklang zu bringen.

5. Dieses Protokoll tritt am Tage der Unterzeichnung in Kraft.

GESCHEHEN in dem früher vom Alliierten Kontrollrat benutzten Gebäude, im amerikanischen Sektor Berlins am . . . . in vier Urschriften, jede in englischer, französischer und in russischer Sprache, wobei jeder Wortlaut gleichermaßen verbindlich ist.

Für die Regierung der Französischen Republik
Für die Regierung der Union der Sozialistischen Sowjetrepubliken
Für die Regierung des Vereinigten Königreichs Großbritannien und Nordirland
Für die Regierung der Vereinigten Staaten von Amerika

Zum Viermächte-Abkommen gehören ferner:
Der folgende Brief der drei westlichen Botschafter an den Bundeskanzler:

Unter Bezugnahme auf das am 3. September 1971 unterzeichnete Viermächte-Abkommen möchten unsere Regierungen mit diesem Brief die Regierung der Bundesrepublik Deutschland von folgenden Klarstellungen und Interpretationen der Erklärungen unterrichten, welche in Anlage II enthalten sind, die während der Viermächte-Verhandlungen Gegenstand von Konsultationen mit der Regierung der Bundesrepublik Deutschland waren.

Diese Klarstellungen und Interpretationen geben das wieder, was unsere Regierungen unter dem Teil des Viermächte-Abkommens verstehen, nämlich:

a. Der Satz in Anlage II Absatz 2 des Viermächte-Abkommens, der lautet ». . . werden in den Westsektoren Berlins keine Verfassungs- oder Amtsakte vornehmen, die den Bestimmungen von Absatz 1 widersprechen«, ist so auszulegen, daß darunter Akte in Ausübung unmittelbarer Staatsgewalt über die Westsektoren Berlins verstanden werden.

b. In den Westsektoren Berlins werden keine Sitzungen der Bundesversammlung und weiterhin keine Plenarsitzungen des Bundesrats und des Bundestags stattfinden. Einzelne Ausschüsse des Bundesrats und des Bundestags können in den Westsektoren Berlins im Zusammenhang mit der Aufrechterhaltung und Entwicklung der Bindungen zwischen diesen Sektoren und der Bundesrepublik Deutsch-

land tagen. Im Falle der Fraktionen werden Sitzungen nicht gleichzeitig abgehalten werden.

c. Die Verbindungsbehörde der Bundesregierung in den Westsektoren Berlins umfaßt Abteilungen, denen in ihren jeweiligen Bereichen Verbindungsfunktionen obliegen.

d. Geltende Verfahren bezüglich der Anwendbarkeit der Gesetzgebung der Bundesrepublik Deutschland auf die Westsektoren Berlins bleiben unverändert.

e. Der Ausdruck »staatliche Organe« in Anlage II Absatz 2 bedeutet: der Bundespräsident, der Bundeskanzler, das Bundeskabinett, die Bundesminister und die Bundesministerien sowie die Zweigstellen dieser Ministerien, der Bundesrat und der Bundestag sowie alle Bundesgerichte.

Genehmigen Sie, Exzellenz, die erneute Versicherung unserer ausgezeichneten Hochachtung.

Für die Regierung der Französischen Republik
Jean Sauvagnargues
Für die Regierung des Vereinigten Königreichs Großbritannien und Nordirland
R. W. Jackling
Für die Regierung der Vereinigten Staaten von Amerika *Kenneth Rush*

Das »Vereinbarte Verhandlungsprotokoll I« ermöglicht, daß West-Berliner mit einem Bundespaß – mit Sonderstempel des West-Berliner Paßamtes versehen – in die UdSSR einreisen können.

Das »Vereinbarte Verhandlungsprotokoll II« regelt die Einrichtung eines sowjetischen Generalkonsulats, eines Büros der sowjetischen Außenhandelsvereinigung, des Intourist- und des Aeroflotbüros in West-Berlin. Die Zahl der sowjetischen Bediensteten dieser Büros darf die Zahl von 51 Personen nicht überschreiten. Zur Funktion des Generalkonsulats heißt es: »Das Generalkonsulat wird bei den entsprechenden Behörden der Drei Regierungen gemäß den üblichen in diesen Sektoren geltenden Verfahren akkreditiert. Die geltenden alliierten und deutschen Rechtsvorschriften und Regelungen werden auf das Generalkonsulat Anwendung finden. Die Tätigkeiten des Generalkonsulats werden konsularischer Natur sein und keine politischen Funktionen sowie keine mit den Viermächte-Rechten und -Verantwort-

lichkeiten in Zusammenhang stehende Angelegenheiten umfassen.«

Dokument 8

20. Dezember 1971:
Vereinbarung des Senats von Berlin
und der Regierung der DDR über
Reise- und Besucherverkehr

In Übereinstimmung mit den Regelungen des Abkommens zwischen den Regierungen der Französischen Republik, der Union der Sozialistischen Sowjetrepubliken, des Vereinigten Königreichs von Großbritannien und Nordirland und der Vereinigten Staaten von Amerika vom 3. September 1971 und in dem Bestreben, einen Beitrag zur Entspannung zu leisten, sind der Senat und die Regierung der Deutschen Demokratischen Republik übereingekommen, den Reise- und Besucherverkehr von Personen mit ständigem Wohnsitz in den Westsektoren Berlins/Berlin (West) wie folgt zu erleichtern und zu verbessern:

Artikel 1

(1) Personen mit ständigem Wohnsitz in Berlin (West) wird einmal oder mehrmals die Einreise zu Besuchen von insgesamt 30 Tagen Dauer im Jahre in die an Berlin (West) grenzenden Gebiete sowie diejenigen Gebiete der Deutschen Demokratischen Republik, die nicht an Berlin (West) grenzen, gewährt.
(2) Die Einreise nach Absatz 1 wird aus humanitären, familiären, religiösen, kulturellen und touristischen Gründen genehmigt.

Artikel 2

(1) Für die Einreise benötigen Personen mit ständigem Wohnsitz in Berlin (West) ihren gültigen Personalausweis und die Einreisegenehmigung und für die Ausreise die Ausreisegenehmigung der Deutschen Demokratischen Republik. Die erforderlichen Genehmigungen sind bei den zuständigen Organen nach den Bestimmungen der Deutschen Demokratischen Republik zu beantragen.
(2) Mitreisende Kinder müssen im Personalausweis eines Erziehungsberechtigten eingetragen sein oder einen eigenen Personalausweis oder eine Kinderlichtbildbescheinigung besitzen. In Ausnahmefällen (familiäre

Gründe, Ferienaufenthalt) kann Kindern bis zum 16. Lebensjahr die Einreise auch ohne Begleitung erwachsener Personen gestattet werden.
(3) Personen mit ständigem Wohnsitz in Berlin (West), die nicht im Besitz eines Personalausweises sind, benötigen für die Einreise ein ordnungsgemäß ausgestelltes Ausweisdokument von Berlin (West). Ein entsprechendes Dokument kann auch von den zuständigen Organen der Deutschen Demokratischen Republik auf Antrag und gegen Entrichtung einer Gebühr ausgestellt werden, wenn die Identität des Einreisenden festgestellt ist.

Artikel 3

(1) Die Einreise von Personen mit ständigem Wohnsitz in Berlin (West) erfolgt über die dafür vorgesehenen Grenzübergangsstellen.
(2) Auf Grund von Berechtigungsscheinen oder von den zuständigen Organen der Deutschen Demokratischen Republik bestätigter Telegramme erhalten Personen mit ständigem Wohnsitz in Berlin (West) die Einreisegenehmigungen an den Grenzübergangsstellen.

Artikel 4

(1) Personen mit ständigem Wohnsitz in Berlin (West) können aus dringenden familiären und humanitären Gründen, auch wenn sie die in Artikel 1 erwähnte Besuchsdauer bereits erschöpft haben, Einreisen gewährt werden. Die für die Einreise erforderlichen Genehmigungen können auf der Grundlage behördlich bestätigter Telegramme an den Grenzübergangsstellen erteilt werden.
(2) Über die in Artikel 1 erwähnten Möglichkeiten hinaus können Einreisen zu gesellschaftlichen, wissenschaftlichen, wirtschaftlich-kommerziellen oder kulturellen Zwecken erfolgen.
(3) Reisen gemäß Artikel 1 können gleichzeitig

für mehrere Kreise der Deutschen Demokratischen Republik beantragt werden. Weiterhin können mehrere Reisen gleichzeitig beantragt werden, wenn diese innerhalb einer Zeitspanne von 3 Monaten durchgeführt werden.

Artikel 5

(1) Personen mit ständigem Wohnsitz in Berlin (West) können auf der Grundlage entsprechender Vereinbarungen zwischen dem Reisebüro der Deutschen Demokratischen Republik und dem DER – Deutsches Reisebüro GmbH – als Touristen einzeln oder in Gruppen einreisen. Sie haben die Möglichkeit, auch an mehrtägigen Rundreisen, an Tagesfahrten oder Wochenendfahrten sowie an Rundfahrten teilzunehmen. Erholungsreisen, Kuraufenthalte sowie Fahrten zu Sonderveranstaltungen können vereinbart werden.

(2) Personen mit ständigem Wohnsitz in Berlin (West), die nur für einen Tag ohne Übernachtung und ohne Inanspruchnahme eines Reisebüros als Touristen einzureisen wünschen, können Anträge auf Erteilung von Berechtigungsscheinen auf dem Postwege oder persönlich direkt bei den Büros für Besuchs- und Reiseangelegenheiten in Berlin (West) stellen. Die Büros stellen Berechtigungsscheine aus und übersenden sie den Empfängern auf dem Postwege oder händigen sie den Antragstellern direkt aus.

(3) Personen mit ständigem Wohnsitz in Berlin (West) können die für Rundfahrten zugelassenen Autobusse benutzen.

(4) Zur Durchführung können in Berlin (West) ansässige Omnibus-Unternehmen zugelassen werden.

Artikel 6

Unter Berücksichtigung der Erfahrungen bei der Durchführung dieser Vereinbarung und im Zusammenhang mit einer weiteren Verbesserung der Lage können auf der Grundlage dieser Vereinbarung zwischen beiden Seiten weitere Erleichterungen vereinbart werden.

Artikel 7

Beide Seiten werden die getroffene Vereinbarung und die für ihre Durchführung geltenden Bestimmungen auf ihrem Gebiet in dem er-

forderlichen Maße bekanntgeben und für die ordnungsgemäße Durchführung der Vereinbarung und der Bestimmungen Sorge tragen.

Artikel 8

(1) Beide Seiten werden Beauftragte benennen, deren Aufgabe es ist, Meinungsverschiedenheiten und Schwierigkeiten, die sich im einzelnen aus der Anwendung und Durchführung dieser Vereinbarung ergeben, zu klären.

(2) Die Beauftragten treten auf Ersuchen einer Seite zusammen. Sie können sich durch Mitarbeiter begleiten oder vertreten lassen.

(3) Fragen, die von den Beauftragten nicht geklärt werden können, werden der Regierung der Deutschen Demokratischen Republik und dem Senat unterbreitet, die sie auf dem Verhandlungswege klären.

Artikel 9

Die vorliegende Vereinbarung tritt gleichzeitig mit dem Abkommen zwischen den Regierungen der Französischen Republik, der Union der Sozialistischen Sowjetrepubliken, des Vereinigten Königreiches von Großbritannien und Nordirland und der Vereinigten Staaten von Amerika vom 3. September 1971 in Kraft und bleibt zusammen mit ihm in Kraft.

AUSGEFERTIGT in Berlin am 20. Dezember 1971 in zwei Urschriften in deutscher Sprache.

Für den Senat
Ulrich Müller

Für die Regierung
der Deutschen
Demokratischen Republik
Günter Kohrt

Mündliche Erklärung des Staatssekretärs Kohrt vom 20. Dezember 1971

Voraussetzung für die Genehmigung von Einreisen in die Deutsche Demokratische Republik ist, außer den in der Erklärung der Deutschen Demokratischen Republik enthaltenen Bedingungen, daß der Einreisende nicht gegen die Gesetze der Deutschen Demokratischen Republik verstoßen hat. Das heißt, Personen, die nach den Gesetzen der Deutschen Demokratischen Republik Straftaten begangen haben, insbesondere solche Personen, die in Fahndung stehen, erhalten keine Genehmigung zur Einreise in die Deutsche Demokratische Republik.

Das betrifft auch Bürger, die die Deutsche Demokratische Republik unter Verletzung ihrer Rechtsordnung nach den Maßnahmen zur Sicherung der Staatsgrenze der Deutschen Demokratischen Republik im August 1961 ungesetzlich verlassen haben. Stellt sich im Einzelfall erst nach der Einreise eine früher begangene Straftat heraus, wird die Wiederausreise gestattet, wenn es sich bei dieser Straftat nicht um eine Straftat gegen das Leben handelt. Die Rechtsauffassung der Deutschen Demokratischen Republik wird hierdurch nicht berührt. In diesem Zusammenhang wird auf Nr. 10 der Erklärung der Deutschen Demokratischen Republik verwiesen.

Danach werden gegen Personen, die während ihres Aufenthaltes in der Deutschen Demokratischen Republik die Rechtsvorschriften der Deutschen Demokratischen Republik verletzen, die in diesen Rechtsvorschriften vorgesehenen Sanktionen angewendet.

Zur Vereinbarung gehören weiterhin Dokumente, die im wesentlichen regeln:

Die Einrichtung und Arbeitsweise der Büros für Besuchs- und Reiseangelegenheiten, Zahl des DDR-Personals.

Ein Schriftwechsel klärt die Anzahl der Übergangsstellen.

Ein Protokollvermerk verpflichtet beide Vertragsschließende, Verhandlungen über Verbesserungen im Telefon- und Fernschreibverkehr zu führen.

Eine Vereinbarung mit Protokollvermerken regelt den Gebietsaustausch zwischen West-Berlin und der DDR. West-Berliner Gebiete fallen an die DDR (15,6 ha), West-Berlin erhält verbreiterte Zufahrtswege nach Steinstücken, den nördlichen Teil des Frohnauer Friedhofes und ein Ackerstück zur Grenzbegradigung (17,1 ha) und zahlt als Wertausgleich vier Millionen DM.

Die Erklärung der Regierung der DDR zur Durchführung des Reise- und Besucherverkehrs von West-Berlinern in die DDR enthält die Bestimmungen für die Form der Anträge, Visaerteilung, Geldumtausch und die Modalitäten bei An- und Abmeldungen am Aufenthaltsort. Für West-Berliner, die nur Zweitagereisen in die DDR unternehmen, ist eine polizeiliche Anmeldung nicht erforderlich. Sie müssen bei Verwandtenbesuchen sich in das Hausbuch eintragen. Bei Übernachtungen in einem Hotel genügt die einfache Meldepflicht.

Dokument 9	Tabellarische Übersicht über die Berlin-Regelung
Früher	**Jetzt**
Lage Berlins als Krisenhebel benutzt	Verpflichtung zur Beseitigung der Spannungen, Verzicht auf Gewalt und auf Drohung mit Gewalt
Viermächte-Verantwortung für Berlin und Zugang nach Berlin von den Sowjets bestritten	Fortbestand der Viermächte-Verantwortung bestätigt
im einzelnen	
1. Zugang nach Berlin (West)	
Keine Regelung des zivilen Zugangs	verbindliche Regelung
DDR beansprucht volle Souveränität über Zugang	UdSSR übernimmt erstmals eigene Verpflichtung für unbehinderten Zugang
Willkür der DDR-Behörden gegenüber Durchreisenden	Klare Regelung der Rechte der Reisenden

Früher	Jetzt
Keine Beschwerdemöglichkeit gegen Willkür	Gemeinsame Berufungsinstanz für Streitfälle unter Verantwortung der Vier Mächte
Lange Wartezeiten bei Kontrolle. Umständliche Kontrollprozedur: Aussteigen, Gebühr bezahlen, Durchsuchung von Gepäck und Auto	Schnelle Abfertigung am Auto, im Bus oder im Zug, Durchsuchung nur in begründeten Verdachtsfällen, keine Gebührenzahlung (Pauschalabfindung durch Bundesregierung)
Gefahr von willkürlicher Verhaftung oder Zurückweisung, Verhaftung von Personen, die nach dem Mauerbau aus der DDR flüchteten	Festnahme weitgehend ausgeschlossen, klare Regelung der Ausnahmefälle, keine generelle Zurückweisung, freie Durchfahrt. Nur Zurückweisung bei Straftaten gegen das Leben, die körperliche Unversehrtheit und schwere Straftaten gegen das Eigentum
Bei Gütertransporten: Eingehende Kontrolle, Ausladen der Ladung, umständliches Formularverfahren	Plombierte LKWs, keine Kontrolle der Ladung, vereinfachtes Formularverfahren
Beschlagnahme westlicher Bücher und Zeitungen	Mitnahme für persönlichen Bedarf erlaubt

2. Die Bindungen von Berlin (West) an die Bundesrepublik Deutschland

Oberhoheit der Westmächte über Berlin (West), der Bund übt keine unmittelbare Staatsgewalt in Berlin aus	im Abkommen bestätigt
Osten bestreitet besondere Beziehungen von Berlin (West) zum Bund	Respektierung der Bindungen und ihrer Weiterentwicklung
Rechts- und Wirtschaftseinheit Bund–Berlin	unverändert
Osten gegen Anwesenheit von Bundesbehörden in Berlin (West)	Bundesbehörden bleiben in Berlin (West)
Sitzungen des Bundestages in Berlin (West) (seit 1965 nicht mehr praktiziert)	Keine Plenarsitzungen mehr, nur noch einzelne Sitzungen von Fraktionen und Ausschüssen
Wahl des Bundespräsidenten in Berlin (West)	Keine Bundesversammlungen mehr in Berlin (West)
Abgeordnete von Berlin (West) im Bundestag und Bundesrat, im Plenum nur mit beratender Stimme	unverändert
Osten leugnet Zuständigkeit der Bundesregierung für Vertretung von Bewohnern von Berlin (West) im Ausland	Die Bundesregierung kann künftig Personen mit ständigem Wohnsitz in Berlin (West) auch im östlichen Ausland vertreten; Bundespässe jetzt auch für Personen mit ständigem Wohnsitz in Berlin (West) im osteuropäischen Ausland

Früher	**Jetzt**
Osten gegen Beteiligung von Bewohnern von Berlin (West) an Delegationen der Bundesrepublik Deutschland in Osteuropa	Bewohner von Berlin (West) werden akzeptiert

3. Regelungen für Bewohner von Berlin (West)

Keine Besuchsmöglichkeit im Osten Berlins (außer in dringenden Familienangelegenheiten)	Fahrten nach Ost-Berlin und in die DDR (30 Tage im Jahr) ohne Beschränkung auf Verwandtenbesuche
Kein Telefonverkehr mit Ost-Berlin	Telefonverkehr wieder aufgenommen
Erschwerter Zugang zu West-Berliner Exklaven	Sicherer Zugang durch Gebietsaustausch

4. Weitere Regelung

Keine UdSSR-Vertretung in Berlin (West)	UdSSR-Generalkonsulat

5. Was nicht geregelt wurde

Das Viermächte-Abkommen schafft weder einen neuen Berlin-Status noch bringt es eine abschließende Lösung der Berlinfrage.
Sein Zweck ist, durch praktische Regelungen in den Fragen, in denen es in der Vergangenheit Schwierigkeiten gab, die Lage um Berlin zu entspannen und das Leben der Berliner zu erleichtern. Nicht ausdrücklich in die Regelung einbezogen wurden deshalb der Luftzugang und der militärische Landzugang der

Drei Mächte. Diese alliierten Rechte werden unangefochten ausgeübt.
Eine Lösung der Berlinfrage wird erst im Rahmen einer endgültigen Regelung der deutschen Frage insgesamt möglich sein.
Die Viermächte-Regelung greift einer solchen Lösung nicht vor und läßt Berlin alle Möglichkeiten für seine Rolle in einem künftigen Deutschland offen.

Quelle: für Dok. 7–9 Seminarmaterial des Gesamtdeutschen Instituts, Bonn.

**Weitere Dokumente
zum Viermächte-Abkommen:**

Erklärungen der vier Botschafter nach der Unterzeichnung;
Transitabkommen zwischen den Regierungen der beiden deutschen Staaten vom 21. Dezember 1971;
Vereinbarungen zwischen beiden deutschen Postverwaltungen vom 30. September 1971;
Viermächte-Erklärung vom 9. November 1972 über die Aufnahme beider deutscher Staaten in die Vereinten Nationen und über die Fortgeltung der Rechte und Verantwortlichkeiten der Vier Mächte sowie der diesbezüglichen vierseitigen Vereinbarungen;
Erklärung der Bundesregierung und der DDR-Regierung über »Ausdehnung von Abkommen und Regelungen auf Berlin (West)« bei Unter-

zeichnung des Grundlagenvertrages am 21. Dezember 1972.

Quelle: Die Berlin-Regelung. Seminarmaterial des Gesamtdeutschen Instituts, Bonn.

**Spätere Vereinbarungen mit der DDR
zum Berlin-Verkehr:**

Verkehrsvereinbarungen 1975 und Neufestsetzung der Transitpauschale 1970–1979;
Vereinbarungen über den Autobahnausbau Helmstedt-Marienborn 1977;
Verkehrsvereinbarungen 1978 und Neufestsetzung der Transitpauschale 1980–1989;
Verkehrsvereinbarungen 1980.

Quelle: Berlin-Verkehr. Grunderneuerung und Ausbau der Verkehrswege. Seminarmaterial des Gesamtdeutschen Instituts, Bonn.

VI

In den Morgenstunden begann es...

Wie Pankows Armee die Sektorengrenze in eine Front verwandelte

Tsp. Berlin. Die Ereignisse vom 13. August stellen sich in ihrem chronologischen Ablauf wie folgt dar:

0 Uhr:
Auf fast allen West-Berliner Bahnhöfen treffen vereinzelt oder in Gruppen Flüchtlinge aus der Zone und aus Ost-Berlin ein. Sie erkundigen sich nach den zu dieser Zeit noch verkehrenden Straßenbahn- und U-Bahnlinien nach Marienfelde.

1 Uhr:
An mehreren Sektorenübergängen verweigern Vopos Ost-Berlinern und Autofahrern den Weg in den West-Sektor.

2 Uhr:
Die West-Berliner Polizei erhält die ersten Einzelmeldungen über eine Absperrung des Ost-Sektors. Der S-Bahn und U-Bahnverkehr wird zum größten Teil eingestellt. An den Sektorengrenzen werden Mannschaftswagen mit schwerbewaffneten »Volkspolizisten« und Volksarmisten beobachtet. In ihrem Schutz beginnen Pioniereinheiten Stacheldrahtverhaue anzulegen und Spanische Reiter aufzustellen. Die West-Berliner Polizei und Zollposten werden verstärkt.

2 Uhr 15:
In der Friedrich-Ebert-Straße beginnt das Hämmern der Preßluftbohrer: das Straßenpflaster wird aufgerissen. Asphaltstücke und Pflastersteine werden zu Barrikaden aufgeschichtet. Maschinengewehre werden in Stellung gebracht. In den Seitenstraßen am Potsda-mer Platz werden Betonpfähle errichtet und neue Stacheldrahtverhaue gezogen.

2 Uhr 30:
Alle Einsatzkommandos der West-Berliner Polizei und der Bereitschaftspolizei werden in Alarmzustand versetzt.

3 Uhr:
Wie am Potsdamer Platz sind inzwischen auch Unter den Linden Mannschaftswagen der »Volksarmee« und Kolonnen von Schützenpanzerwagen aufgefahren.

3 Uhr 30:
Entlang der gesamten Sektorengrenze werden Straßensperren und Stacheldrahtverhaue errichtet. Die durch die Straßen Ost-Berlins rollenden Panzer, die sich auf die »Schwerpunkte« Warschauer Brücke, Unter den Linden, Swinemünder Straße und Alexanderplatz verteilen, reißen die Ost-Berliner aus dem Schlaf.

4 Uhr:
Der RIAS meldet die militärischen Absperrmaßnahmen in Ost-Berlin. Gruppen in- und ausländischer Journalisten unterrichten sich an Ort und Stelle.

4 Uhr 30:
Der Stacheldrahtverhau entlang der Sektorengrenze wird immer dichter, die Kolonnen der Militärfahrzeuge nehmen kein Ende. Hier und dort durchbrechen Flüchtlinge die Absperrketten und Posten an unübersichtlichen Ruinen- und Trümmergrundstücken.

5 Uhr:
Bereits zu dieser frühen Morgenstunde kommen zahlreiche West-Berliner mit dem Wagen, auf Mopeds und Fahrrädern an die Sektorengrenze. Der erste Weg führt sie zumeist zum Brandenburger Tor, wo sie erregt diskutierend in Gruppen stehen und ihrer Empörung Ausdruck geben.

6 Uhr:
Auf mehreren U-Bahnhöfen Ost-Berlins stehen die Menschen vor verschlossenen Eingängen. »Heute kein Zugverkehr« steht auf den provisorisch angebrachten Tafeln. Diejenigen, die es noch nicht im Rundfunk gehört oder im Parteiorgan »Neues Deutschland« gelesen hatten, erfahren, daß der Weg nach West-Berlin versperrt ist.

7 Uhr:
Völlig durchnäßt treffen Flüchtlinge in West-Berlin ein, die kurzentschlossen unter Lebensgefahr durch Kanäle und Gewässer geschwommen sind, um West-Berlin zu erreichen.

7 Uhr 30:
Während der militärische Aufmarsch weitergeht und die Volksarmisten zum größten Teil von neuen Mannschaften abgelöst werden, setzt auch in Ost-Berlin eine Massenwanderung zu den Sektorengrenzen ein.

8 Uhr:
Am Brandenburger Tor, am Potsdamer Platz in der Köpenicker Straße Ecke Bethaniendamm, in der Bernauer Straße Ecke Ackerstraße, überall stehen sich Berliner gegenüber, nur getrennt durch die mit Maschinenpistolen bewaffneten Volksarmisten, deren Stahlhelme und aufgepflanzte Bajonette den Eindruck eines Belagerungszustandes noch verstärken.

9 Uhr:
In Lichterfelde-Süd hissen Volksarmisten über den von ihnen in der Nacht angelegten Barrikaden und Stacheldrahtverhauen eine rote Fahne und die Spalterflagge mit Hammer und Zirkel.

Quelle: Der Tagesspiegel, West-Berlin, 15. August 1961.

Die Mauer nach einem Jahr

Das Sondergebiet Groß-Berlin und die Auswirkungen der Sperrmaßnahmen seit dem 13. August 1961

Das Sondergebiet Groß-Berlin umfaßt 883,8 qkm; davon bilden 54,4% (481,0 qkm) mit 2 207 984 Einwohnern das Gebiet von Berlin (West), 45,6% (402,8 qkm) mit 1 071 775 Einwohnern Ostberlin, den Sowjetsektor von Groß-Berlin. Von den 20 Verwaltungsbezirken weisen 14 Bezirke Grenzen zwischen Berlin (West) und dem Sowjetsektor bzw. der Sowjetzone auf.

Gebiet	Sektoren-grenze	Zonen-grenze	Gesamt
Groß-Berlin	45,9 km	232 km	277,9 km
Berlin (West)	45,9 km	114,6 km	160,5 km
Ostberlin	45,9 km	117,4 km	163,3 km

Von den Grenzen verlaufen
37 km überwiegend durch Wohngebiet
17 km überwiegend durch Industriegebiet
etwa 30 km durch Waldgebiet
24 km durch Wasserläufe, Seen und Kanäle
55 km auf Bahndämmen, durch Felder, Sumpfgebiet u. ä.

Die *Sektorengrenze* zwischen Berlin (West) und Ostberlin wurde vor dem 13. August 1961 täglich von 500 000 Berlinern überschritten. Jährlich besuchten 8 bis 10 Millionen Bewohner Ostberlins und der sowjetischen Besatzungszone Kultur- und Sportveranstaltungen in Berlin (West). Fast 30 Millionen Vorzugsfahrscheine wurden im Jahre 1960 in Verkehrsmitteln von Berlin (West) an Bewohner Ostberlins und der Sowjetzone verkauft. Bis zum 13. August 1961 standen für den intersektoralen Personenverkehr S- und U-Bahn als *öffentliche Verkehrsmittel* zur Verfügung.
Die kommunistischen Sperrmaßnahmen beendeten den Durchgangsverkehr von acht S-Bahn- und vier U-Bahn-Linien. Im sowjetischen Sektor wurden alle 48 S-Bahnhöfe für den Intersektorenverkehr gesperrt, von 33 U-Bahnhöfen in Ostberlin wurden 13 völlig geschlossen. Für den Intersektorenverkehr von Ausländern und Bürgern der Bundesrepublik

Deutschland sind in Ostberlin nur auf den S-
und U-Bahnhöfen Friedrichstraße je ein Son-
derbahnsteig eingerichtet.
Die Sektoren- und Zonengrenze um Berlin
(West) zerschneidet 193 Haupt- und Neben-
straßen; 62 führen nach Ostberlin, 131 in die
Sowjetzone.
Vor dem 13. August 1961 konnte die Sektorengrenze zwischen Berlin (West) und dem sowjetischen Sektor an *81 Übergangsstellen* überquert werden.
Am 13. August 1961 wurden 69 Übergangsstel-
len mit Stacheldraht abgesperrt oder zugemauert. 12 besonders bezeichnete Übergänge
blieben zum Betreten des sowjetischen Sektors
geöffnet.
Am 23. August 1961 wurden davon fünf Kon-
trollstellen geschlossen; somit standen am 15.
August 1962 sieben Übergänge zur Verfügung:
Friedrichstraße:
Für Ausländer, Angehörige des diplomati-
schen Korps und der alliierten Streitkräfte.
 Bornholmer Straße
 Heinrich-Heine-Straße:
Für Bürger der Bundesrepublik Deutschland.
Dieser Übergang ist gleichzeitig die Passier-
stelle für den Warenverkehr zwischen Berlin
(West) und dem Sowjetsektor bzw. der Sowjet-
zone.
 Chausseestraße
 Invalidenstraße
 Oberbaumbrücke
 Sonnenallee:
Für Westberliner, die im Sowjetsektor arbeiten
und einen Sonderausweis besitzen (etwa 6000
Personen).
Die *Absperrungen* bestehen aus:
 12 km Mauer
 (= etwa 7200 cbm Betonplatten, das ist Material für 150 Einfamilienhäuser)
 137 km Stacheldrahtverhau
 (= 8000 bis 10000 km Stacheldraht)
 450000 bis 500000 qm Schneisen, Todes-
 und Schußstreifen.
Zur genaueren *Bewachung der Zonen- und Sektorengrenze* wurden nach dem 13. August 1961
in und um Berlin 116 *Wachttürme* errichtet.
Davon sind 84 im Zonengrenzbereich aufgestellt; 32 Wachttürme stehen entlang der Sektorengrenze, die durch Stadtgebiet verläuft.

An der Zonen- und Sektorengrenze wurden
nach dem 13. August 1961 zur Übertragung
von kommunistischen Propagandasendungen
nach Berlin (West) *Lautsprecher* installiert.
Mitte Juni 1962 belief sich ihre Zahl auf 209.
Ein besonders eklatantes Beispiel für die Un-
sinnigkeit der *»Sicherungsmaßnahmen«* bietet
die Absperrung in der Bernauer Straße:
Die *Bernauer Straße* ist Sektorengrenzstraße
zwischen den Verwaltungsbezirken Wedding
(französischer Sektor) und Mitte (sowjetischer
Sektor). Sie führt durch reines Wohngebiet. Sie
liegt zwischen Schwedter Straße und Garten-
straße und hat eine Länge von 1,4 km. Grenzlinie ist die südliche Baufluchtlinie, d.h. die
Wohnhäuser auf der nördlichen Seite und der
Fahrdamm mit beiden Gehsteigen gehören zu
Berlin (West). Die Gebäude auf der südlichen
Straßenseite liegen schon im Sowjetsektor.
Als nach den Sperrmaßnahmen des 13. August
1961 zahlreiche Menschen aus ihren im Ostsektor gelegenen Wohnungen auf den schon zu
Berlin (West) gehörenden Bürgersteig vor ihrem Haus flüchteten, begann die Volkspolizei
Türen und Fenster zu vermauern. Nachdem
verzweifelte Ostberliner nicht vor einem
Sprung aus dem dritten, vierten, ja fünften
Stockwerk zurückgeschreckt waren, wurden
die in Ostberlin gelegenen Häuser von der
Volkspolizei zwangsweise geräumt. Nimmt
man an, daß jedes der meist vier- bis fünfstök-
kigen Wohngebäude nur 15 Wohnungen hat,
so mußten über 580 Wohnungen verlassen werden. Tatsächlich wird die Zahl der geräumten
Wohnungen größer sein, da auch die Bewohner der Eckhäuser der Querstraßen evakuiert
wurden. Allein bei der Hauptevakuierungsak-
tion in der Bernauer Straße am 24. September
1961 wurden fast 2000 Menschen aus ihren
Wohnungen vertrieben. Mehr als 50 Hausein-
gänge, darunter der Zugang zu der Versöhnungskirche, 37 Läden und 1253 Fenster wurden zugemauert.
Die Gesamtlänge der zugemauerten Gebäude in
der Bernauer Straße beträgt 750 m. Ferner wurden nach dem 13. August im Bereich der Bernauer Straße auf einer Länge von über 400 m
Sperrmauern errichtet. Sechs aus Ostberlin ein-
mündende Querstraßen wurden abgeriegelt
und 250 m Sichtblenden aufgestellt.

Mehreren Dutzend Menschen gelang in der Bernauer Straße die Flucht nach Berlin (West). Zahlreiche Menschen wurden bei dem Sprung aus den Fenstern zum Teil schwer verletzt, für vier Ostberliner endete der Sprung in die Freiheit mit dem Tod.

Durch die sowjetzonale Abriegelung seit dem 13. August 1961 haben fast 10 000 Einwohner des freien Teiles der Stadt ihren *Kleingarten* oder ihr *Grundstück mit Wochenendhaus* in Ostberlin verloren. Schon im Jahre 1952 hatten 40 000 Einwohner von Berlin (West) infolge der damaligen sowjetzonalen Sperrmaßnahmen Grundstücke und Anwesen im Zonenrandgebiet entlang der Grenzen von Berlin (West) entschädigungslos eingebüßt.

Bis Anfang August 1961 hatten rund 53 000 Einwohner des Sowjetsektors eine Arbeitsstelle oder ein Angestelltenverhältnis mit Betrieben in Berlin (West). Diesen sogenannten *»Grenzgängern«* wurde vom 2. August an von den sowjetzonalen Behörden eine weitere Tätigkeit im freien Teil der Stadt unmöglich gemacht. Ebenso können rund 1100 Schüler und mehr als 500 Studenten ihre Ausbildung und ihr Studium in Berlin (West) nicht mehr fortsetzen.

Die *Zonen- und Sektorengrenzen* in und um Berlin zerschneiden dichtbesiedelte Wohngebiete. Um der Ostberliner Bevölkerung jede Möglichkeit zur Flucht zu nehmen und jede Verbindung mit den Einwohnern von Berlin (West) unmöglich zu machen, wurden zahlreiche Grenzhäuser, -straßen und -siedlungen von der sowjetzonalen Volkspolizei gewaltsam geräumt. Die schwerbewaffneten Räumkommandos erschienen ohne Ankündigung meist in den frühen Morgenstunden und überraschten die ahnungslosen Wohnungsinhaber und Hauseigentümer. Möbel und Hausrat wurden in kürzester Frist, nur notdürftig zusammengepackt, verladen und abtransportiert. Die zwangsevakuierten Familien wurden zunächst in notdürftig eingerichteten provisorischen Auffanglagern, meist Schulturnhallen, untergebracht. Ihr weiterer Aufenthaltsort ist nicht

bekannt. Nach vorliegenden Angaben wurden 3835 Bewohner des Sowjetsektors von diesen Maßnahmen betroffen.

Die *Zwangsräumung* wurde u. a. in folgenden Großaktionen durchgeführt:

Am 20. September 1961: in der Harzer Straße gegenüber dem Bezirk Neukölln/Berlin (West) 20 Häuser mit etwa 250 Familien und an der Späthbrücke gegenüber dem West-Berliner Ortsteil Britz 8 Einfamilienhäuser.

Am 24.–27. September 1961: Grenzhäuser in der Bernauer Straße. Fast 2000 Menschen mußten ihre Wohnungen räumen.

Am 30. September 1961: zahlreiche Grenzhäuser in Johannisthal im Ostberliner Verwaltungsbezirk Treptow.

Vom 14. bis 19. Oktober 1961: weitere Grenzhäuser in der Bernauer Straße und Eckhäuser bis zu 150 Meter in die Seitenstraßen hinein.

Am 26. Februar 1962: mehr als 30 Häuser in Groß-Ziethen gegenüber dem West-Berliner Verwaltungsbezirk Lichtenrade.

Am 27. Februar 1962: etwa 20 Häuser in Staaken gegenüber dem West-Berliner Verwaltungsbezirk Spandau.

Am 18. Juli 1962: Grenzhäuser in der Sebastianstraße gegenüber dem West-Berliner Bezirk Kreuzberg und am Schiffbauerdamm gegenüber dem Bezirk Tiergarten.

Am 26. Juli 1962: Es wird bekannt, daß die Behörden des Sowjetsektors die Grundstücke der Versöhnungskirchengemeinde in der Bernauer Straße enteignet haben. Dazu gehören die Versöhnungskirche, das Burckhardt-Ausbildungsheim für Gemeindeschwestern und das Gemeindehaus.

Am 9. August 1962: Mietshäuser an der Sektorengrenze in der Wollankstraße gegenüber dem West-Berliner Bezirk Wedding.

Quelle: Verletzungen der Menschenrechte, Unrechtshandlungen und Zwischenfälle an der Berliner Sektorengrenze seit Errichtung der Mauer (13. August 1961–15. August 1962). Im Auftrage der Bundesregierung herausgegeben vom Bundesministerium für gesamtdeutsche Fragen, Bonn und Berlin 1962.

»Moderne Grenze«

Anläßlich des 10. Jahrestages des Mauerbaus im Jahre 1971 veröffentlichte das Presse- und Informationsamt des Landes Berlin eine Skizze des bis heute im wesentlichen unveränderten und als »moderne Grenze« bezeichneten »Schutzstreifens« von 100 bis 500 Metern jenseits der Demarkationslinie. Die Tiefe des Schutzstreifens beträgt je nach Örtlichkeit durchschnittlich 50 Meter.

Beton-Plattenwand

Diese Wände sind dreieinhalb bis vier Meter hoch, etwa zehn Zentimeter stark und eisenbewehrt; auf der Wand befindet sich ein Rohr, das meist einen Durchmesser von 35 bis 40 Zentimetern hat.
Eine Versuchsanlage wurde von der »Nationalen Volksarmee« jahrelang in Jüterbog getestet. Dabei sollen nur einige »Testflüchtlinge« bis zur Mauer vorgedrungen sein. Auch sie kamen nicht über die Mauer, weil die Hände an der Betonröhre abrutschten, ohne Halt zu finden.

Metallgitterzaun

Dieser Zaun wird von der »Nationalen Volksarmee« auch Streckmetallzaun genannt. Er ist drei bis vier Meter hoch, engmaschig und scharfkantig. Er kann deshalb ohne Hilfsmittel nicht überstiegen werden. Der Metallgitterzaun ist überall da angebracht, wo ein Sichtkontakt mit West-Berlin nicht unbedingt verhindert werden soll.

Kfz-Graben

Dieser Graben hat die Aufgabe, den Durchbruch von Kraftfahrzeugen in Richtung Demarkationslinie zu verhindern. Er fällt in Richtung der Demarkationslinie bis fünf Meter tief ab und wird dort von einer senkrechten Grabenwand, die mit Betonplatten verstärkt ist, begrenzt. Dieser Graben ist von West-Berliner Gebiet kaum zu erkennen.

Kontrollstreifen

Es handelt sich um einen gepflegten, durchschnittlich 15 Meter breiten Sandstreifen, der

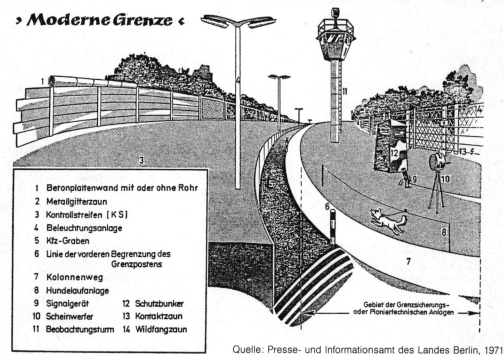

Quelle: Presse- und Informationsamt des Landes Berlin, 1971

» Moderne Grenze «

1 Betonplattenwand mit oder ohne Rohr
2 Metallgitterzaun
3 Kontrollstreifen [K S]
4 Beleuchtungsanlage
5 Kfz-Graben
6 Linie der vorderen Begrenzung des Grenzpostens
7 Kolonnenweg
8 Hundelaufanlage
9 Signalgerät   12 Schutzbunker
10 Scheinwerfer   13 Kontaktzaun
11 Beobachtungsturm   14 Wildfangzaun

Gebiet der Grenzsicherungs- oder Pioniertechnischen Anlagen

der Spurenfeststellung dienen soll. Er ist be-
deutungsvoll für den Schußwaffengebrauch,
da auf »Grenzverletzer«, die den Kontrollstreifen überschritten haben, ohne Anruf oder
Warnschuß sofort gezielt geschossen werden
muß.

Linie der vorderen Begrenzung des Grenzpo-
stens
Sie besteht meist aus dreifarbiger Markierung
an Lichtmasten oder Pfählen. Sie darf von Soldaten nur auf Anordnung bzw. mit Genehmigung überschritten werden. Diese Linie ist
überwiegend 30 bis 40 Meter von der Demarkationslinie entfernt.

Kolonnenweg
Es handelt sich um einen sechs bis sieben Meter breiten betonierten und zum Teil asphaltier-
ten Weg für im Grenzbereich eingesetzte Kraftfahrzeuge.

Gebiet der »Grenzsicherungs- und Pioniertechni-
schen Anlagen«
In diesem Gebiet zwischen Kolonnenweg und
Kontaktzaun befinden sich Beobachtungs-
türme, Schutzbunker, Hundelaufanlagen bzw.
Hundegatter und Scheinwerfer. Da, wo die örtlichen Verhältnisse es zulassen, befinden sich
darüber hinaus Stolperdrähte, die an akusti-
sche und optische Signalgeräte angeschlossen
sind.
An besonders »gefährdeten Stellen« sind außerdem noch Panzersperren aus zusammenge-
schweißten T-Trägern (sogenannte Panzer-
Igel) montiert.

Kontaktzaun
Er wird von den Grenzsoldaten auch Signal-
zaun und Alarmzaun genannt. Es ist ein einein-
halb bis zwei Meter hoher Zaun mit an Be-
tonpfählen befestigten Kupfer- oder Stachel-
drahtdrähten. Spannung: 6 oder 12 Volt, 0,2
bis 0,4 Ampère.
Der Zaun ist in bis zu 100 Meter lange Felder
eingeteilt. Je sechs Felder gehören zu einem
Beobachtungsturm. Bei Berühren des Zaunes
wird eine auf dem Beobachtungsturm befindli-
che abschaltbare Hupe ausgelöst. Auf dem Beobachtungsturm befindet sich ein Signallam-
penkasten. Hier leuchtet die Lampe des Feldes
auf, in dem der Zaun berührt wurde, so daß die

Aufmerksamkeit der Grenzposten in Richtung
»Grenzverletzer« gelenkt wird.

Wildfangzaun
Dieser rund zwei Meter hohe Maschendraht-
zaun soll ein unnötiges Auslösen des Kontakt-
zaunes durch Tiere verhindern.

Quelle: Presse- und Informationsamt des Landes Berlin
1971.

Alltag in der Grenzregion

Diese Auszüge aus der Grenzordnung der
DDR vermitteln einen Einblick in den Alltag
der Bewohner im Grenzgebiet der DDR:

Grenzordnung vom 15. Juni 1972

Abschnitt I
Grundsätzliche Bestimmungen

§ 1
(1) Entlang der Staatsgrenze der Deutschen
Demokratischen Republik bestehen *Grenzge-*
biete. Innerhalb dieser Grenzgebiete werden je
nach den Erfordernissen und unter Berücksichtigung der örtlichen Bedingungen ein
Schutzstreifen und eine *Sperrzone* bzw. *Grenz-*
zone eingerichtet.
(2) Die Einrichtung zusätzlicher Sperrgebiete
in der Sperr- oder Grenzzone kann auf der
Grundlage der Bestimmungen der Sperrge-
bietsordnung erfolgen.

§ 2
(1) Die Staatsgrenze der Deutschen Demokratischen Republik darf nur über die zugelassenen Grenzübergangsstellen oder an anderen
Stellen, die in zwischenstaatlichen Vereinbarungen oder innerstaatlich festgelegt sind, und
mit den für den Grenzübertritt erforderlichen
Dokumenten passiert werden.
(2) Der gesamte Waren-, Devisen- und Geld-
verkehr über die Staatsgrenze der Deutschen
Demokratischen Republik erfolgt nur über die
Grenzzollämter der Zollverwaltung der Deutschen Demokratischen Republik.
(3) Der unberechtigte Austausch von Nachrichten oder Gegenständen sowie die Aufnahme anderer Verbindungen zu Personen
über die Staatsgrenze sind verboten.

§ 3

(1) Veranstaltungen in Räumlichkeiten oder im Freien im Grenzgebiet bzw. in den Gewässern der Deutschen Demokratischen Republik außerhalb der Grenzzone sind erlaubnispflichtig.

(2) Die Erlaubnis ist rechtzeitig, mindestens 10 Tage vor der Durchführung der Veranstaltung, durch den Veranstalter oder eine von ihm beauftragte Person schriftlich zu beantragen für:

a) Veranstaltungen im Grenzgebiet bei der örtlich zuständigen Dienststelle der Deutschen Volkspolizei,

b) Veranstaltungen in den Gewässern der Deutschen Demokratischen Republik außerhalb der Grenzzone beim Chef der Bezirksbehörde der Deutschen Volkspolizei Rostock.

Die Erlaubniserteilung bedarf der Zustimmung des Chefs der Grenzbrigade Küste...

§ 9

Die Leiter von Betrieben im Schutzstreifen haben in den Betriebsordnungen geeignete Maßnahmen zur Gewährleistung der Sicherheit und Ordnung im Schutzstreifen festzulegen. Sie sind verpflichtet, die Beschäftigten der Betriebe darüber periodisch zu belehren.

§ 10

(1) Die Durchführung von Feld-, Wald- und anderen volkswirtschaftlich wichtigen Arbeiten im Schutzstreifen sind genehmigungspflichtig. Genehmigungen erteilt der zuständige Kompaniechef der Grenztruppen, an der Staatsgrenze zu Westberlin der Kommandeur des zuständigen Grenzregimentes, an der Küste der Kommandeur des zuständigen Grenzbataillons. Die Genehmigungen sind bis spätestens 24 Stunden vor Beginn der Arbeiten zu beantragen.

(2) Die Durchführung der Arbeiten darf nur von 1 Stunde nach Sonnenaufgang bis 1 Stunde vor Sonnenuntergang erfolgen.

(3) Das Mitführen von Zugmitteln, Fahrzeugen aller Art und Arbeitsgeräten ist nur in dem für die durchzuführenden Arbeiten unerläßlichen Umfang gestattet. Kraftfahrzeuge, Zugmittel und andere schwere Technik darf nur in Ortschaften außerhalb des Schutzstreifens auf den hierfür festgelegten Plätzen abgestellt werden und ist vor unberechtigter Benutzung zu sichern...

Abschnitt III
Bestimmungen über die Ordnung im Grenzgebiet zu Westberlin

§ 23

Entlang der Staatsgrenze der Deutschen Demokratischen Republik zu Westberlin besteht das *Grenzgebiet* aus einem *Schutzstreifen.*

§ 24

(1) Bürger, die auf Grund ihres Wohnsitzes im Grenzgebiet die Genehmigung zum Aufenthalt im Schutzstreifen erhalten haben, müssen bei der örtlich zuständigen Dienststelle der Deutschen Volkspolizei gemeldet sein und in ihrem Personalausweis einen zum Aufenthalt im Schutzstreifen berechtigenden *Registriervermerk* besitzen.

(2) Die Registriervermerke sind örtlich begrenzt und zeitlich befristet.

§ 25

(1) Bürger, die ihren Wohnsitz außerhalb des Grenzgebietes und ihren ständigen Arbeitsplatz im Grenzgebiet haben, erhalten auf Antrag der Leiter der Betriebe und Einrichtungen von den für den Arbeitsort zuständigen Abteilungen Innere Angelegenheiten der Räte der Kreise/Stadtbezirke einen *Genehmigungsvermerk* in den einheitlichen Ausweis, der sie zum Betreten des Betriebes innerhalb des Grenzgebietes über die festgelegten Zugangswege berechtigt. Das gleiche gilt für Schüler ab 14 Jahren, die ihren Wohnsitz außerhalb des Grenzgebietes haben und innerhalb des Grenzgebietes eine Schule besuchen.

(2) Der Ausweis verliert seine Gültigkeit nach Ablauf der Gültigkeitsdauer des Genehmigungsvermerkes und bei Beendigung des Arbeitsrechtsverhältnisses bzw. bei Beendigung des Schulbesuches.

(3) Die Leiter der Betriebe, Einrichtungen und Schulen sind verpflichtet, ungültige Ausweise unverzüglich einzuziehen und den zuständigen Abteilungen Innere Angelegenheiten der Räte der Kreise/Stadtbezirke zu übergeben. Die zuständigen Volkspolizei-Kreisämter/Volkspolizei-Inspektionen sind durch die Abteilungen Innere Angelegenheiten von der Lösung des Arbeitsrechtsverhältnisses (Schulbesuches) in Kenntnis zu setzen.

§ 26

(1) Bürger, die ihren Wohnsitz außerhalb des Grenzgebietes haben und aus beruflichen oder persönlichen Gründen vorübergehend das Grenzgebiet betreten wollen, müssen einen entsprechenden *Passierschein* besitzen. Der Passierschein ist vor der Einreise schriftlich zu beantragen.

(2) Passierscheine zur Einreise aus beruflichen Gründen sind von den Leitern der Betriebe, Institutionen und anderen Dienststellen bzw. gesellschaftlichen Organisationen für die bei ihnen Beschäftigten bzw. von ihnen Beauftragten bei der für den Sitz der Einrichtung zuständigen Dienststelle der Deutschen Volkspolizei zu beantragen. Nach Ablauf der Gültigkeitsdauer bzw. nach Wegfall der Gründe, die zur Ausstellung führten, ist der Passierschein der austellenden Dienststelle der Deutschen Volkspolizei zurückzugeben.

(3) Passierscheine zur Einreise aus persönlichen Gründen sind von den im Grenzgebiet wohnhaften Bürgern bei der für ihren Wohnsitz zuständigen Dienststelle der Deutschen Volkspolizei für die zu ihnen einreisenden Personen zu beantragen. Nach Ablauf der Geltungsdauer bzw. nach Wegfall der Gründe, die zur Ausstellung führten, ist der Passierschein bei der für den Wohnsitz des Einreisenden zuständigen Dienststelle der Deutschen Volkspolizei abzugeben.

§ 27

(1) Bürger, die in das Grenzgebiet innerhalb des Bezirkes Potsdam einreisen, sind verpflichtet, sich bei einem Aufenthalt von mehr als 12 Stunden unverzüglich nach der Einreise bei der zuständigen Meldestelle bzw. dem zuständigen Abschnittsbevollmächtigten der Deutschen Volkspolizei anzumelden und vor der Abreise abzumelden.

(2) Die Eintragung in das Hausbuch hat unverzüglich, unabhängig von der Aufenthaltsdauer, zu erfolgen. Bei der Eintragung sind die für den Aufenthalt im Grenzgebiet erforderlichen Genehmigungen vorzulegen.

§ 28

(1) Die Durchführung wasserwirtschaftlicher und wassertechnischer Arbeiten im Grenzgebiet ist nur mit Genehmigung des Kommandeurs des zuständigen Grenzregimentes gestattet.

(2) In den Grenzgewässern ist das Angeln und Baden untersagt. Die Benutzung von Wasserfahrzeugen ist grundsätzlich verboten. Davon sind ausgenommen Wasserfahrzeuge für genehmigte Fischereizwecke, der Deutschen Binnenreederei, der Wasserstraßenverwaltung sowie Wasserfahrzeuge im Transitverkehr, soweit die erforderlichen Dokumente vorhanden sind.

(3) Die Ausübung der Fischerei in den Grenzgewässern des Bezirkes Potsdam ist nur mit Grenzfischereischein, der vom Stellvertreter für Inneres des Vorsitzenden des Rates des Bezirkes nach Zustimmung durch den Kommandeur des zuständigen Grenzkommandos ausgestellt wird, gestattet. Die Ausstellung des Grenzfischereischeines kann mit der Erteilung von Auflagen verbunden werden.

(4) In den Grenzgewässern innerhalb des Stadtgebietes der Hauptstadt der Deutschen Demokratischen Republik, Berlin, ist auch das Fischen und die Fahrgastschiffahrt verboten.

(5) Grenzgewässer gemäß Abs. 4 sind:
a) der Teltow-Kanal von 100 m oberhalb der Wredebrücke bis Wredebrücke
b) der Britzer Zweigkanal von Baumschulenbrücke bis Grenzübergangsstelle Britzer Zweigkanal
c) die Spree von km 22,2 bis 100 m unterhalb der Schillingbrücke
d) die Spree von Marschallbrücke bis Staatsgrenze sowie Humboldthafen
e) der Spandauer Schiffahrtskanal von Humboldthafen bis Kieler Brücke.

(6) Die Ein-, Aus- und Durchfahrt von Wasserfahrzeugen in, aus und durch die Grenzgewässer ist grundsätzlich nur in der Zeit von Sonnenaufgang bis 1 Stunde vor Sonnenuntergang, die Bewegung von Wasserfahrzeugen in den Häfen der Grenzgewässer nur in der Zeit von Sonnenaufgang bis Sonnenuntergang gestattet.

Quelle: Gesetzblatt der DDR Teil II Nr. 43/1972.

Der Schießbefehl

Die Schußwaffengebrauchsbestimmungen für die Grenztruppen, im Westen kurz als Schießbefehl bezeichnet, finden sich laut »Handbuch für Grenzsoldaten« in folgenden Dienstvorschriften:

1. DV 10/4 – »Schußwaffengebrauchsbestimmungen für Wachen, Posten und Streifen der Nationalen Volksarmee«
Hier heißt es u. a. in den Ziffern:
317. »Gegenüber einem Flüchtigen, der vorläufig festgenommen wurde oder festzunehmen ist, darf erst dann von der Schußwaffe Gebrauch gemacht werden, nachdem einmal laut und verständlich ›Halt! – Stehenbleiben oder ich schieße!‹ gerufen wurde. Bleibt der Flüchtling darauf nicht stehen, ist ein Warnschuß in die Luft abzugeben, ohne dadurch Personen zu gefährden.
Setzt der Betreffende die Flucht fort, sind gezielte Schüsse zur Behinderung der Bewegungsfreiheit des Flüchtigen abzugeben.«
319. »Innerhalb der Grenztruppen der Nationalen Volksarmee sind die in diesem Abschnitt festgelegten Grundsätze unter Berücksichtigung der Besonderheiten der Grenzsicherung anzuwenden. Die Wachen und Grenzposten der Grenztruppen der Nationalen Volksarmee an der Staatsgrenze zu Westdeutschland und Westberlin haben in Erweiterung der Bestimmungen die Schußwaffen bei der Grenzsicherung auf der Grundlage der Festlegungen der DV-30/10, Ziffer 114–124 anzuwenden.«
Darüber hinaus heißt es in dieser Vorschrift:
»Die Verfolgung der Grenzverletzer ist die aktivste taktische Handlung der Grenzposten zur vorläufigen Festnahme bzw. Vernichtung von Grenzverletzern.«

2. DV 30/9 – »Vorschrift für den Grenzpostendienst«
Hier heißt es in Ziffer 64:
»Die vorläufige Festnahme von Grenzverletzern hat der Postenführer wie folgt zu organisieren:
Bewegen sich die Grenzverletzer in Richtung des Standortes des Grenzpostens, hat er die Angehörigen des Grenzpostens so einzusetzen, daß sich die Grenzverletzer von selbst in die Einkreisung begeben.
Bewegen sich die Grenzverletzer seitlich des Standortes des Grenzpostens, ist die Stellung zu verlassen, den Grenzverletzern ist der Weg zur Staatsgrenze abzuschneiden, sie sind einzukreisen und vorläufig festzunehmen.
Entfernen sich die Grenzverletzer vom Standort des Grenzpostens, sind sie zu verfolgen, zu überholen, einzukreisen und vorläufig festzunehmen.
Grenzverletzer, die sich in Richtung des angrenzenden Staates bewegen und erst vor der Linie der vorderen Begrenzung der Grenzposten festgestellt werden, sind zum Stehenbleiben aufzufordern. Kommen die Grenzverletzer dieser Aufforderung nicht nach, ist entsprechend den Bestimmungen über den Gebrauch der Schußwaffe zu handeln und das Überschreiten der Staatsgrenze nicht zuzulassen.«
Die interne Dienstanweisung für den Schußwaffengebrauch bei den Grenztruppen der Nationalen Volksarmee ist in der DV 30/10 enthalten. Diese Anweisung ergänzt die DV 10/4 Ziffer 319 über den Gebrauch von Schußwaffen und stellt in Verbindung damit den besonderen Schießbefehl der Grenztruppen dar.
Danach darf nicht geschossen werden auf alliierte Militärpersonen und auf Kinder. Es darf auch nicht auf West-Berliner Gebiet geschossen werden.
Wird ein »Grenzverletzer« vor dem Kontrollstreifen entdeckt, hat Anruf oder Warnschuß zu erfolgen. Nach Verlassen des Kontrollstreifens muß auf den »Grenzverletzer« sofort gezielt geschossen werden.
Auf aus dem Westen kommende »Grenzverletzer« kann geschossen werden. Eine Pflicht besteht nicht.

Quelle: 13. August 1961 – 13. August 1971. Hrsg. vom Presse- und Informationsamt des Landes Berlin. Berlin 1971.

Tote an der Mauer

Nach Angaben der West-Berliner Polizei sind, soweit vom Westen erfaßbar, d. h. zählbar, bis zum 28. Februar 1981 72 Menschen beim Versuch, die Mauer in Berlin zu überqueren und nach West-Berlin zu gelangen, zu Tode gekommen. 56 wurden von Grenzorganen der DDR erschossen, 16 kamen zu Tode beim Versuch, Grenzgewässer zu durchschwimmen oder beim Sprung aus Wohngebäuden an der Grenze in den Westen.

Zu den Opfern zählen ferner Angehörige der DDR-Grenztruppen, die, während sie im Auftrage der SED ihren Dienst an der Mauer versahen, tödlich verletzt wurden.

Freizügigkeit in der DDR

Das Grundrecht der Freizügigkeit gewährt die DDR-Verfassung (Art. 32) nur innerhalb des Staatsgebietes. Aber auch dort, wie beispielsweise im Grenzgebiet, gibt es Beschränkungen. Reisen in die Bundesrepublik oder ins westliche Ausland müssen von den Behörden genehmigt werden. Dies geschieht, abgesehen von Personen im Rentenalter, äußerst restriktiv. Der Anspruch auf Auswanderung aus der Verfassung von 1949 wurde in die zweite Verfassung von 1968 nicht übernommen. Die Entscheidung über Auswanderungsanträge liegt im freien Ermessen der Behörden. Das unerlaubte Verlassen des Staatsgebietes ist ein strafrechtlich zu ahnendes kriminelles Delikt.

Aus dem Strafgesetzbuch der DDR

§ 213
Ungesetzlicher Grenzübertritt
(1) Wer widerrechtlich in das Gebiet der Deutschen Demokratischen Republik eindringt oder sich darin widerrechtlich aufhält, die gesetzlichen Bestimmungen oder auferlegte Beschränkungen über Ein- und Ausreise, Reisewege und Fristen oder den Aufenthalt nicht einhält oder wer durch falsche Angaben für sich oder einen anderen eine Genehmigung zum Betreten oder Verlassen der Deutschen Demokratischen Republik erschleicht oder ohne staatliche Genehmigung das Gebiet der Deutschen Demokratischen Republik verläßt oder in diese nicht zurückkehrt, wird mit Freiheitsstrafe bis zu zwei Jahren oder mit Verurteilung auf Bewährung, Haftstrafe, Geldstrafe oder öffentlichem Tadel bestraft.
(2) In schweren Fällen wird der Täter mit Freiheitsstrafe von einem Jahr bis zu fünf Jahren bestraft. Ein schwerer Fall liegt insbesondere vor, wenn
1. die Tat durch Beschädigung von Grenzsicherungsanlagen oder Mitführen dazu geeigneter Werkzeuge oder Geräte oder Mitführen von Waffen oder durch die Anwendung gefährlicher Mittel oder Methoden durchgeführt wird;
2. die Tat durch Mißbrauch oder Fälschung von Ausweisen oder Grenzübertrittsdokumenten, durch Anwendung falscher derartiger Dokumente oder unter Ausnutzung eines Verstecks erfolgt;
3. die Tat von einer Gruppe begangen wird;
4. der Täter mehrfach die Tat begangen oder im Grenzgebiet versucht hat oder wegen ungesetzlichen Grenzübertritts bereits bestraft ist.
(3) Vorbereitung und Versuch sind strafbar.
Anmerkung:
Zuwiderhandlungen gegen die gesetzlichen Bestimmungen oder auferlegte Beschränkungen über Ein- und Ausreise oder Aufenthalt können in leichten Fällen als Ordnungswidrigkeit verfolgt werden.

Quelle: StGB vom 12. Januar 1968 (GBl I Nr. 1, S. 1) in der Fassung des 1. und 2. Strafrechtsänderungsgesetzes (vom 19. Dezember 1974, GBl I Nr. 61, S. 591 bzw. vom 7. April 1977, GBl I Nr. 10, S. 100).

Das Flüchtlingsproblem

Insgesamt flüchteten – soweit erfaßt – bis zum Mauerbau 3 129 970 Bewohner der DDR bzw. der früheren Sowjetischen Besatzungszone Deutschlands nach West-Berlin und Westdeutschland. Durch die technische Perfektionierung der Sicherungsmaßnahmen an der Berliner Mauer und entlang der innerdeutschen Grenze sank bis 1980 die Zahl der sogenannten Sperrbrecher ständig. Die meisten Flüchtlinge erreichten seit 1961 die Bundesrepublik auf dem Umweg über das kommunistische Ausland. Die folgenden Tabellen zur Fluchtbewegung verdeutlichen, daß

– bis zum Mauerbau die meisten Flüchtlinge die DDR über West-Berlin verließen und daß – vor allem in Krisenzeiten, so nach dem Volksaufstand am 17. Juni 1953, nach den Aufständen des Jahres 1956 in Ungarn und Polen, 1960 aufgrund der Zwangskollektivierungsnahmen und 1961 infolge der sich später bewahrheitenden Gerüchte über die vollständige Schließung der Grenzen, der Flüchtlingsstrom jeweils in besonderem Maße anschwoll.

Fluchtbewegung aus der DDR und dem Ostsektor von Berlin bis 1961 nur über West-Berlin

Jahr	
1949–1952	193 227
1952	118 300
1953	305 737
1954	104 399
1955	153 693
1956	156 377
1957	129 579
1958	119 552
1959	90 862
1960	152 291
1961 (bis 13. 8)	125 053
Insgesamt	1 649 070

Quelle: Klaus Horn, Die Berlin-Krise 1958–61. Europäische Verlagsanstalt, Frankfurt/M. 1970. S. 27.

Fluchtbewegung aus der DDR und dem Ostsektor von Berlin*

Jahr/ Monat	Personen	davon: Jugendliche bis unter 25 Jahre in Prozent
1949	129 245	–
1950	197 788	–
1951	165 648	–
1952	182 393	–
1953	331 390	48,7
1954	184 198	49,1
1955	252 870	49,1
1956	279 189	49,0
1957	261 622	52,2
1958	204 092	48,2
1959	143 917	48,3
1960	199 188	48,8
1961	207 026	49,2

* Nach den Monatsmeldungen des Bundesministeriums für Vertriebene, Flüchtlinge und Kriegsgeschädigte.

Fluchtbewegung aus der DDR und dem Ostsektor von Berlin im Jahre 1961*

Monat	Personen	davon: Jugendliche bis unter 25 Jahre in Prozent
Januar	16 697	47,8
Februar	13 576	49,5
März	16 094	50,6
April	19 803	49,4
Mai	17 791	50,0
Juni	19 198	50,2
Juli	30 415	51,4
August	47 433	48,2
September	14 821	44,3
Oktober	5 366	50,0
November	3 412	51,4
Dezember	2 420	52,8
Insgesamt	207 026	49,2

Fluchtbewegung aus der DDR und dem Ostsektor von Berlin
Juni bis August 1961*

Kalendertag	Personen		
	Juni	Juli	August
1.	499	617	1 716
2.	938	(Sonntag)	2 082
3.	584	522	2 327
4.	(Sonntag)	916	1 849
5.	697	996	1 179
6.	852	869	(Sonntag)
7.	875	737	1 888
8.	778	267	2 299
9.	830	(Sonntag)	2 367
10.	251	650	2 576
11.	(Sonntag)	1 218	2 139
12.	649	1 439	1 406
13.	1 041	1 685	(Sonntag)
14.	993	1 478	2 081
15.	1 011	1 182	2 247
16.	825	(Sonntag)	1 979
17.	(Feiertag)	957	2 411
18.	(Sonntag)	1 693	2 034
19.	911	1 801	1 604
20.	972	1 666	(Sonntag)
21.	888	1 303	1 588
22.	720	1 263	2 237
23.	715	(Sonntag)	1 719
24.	217	1 446	1 675
25.	(Sonntag)	1 431	1 377
26.	459	1 521	320
27.	957	1 261	(Sonntag)
28.	940	1 052	1 004
29.	878	1 152	1 306
30.	718	(Sonntag)	978
31.		1 293	1 045
Insgesamt	19 198	30 415	47 433

**Flüchtlinge
nach dem 13. August 1961**

Jahr	Flüchtlinge	davon sog. Sperr-brecher
1961 (14.8.–31.12.)	51 624	
1962	16 741	
1963	12 967	3 692
1964	11 864	3 155
1965	11 886	2 329
1966	8 456	1 736
1967	6 385	1 203
1968	4 902	1 135
1969	5 273	785
1970	5 047	901
1971	5 843	832
1972	5 537	1 245
1973	6 522	1 842
1974	5 324	969
1975	6 011	673
1976	5 110	610
1977	4 037	721
1978	3 846	461
1979	3 512	463
1980	2 976	424
	187 538	23 398

Quelle: Hermann Weber, Kleine Geschichte der DDR. Edition Deutschland Archiv, Köln 1980, S. 104.

**Anteil der Berufsgruppen
an der Gesamtzahl der Flüchtlinge**

Berufsgruppe	(1952/62)
Pflanzenbau u. Tierwirtschaft	155 461
Industrie u. Handwerk	470 080
Technische Berufe	47 561
Handel und Verkehr	268 082
Haushalt, Gesundheitsdienst usw.	113 500
Verwaltung u. Rechtswesen	71 595
Geistes- u. Kunstleben	38 467
Unbestimmte Berufe	234 285
Erwerbspersonen:	1 399 631
Pensions- u. Rentenempfänger	131 724
Hausfrauen	257 261
Kinder u. Schüler	466 074
Studenten	15 079
insgesamt	2 269 769
Intelligenzberufe	(1954/62)
Ärzte	3 948
Zahnärzte u. Dentisten	1 495
Tierärzte	344
Apotheker	1 018
Richter u. Staatsanwälte	194
Rechtsanwälte u. Notare	704
Hochschullehrer	775
Sonstige Lehrer	17 995
Ingenieure u. Techniker	19 102

Quelle: A–Z, Ein Taschen- und Nachschlagebuch über den anderen Teil Deutschlands, hrsg. vom Bundesministerium für gesamtdeutsche Fragen, 11. Auflage, Bonn 1969, S. 213

VII

Der 13. August im Wandel der SED-Rechtfertigungsversuche

Seit dem ersten Jahrestag des Mauerbaus im Jahre 1962 bemühen sich die DDR-Medien alljährlich am 13. August, den Sinn und Zweck der Abriegelung Ost-Berlins vom Westteil der Stadt zu erklären. Dafür zwei Beispiele aus den 60er Jahren:

Zum 13. August

Am 13. August vor einem Jahr blickte die Welt nach Berlin. Jeder spürte, daß eine Entscheidung von großer Tragweite gefallen war. Was sie wirklich bedeutete, mögen an jenem Tage noch wenige Menschen ganz ermessen haben. Sie bedeutete nicht mehr oder nicht weniger als die Rettung des Friedens. Erinnern wir uns, was im Sommer vergangenen Jahres vor sich ging! Die Bonner Ultras hielten in ihrer größenwahnsinnigen Verblendung die Zeit für gekommen, die Politik der Stärke zum Erfolg zu führen und die DDR aufzurollen. Am 11. Juli 1961 trat der Vorstand der Adenauer-CDU zusammen und proklamierte in einer Grundsatzerklärung, daß die deutsche Frage gelöst und die »Zone« in den NATO-Bereich »integriert« werden müsse. Man verschärfte die Hetze gegen unsere Republik aufs äußerste. Man scheute keinen Aufwand und kein Verbrechen, um die Bürger der DDR zu verwirren und bei schwächlichen Gemütern Panik auszulösen. So versuchte man die DDR sturmreif zu machen. Man gedachte, bald zu militärischen Provokationen überzugehen und schließlich den offenen Angriff zu beginnen. Für den Herbst 1961 drohte Krieg. Da traf die Regierung der DDR in Übereinstimmung mit den anderen Staaten des Warschauer Vertrages am 13. August die notwendigen Maßnahmen. Dadurch wurde mit einem Schlage der Ablauf des teuflischen Programms, das die Ultras sich ausgeheckt hatten, unterbrochen. Der Friede war gerettet – nicht nur für unseren Arbeiter-und-Bauern-Staat, sondern auch für die Westberliner, für die Westdeutschen, ja vielleicht für die ganze Welt.

Nachdem ein Jahr vergangen ist, können wir feststellen: Der Schutzwall, den wir gegen die Aggressoren errichtet haben, hat sich als haltbar erwiesen und dem Frieden Sicherheit gewährt. Er hat auf manche erhitzte Gemüter beruhigend gewirkt und die Einsicht in die Realitäten gefördert. Unsere entschlossene Tat und die Hilflosigkeit, mit der die Ultras ihr gegenüberstanden, haben Klarheit geschaffen: Unser Staat ist stabil, stark, unantastbar, und der Bonner Revanchismus findet im Ernstfall auch bei den NATO-Partnern nicht die Unterstützung des letzten Risikos.

Diese Klarheit hat auch ein günstigeres Klima für Verhandlungen über die deutsche Friedensregelung und über die Lösung der Westberlinfrage geschaffen. Die entsprechenden Vorschläge sind von der Sowjetunion bekanntlich schon vor mehr als dreieinhalb Jahren vorgelegt worden. Doch lange weigerten sich die Westmächte, auf Verhandlungen einzugehen. Erst im letzten Jahre, nach der Lehre des 13. August, haben sich die USA zu ernsthaften Verhandlungen bereit gefunden. Zwar haben die Verhandlungen bisher zu keinem Abschluß geführt, doch sind gewisse Fortschritte unverkennbar.

Die Maßnahmen des 13. August haben das Ansehen und die Souveränität der DDR gefestigt. Auch die Westmächte mußten faktisch zur Kenntnis nehmen, daß zwei deutsche Staaten bestehen und daß an der Grenze der DDR nichts zu ändern ist. Die Westmächte haben das unsinnige Projekt, die Hauptstadt der

DDR von der Republik zu trennen, nach dem 13. August fallengelassen. Was Westberlin betrifft, so haben sie sich mit dem Gedanken vertraut gemacht, daß die anomale Lage verändert werden muß.

Im Laufe des vergangenen Jahres und besonders in den letzten Monaten sind immer wieder die Wogen verbrecherischer Anschläge gegen unseren Schutzwall gebrandet und abgeprallt. Alle diese Provokationen, die Sprengstoffattentate, die Agententunnel, die Morde an unseren Grenzpolizisten, bestätigen immer aufs neue, wie richtig es war, sich gegen dieses Gangsterreservat, gegen diesen Pulverkeller durch einen Wall zu schützen. Diese Verbrechen mahnen aber zugleich, wie nötig und dringlich es ist, die Gefahr für den Frieden endgültig zu beseitigen und Westberlin in eine entmilitarisierte Freie Stadt umzuwandeln. Wir wünschen, daß an unserer Staatsgrenze normale Verhältnisse hergestellt werden. Am 13. August 1961 haben wir den Frieden gerettet. Jetzt gilt es, ihn endgültig zu sichern.

Quelle: Neues Deutschland, 13. August 1962.

Als es 13 schlug

Ein Sonntag vielleicht wie der morgige: sommerlich, ruhig, friedlich, jener 13. August 1961. Doch der Schein trog. Aus der jenseits des Brandenburger Tores anhebenden Welt vom Ku'damm bis zur Wallstreet strömten abgefeimteste Räuber, seit Jahren kaum behindert, herüber zu uns. Sie machten Westberlin zum Tummelplatz für Schmuggel, Menschenraub, Spionage, Diversion – ja sogar zur Aufmarschbasis einer militärischen Aggression. In typischer Überheblichkeit und Verkennung der realen Kräfte putzten sie schon die Marschstiefel, um die Siegesparade über die »einkassierte« DDR – sogenannte, versteht sich – Unter den Linden abzuziehen. Da schlugen wir zu. So, daß nicht eine ihrer fast 100 Agentenzentralen Wind bekam. Diese Tat, bei der uns Verbündete treu zur Seite standen, machte europäische Geschichte. Der antifaschistische Schutzwall verschloß ein für allemal das Tor für unerwünschte Spaziergänger in unserem Garten. Er vervollständigte die

staatliche Souveränität der DDR. Von da an erlaubte er es uns, voll und allein zu entscheiden, wen wir bei uns sehen wollen und wen nicht. Wem nützte, wem schadete das? Die Raubzüge bis zum 13. 8. 1961 schätzen bürgerliche Ökonomen auf 100 Milliarden Mark. Das ist so viel wie 100 Stahlwerke oder 12 Millionen »Trabant« oder 4 Millionen Wohnungen oder so viel wie unsere Gesamtinvestitionen von 1950 bis 1961.

Klar, daß unbelehrbare Alleinvertreter nie aufhörten, ihre Schuld und Niederlage mit den Krokodilstränen verlorengegangener »menschlicher Kontakte« zu beweinen. Der ökonomische Nutzen für uns alle erklimmt immer steilere Höhen, seit die Hand der Räuber nicht mehr in unserer Tasche steckt. Der politische Nutzen hat europäische Auswirkungen. Weil den Kriegslüsternen die Lunte aus der Hand geschlagen wurde, hat sich der Frieden unseres Kontinents gefestigt. Daher wissen wir den Dank aller Einsichtigen auf unserer Seite und werden auf dem am 13. August 1961 gefügten Fundament unsere Erfolge und Stärke weiter ausbauen.

Quelle: BZ am Abend (Berlin-Ost), 12. August 1967.

Seither hat sich die Argumentationsführung zur Rechtfertigung des Mauerbaus zwar nicht grundsätzlich verändert, doch Akzentuierung und Diktion wandelten sich.

Heute ist nicht mehr die Rede von »Bonner Ultras« oder West-Berliner »Frontstadtbanditen«, »Menschenjägern« und »Sklavenhaltern«, deren sich die DDR angeblich zu erwehren hatte. Dies ist wohl nicht nur auf die generelle Abkehr von der Sprache des kalten Krieges zurückzuführen, sondern beruht vielmehr auch auf dem Bemühen, die im August 1961 unterbundende Massenflucht aus der DDR in Vergessenheit geraten zu lassen.

Auch der angeblich von der Bundesrepublik gegen die DDR geführte »Wirtschaftskrieg«, in dem sie Verluste zwischen 30 und 120 Milliarden Mark erlitten haben sollte, wird nur noch selten erwähnt. Unverändert propagiert die SED jedoch seit den 60er Jahren, daß ihre »Grenzsicherungsmaßnahmen« den Frieden in Europa gerettet hätten, weil sich die NATO-

Staaten und insbesondere die Bundesrepublik und die Vereinigten Staaten auf einen bewaffneten Überfall der DDR vorbereitet hätten. Günter Kertzscher, stellvertretender Chefredakteur des »Neuen Deutschland« und seit Jahren zuständig für Artikel zum 13. August, beruft sich – wie alle anderen SED-Kommentatoren – als Beleg für diese Behauptung auf nur zwei, in der Regel entstellte Zitate aus westdeutschen Zeitungen. Kertzscher schrieb beispielsweise im ND am 13. August 1980:

> Im Sommer 1961 drohte der kalte Krieg heiß zu werden. Aggressive und revanchistische imperialistische Kreise, schon in Erwartung ihres Erfolgs, sagten offen, was sie mit dem sozialistischen deutschen Staat vorhatten: Die ›Bonner Rundschau‹ rief am 9. Juli dazu auf, ›alle Mittel‹ des Krieges, des Nervenkrieges und des Schießkrieges anzuwenden. Dazu gehören nicht nur herkömmliche Streitkräfte und Rüstungen, sondern auch die Unterwühlung, das Anheizen des inneren Widerstandes, die Arbeit im Untergrund, die Zersetzung der Ordnung, die Sabotage, die Störungen von Verkehr und Wirtschaft, der Ungehorsam, der Aufruhr. Der sogenannte Minister für ›gesamtdeutsche Fragen‹ in der Bundesregierung, Ernst Lemmer, kam mit einem Stab nach Westberlin, um diesen hinterhältigen Angriff zu leiten. Schließlich sollte die Bundeswehr durch eine ›innerdeutsche Polizeiaktion‹, wie man es nannte, in der DDR ›Ordnung schaffen‹ – eine imperialistische Ordnung natürlich. Die Bonner Bundeswehr sollte, wie der ›Industriekurier‹ schrieb, ›unter klingendem Spiel‹ durchs Brandenburger Tor einziehen.

Ein Jahr zuvor, am 13. August 1979, schrieb »Neues Deutschland«:

> In Bonn dachte man damals, der Zeitpunkt wäre gekommen, die DDR unter ihren Kommißstiefel zu bekommen. Man setzte alles in Bewegung, um unseren Staat zu schwächen, seine Wirtschaft ›auszubluten‹. Man führte einen ›Nervenkrieg‹, um schließlich eine ›Explosion‹ herbeizuführen und dann ›mit klingendem Spiel durch das Brandenburger Tor einzuziehen‹. Das sind alles die Worte von Zeitungen der BRD und Westberlins, die sie heute nicht mehr wahrhaben wollen. Damals, im Vorgefühl des Erfolges, redeten sie zu viel, man sah alles kommen. Wir schlossen also das Brandenburger Tor zu und sicherten die Grenzen. Damit war der ganze revanchistische Operationsplan zerschlagen. Nun war es für alle Welt klar, an die DDR konnte keiner ran. Bonner Politiker erkannten die Grenzen ihrer Macht. Das war für den Frieden ein großer Gewinn.

Am 13. August 1973 kommentierte Kertzscher in »Neues Deutschland«:

> Die BRD stellte in jener Zeit nicht bloß territoriale Ansprüche an unseren Staat, sie erhob Anspruch auf die DDR als Ganzes. Dabei stand unsere Grenze offen. Der Gegner, der auf die Liquidierung unseres Staates ausging, hatte weite Möglichkeiten, um in unsere Angelegenheiten einzugreifen und die Entwicklung der sozialistischen Gesellschaft empfindlich zu stören. Er trieb die Dinge auf einen militärischen Konflikt zu. Die Bundeswehrmacht bereitete sich bereits darauf vor, mit ›klingendem Spiel‹ durch das Brandenburger Tor zu marschieren.

Was schrieb nun die »Kölnische Rundschau« – der politische Teil der »Bonner Rundschau« ist identisch mit der Kölner Ausgabe – tatsächlich? Hier der Wortlaut des Leitartikels vom 10. Juli 1961:

> **Endlich die Wahrheit**
> *Von Robert Ingrim*
> Endlich die Wahrheit, in klare Worte gefaßt von General Charles de Gaulle am 1. Juli in Nancy:
> ›Ob die Berliner Krise kriegsgefährlich ist, hängt von den Russen ab und von unseren Bundesgenossen; von den mächtigsten unter ihnen und auch von den Deutschen. Wenn die Deutschen entschlossen wären, in Berlin zu tun, was die Polen in Warschau und die Ungarn in Budapest getan haben, würde Herr Chruschtschow vielleicht nachdenklicher.‹
> Es ist gut, daß das endlich einmal von einer weithin vernehmbaren Stimme ausgesprochen

worden ist. Seit einiger Zeit und besonders seit dem Einzug John F. Kennedys ins Weiße Haus wird viel davon geredet, daß die Strategie der Abschreckung durch die großen Kernwaffen nicht genüge; daß sich die freie Welt in Stand setzen müsse, alle Mittel des kalten Krieges, des Nervenkrieges und des Schießkrieges anzuwenden, über welche die Sowjetunion verfügt. Dazu gehören nicht nur herkömmliche Streitkräfte und Rüstungen, sondern auch die Unterwühlung, das Anheizen des inneren Widerstands, die Arbeit im Untergrund, die Zersetzung der Ordnungsgewalt, die Sabotage, die Störung von Verkehr und Wirtschaft, der Ungehorsam, der Aufruhr, die Revolution. Die Abwanderung ist dafür ein ungemein schwacher Ersatz. Sie ist sogar ein Ventil, das den Gegendruck schwächt.

Nach dem Aufruhr in Budapest wurde den freien Mächten vorgeworfen, sie seien in der Zuschauerrolle verblieben, also könnten sie auf keine Wiederholung hoffen. Diese Anklage hat Gewicht. Als halbe Entschuldigung kann man vorbringen, daß es damals noch gar keine deutsche Bundeswehr gab, so daß das Einfallstor an der Elbe für die Rote Armee offenstand. Der Vorwurf ist aber in zweifacher Hinsicht ein Abirren. Erstens sind die Menschen, die bereit waren, Blutzeugen zu werden, in den Kampf für eine große Sache noch nie mit dem Rechenstift gezogen. Es gehört zum Wesen des Märtyrertums, daß der scheinbar sinn- und hoffnungslose Opfertod die gewaltigste Hebelwirkung hat. Zweitens ereignete sich das historische Versäumnis nicht im Lager der Freien, sondern der Unfreien. Die ungarische Revolution wäre geglückt, wenn sich ihr die anderen versklavten Völker, unter ihnen die Ostdeutschen, sofort angeschlossen hätten.

Das konnte nicht geschehen, weil das Bewußtsein der Schicksalsverbundenheit unter den Völkern, die im gleichen sowjetischen Gefängnis schmachten, nicht lebendig und schon gar nicht auf gemeinsames Handeln ausgerichtet ist. Für diesen Zustand der Zersplitterung ist die freie Welt in der Tat mitverantwortlich. Auch Deutschland. Allzu viele Deutsche bilden sich ein, daß es jene Schicksalsverbundenheit nicht gebe; daß man sie wenigstens

auflösen könne; daß die Wiedervereinigung der Reichseinheit leichter sei, wenn man sich um die anderen Gefangenen nicht kümmere. Das ist ein dünkelhafter Wahn. Niemand kann den Kreml von der richtigen Überzeugung abbringen, daß er Polen, Böhmen und noch viel mehr verlöre, wenn er ›seine‹ Deutschen freiließe.

Es ist ein richtiger Gedanke, aber es genügt nicht, die Berliner Frage in die gesamtdeutsche einzubetten und zu erklären, daß die Antwort auf Chruschtschows Wünsche das Begehren nach deutscher Selbstbestimmung sei. Präsident Kennedy gab Bonn eine gute Lehre, als er am 28. Juni sagte: ›Gespräche können nützen, wenn die Sowjets in Berlin, nein, in Europa die Selbstbestimmung zulassen, für die sie sich in anderen Weltgegenden einsetzen.‹ In Europa, das heißt in ganz Osteuropa. Von der Berliner, von der gesamtdeutschen Frage gilt das französische Sprichwort, daß man einen Baum am besten in einem Wald birgt.

Von Chruschtschows Wiener Geständnis, Berlin stecke ihm wie ein Knochen im Hals, ist nur eine vernünftige Folgerung abzuleiten: Man sorge dafür, daß der Knochen im Hals bleibt und daß weitere Knochen dazukommen. Seien wir ihm dankbar für den Hinweis, wo er am verwundbarsten ist. Auch der kalte Krieg, der Nervenkrieg ist nicht zu gewinnen, wenn der Verteidiger nie zum Gegenangriff übergeht. Als dessen Feld steht Osteuropa zur Verfügung. Spräche man in der deutschen Sowjetzone und anderswo budapesterisch, so würde, sagt de Gaulle, der Tyrann nachdenklicher. Er würde auch vorsichtiger und bescheidener. Statt an die Ausdehnung seines Machtbereichs zu denken, müßte er sich um die Bewahrung von Stalins Länderraub sorgen. Vor allem: Er hätte an dieser Beute nicht mehr so viel Freude. Er würde allmählich Wege suchen, sie loszuwerden. Sie wäre für ihn eine Last, auch eine militärische.

Entschlösse sich Amerika mit seinen Freunden, in ganz Osteuropa nachzuahmen, was die Sowjets in Südvietnam, in Kuba, in Persien, mehr oder weniger überall tun, so wäre der Nervenkrieg leicht zu gewinnen und der Schießkrieg zu verhüten.

Ingrim vertrat unter dem Eindruck der damaligen Ereignisse tatsächlich eine harte Position gegenüber dem Osten, doch er beklagt ja gerade, daß seine und die Meinung de Gaulles eben nicht überall im Westen geteilt wurden. Der volle Wortlaut des Artikels verdeutlicht, daß darin von westlichen Kriegsvorbereitungen keine Rede ist. Und der Leitartikel des in Düsseldorf erschienenen »Industriekurier« vom 2. September 1961 – die vielbemühte DDR-Quelle für den angeblich geplanten Einzug der Bundeswehr mit klingendem Spiel durch das Brandenburger Tor – spricht deutlich aus, daß eine schnelle Lösung der deutschen Frage immer Wunschdenken, Illusion war. Es heißt dort:

›Die Hoffnung auf die deutsche Wiedervereinigung ist mit der Teilung Berlins, das das Symbol der künftigen deutschen Einheit war, erloschen.‹ Dieser Satz steht nicht im Wahlmanifest der SPD. Er steht, nach einer unwidersprochenen Meldung des amerikanischen Rundfunksenders CBS, in dem Brief, den Bundeskanzler Adenauer in diesen Tagen an Präsident Kennedy schrieb. Der Kanzler hat damit, drei Wochen vor den Wahlen, den Schlußstrich ziehen müssen unter eine Politik, die bei allen unbestreitbaren Erfolgen auf anderen Gebieten doch in einem Punkt unwahrhaftig war: darin, daß sie im Volk die Illusion erweckte, man käme auf diesem Wege auch zur deutschen Wiedervereinigung. Wobei festgestellt werden soll, daß auch die Opposition nie restlos überzeugend einen anderen Weg zur Wiedervereinigung nachzuweisen vermochte.

Eine Wiedervereinigung, wie sie sich jeder deutsche Patriot erträumte – eine Wiedervereinigung mit Girlanden und wehenden Fahnen und siegreichem Einzug der Bundeswehr durchs Brandenburger Tor unter klingendem Spiel – eine solche Wiedervereinigung wird es auf absehbare Zeit nicht geben. Das ist eindeutig klargeworden, als die Westmächte nach dem 13. August sich darauf beschränkten, ihre Garantien für Westberlin allein zu erneuern. Wir werden uns auf lange Zeit mit dem Nebeneinander zweier deutscher Staaten abfinden müssen. Ob es mit der Zeit vielleicht zu einem echten Nebeneinander wird und nicht zu einem so haßerfüllten Gegeneinander wie heute, hängt weniger von uns ab als von der Entwicklung in der Zone. Auch Ulbricht ist nicht unsterblich. Aber das sind vage Zukunftsspekulationen, die es heute nicht lohnt auszuspinnen.

Die ihrer Zeit weit vorauseilende Meinung des »Industriekurier« erfährt eine ganz unterschiedliche Bewertung in der DDR-Publizistik. Die angeführten verzerrten Zitate aus »Neues Deutschland« sollen in der SED-Propaganda den Nachweis für den angeblich geplanten Einmarsch der Bundeswehr in die DDR erbringen. Doch das SED-Zentralorgan übersieht, daß selbst Walter Ulbricht in seiner Festansprache zum 5. Jahrestag des Mauerbaus am 13. August 1967 den »Industriekurier« sinngemäß richtig zitierte:

»Es gibt einen deutschen Friedensstaat, der starke Verbündete hat und alles in seinen Kräften Stehende tut, um zu verhindern, daß Deutschland noch ein drittes Mal den Weg des Eroberungskrieges geht. Die Zeitung des deutschen Großkapitals ›Industriekurier‹ schrieb damals: Der Traum, daß die Bundeswehr mit klingendem Spiel durch das Brandenburger Tor zieht, ist ausgeträumt. Jawohl! In der Straße Unter den Linden, von wo aus 1914 die deutschen Militaristen zur Eroberung Europas hinauszogen; Unter den Linden, wo 1940 die großen Siegesdemonstrationen der Hitlerpartei nach dem Westfeldzug stattfanden, waren diesmal die Arbeiterbataillone aufmarschiert, um den Frieden zu retten.« (Neues Deutschland, 14. August 1967.)

Das korrekte Zitat des »Industriekurier« findet sich nicht in den Massenmedien, sondern bei Generaloberst Herbert Scheibe, dem Leiter der Abteilung für Sicherheitsfragen im ZK der SED, in seinem Aufsatz zum 25. Jahrestag der SED-Betriebskampfgruppen. Scheibe hebt sogar lobend hervor:

»Schon unmittelbar nach dem 13. August 1961 war einigen realistisch denkenden Leuten in der BRD und Westberlin seine historische Bedeutung durchaus klar. So schrieb der ›Düsseldorfer Industriekurier‹ vom 2. September 1961: ›Eine Wiedervereinigung mit Girlanden und wehenden Fahnen und siegreichem Ein-

zug der Bundeswehr durchs Brandenburger
Tor mit klingendem Spiel – eine solche Wiedervereinigung wird es auf absehbare Zeit
nicht geben ... Wir werden uns auf lange Zeit
mit dem Nebeneinander zweier deutscher
Staaten abfinden müssen.‹«

(Militärgeschichte Heft 3/1978, S. 273)

Die auslösenden Faktoren des Mauerbaus
schildert SED-Generalsekretär Erich Honek-
ker in seinen 1980 erschienenen Memoiren
(Aus meinem Leben, Frankfurt am Main und
Berlin-Ost). In dem Kapitel »Der 13. August
1961«, in dem er auch seinen Anteil an der Organisation der Absperrmaßnahmen schildert,
bedient er sich zunächst der üblichen Argu-
mentationskette und prangert die Kriegsvorbereitungen des Westens an. Das verkürzte Zitat
aus der »Kölnischen Rundschau« läßt Honek-
ker dabei nicht aus. Doch im Umgang mit der
eigenen Geschichte verfährt er schon ehrlicher,
wenn er die SED-These von der angeblich damals im Westen existierenden Kriegspsychose
selbst in Frage stellt:

Wiederholt bin ich gefragt worden, ob
wir seinerzeit bewußt das Risiko eines
großen Krieges eingegangen waren.
Wir hatten berechtigten Grund zu der Annahme, daß es der NATO nicht möglich sein
würde, eine derartige Aktion, die sich ja ausschließlich auf unserem Territorium vollzog,
mit einer militärischen Aggression zu beantworten. Unsere Informationen besagten, daß
sich die USA, die Hauptmacht der NATO,
ohne die ein militärisches Vorgehen nicht
denkbar war, in bezug auf Berlin-West von ein-
deutigen Interessen leiten ließ. Das waren: un-
veränderter Status von Berlin-West, Anwesenheit der drei Westmächte in Berlin-West, siche-

rer Verkehr zwischen Berlin-West und der
BRD. Keines dieser Interessen wurde
durch unsere Grenzsicherungsmaßnahmen verletzt.

Im Verlaufe seines Staatsbesuches in Japan
gab Erich Honecker am 28. Mai 1981 eine Pressekonferenz in Tokio. Auf die Frage eines japa-
nischen Journalisten, ob er eine Vorstellung
darüber habe, wann die Mauer abgerissen werden könne, antwortete der SED-Generalsekretär:

Nun ja, sehen Sie, man kann sich verschiedenes vorstellen. Bei der Frage in
bezug auf West-Berlin sollten wir davon ausgehen, daß Berlin (West) eine besondere Einheit darstellt und laut dem Vierseitigen Abkommen weder zur Bundesrepublik
Deutschland gehört noch von der Bundesrepublik regiert werden darf. Die Berliner Mauer
entstand in einer bestimmten historischen Situation. Sie war, wie Sie wissen, beileibe nicht die
einzige in der Welt. Ich kann mich entsinnen,
daß es in Jerusalem auch eine gab. Aber es gibt
auch noch einige andere Beispiele. Wenn
selbstverständlich alle Voraussetzungen wegfallen, die zur Errichtung des antifaschistischen Schutzwalles am 13. August 1961 führten, dann kann man sich vorstellen, daß man
sich dann auch Gedanken macht über die
Grenzsicherungsanlagen um Berlin (West).
Und im übrigen ist es so, daß dank der Ent-
spannungspolitik es möglich wurde, eine Regelung zu finden zum gegenseitigen Besuch. Alle,
die an menschlichen Begegnungen interessiert
sind, sollten sich dafür einsetzen, dann
können sich noch viel mehr Menschen
begegnen.

(Deutschlandfunk, 1. Juni 1981)

VIII

Chronologie zum Mauerbau

1958

27. Oktober
Walter Ulbricht, Erster Sekretär des ZK der SED und Erster Stellvertretender Ministerpräsident der DDR, erklärt auf einer Kundgebung zu den Wahlen in Berlin (West) im Ost-Berliner Friedrichstadtpalast, ganz Berlin liege auf dem Territorium der DDR und gehöre zu deren Hoheitsbereich. Die Westmächte hätten durch Bruch des Potsdamer Abkommens das Recht auf weiteren Verbleib in West-Berlin verwirkt, die Kontrolle des gesamten Güter- und Personenverkehrs zwischen West-Berlin und dem Bundesgebiet gehöre in die Zuständigkeit der DDR.

10. November
Nikita Chruschtschow, sowjetischer Ministerpräsident und Erster Sekretär des ZK der KPdSU, fordert anläßlich einer polnisch-sowjetischen Freundschaftskundgebung im Moskauer Sportpalast die Aufhebung des Viermächte-Status für Berlin. Dabei kündigt er an, daß die Sowjetunion ihre Kontrollfunktionen in Berlin der DDR übertragen werde. Er bezeichnet Berlin als »Hauptstadt der DDR«.

20. November
Der Regierende Bürgermeister von Berlin, Willy Brandt, weist vor dem Berliner Abgeordnetenhaus darauf hin, daß der Viermächte-Status Berlins nicht auf dem Potsdamer Abkommen, sondern auf den Londoner Vereinbarungen der Alliierten vom 12. September 1944 beruhe und durch die Erklärungen der Vier Mächte vom 5. Juni 1945 völkerrechtlich festgelegt worden sei.

27. November
In gleichlautenden Noten an die drei Westmächte kündigt die UdSSR einseitig den Viermächte-Status von Berlin. West-Berlin solle binnen sechs Monaten eine entmilitarisierte »Freie Stadt« werden. Anderenfalls werde die Sowjetunion ihre Berlin-Rechte an die DDR übertragen (Chruschtschows Berlin-Ultimatum).

7. Dezember
Bei den Wahlen zum Abgeordnetenhaus von Berlin erhält die SED bei einer Wahlbeteiligung von 92,9 % nur 1,9 % der abgegebenen Stimmen.

14. Dezember
Die Außenminister der drei Westmächte und der Bundesrepublik Deutschland lehnen nach Beratungen in Paris die einseitige Aufhebung der Viermächte-Vereinbarungen über Berlin durch die Sowjetunion strikt ab.

16. Dezember
Der Ministerrat des Nordatlantikpakts vertritt anläßlich seiner Tagung in Paris die Auffassung, daß die Berlin-Frage nur im Rahmen einer umfassenden Vereinbarung mit der Sowjetunion über das deutsche Problem gelöst werden könne.

23. Dezember
Die sowjetische Nachrichtenagentur TASS erwidert auf die Beschlüsse der NATO-Ratstagung, daß die Sowjetunion zu Verhandlungen über die europäische Sicherheit bereit sei, wenn diese nicht an eine vorherige Regelung der deutschen Frage geknüpft würden.

31. Dezember
Die drei Westmächte lehnen in Noten an die Sowjetunion die einseitige Aufkündigung des Viermächte-Status von Berlin ab. Sie erklären sich bereit, mit der Sowjetunion über die deutsche Frage und die europäische Sicherheit zu verhandeln, wobei auch die Berlin-Frage einbezogen werden könne; sie lehnen jedoch Gespräche unter dem Druck eines Ultimatums ab.
Im Jahre 1958 wurden 204 092 Flüchtlinge aus der DDR und dem Ostsektor von Berlin registriert.

1959

5. Januar
Die Bundesregierung schließt sich in einer Note an die sowjetische Regierung den Noten der drei Westmächte vom 31. Dezember an und verwahrt sich insbesondere gegen den sowjetischen Vorschlag zur Bildung einer »Freien Stadt Westberlin«. Dies würde faktisch eine Dreiteilung Deutschlands bedeuten.

7. Januar
Die DDR-Regierung teilt in einer Note an die sowjetische Regierung die Auffassung Moskaus in der Berlin-Frage. Seit 1949 sei ganz Berlin eigentlich ein Teil des Gebietes der DDR. Deshalb sei es die »natürlichste Lösung«, West-Berlin in die DDR einzugliedern. Angesichts der damit verbundenen Schwierigkeiten sei die DDR-Regierung jedoch mit einer Umwandlung West-Berlins in eine »entmilitarisierte Freie Stadt« einverstanden. Sie werde auch Garantien für den Verkehr von und nach Berlin übernehmen.

10. Januar
Die sowjetische Regierung schlägt in Noten an die drei
Westmächte, die Bundesrepublik, die DDR sowie alle am
Krieg gegen Deutschland beteiligten Staaten eine Friedenskonferenz vor und übermittelt den Entwurf eines Friedensvertrages mit Deutschland. In dem Vertragsentwurf
heißt es u. a., daß bis zur Bildung eines einheitlichen deutschen Staates West-Berlin den Status einer »entmilitarisierten Freien Stadt« erhalten solle.

16. Februar
Die drei Westmächte betonen in inhaltlich übereinstim-
menden Noten an die sowjetische Regierung ihre Entschlossenheit, von ihrer Verantwortung für ganz Berlin
keine Abstriche zu machen. Sie schlagen die Einberufung
einer Außenministerkonferenz der Vier Mächte vor, auf der
das Deutschlandproblem erörtert werden soll. Zu dieser
Konferenz sollen auch deutsche Beobachter hinzugezogen werden.

17. Februar
Chruschtschow spricht in einer Rede in Tula erstmals davon, daß die Sowjetunion im Falle einer Weigerung der
drei Westmächte, einen deutschen Friedensvertrag zu unterzeichnen, mit der DDR einen Separatvertrag abschließen werde.

5. März
Chruschtschow erklärt anläßlich eines Besuches in der
DDR, daß der ursprünglich genannte Termin zur Regelung
der Berlin-Frage, der 27. Mai 1959, nicht ultimativ gemeint
sei. Falls der Westen zu »vernünftigen Verhandlungen«
bereit sei, könne die Frist um ein oder zwei Monate verlän-
gert werden.

30. März
Die sowjetische Regierung stimmt dem Vorschlag der
Westmächte vom 26. März zu, am 11. Mai eine Außenmini-
sterkonferenz nach Genf einzuberufen.

11. Mai bis 20. Juni
Erste Phase der Genfer Außenministerkonferenz unter Beteiligung von Beraterdelegationen der Bundesrepublik
und der DDR. Die Konferenz wird vertagt, weil sich die
Verhandlungspartner insbesondere in der Berlin-Frage
nicht einigen konnten.

1. Juli
Bundesernährungsminister Heinrich Lübke wird von der
Bundesversammlung in Berlin zum Bundespräsidenten
gewählt. Die Berliner Mitglieder der Bundesversammlung
erhielten aufgrund einer Entscheidung von Bundestags-
präsident Gerstenmaier volles Stimmrecht. Die Sowjetunion und die DDR hatten dagegen zuvor bei den Westmächten protestiert, weil West-Berlin kein Teil der Bundesrepublik sei.

13. Juli bis 5. August
Zweite Phase der Genfer Außenministerkonferenz. Im
Schlußkommuniqué wird festgestellt, daß eine »freimütige
und umfassende Aussprache über die Berlin-Frage« stattgefunden habe. Die Standpunkte beider Seiten über »gewisse Punkte« hätten sich genähert.

5. August
Chruschtschow erklärt, daß an eine Änderung des Status
von Berlin nicht gedacht sei, solange verhandelt werde.

28. September
Der amerikanische Präsident Eisenhower erklärt nach seinem Treffen mit Chruschtschow in Camp David, daß es für
die Berlin-Verhandlungen keine feste Terminierung geben
dürfe. Chruschtschow hatte die USA vom 15. bis 25. September besucht.

31. Dezember
Im Jahre 1959 wurden 143 917 Flüchtlinge aus der DDR
und dem Ostsektor von Berlin registriert.

1960

23. Januar
In einem Schreiben an Bundeskanzler Adenauer schlägt
Ulbricht eine Volksabstimmung in ganz Deutschland über
Abrüstung, einen Friedensvertrag und eine deutsche Kon-
föderation vor, wobei er erneut für West-Berlin den Status
einer Freien Stadt fordert.

10. Februar
Die DDR-Volkskammer beschließt das Gesetz über die
Bildung des »Nationalen Verteidigungsrates«, dessen
Vorsitzender Ulbricht wird.

25. April
Auf der 11. Sitzung der Volkskammer gibt Ulbricht in einer
Regierungserklärung den Abschluß der Kollektivierung
der Landwirtschaft bekannt. Während einer breit angelegten Kampagne von Januar bis April 1960 waren die selbständigen Landwirte der DDR gezwungen worden, sich in
landwirtschaftlichen Produktionsgenossenschaften zu-
sammenzuschließen.

1. Mai
Ein amerikanisches Aufklärungsflugzeug vom Typ U 2
wird über Swerdlowsk von sowjetischen Raketen abgeschossen.

17. Mai
Eine Gipfelkonferenz der Vier Mächte in Paris scheitert an
der Forderung Chruschtschows, daß zuvor über die Einstellung der amerikanischen Aufklärungsflüge über sowjetischem Gebiet verhandelt werden müsse. Präsident
Eisenhowers Vorschlag, bilaterale Gespräche darüber mit
der Sowjetunion aufzunehmen, wird von Chruschtschow
abgelehnt.

18. Mai
Chruschtschow droht in Paris auf einer Pressekonferenz
erneut mit dem Abschluß eines separaten Friedensvertrages mit der DDR, der den Westmächten die Grundlage
zur Stationierung ihrer Truppen in Berlin entziehen werde.

20. Mai
Chruschtschow macht in Ost-Berlin die Westmächte für
das Scheitern der Pariser Gipfelkonferenz verantwortlich
und verweist auf das »moralische Recht« der Sowjet-

union, einen Friedensvertrag mit der DDR abzuschließen. Gleichzeitig erklärt er jedoch seine Bereitschaft, dies bis zu einem neuerlichen Gipfeltreffen in sechs bis acht Monaten zu verschieben.

29. August
Das DDR-Innenministerium erläßt anläßlich des »Tages der Heimat« des Bundes der Vertriebenen und des 6. Verbandstages der Heimkehrer, Kriegsgefangenen und Vermißtenangehörigen in West-Berlin eine Anordnung, nach der Bürger der Bundesrepublik für den Besuch Ost-Berlins in der Zeit vom 31. August bis 4. September 1960 eine Aufenthaltsgenehmigung benötigen. Dies sei erforderlich, weil sich durch das »Revanchistentreffen« für die DDR eine »Gefährdung der Ordnung und Sicherheit des friedlichen Lebens ihrer Bevölkerung« ergebe.

8. September
Das DDR-Innenministerium erläßt eine unbefristete Anordnung, derzufolge die Einreise von Westdeutschen nach Ost-Berlin künftig genehmigungspflichtig ist.

10. September
Die Westmächte geben bekannt, daß sie die Ausstellung von Reisedokumenten durch das Allied Travel Board an DDR-Bürger für Auslandsreisen beschränkt haben.

12. September
Walter Ulbricht wird Vorsitzender des neugeschaffenen Staatsrates der DDR.

13. September
Mit Wirkung vom 15. September beschließt der DDR-Ministerrat, den Reisepaß der Bundesrepublik als Reisedokument für West-Berliner nicht mehr anzuerkennen.

30. September
Die Bundesregierung beschließt, das Interzonenhandelsabkommen vom 20. September 1951 zum 31. Dezember 1960 zu kündigen. Sie erklärt sich jedoch bereit, über ein neues Abkommen zu verhandeln.

4. Oktober
Der DDR-Staatsratsvorsitzende Ulbricht erklärt vor der Volkskammer, daß Berlin auf dem Territorium der DDR liege und deren Hauptstadt sei. Ulbricht erklärt seine Bereitschaft, Verhandlungen über ein Handelsabkommen mit dem Berliner Senat und der Bundesregierung aufzunehmen. Ein Abbruch der Wirtschaftsbeziehungen durch die Bundesregierung würde die letzten staatlichen Bande lösen, die die beiden deutschen Staaten noch miteinander verbänden.

18. Oktober
Der Berliner Senat fordert die Bundesregierung auf, beim Abschluß internationaler Verträge West-Berlin in die Vertragsbestimmungen einzubeziehen (Berlin-Klausel).

20. Oktober
Der sowjetische Ministerpräsident Chruschtschow verlangt in Moskau erneut den Abschluß eines Friedensvertrages mit beiden deutschen Staaten. Außerdem schlägt er vor, daß diese in die Vereinten Nationen aufgenommen

werden sollten. Darüber hinaus plädiert er für die Einberufung einer Gipfelkonferenz nach den amerikanischen Präsidentschaftswahlen, damit die Deutschland- und Berlin-Frage noch im Jahre 1961 gelöst werden könne.

15. Dezember
Der DDR-Staatsratsvorsitzende Ulbricht schlägt einen zehnjährigen Friedensvertrag zwischen der DDR und der Bundesrepublik vor.

29. Dezember
Beauftragte der beiden deutschen Staaten einigen sich über die Verlängerung des Interzonen-Handelsabkommens.

31. Dezember
Im Jahre 1960 wurden 199 188 Flüchtlinge aus der DDR und dem Ostsektor von Berlin registriert.

1961

1. Februar
Der neugewählte amerikanische Präsident John F. Kennedy bestätigt, daß die Haltung der amerikanischen Regierung zur Deutschland- und Berlin-Frage auch unter seiner Administration unverändert bleibe.

17. Februar
Der sowjetische Botschafter in Bonn, Smirnow, überreicht Bundeskanzler Adenauer ein Memorandum der sowjetischen Regierung zur Deutschland- und Berlin-Frage. Darin hält die Sowjetunion an ihrer Forderung nach Abschluß eines Friedensvertrages mit beiden deutschen Staaten und der Umwandlung West-Berlins in eine Freie Stadt fest. In dem Memorandum wird darauf hingewiesen, daß der sowjetische Friedensvertragsentwurf kein Ultimatum darstelle.

13. März
Der amerikanische Präsident Kennedy empfängt den Regierenden Bürgermeister von Berlin, Willy Brandt, in Washington. Kennedy versichert Brandt die Entschlossenheit der USA, die Freiheit West-Berlins zu erhalten, wozu die Vereinigten Staaten auch durch Vertrag und Überzeugung verpflichtet seien.

29. März
Der Politische Beratende Ausschuß des Warschauer Pakts verlangt den Abschluß eines Friedensvertrages mit den beiden deutschen Staaten und die Umwandlung West-Berlins in eine entmilitarisierte Freie Stadt.

13. April
Bundeskanzler Adenauer und der amerikanische Präsident Kennedy betonen nach Besprechungen in Washington, daß die Deutschland-Frage einschließlich des Berlin-Problems nur auf der Grundlage des Selbstbestimmungsrechts gelöst werden könne.

10. Mai
Der NATO-Ministerrat bekennt sich auf seiner Tagung in Oslo zu der Auffassung der Bundesregierung, daß das

Deutschland-Problem nur auf der Grundlage des Selbstbestimmungsrechts gelöst werden könne. Ein Separatfriedensvertrag der Sowjetunion mit der DDR könne die
alliierten Rechte in bezug auf Berlin nicht aufheben.

1. Juni

Der DDR-Staatsratsvorsitzende Ulbricht erklärt im Zentral-
organ der SED »Neues Deutschland«, daß es bald zum
Abschluß eines Friedensvertrages entweder mit beiden
deutschen Staaten oder mit der DDR kommen werde. Ein
separater Friedensvertrag mit der DDR müsse jedoch
nicht zu Konflikten führen. Lediglich über die Benutzung
der Verkehrswege von und nach Berlin müßten die »notwendigen vertraglichen Grundlagen« mit der DDR geschaffen werden. Es sei nicht beabsichtigt, das Recht der
West-Berliner Bevölkerung auf Selbstbestimmung zu beeinträchtigen.

3. bis 4. Juni

Der amerikanische Präsident Kennedy und der sowjetische Ministerpräsident Chruschtschow treffen sich in
Wien. Chruschtschow überreicht dabei zwei Memoran-
den zur Abrüstung sowie zur Deutschland- und Berlin-
Frage. Die Sowjetunion kündigt darin an, sie werde bis
Ende 1961 einen separaten Friedensvertrag mit der DDR
abschließen, in dem der DDR die vollen Souveränitäts-
rechte auf den Zufahrtswegen von und nach Berlin übertragen würden. Der Westen müsse über die Benutzung
der Verbindungswege nach Berlin mit der dann dafür zuständigen DDR-Regierung verhandeln.

8. Juni

Die sowjetische Regierung protestiert bei den drei Westmächten gegen die Tagung von Ausschüssen des Bundestages und eine geplante Sitzung des Bundesrates in
West-Berlin.

14. Juni

Der Fraktionsführer der Demokraten im amerikanischen
Senat, Mansfield, erklärt, daß das Berlin-Problem weder
durch den sowjetischen Vorschlag, West-Berlin zu einer
Freien Stadt zu machen, noch durch das Beharren auf
dem Status quo bis zur Wiedervereinigung erreicht werden könne. Mansfield schlägt einen dritten Weg vor: Ganz
Berlin solle in eine Freie Stadt unter Garantie der NATO
und des Warschauer Paktes umgewandelt werden. (Der
Vorschlag wird von der östlichen Seite abgelehnt.)

15. Juni

Der DDR-Staatsratsvorsitzende Ulbricht begrüßt auf einer
internationalen Pressekonferenz die Vorschläge des sowjetischen Deutschland-Memorandums vom 4. Juni und
verlangt eine Neutralisierung West-Berlins. Er bestreitet
entschieden, daß die DDR die Absicht habe, in Berlin eine
Mauer zu errichten, verlangt die Schließung der Flüchtlingslager in West-Berlin und die Umleitung des Flugverkehrs auf den Ost-Berliner Flughafen Schönefeld.
Der sowjetische Partei- und Staatschef Chruschtschow
erklärt in einer Rundfunk- und Fernsehansprache zum
Wiener Treffen mit Kennedy, die Friedensregelung für
Deutschland und Berlin müsse noch im Jahre 1961 unterzeichnet werden, notfalls nur mit der DDR.

6. Juli

Die DDR-Volkskammer stimmt einem von Ulbricht vorge-
legten »Deutschen Friedensplan« zu, in dem erneut der
Abschluß eines Friedensvertrages für beide deutschen
Staaten gefordert wird. Im vierten der insgesamt fünf
Punkte des »Friedensplanes« wird die Umwandlung
West-Berlins in eine entmilitarisierte Freie Stadt bis zur
Wiedervereinigung Deutschlands verlangt.

8. Juli

Alle in Ost-Berlin geplanten Veranstaltungen des Deut-
schen Evangelischen Kirchentages, der vom 19. bis 23.
Juli in allen Sektoren Berlins stattfinden sollte, werden
vom Polizeipräsidenten von Ost-Berlin verboten.
Chruschtschow kündigt die Erhöhung des sowjetischen
Verteidigungsbudgets um ein Drittel an.

12. Juli

In einer Antwortnote auf das sowjetische Memorandum
vom 17. Februar 1961 erklärt die Bundesregierung, daß
ein Friedensvertrag mit einer auf dem Selbstbestimmungsrecht des deutschen Volkes beruhenden allgemein
anerkannten Regierung alle Deutschland betreffenden
Probleme regeln würde. Die von der sowjetischen Regierung aufgeworfene Berlin-Frage könnte geklärt werden,
wenn Berlin seine natürliche Bestimmung als Hauptstadt
Deutschlands wieder erfüllen könnte.

25. Juli

US-Präsident Kennedy bekräftigt in einer Rundfunk- und
Fernsehansprache die Entschlossenheit der USA, für die
Rechte der Westmächte in Berlin und die Freiheit der
West-Berliner Bevölkerung zu kämpfen.

26. bis 27. Juli

Der amerikanische Abrüstungsbeauftragte McCloy trifft
sich in Sotschi mit dem sowjetischen Partei- und Staatschef Chruschtschow, der Maßnahmen gegen den Flüchtlingsstrom in Berlin ankündigt.

30. Juli

Der Vorsitzende des außenpolitischen Ausschusses des
amerikanischen Senats, Fulbright, erklärt in einem Interview, die Sowjets könnten ohne Rechtsverletzung die
Grenzen der DDR nach West-Berlin schließen, um den
Flüchtlingsstrom zu stoppen.

31. Juli

In einem Interview mit der Londoner Zeitung »Evening
Standard« erklärt der DDR-Staatsratsvorsitzende Ulbricht,
die Flucht von DDR-Bürgern nach Westdeutschland sei
»Menschenhandel«. Er erklärt, die DDR habe nicht die
Absicht, die Grenzen zu schließen. Dies gelte allerdings
nur dann, wenn die »andere Seite friedliche Absichten«
bezeuge und normale Beziehungen zur DDR pflege.

Der Oberbürgermeister von Ost-Berlin, Friedrich Ebert,
verlangt in einem Schreiben an den Regierenden Bürgermeister von Berlin, Willy Brandt, die Bildung einer Kommission aus Vertretern des Magistrats und des Senats zur
Ausarbeitung von Vorschlägen zur Lösung des Grenzgän-
gerproblems.

3. August
Die drei westlichen Stadtkommandanten von Berlin protestieren beim sowjetischen Stadtkommandanten gegen die Maßnahmen des Ost-Berliner Magistrats, den Zugang zu den Arbeitsplätzen für die in West-Berlin arbeitenden Ost-Berliner und DDR-Bürger zu erschweren.

3. bis 5. August
In Moskau findet eine Konferenz der Ersten Sekretäre der kommunistischen Parteien der Warschauer-Pakt-Staaten statt. Danach bekunden die Teilnehmer in einem Kommuniqué ihre Entschlossenheit, noch im Jahre 1961 einen Friedensvertrag entweder mit beiden deutschen Staaten oder nur mit der DDR zu schließen. Nicht bekanntgegeben wird, daß Ulbricht sich die Zustimmung der Verbündeten zur Abriegelung Ost-Berlins einholte.

4. August
Der Ost-Berliner Magistrat ordnet die Registrierung aller Einwohner Ost-Berlins an, die in West-Berlin einer Beschäftigung nachgehen. Dieser Personenkreis muß rückwirkend vom 1. August die Miete, Pacht, Abgaben für Strom, Gas und Wasser sowie öffentliche Gebühren in DM-West zahlen (Anordnung vom 9. August).

7. August
Im Anschluß an eine Konferenz der Außenminister der drei Westmächte in Paris, zu der auch Bundesaußenminister von Brentano hinzugezogen wird, bekräftigen die Minister ihre feste Haltung in der Berlin-Frage. Sie hätten sich auf vorbereitende Maßnahmen geeinigt, um einer kritischen Situation in Berlin begegnen zu können.
Der sowjetische Partei- und Staatschef Chruschtschow kündigt in einer Rundfunkrede die Verstärkung der Sowjetarmee an den Westgrenzen und die Einberufung von Reservisten an; er vergleicht Berlin mit Sarajewo.

8. August
Auf der Tagung des Ständigen NATO-Rates in Paris berichtet der amerikanische Außenminister Rusk über Maßnahmen, die die USA angesichts der Bedrohung Berlins zur Verstärkung der westlichen Abwehrbereitschaft planen. Die Vereinigten Staaten seien bereit, weitere sechs Divisionen nach Europa zu verlegen.

10. August
Der amerikanische Präsident Kennedy verlangt den Einsatz aller diplomatischen Mittel, um festzustellen, ob eine friedliche Lösung der Deutschland- und Berlin-Frage erreicht werden könne. Eine Ost-West-Gipfelkonferenz käme jedoch erst in Frage, wenn Fortschritte zu erkennen seien.

13. August
Bewaffnete Verbände der DDR beginnen in den frühen Morgenstunden, den Ostsektor von Berlin mit Stacheldraht und Straßensperren abzuriegeln. Dies geschieht auf der Grundlage eines Beschlusses des DDR-Ministerrates vom Vortage, in dem es heißt, daß »zur Unterbindung der feindlichen Tätigkeit der revanchistischen und militaristischen Kräfte Westdeutschlands und West-Berlins« an der Grenze zu den Westsektoren Berlins so zu kontrollieren

sei, wie es an den Grenzen jedes souveränen Staates üblich sei. Solange West-Berlin nicht in eine neutrale, entmilitarisierte Freie Stadt verwandelt worden sei, dürften DDR-Bürger West-Berlin nur noch mit besonderer Genehmigung betreten.
Das DDR-Innenministerium verfügt, daß zwischen Ost- und West-Berlin nur noch 13 Übergänge geöffnet bleiben. DDR-Bürgern wird es verboten, in West-Berlin weiterhin zu arbeiten. Der S- und U-Bahn-Verkehr zwischen beiden Teilen der Stadt wird unterbrochen. Lediglich der Bahnhof Friedrichstraße bleibt geöffnet.
Die Maßnahmen der DDR-Regierung werden sanktioniert durch eine undatierte, am 13. August veröffentlichte Erklärung der Warschauer-Pakt-Staaten, in der die DDR aufgefordert wird, der »Wühltätigkeit gegen die Länder des sozialistischen Lagers« zuverlässig den Weg zu verlegen.
Seit Jahresbeginn wurden 155402 Flüchtlinge aus der DDR und dem Ostsektor von Berlin registriert.

14. August
Schließung des Brandenburger Tores.

15. August
Der DDR-Ministerrat betont, daß eine eventuelle Kündigung des Interzonen-Handelsabkommens durch die Bundesregierung auch zu einer Unterbrechung des Warenverkehrs zwischen der Bundesrepublik und West-Berlin führen müsse. Die DDR könne Waren, die bisher aus der Bundesrepublik geliefert würden, auch im Ausland erhalten.

16. August
Der Regierende Bürgermeister von Berlin, Willy Brandt, schreibt an den amerikanischen Präsidenten Kennedy, die Widerstandskraft der West-Berliner Bevölkerung sei ungebrochen, aber die Vorgänge an der Sektorengrenze seien geeignet, Zweifel an der Entschlossenheit und der Reaktionsfähigkeit der drei Westmächte zu wecken.
Am gleichen Tage weist der sowjetische Stadtkommandant von Berlin den Protest seiner drei westlichen Kollegen vom 3. August gegen die Maßnahmen der DDR-Behörden gegenüber den Grenzgängern als Einmischung in die inneren Angelegenheiten der DDR zurück.

17. August
Die drei Westmächte protestieren bei der sowjetischen Regierung gegen den Bruch des Viermächte-Status von Berlin.

18. August
Bundeskanzler Adenauer und der Regierende Bürgermeister von Berlin, Willy Brandt, verurteilen vor dem Bundestag in Bonn die Absperrmaßnahmen der DDR in Berlin. Adenauer kündigt Initiativen der Bundesrepublik zur Stärkung der militärischen Bereitschaft der NATO an. Brandt fordert den Westen auf, sichtbare Zeichen der alliierten Präsenz und Rechte in Berlin zu setzen und »überzeugende, nichtmilitärische Gegenmaßnahmen« zu ergreifen. Er verlangt die von seiten der DDR begangene Verletzung der Menschenrechte vor die Vereinten Nationen zu bringen und jegliche Art von Beziehungen mit der DDR abzubrechen.

Das Weiße Haus in Washington teilt mit, daß auf Anordnung von Präsident Kennedy die amerikanische Garnison
in Berlin um eine Kampfgruppe von 1500 Mann verstärkt
werde.

Die sowjetische Regierung weist den Protest der Westmächte gegen die Absperrmaßnahmen der DDR in Berlin
zurück und betont, daß die DDR als souveräner Staat die
zum Schutze ihrer Interessen erforderlichen Maßnahmen
ergreifen könne.

In einer Rundfunk- und Fernsehansprache rechtfertigt
Walter Ulbricht die Absperrungsmaßnahmen mit dem Hinweis auf angebliche Anzeichen für einen offenen Angriff
und militärische Provokationen von seiten der Bundesrepublik gegenüber der DDR. Deshalb hätten ihm auch
westliche Kreise nahegelegt, die Grenzen in Berlin zu
schließen, um dadurch eine bessere Verhandlungsatmo-
sphäre für den Abschluß eines Friedensvertrages und die
Schaffung einer »Freien Stadt Westberlin« zu ermöglichen.

19. bis 21. August

Der amerikanische Vizepräsident Lyndon B. Johnson und
der ehemalige Stadtkommandant in Berlin, General Lucius D. Clay, führen in Bonn mit Bundeskanzler Adenauer
und in Berlin mit dem Regierenden Bürgermeister Willy
Brandt Besprechungen über die Berlin-Krise. Johnson erklärt, außer der Verstärkung der amerikanischen Garnison
in Berlin sollten keine weiteren Gegenmaßnahmen unternommen werden. Er meinte, eine Kündigung des Interzonen-Handelsabkommens könnte eine Blockade von
West-Berlin zur Folge haben. In einer Rede vor dem Berliner Abgeordnetenhaus am 19. August bekräftigte Johnson die Entschlossenheit der USA, die Freiheit West-Berlins und den freien Zugang nach West-Berlin zu verteidigen.

22. August

Bundeskanzler Adenauer besucht Berlin und nimmt an einer Sitzung des Senats teil.

Das DDR-Innenministerium erläßt drei Bekanntmachun-
gen. Danach benötigen West-Berliner zum Betreten Ost-
Berlins eine Aufenthaltsgenehmigung. Außerdem werden
sieben gesonderte Sektorenübergänge für Einwohner
West-Berlins und der Bundesrepublik sowie für ausländische Staatsangehörige festgelegt, und schließlich werden
alle Personen aufgefordert, im Interesse ihrer eigenen Sicherheit der Grenze zwischen Ost- und West-Berlin auf
beiden Seiten in einem Abstand von 100 Metern fern zu
bleiben.

23. August

Der Berliner Innensenator läßt die Büros der SED in den
Westsektoren polizeilich schließen. Außerdem müssen
sich mit Wirkung vom 24. August alle Personen, die aus
dem Ostsektor Berlins kommen, einer Kontrolle unterzie-
hen.

Die sowjetische Regierung protestiert bei den drei Westmächten gegen die »widerrechtliche Benutzung« der Luftkorridore anläßlich der Besuche westdeutscher Politiker
in West-Berlin.

25. August

Der erste Flüchtling wird bei dem Versuch, durch den
Humboldt-Hafen nach West-Berlin zu schwimmen, von
Volkspolizisten erschossen.

26. August

Die drei westlichen Stadtkommandanten von Berlin lassen die am 23. August eingerichteten Büros des DDR-Innenministeriums in West-Berlin schließen, in denen Aufenthaltsgenehmigungen für West-Berliner zum Betreten
Ost-Berlins ausgegeben wurden, weil sich die DDR damit
Hoheitsrechte in West-Berlin anmaße. Besuche im Ostsektor sind seitdem für West-Berliner nicht mehr möglich.

30. August

Der amerikanische Präsident John F. Kennedy gibt auf einer Pressekonferenz in Washington bekannt, daß er General Clay zu seinem persönlichen Vertreter in Berlin ernannt habe.

5. September

Der französische Staatspräsident de Gaulle erklärt, daß
die Westmächte in Berlin an ihren Rechten notfalls mit Gewalt festhalten müßten.

20. September

Die Volkspolizei beginnt mit der Zwangsräumung von unmittelbar an der Sektorengrenze gelegenen Häusern.

10./11. Oktober

Wirtschaftskonferenz des ZK der SED und des DDR-Mini-
sterrats über die Erfüllung des Volkswirtschaftsplans 1961
und die Sicherung der ökonomischen Unabhängigkeit
von der Bundesrepublik Deutschland (Störfreimachung).

17. Oktober

Der sowjetische Ministerpräsident Chruschtschow verzichtet auf dem XXII. Parteitag der KPdSU auf seine Forderung, daß noch bis zum Ende des Jahres ein deutscher
Friedensvertrag unterzeichnet werden müsse.

18. Oktober

Die sowjetische Regierung verlangt in Noten an die drei
Westmächte, daß die Westmächte die Luftkorridore nach
Berlin nur zur Versorgung ihrer Garnisonen benutzen dürf-
ten.

23. Oktober

Das DDR-Innenministerium verfügt, daß Mitglieder der
amerikanischen Militärmission in Zivil sich ebenso wie andere ausländische Staatsangehörige der Volkspolizei gegenüber ausweisen müssen. Daraufhin beziehen am 25.
Oktober zehn amerikanische Panzer am Sektorenüber-
gang Friedrichstraße Stellung. Am 27. Oktober kommt es
hier zu einer Konfrontation mit sowjetischen Panzern.

28. Oktober

Die Panzer ziehen sich wieder zurück. Die amerikanischen Streitkräfte stellen die Testfahrten von Militärperso-
nal in Zivil in Ost-Berlin ein.

23. bis 26. November
14. Tagung des ZK der SED: Konzentration auf die Lösung wirtschaftlicher Probleme, u. a. Verstärkung der Zusammenarbeit im RGW, Empfehlung an die Regierung, Schritte zur Normalisierung der Beziehungen zur Bundesrepublik Deutschland einzuleiten und entsprechende Vorschläge zu unterbreiten.

30. November
Schreiben des DDR-Ministerpräsidenten Otto Grotewohl an Bundeskanzler Adenauer, in dem die Vorschläge des ZK der SED (gegenseitige Achtung der Souveränität, Anerkennung der Reisepässe, Markierung der Staatsgrenze) zur Normalisierung der Beziehungen zur Bundesrepublik enthalten sind. Das Schreiben wird nicht beantwortet.

1. Dezember
Das Ost-Berliner Polizeipräsidium lehnt es ab, auf den Vorschlag des West-Berliner Senats einzugehen, das Deutsche Rote Kreuz einzuschalten, um einen freien Personenverkehr zwischen den beiden Teilen Berlins durch die Errichtung von Passierscheinstellen zu ermöglichen.

3. Dezember
Die sowjetische Regierungszeitung »Iswestija« lehnt einen Vorschlag des amerikanischen Präsidenten Kennedy vom 25. November 1961 über eine Internationalisierung der Verwaltung der Autobahnen zwischen Berlin und der Bundesrepublik als eine »Demütigung der DDR« ab.

15. Dezember
In einem gemeinsamen Abschlußkommuniqué unterstreicht der Ministerrat der NATO auf seiner Tagung in Paris, daß eine gerechte und friedliche Lösung des Deutschlandproblems einschließlich der Berlin-Frage nur auf der Grundlage des Selbstbestimmungsrechtes gefunden werden könne. Der Ministerrat bekräftigt seine Entschlossenheit, die Freiheit und Sicherheit West-Berlins zu verteidigen sowie die Position der drei Westmächte in dieser Stadt zu unterstützen. Gleichzeitig tritt er für die Wiederaufnahme der diplomatischen Kontakte zur Sowjetunion mit dem Ziel einer friedlichen Lösung der Berlin-Frage ein.

21. Dezember
Der Stellvertretende DDR-Ministerpräsident Stoph erklärt seine Bereitschaft, über die Eröffnung von Zweigstellen des Reisebüros der DDR in West-Berlin zur Ausgabe von Passierscheinen für West-Berliner zum Besuch von Ost-Berlin sowie über andere Fragen mit dem Regierenden Bürgermeister von Berlin, Willy Brandt, oder einem anderen bevollmächtigten Mitglied des Berliner Senats zu verhandeln.

30. Dezember
Walter Ulbricht behauptet, daß die DDR durch den Verlust der »abgeworbenen« Arbeitskräfte einen Schaden von 30 Milliarden Mark erlitten habe.

31. Dezember
Seit dem 13. August wurden 51 624 Flüchtlinge aus der DDR und dem Ostsektor von Berlin registriert. Mindestens elf DDR-Bürger sind bei Fluchtversuchen nach West-Berlin erschossen worden.

1962

1. Januar
In seiner Neujahrsansprache erklärt der DDR-Staatsratsvorsitzende Ulbricht, daß wirtschaftliche Schwierigkeiten aufgrund der »schamlosen Beraubung der Bürger der DDR durch gezielte Störmanöver von West-Berlin aus« und durch den »Mißbrauch unserer offenen Grenzen gegenüber Westberlin« der Grund für die Errichtung des »antifaschistischen Schutzwalls« gewesen sei. Wenn eines Tages auch in Westdeutschland die »friedlichen, demokratischen Kräfte« siegen und den Weg des Sozialismus beschreiten würden, sei eine entscheidende Voraussetzung für die Wiedervereinigung gegeben.

11. Januar
Der amerikanische Präsident Kennedy bekräftigt die Entschlossenheit der Alliierten zur Wahrung des freien Zugangs nach Berlin und der Freiheit der West-Berliner, wofür notfalls gekämpft werden müsse.

18. Januar
Die DDR protestiert bei den drei Westmächten gegen das am 1. Januar in Kraft getretene Zollgesetz der Bundesrepublik, weil darin West-Berlin einbezogen ist.

24. Januar
Die DDR-Volkskammer verabschiedet das Gesetz über die Einführung der allgemeinen Wehrpflicht, das auch in Ost-Berlin angewendet wird.

29. Januar
Der Stellvertretende DDR-Außenminister Otto Winzer erklärt, ein Viermächte-Abkommen über den zivilen Luftverkehr nach Berlin habe es nie gegeben.

10. Februar
Die drei westlichen Stadtkommandanten von Berlin protestieren beim sowjetischen Stadtkommandanten gegen die Anwendung des Wehrpflichtgesetzes in Ost-Berlin.

12. Februar
Die Sowjetunion verlangt eine Reservierung von Berliner Luftkorridoren bis zu einer bestimmten Höhe für sowjetische Flugzeuge.

15. Februar
Die drei Westmächte protestieren gegen Störflüge sowjetischer Militärflugzeuge in den Berliner Luftkorridoren.

2. März
Auf Veranlassung der sowjetischen Militärbehörden wird dem amerikanischen Stadtkommandanten von Berlin der Zugang nach Ost-Berlin nicht mehr gestattet.

22. März
Der Stellvertretende DDR-Außenminister Winzer erklärt, daß West-Berliner künftig für Reisen durch die DDR ins Ausland ein Reisevisum der DDR benötigen.

12. April
Der amerikanische Präsident Kennedy gibt die Abberufung seines persönlichen Vertreters in Berlin, General Clay, bekannt.

19. April
Der sowjetische Marschall Konjew, der kurz vor dem Mauerbau zum Oberbefehlshaber der sowjetischen Streitkräfte in Deutschland ernannt worden war, wird verabschiedet.

22. Mai
In einem Aide-mémoire wendet sich die Bundesregierung an die Vereinigten Staaten gegen die am 13. April durch die Presse bekanntgewordenen amerikanischen Pläne, eine internationale Zugangsbehörde für den Verkehr von und nach Berlin zu errichten.

5. Juni
Bundeskanzler Adenauer macht eine Kreditgewährung an die DDR von Erleichterungen im Verkehr zwischen den beiden Teilen Berlins abhängig.

6. Juni
Bundeskanzler Adenauer unterbreitet der UdSSR das Angebot eines zehnjährigen »Burgfriedens« unter der Bedingung, daß die Menschen in der DDR freier leben können. Nach einer »Periode der Ruhe« sei es dann leichter, über die deutsche Frage zu verhandeln.

17. Juni
Der Nationalkongreß der Nationalen Front der DDR verabschiedet ein »Nationales Dokument« (»Die geschichtlichen Aufgaben der Deutschen Demokratischen Republik und die Zukunft Deutschlands«), das die Forderung nach einem Friedensvertrag im Sinne des sowjetischen Entwurfs von 1959 und die Koexistenz und Konföderation beider deutscher Staaten zur Bedingung macht.

19. Juni
Ost-Berliner Bauarbeiter beginnen mit dem Bau einer zweiten Sperrmauer hinter der bisherigen Mauer, wodurch auch in Berlin ein »Todesstreifen« entsteht.

26. Juni
Der Regierende Bürgermeister von Berlin, Brandt, erklärt die Bereitschaft des Senats zu Verhandlungen mit der Ost-Berliner Stadtverwaltung über Erleichterungen für den Personenverkehr in Berlin.
Der DDR-Staatsratsvorsitzende Ulbricht lehnt am gleichen Tage auf der 16. Tagung des ZK der SED Viermächte-Besprechungen über die Zwischenfälle an der Berliner Sektorengrenze ab und setzt sich für direkte Verhandlungen zwischen dem Berliner Senat und der DDR-Regierung ein.

9. Juli
Der sowjetische Ministerpräsident Chruschtschow spricht sich für die Ersetzung der westlichen Streitkräfte in Berlin durch Truppen anderer Staaten unter der UNO-Flagge aus.

12. Juli
45 namentlich bekannte Tote sind seit dem 13. August 1961 an der Mauer zu beklagen.

17. August
Der Ost-Berliner Bauarbeiter Peter Fechter wird beim Fluchtversuch über die Berliner Mauer von Grenztruppen der DDR angeschossen und verblutet, ohne daß ihm Hilfe geleistet wird. Es kommt zu spontanen Protestkundgebungen in West-Berlin.

22. August
Die Sowjetunion löst die sowjetische Kommandantur in Berlin auf. Der Generalmajor der Nationalen Volksarmee der DDR, Poppe, wird zum Stadtkommandanten von Ost-Berlin ernannt.

25. September
Eine Delegation des Kuratoriums »Unteilbares Deutschland« überreicht dem Direktor der UN-Menschenrechtskommission in New York eine Beschwerde wegen Verletzung der Menschenrechte durch die Behörden der DDR seit Errichtung der Mauer in Berlin.

3. Oktober
Auf der 17. Tagung des ZK der SED schlägt der DDR-Staatsratsvorsitzende Ulbricht vor, daß beide deutsche Staaten in die UNO aufgenommen werden sollten.

5. November
Der Regierende Bürgermeister von Berlin, Brandt, setzt sich auf einer Pressekonferenz für die Errichtung einer internationalen Kontrollbehörde für die Zugangswege nach West-Berlin ein. Die Mitwirkung von DDR-Vertretern bedeutet seiner Ansicht nach keine Anerkennung der DDR. Bundeskanzler Adenauer stimme mit ihm in der Frage der Zugangsbehörde überein.

7. November
Der sowjetische Ministerpräsident Chruschtschow erklärt in Moskau, daß nach der Entspannung im sowjetisch-amerikanischen Kuba-Konflikt die Berlin-Frage immer aktueller werde. Die Sowjetunion erstrebe nicht den Besitz von Berlin, sondern sei lediglich an dem Abschluß eines deutschen Friedensvertrages interessiert.

15. Dezember
Der DDR-Staatsratsvorsitzende Ulbricht erklärt in Leipzig, daß der politische Kampf um die friedliche Regelung der deutschen Frage, um den Friedensvertrag und die Lösung der »Westberlin-Frage« weitergehe. Jedoch hätten zunächst ökonomische Aufgaben den Vorrang. Die Voraussetzung für die friedliche Lösung der deutschen Frage sei die ökonomische Stärkung der DDR. Deshalb habe sich die Konzeption der DDR in den letzten zwei Jahren »etwas verändert«.

19. Dezember
Der Stellvertretende DDR-Außenminister König schlägt dem Regierenden Bürgermeister von Berlin, Brandt, Verhandlungen über beide Seiten interessierende Fragen vor. Das Schreiben wird nicht beantwortet.

31. Dezember
Im Jahre 1962 wurden 16 741 Flüchtlinge aus der DDR und dem Ostsektor von Berlin registriert.

1963

16. Januar
Der sowjetische Ministerpräsident Chruschtschow betont als Gastredner auf dem VI. SED-Parteitag in Ost-Berlin erneut die Notwendigkeit, die deutsche Frage durch den Abschluß eines Friedensvertrages mit beiden deutschen Staaten und die Umwandlung von West-Berlin in eine entmilitarisierte Freie Stadt zu lösen.

17. Januar
Der Regierende Bürgermeister von Berlin, Brandt, sagt ein bereits vereinbartes Gespräch mit Chruschtschow ab, nachdem die CDU mit der Aufkündigung der Senatskoalition gedroht hatte, falls die Begegnung stattfinden sollte.

14. März
Das sowjetische Außenministerium protestiert bei den drei Westmächten gegen das neue West-Berliner Richtergesetz, durch das die Jurisdiktion der Bundesregierung auf Berlin (West) ausgeweitet werde.

24. April
Die drei Westmächte unterrichten die Bundesregierung, daß sie zum gegenwärtigen Zeitpunkt eine Sitzung des Deutschen Bundestages in West-Berlin nicht für angebracht halten.

1. Mai
Protest der drei westlichen Stadtkommandanten von Berlin gegen die Abhaltung einer Militärparade der Nationalen Volksarmee in Ost-Berlin.

21. Juni
Die DDR-Regierung ordnet Maßnahmen zur Einrichtung eines Grenzgebietes zwischen der DDR und Berlin (West) an. Bürger der DDR dürfen das Grenzgebiet (100-m-Schutzstreifen in Berlin) nur mit Sonderausweis betreten. Bürgern anderer Staaten ist das Betreten und Befahren des Grenzgebietes verboten.

26. Juni
Am vierten Tag seiner Deutschlandreise besucht der amerikanische Präsident Kennedy West-Berlin. Die Berliner Bevölkerung bereitet ihm einen triumphalen Empfang.

2. Juli
Der sowjetische Ministerpräsident Chruschtschow fordert in Ost-Berlin den Abschluß eines deutschen Friedensvertrages. Der DDR-Staatsratsvorsitzende Ulbricht schlägt vor, zur Vorbereitung einer deutschen Konföderation gemeinsame Kommissionen auf den Gebieten Kultur, Erziehungswesen, Recht und Rechtshilfe, wirtschaftliche, wissenschaftliche und technische Zusammenarbeit und Verkehr zu berufen.

13. Juli
Im Interzonenverkehr werden erstmals Reisepässe der Bundesrepublik von Einwohnern von Berlin (West) beschlagnahmt. Als Begründung wird angegeben, die Pässe seien illegal, da West-Berlin nicht zur Bundesrepublik gehöre.

19. September
Der Berliner Bürgermeister Albertz berichtet vor dem Abgeordnetenhaus von Berlin über die sich in den letzten Wochen häufenden Schikanen an den Kontrollpunkten auf der Interzonen-Autobahn nach Berlin und fordert ein internationales Kontrollorgan, das den ungehinderten Verkehr gewährleisten soll.

17. Oktober 1963
Ludwig Erhard wird Nachfolger von Bundeskanzler Adenauer.

4. November
Zum wiederholten Male halten sowjetische Kontrolloffiziere am Kontrollpunkt Marienborn einen amerikanischen Militärkonvoi fest, dessen Besatzung sich geweigert hatte, zur Zählung abzusitzen. Erst zwei Tage später wird dem Konvoi, der sich der von den sowjetischen Offizieren geforderten Prozedur nicht unterzogen hatte, die Weiterfahrt nach Berlin gestattet.

30. November
Der Bundesminister für gesamtdeutsche Fragen, Erich Mende, wiederholt ein Kreditangebot der Bundesregierung an die DDR im Rahmen des Interzonenhandels, das er mit der Erwartung auf menschliche Erleichterungen in der DDR, eine Passierscheinregelung in Berlin, eine Beendigung der unmenschlichen Verhaltensweise an der Berliner Mauer und bessere Ausreisemöglichkeiten aus der DDR verknüpft.

5. Dezember
Der Stellvertretende DDR-Ministerpräsident Abusch schlägt dem Senat von Berlin eine Passierscheinregelung für die Einwohner von West-Berlin zum Besuch in Ost-Berlin vor.

17. Dezember
Nach sieben Verhandlungsrunden über eine Passierschein-Regelung, die abwechselnd in Ost-Berlin und West-Berlin stattfanden, wird eine Verwaltungsvereinbarung zwischen dem Senat von Berlin und der Regierung der DDR unterzeichnet, nach der es West-Berlinern in der Zeit vom 20. 12. 1963 bis zum 5. 1. 1964 erstmals seit August 1961 wieder möglich ist, ihre nächsten Angehörigen in Ost-Berlin zu besuchen.

27. Dezember
Der amerikanische Geschäftsträger in Bonn, Hillenbrand, protestiert in einem Schreiben an den Botschafter der UdSSR in der DDR, Abrassimow, gegen die Erschießung des Flüchtlings Paul Schulz an der Mauer in Berlin. Das Schreiben wird nicht angenommen.

1964

5. Januar
Am letzten Tag der Passierschein-Regelung machen rund 280 000 West-Berliner davon Gebrauch. Damit haben seit dem 20. Dezember 1963 rund 730 000 West-Berliner die Gelegenheit zu insgesamt 1,2 Millionen Besuchen bei ihren Angehörigen in Ost-Berlin genutzt.

17. Januar
DDR-Staatssekretär Wendt übergibt Senatsrat Korber einen Protokollentwurf über die Fortführung der Passierschein-Vereinbarung.

23. Januar
Die UdSSR lehnt die Erneuerung des Handelsabkommens mit der Bundesrepublik Deutschland wegen der Einbeziehung von Berlin (West) ab.

8. April
In Berlin werden die am 27. Februar unterbrochenen Passierschein-Verhandlungen zwischen Senatsrat Korber und DDR-Staatssekretär Wendt wiederaufgenommen.

1. Mai
In einem umfangreichen Memorandum an die Regierungen der NATO-Staaten und die Regierungen zahlreicher anderer Staaten wendet sich die DDR-Regierung erneut gegen die Tätigkeit des Alliierten Reisebüros in Berlin.

5. Mai
Das Ministerium für Auswärtige Angelegenheiten der DDR protestiert in einer Erklärung gegen die Tagungen von Ausschüssen des Deutschen Bundestages in Berlin.

12. Juni
Unterzeichnung eines Vertrages über Freundschaft, gegenseitigen Beistand und Zusammenarbeit zwischen der DDR und der Sowjetunion in Moskau. Darin wird erklärt, daß West-Berlin als »selbständige politische Einheit« anzusehen sei.

25. Juni
Sowjetischer Protest gegen die Wahl des Bundespräsidenten am 1. Juli in Berlin (West).

24. September
Nach insgesamt 8½ Monate dauernden Verhandlungen wird ein neues Protokoll über Verwandtenbesuche von West-Berlinern in Ost-Berlin mit Billigung der Bundesregierung und der Alliierten unterzeichnet. Nach der Verwaltungsvereinbarung können West-Berliner in der Zeit vom 30. 10. bis 12. 11. 1964 einmal, vom 19. 12. 1964 bis 3. 1. 1965 zweimal und zu Ostern und Pfingsten 1965 je einmal ihre Verwandten in Ost-Berlin besuchen.

2. November
Die ersten Rentner aus Ost-Berlin und aus der DDR treffen zu Verwandtenbesuchen in West-Berlin ein. Ermöglicht wurde dies durch einen Beschluß des DDR-Ministerrates vom 9. September 1964, nach dem den »im Rentenalter stehenden Bürgern der DDR« jährlich eine bis zu vier Wochen dauernde Besuchsreise zu Verwandten in Westdeutschland und West-Berlin gestattet wird.

25. November
Mit Wirkung vom 1. Dezember setzt die DDR-Regierung den Zwangsumtausch von DM-Beträgen in Ostmark für Reisende aus Westdeutschland und West-Berlin fest.

1965

5. Februar
Nach neuen Verhandlungen – entsprechend dem am 24. September 1964 unterzeichneten Protokoll – wurden die Besuchszeiträume für West-Berliner in Ost-Berlin für Ostern und Pfingsten festgelegt.

7. April
Wegen der Sitzung des Deutschen Bundestages in Berlin kommt es zu vorübergehenden Sperrungen der Straßen und Schienenwege zwischen der Bundesrepublik und Berlin. Sowjetische und DDR-Düsenjäger veranstalten Störflüge über West-Berlin. Begründet werden diese Maßnahmen mit der Durchführung gemeinsamer Truppenmanöver der NVA und der sowjetischen Streitkräfte.

25. November
Nach 23 Verhandlungsrunden wird in Berlin die dritte Vereinbarung über Verwandtenbesuche zum Jahreswechsel 1965/66 unterzeichnet.

1966

7. März
Abschluß eines Passierschein-Abkommens für den Zeitraum Ostern/Pfingsten 1966.

13. August
Parade der DDR-Grenztruppen und der SED-Kampfgruppen anläßlich des 5. Jahrestages des Mauerbaus in Berlin (Ost).

6. Oktober
Unterzeichnung einer Übereinkunft über die Arbeit der Passierscheinstelle in West-Berlin für dringende Familienangelegenheiten (Härtestelle). Die allgemeine Passierscheinregelung wird nicht mehr fortgesetzt.

1. Dezember
Bildung der Großen Koalition. Bundeskanzler wird Kurt Georg Kiesinger (CDU), sein Vizekanzler und Außenminister Willy Brandt (SPD).

1967

13. Januar
Briefwechsel zwischen dem Senat von Berlin und der DDR-Regierung über die Fortführung der Arbeit der Passierscheinstelle für Härtefälle über den 31. März 1967 hinaus.

2. Februar
Umbenennung des DDR-Staatssekretariats für gesamtdeutsche Fragen in Staatssekretariat für westdeutsche Fragen.

13. Juni
Bundeskanzler Kiesinger antwortet dem DDR-Ministerpräsidenten Stoph auf dessen Schreiben vom 10. Mai
1967. Stoph hatte Verhandlungen über die Aufnahme normaler Beziehungen zwischen beiden deutschen Staaten
vorgeschlagen. Kiesinger möchte zunächst Verhandlungen über menschliche Erleichterungen.

29. September
Kiesinger antwortet auf einen Brief Stophs vom 18. September, dem der Entwurf eines Vertrages zwischen der
Bundesrepublik und der DDR beigefügt war. Kiesinger
benennt Beauftragte für Verhandlungen über menschliche
Erleichterungen, lehnt jedoch eine völkerrechtliche Anerkennung der DDR ab. Die DDR-Regierung wertet Kiesin-
gers Antwort als Ablehnung ihrer Vorschläge.

1968

6. Januar
Der sowjetische Botschafter Zarapkin überreicht Bundesaußenminister Brandt ein Papier, in dem gegen die Bundespräsenz in Berlin protestiert wird. Die Sowjetunion be-
anstandet die Sitzungen der Bundestagsausschüsse
und der Fraktionen, die Sitzungen des Kabinetts, die Anwesenheit von Bundesbehörden, die Tagungen westdeutscher Parteien und die Wahl des Regierenden Bürgermeisters von Berlin zum Präsidenten des Bundesrates.

10. März
Die DDR verhängt ein generelles Durchreiseverbot gegen
NPD-Mitglieder auf den Landwegen nach Berlin.

13. April
Die DDR-Regierung verbietet die Durchreise von Bundes-
ministern und leitenden Beamten der Bundesregierung
auf den Interzonen-Autobahnen nach Berlin.

11. Juni
Die DDR führt den Paß- und Visumzwang für Transitreisende auf den Verbindungswegen nach Berlin ein.

25. Juni
Im Schlußkommuniqué der Tagung des NATO-Minister-
rats in Reykjavik wird die Sowjetunion für die Störmanöver
der DDR auf den Verbindungswegen nach Berlin verantwortlich gemacht. Der NATO-Rat erklärt sich solidarisch
mit der Entschlossenheit der drei Westmächte, den freien
Zugang nach Berlin aufrechtzuerhalten.

1969

21. Februar
Schreiben Walter Ulbrichts an Bundesaußenminister
Brandt, worin er bei Verzicht auf die Abhaltung der Bun-
desversammlung in Berlin (West) für die West-Berliner zu
Ostern 1969 Besuchsmöglichkeiten in Ost-Berlin in Aus-
sicht stellt.

27. Februar
Der amerikanische Präsident Nixon besucht West-Berlin.

5. März
Mit Gustav Heinemann wird zum letzten Mal ein Bundespräsident in Berlin gewählt.

9. April
Die Westmächte und die Bundesregierung beschließen
Sondierungen bei der Sowjetunion mit dem Ziel, die Lage
in Berlin zu verbessern.

10. Juli
Der sowjetische Außenminister Gromyko erklärt seine
grundsätzliche Bereitschaft zu Gesprächen über die Berlin-Frage.

22. Oktober
Willy Brandt wird zum Bundeskanzler gewählt. Der FDP-
Vorsitzende Walter Scheel wird Vizekanzler und Außenmi-
nister.

1970

10. Januar
Die DDR-Regierung protestiert bei der Bundesregierung
gegen geplante Fraktions- und Ausschußsitzungen des
Bundestages in Berlin (West). Während der Sitzungen
vom 22. bis zum 27. Januar kommt es zu massiven Behinderungen des Personen- und Güterverkehrs auf den Verbindungswegen nach Berlin durch die Grenzorgane der
DDR.

26. März
Im ehemaligen Kontrollratsgebäude beginnen die Berlin-
Gespräche der Vier Mächte auf Botschafterebene.

21. Mai
Bei dem Treffen zwischen Bundeskanzler Brandt und
DDR-Ministerpräsident Stoph in Kassel legt der Bundeskanzler ein 20-Punkte-Papier der Bundesregierung vor.
Zu Berlin heißt es darin, daß die Viermächte-Vereinbarungen über Berlin und Deutschland respektiert werden. Das
gleiche gelte für die Bindungen, die zwischen Berlin
(West) und der Bundesrepublik Deutschland entstanden
seien. Beide Seiten sollten sich verpflichten, die Bemühungen der Vier Mächte um eine Normalisierung der Lage
in und um Berlin zu unterstützen.

12. August
Unterzeichnung des Gewaltverzichtsvertrages zwischen
der Bundesrepublik und der UdSSR. Die Bundesregierung hatte zuvor am 6. Juni beschlossen, daß ein Gewalt-
verzichtsvertrag nur in Kraft gesetzt werden könne, wenn
die enge Bindung zwischen der Bundesrepublik Deutschland und Berlin (West) sowie der ungehinderte Zugang
nach Berlin (West) durch die laufenden Viermächte-Verhandlungen gesichert seien.

29. November
Der sowjetische Parteichef Breshnew erklärt in Eriwan,
daß eine »Gesundung der Situation im Zusammenhang

mit Westberlin durchaus erreichbar« sei. Dafür sei es schon ausreichend, wenn alle interessierten Seiten guten Willen zeigten und Lösungen ausarbeiteten, die den Wünschen der West-Berliner Bevölkerung entgegenkämen und die legitimen Interessen und souveränen Rechte der DDR berücksichtigen würden.

30. November bis 21. Dezember
Sitzungen der Bundestagsfraktionen der CDU/CSU und der SPD in Berlin nimmt die DDR zum Anlaß, den Verkehr auf den Zufahrtsstraßen nach Berlin (West) massiv zu behindern.

1971

31. Januar
Zum ersten Mal seit dem 27. Mai 1952 können die Bewohner der beiden Teile Berlins wieder miteinander telefonieren. Zunächst werden 10 Fernsprechleitungen freigegeben. (1952 gab es knapp 4000 Leitungen.)

27. Januar bis 1. Februar
Auf Besuche von Bundespräsident Heinemann und Bundeskanzler Brandt in Berlin (West) reagieren die DDR-Grenzbehörden mit schweren Behinderungen des Verkehrs auf den Interzonen-Autobahnen.

3. Mai
Walter Ulbricht gibt sein Amt als Erster Sekretär des ZK der SED auf. Erich Honecker wird sein Nachfolger als Parteichef.

3. September
Unterzeichnung des Viermächte-Abkommens durch die Botschafter der drei Westmächte und der Sowjetunion im ehemaligen Alliierten Kontrollratsgebäude in West-Berlin.

6. September
Beginn der innerdeutschen Verhandlungen über die Ausfüllung des Viermächte-Abkommens über Berlin.

11. Dezember
Paraphierung des Abkommens zwischen der Bundesrepublik Deutschland und der DDR über den Transitverkehr und der Vereinbarung zwischen dem Senat von Berlin und der Regierung der DDR.

15. Dezember
Briefwechsel zwischen der Bundesrepublik Deutschland und der DDR über das vereinfachte Warenbegleitschein-Verfahren beim Güterverkehr.

17. Dezember
Unterzeichnung des Abkommens Bundesrepublik Deutschland/DDR über den Transit-Verkehr.

20. Dezember
Unterzeichnung der Vereinbarung zwischen dem Senat und der DDR-Regierung über Erleichterungen und Verbesserungen des Reise- und Besucher-Verkehrs sowie über die Regelung der Frage von Enklaven durch Gebietsaustausch.

1972

29. März
Obwohl das Viermächte-Abkommen über Berlin noch nicht in Kraft getreten ist, erläßt die DDR-Regierung eine Verordnung, nach der West-Berliner vom 29. 3. bis zum 5. 4. (Osterbesuchszeitraum) und vom 17. 5. bis 24. 5. (Pfingstbesuchszeitraum) Ost-Berlin und die DDR besuchen können. In beiden Zeiträumen werden insgesamt weit über eine Million Besucher gezählt.

3. Juni
Unterzeichnung des Schlußprotokolls zum Viermächte-Abkommen durch die Außenminister der drei Westmächte und die Sowjetunion. Mit dem Inkrafttreten des Viermächte-Abkommens sind auch die am 17. und 20. Dezember 1971 abgeschlossenen Abkommen und Vereinbarungen in Kraft getreten, so daß West-Berliner Ost-Berlin und die DDR bis zu 30 Tagen im Jahr besuchen dürfen.

24. Juni
Erstmalig ist es möglich, daß von Berlin (West) aus mit 32 Ortsnetzen der DDR Ferngespräche im Selbstwählferndienst geführt werden können.

30. August
Die West-Berliner Exklave Steinstücken ist durch eine auf bisherigem DDR-Territorium fertiggestellte Straße direkt mit dem Bezirk Zehlendorf verbunden, was aufgrund der Vereinbarung über die Regelung der Frage von Enklaven durch Gebietsaustausch vom 20. Dezember 1971 ermöglicht wurde.

3. Oktober
Die DDR-Behörden geben an Personen mit ständigem Wohnsitz in Berlin (West) Berechtigungsscheine aus, die eine vierteljährige Gültigkeit besitzen und bis zu neun Besuche in Ost-Berlin und in der DDR ermöglichen.

21. Dezember
Unterzeichnung des Vertrages über die Grundlagen der Beziehungen zwischen der Bundesrepublik Deutschland und der DDR, wobei festgestellt wird, daß die Ausdehnung von künftigen Abkommen und Regelungen auf Berlin (West) in Übereinstimmung mit dem Viermächte-Abkommen im jeweiligen Fall vereinbart werden kann.

 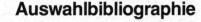

IX Auswahlbibliographie

Spezialuntersuchungen und -darstellungen

Ludwig Auerbach, Der 13. August 1961 und seine bevölkerungspolitischen Hintergründe. SBZ-Studien Band 1 (2 Teile). München 1962. – Eine demographisch-soziologische Analyse auf der Basis offizieller Statistiken der DDR, der Ostblockstaaten, der Bundesrepublik, Ost- und West-Berlins, die insbesondere die für die Abriegelung Ost-Berlins relevanten Tatbestände herausarbeitet.

Curtis Cate, Riss durch Berlin. Der 13. August 1961. Hamburg 1980. – Deutsche Fassung der 1978 in London und New York erschienenen Originalausgabe: The Ides of August, reportagehaft geschriebene Geschichte der Augusttage 1961 auf deutscher und amerikanischer Seite auf Grund sorgfältig recherchierter Quellen, vieler persönlicher Begegnungen und Interviews.

Honoré M. Catudal, Kennedy in der Mauer-Krise – Eine Fallstudie zur Entscheidungsfindung in USA, Berlin (West) 1981. Deutsche Fassung der 1980 in Berlin (West) erschienenen Originalausgabe, Kennedy and the Berlin Wall Crisis. – Lebendig und spannend geschriebene politikwissenschaftliche Studie, die sich auf erst in den letzten Jahren freigegebene amerikanische Akten, zahlreiche Interviews mit den Akteuren von damals, auch Geheimdienstinformationen stützt. Es liefert neue Einsichten vor allem in den Entscheidungsprozeß der Kennedy-Administration und die ihm zugrunde liegenden Überlegungen und Motivationen.

Heribert Gerlach, Die Berlinpolitik der Kennedy-Administration. Eine Fallstudie zum außenpolitischen Verhalten der Kennedy-Regierung in der Berlinkrise 1961. Frankfurt/Main 1977. – Dissertation an der Philosophischen Fakultät der Albert-Ludwigs-Universität Freiburg im Breisgau. Detaillierte Darstellung der Positionen aller beteiligten Seiten in ihrer Entwicklung im Laufe der Berlinkrise (1958–1962) mit Schwerpunkt auf der amerikanischen Seite.

Rolf Heyn (Hrsg.), Die Entkrampfung Berlins oder Eine Stadt geht zur Tagesordnung über. Reinbek b. Hamburg 1972. – Lesenswerter, aus politisch und qualitativ unterschiedlichen westlichen Beiträgen zusammengesetzter Sammelband; vermittelt einen Eindruck von der Stimmung Anfang der 70er Jahre.

Die Mauer oder Der 13. August. Hrsg. von Werner Richter. Reinbek b. Hamburg 1961. – Sammlung von Beiträgen, insbesondere west- und ostdeutscher Intellektueller und Schriftsteller zum 13. August 1961, u.a. Ost-West-Diskussion eines Offenen Briefes von Günter Grass an Anna Seghers sowie Tagebuchaufzeichnungen eines Münchener Journalisten, der vom 11. bis 22. August 1961 an der Ostseeküste zwischen Ahlbeck und Stralsund Ferien machte.

Kurt L. Shell, Bedrohung und Bewährung. Führung und Bevölkerung in der Berlinkrise. Schriften des Instituts für Politische Wissenschaften der Freien Universität Berlin, Band 19. Köln und Opladen 1965. – Politikwissenschaftliche Analyse der politischen Entscheidungsprozesse in der West-Berliner Führung im Zusammenhang mit dem 13. August, der Reaktion der Berliner Öffentlichkeit auf die Mauer anhand von Meinungsumfragen und der innenpolitischen Situation West-Berlins nach der Mauer von einem amerikanischen Politologen.

Hans Speier, Die Bedrohung Berlins. Köln–Berlin 1961. – Erste amerikanische politikwissenschaftliche Analyse der Berlinkrise.

Walter Stützle, Kennedy und Adenauer in der Berlin-Krise 1961/1962. Schriftenreihe des Forschungsinstituts der Friedrich-Ebert-Stiftung, Band 96. Bonn-Bad Godesberg 1973. – Detaillierte, auf gründlichem Quellenstudium beruhende Darstellung der Ereignisse unter besonderer Berücksichtigung des Verhältnisses Kennedy – Adenauer.

Die Flucht aus der Sowjetzone und die Sperrmaßnahmen des kommunistischen Regimes vom 13. August 1961 in Berlin. Herausgegeben vom Bundesministerium für gesamtdeutsche Fragen, Bonn und Berlin 1961. – Berichte über strukturelle Zusammensetzung des Flüchtlingsstroms, Fluchtgründe, Agitation der SED; in der Dokumentation Flüchtlingsaussagen und amtliche Texte, Urteilsbegründungen, Agitationsmaterial.

Ernst E. Zivier, Der Rechtsstatus des Landes Berlin. Eine Untersuchung nach dem Viermächte-Abkommen vom 3. September 1971. Reihe Völkerrecht und Politik, Band 8. 3., erneuerte und erweitere Auflage Berlin 1977. – Völkerrechtliche Untersuchung mit historischer Einleitung.

Zur Situation in der Sowjetzone nach dem 13. August 1961. Hrsg. vom Bundesministerium für gesamtdeutsche Fragen. Bonn und Berlin 1961. – Bericht und Dokumente, zum Teil Faksimiles über die Abriegelungsmaßnahmen des 13. August sowie die innenpolitische und wirtschaftliche Entwicklung der DDR bis Dezember 1961.

Verletzungen der Menschenrechte, Unrechtshandlungen und Zwischenfälle an der Berliner Sektorengrenze seit Errichtung der Mauer (13. August 1961 bis 15. August 1962). Hrsg. im Auftrag der Bundesregierung vom Bundesministerium für gesamtdeutsche Fragen. Bonn und Berlin 1962.

Dokumentenbände, Bibliographien

Dokumente zur Deutschlandpolitik. Hrsg. vom Bundesministerium für gesamtdeutsche Fragen bzw. für innerdeutsche Beziehungen. Frankfurt/M. 1958 ff. – Bisher sind in dieser umfangreichsten, mit vorzüglichem Register versehenen wissenschaftlichen Edition zur deutschen Frage die Jahre 1955 bis 1965 dokumentiert worden.

Dokumente zur Berlin-Frage 1944–1966. München 1967. – Wichtigste Dokumentensammlung zum Berlin-Problem mit sehr hilfreichen zusätzlichen Materialien.

Der 13. August 1961. Seminarmaterial des Gesamtdeutschen Instituts, Bonn 1981 (auch in Arbeitssätzen kostenlos erhältlich).

Zehn Jahre Deutschlandpolitik 1969–1979. Bericht und Dokumentation. Hrsg. vom Bundesministerium für innerdeutsche Beziehungen, Bonn 1980. – Enthält Vorgeschichte, Geschichte und Dokumente des Viermächte-Abkommens über Berlin.

Werner Weber, Werner Jahn, Synopse zur Deutschlandpolitik 1941–1973. Göttingen 1973. – Übersichtliche Darstellung aller für die Deutschlandpolitik der Siegermächte und der deutschen Seiten wichtigen Ereignisse, Konferenzen, Verträge, Erklärungen, politischen Akte in chronologischer Reihenfolge, eingeteilt in West, Ost und Sonstiges mit Quellenhinweisen.

Michael Haupt, Die Berliner Mauer. Ein Kapitel des »Kalten Krieges«. Bericht und Bibliographie zum 20. Jahrestag des 13. August 1961. Mit einem Geleitwort von Willy Brandt. Schriften der Bibliothek für Zeitgeschichte, Bd. 21. München 1981.

Umfassende historische Darstellungen

Adenauer-Studien Band III: Untersuchungen und Dokumente zur Ostpolitik und Biographie. Hrsg. von Rudolf Morsey und Konrad Repgen. Mainz 1974. – Hier insbesondere der Beitrag von Klaus Otto: »Adenauers Deutschland- und Ostpolitik 1954–1963«, sowie die »Aufzeichnungen zur Deutschland- und Ostpolitik 1954–1969« von Heinrich Krone und der »Globke-Plan zur Wiedervereinigung« in den Fassungen von 1958/59 und 1961.

Waldemar Besson, Die Außenpolitik der Bundesrepublik. Erfahrungen und Maßstäbe. München 1970. – Politikwissenschaftlich-historische Darstellung der Außenpolitik der Bundesrepublik, hier inbesondere die Kapitel 11–13.

DDR-Handbuch. Wissenschaftliche Leitung Peter Christian Ludz. unter Mitwirkung von Johannes Kuppe. Herausgegeben vom Bundesministerium für innerdeutsche Beziehungen. 2., völlig überarbeitete erweiterte Auflage, Köln 1979.

Wolfgang Leonhard, Kreml ohne Stalin, Köln 1959. – Aufschlußreich für den innenpolitischen Hintergrund des Aufstiegs Chruschtschows zur Alleinherrschaft und seiner Außenpolitik 1958/59; das Buch endet mit der Analyse des XXI. Parteitages im Januar 1959.

Richard Löwenthal, Vom Kalten Krieg zur Ostpolitik. Stuttgart 1974. – Darstellung der Ost-West-Beziehungen am Beispiel Deutschlands von einem der Architekten der neuen Ostpolitik.

Dieter Mahncke, Berlin im geteilten Deutschland. München und Wien 1973. – Der politikwissenschaftlich anspruchsvolle Band gibt erschöpfend Auskunft über die verschiedenen Aspekte der heutigen Berlin-Situation und ihrer Entstehung; läßt sich als Handbuch verwenden.

Michel Tatu, Macht und Ohnmacht im Kreml. Von Chruschtschow zur kollektiven Führung. Frankfurt a. Main/Berlin (West) 1968. – Untersuchung der machtpolitischen Gegebenheiten und Veränderungen in der sowjetischen Führung von 1960–1966; detaillierte Darstellung insbesondere des U2-Zwischenfalls und der gescheiterten Pariser Gipfelkonferenz 1960, des sowjetisch-chinesischen Verhältnisses zu dieser Zeit und der Kuba-Krise vor dem Hintergrund der innersowjetischen Machtkämpfe.

Thilo Vogelsang, Das geteilte Deutschland. dtv-Weltgeschichte des 20. Jahrhunderts, Band 11, München 1966. – Kurzer historischer Abriß der Berlinkrise im Schlußkapitel »Das Berlin- und Deutschlandproblem seit 1958« mit Schwerpunkt auf der westlichen Seite.

Hermann Weber, Kleine Geschichte der DDR. Edition Deutschland Archiv. Köln 1980. – Hier insbesondere das Kapitel »Die Krise 1960/61 und der Mauerbau« mit einer analytischen Darstellung der inneren Situation der DDR, die den Mauerbau notwendig machte.

Memoiren

Konrad Adenauer. Erinnerungen 1955–1959. Stuttgart 1967. Erinnerungen 1959–1963, Fragmente. Stuttgart 1968. – Eine der wichtigsten zeitgenössischen Quellen zum Verständnis der Motive westdeutscher Außenpolitik der Adenauer-Zeit, hier speziell von Adenauers Ostpolitik; Aufzeichnungen seiner Gespräche mit Sowjetbotschafter Smirnow und Staatspräsident de Gaulle während der Berlinkrise.

Willy Brandt, Begegnungen und Einsichten. Die Jahre 1960–1975. Hamburg 1976. – Der 13. August 1961 und die Berlinkrise aus der Sicht des damaligen Regierenden Bürgermeisters von Berlin.

Erich Honecker, Aus meinem Leben. Frankfurt/M. 1980. – Offizielle Memoiren, im Westen verlegt von Robert Maxwell in Pergamon-Press (DDR-Ausgabe im Dietz Verlag) in der biographischen Reihe »Leaders of the World«. Hier insbesondere das Kapitel »Der 13. August 1961«; bringt keine neuen Tatsachen, ist relevant wegen der Darstellung und Einschätzung durch Honecker als oberstem Repräsentanten der DDR, seinerzeit verantwortlich für die Durchführung der Abriegelungsaktion.

John F. Kennedy, Der Weg zum Frieden. Hrsg. von Allan Nevins. Berlin/Darmstadt/Wien 1961. (Taschenbuchausgabe München/Zürich 1964). – Zusammenstellung der wichtigsten Reden, Interviews und Stellungnahmen zu den großen innen- und außenpolitischen Problemen von 1958–1960.

Hans Kroll, Lebenserinnerungen eines Botschafters. Köln/Berlin 1967. – Hier insbesondere aufschlußreich die subjektiv gefärbte Schilderung der Ostpolitik Adenauers (Burgfriedensangebote, Österreich-Lösung für die DDR) und die Gespräche mit Chruschtschow sowie anderen Sowjetführern in der Zeit der Berlin-Krise.

Ernst Lemmer, Manches war doch anders. Frankfurt/M. 1968. – Der 13. August 1961 und die Berlin-Krise aus der Sicht des damaligen Bundesministers für gesamtdeutsche Fragen.

Bildnachweis
Ullstein-Bilddienst, Berlin: 1
Landesbildstelle Berlin: 2
dpa Berlin: 7, 8
Archiv Gesamtdeutsches Institut, Bonn: 3, 4, 5, 6, 9, 10, 11, 12, 13